本书为广西哲学社会科学规划研究课题"'一带一路'背景下东盟汉语传播研究"（项目批准号：17FYY006）和国家社科基金项目"多语竞争中的中国语言形象建构研究"（项目批准号：14XYY020）的研究成果之一。

"一带一路"沿线国家汉语教学研究丛书

南亚和东南亚国家汉语教学研究

刘振平 著

中国社会科学出版社

图书在版编目(CIP)数据

南亚和东南亚国家汉语教学研究/刘振平著. —北京:中国社会
科学出版社,2017.9
("一带一路"沿线国家汉语教学研究丛书)
ISBN 978 - 7 - 5203 - 1085 - 7

Ⅰ.①南… Ⅱ.①刘… Ⅲ.①汉语—对外汉语教学—教学研究—
南亚②汉语—对外汉语教学—教学研究—东南亚 Ⅳ.①H195.3

中国版本图书馆 CIP 数据核字(2017)第 238536 号

出 版 人	赵剑英	
责任编辑	陈肖静	
责任校对	刘 娟	
责任印制	戴 宽	

出 版	中国社会科学出版社	
社 址	北京鼓楼西大街甲 158 号	
邮 编	100720	
网 址	http://www.csspw.cn	
发 行 部	010 - 84083685	
门 市 部	010 - 84029450	
经 销	新华书店及其他书店	

印 刷	北京明恒达印务有限公司
装 订	廊坊市广阳区广增装订厂
版 次	2017 年 9 月第 1 版
印 次	2017 年 9 月第 1 次印刷

开 本	710×1000 1/16
印 张	25
插 页	2
字 数	339 千字
定 价	108.00 元

丛书序一　打造"一带一路"国家交流合作的"金钥匙"

2013 年 9 月和 10 月，习近平主席在赴中亚和东南亚访问期间，先后提出了共建"丝绸之路经济带"和"21 世纪海上丝绸之路"的倡议，开启了造福沿线国家人民和世界人民的一项伟大事业。

2016 年，第 71 届联合国大会通过决议，欢迎"一带一路"等经济合作倡议，这是联合国大会首次将"一带一路"写进大会决议，这项决议得到了 193 个会员国的一致赞成。

"一带一路"宏伟计划包括沿线 65 个国家，总人口 45 亿人，占全球 63%；经济总量 22 万亿元，占全球 29%。加强沿线国家和地区基础建设、国际产能合作、贸易合作，提高工业化水平，实现沿线国家经济共同发展和富裕，这是中国作为一个负责任的大国高瞻远瞩、因势利导，引领全球资本全方位走向和平经济发展道路的伟大构想。它将成为全球人类发展史上一个划时代的创举。

"一带一路"的实施，要实现沿线国家"政策沟通、道路联通、贸易畅通、货币流通、民心畅通"。这"五通"的实质是"互联互通"，"合作共赢"。那么，用什么"互联"？用什么"互通"？唯有语言。所以，"互通"的前提则首先是"语言互通"。"语言互通"的概念就是，我们要能使用沿线各国人民的语言和文化进行交流，还要沿线各国人民使用我们的语言和文化进行沟通。这应该是一个双向的过程。

习近平主席在"全英孔子学院和孔子课堂年会"上发表的重要讲话指出："语言是了解一个国家最好的钥匙。孔子学院是世界认识中国的一个重要平台。孔子学院属于中国，也属于世界。"

这把金钥匙已使孔子学院在全球灿若群星。熟悉这把金钥匙，掌握这把金钥匙，还必将为"一带一路"国家间互相了解、合作共赢开启畅达之门。作为"一带一路"的倡议国，我们首先应该对沿线国家的语言状况有深入全面的了解，学习他人的语言，与此同时，更重要的是让我国的民族标准语走向世界，推广汉语教学，介绍中国文化，既要了解世界，更要让世界了解中国。由此看来，我们汉语国际教育工作者，使命在身，责任重大，应该走在打造这把金钥匙的前沿。加快汉语走向世界，让汉语更为广泛传播，是我们责无旁贷的历史责任。

千里之行，始于足下。唯有知己知彼，方能百战不殆。汉语国际传播，是一种跨国文化交流行为。因此，对传播的受众的历史、现状及当下的语言文化需求必须了解透彻，融会于心，方能有的放矢，做出符合实际的汉语和中华文化的传播方略与具体策略。那就要从了解沿线国家概况入手，《"一带一路"沿线国家汉语教学研究丛书》正是选取这个视角，介绍沿线国家自然地理、历史国情、人口经济、语言政策，尤其详尽地介绍汉语教学的历史、现状及存在问题，以观全豹。丛书力求为大家提供翔实丰赡的各种相关背景资料。眼观全球，视野开阔，立志高远，务求详备。书中详尽地描述了"一带一路"沿线各国的语言文化历史与现状，为在这些地区发展汉语教学、介绍中国文化提供了必不可少的案头必备参考。

丛书首先对沿线65个国家的汉语传播做了全面调查与摸底，依据所得材料，在开展汉语教学方面，展现其国别与地区优势，亦不回避存在的问题；既为汉语的国际传播提出战略目标，又有具体的发展策略。在与汉语教学相关的方方面面，多有涉及。诸如各国的教学环境、教学对象、教学机构的基本情况，孔子学院的发展，特别是汉语师资配备、教材建设和语言教学法的采用，尤多着笔墨。毫无疑问，这是在沿线国家从事汉语传播者最需要了解和掌握的重要背景知识。不仅是国际汉语教师设计汉语教学，介绍中国文化的依据，更可为有关汉语国际传播决策者在筹划顶端设计时参酌，是一份不可或缺的宝贵资料，具有很好的参考价值。

如果将沿线国家置于全球化背景下进行观察，就会观察到多种文化力量作用下的各国的语言社会生活。总体看来，沿线国家目前都正在大力发展各自的民族语言，在明确本国的官方语言的情况下，同时大力发展外语教学。"一带一路"沿线国家语言种类繁多，语言状况复杂多样。65 个国家拥有的官方语言多达 53 种，涵盖了世界九大语系的不同语族和语支。这些国家的主体民族语言就更加绚丽多彩。在这种背景下，地缘政治因素驱使，战略伙伴的国家关系，汉语地位的迅速提升，汉语作为一种应用型语言，正在成为争相学习的一种外语，人们热诚希望了解中国文化，学习汉语已成为一时时尚。

目前，沿线国家的汉语传播，除了少数大中学及教育机构外，所依托的主要教育平台就是孔子学院，这是汉语国际传播的重要场地，是世界认识中国的一个重要平台。就开展汉语教学来说，沿线国家在地缘政治、教育环境方面均具有很大的优势，学科设置的科学性，师资配备的标准，以及教学与学习需求方面，均在发展过程中，自然也存在多方面的问题。就发展汉语教学来说，诸如缺乏适合这些国家国情的孔院运行机制、缺乏适合学生特点的教学体系，师资匮乏，教材不能适应学习者的需求，教学方法不适合当地学习者学习习惯等，都是亟待解决的问题。有鉴于此，为了孔子学院的可持续发展，保持汉语传播的正常运转，丛书有针对性地提出一些改进意见与建设思路，既恰逢其时，又符合科学发展。

放眼"一带一路"沿线国家人民对学习汉语的强烈需求，立足于当地的教育传统和教学环境，在开展汉语教学，介绍中国文化方面，并存着良好的机遇与巨大的挑战。正是任重而道远。在这些国家和地区开展汉语教学，介绍中国文化，是历史赋予我们的义不容辞的责任。要完成这项工作需要大量有责任感、优秀的国际汉语教师。随着汉语教学规模在世界范围内不断扩大，同时也催生了大批立志从事国际汉语教学的各种专业出身的人进入汉语国际教育领域，还有为满足海外教学需求而赴国外任教的一大批汉语志愿者教师。目前，在国内高校汉语国际教育硕士专业攻读的学生，在实习阶段也被匆匆派往国外的孔子学院及其他教育机构，以实习名义从事汉语作为外语教学，还有些专硕生毕业后即被派到国外任教。这些人大多能完成汉语教学任务。但在教学过程中，个别人也暴露了一些弱点与不足，最根本的是汉语和中华文化底蕴不够，汉语作为外语教学技能还掌握得不够全面。由于对所在国家的历史文化了解甚少，对本地教育传统、学习习惯知之不多，以致出现所谓之水土不服的现象。给我们派往国外汉语教师的形象，带来些负面影响。因此，对赴海外任教的教师进行岗前培训，这四本沿线国家汉语教学研究丛书，就成为难得的必备培训材料。

信阳师范学院文学院对"一带一路"倡议的文化交流和汉语推广高度关注，特别是加强沿线国家汉语教学的研究，这套丛书就是他们研究的成果。本书编者多有海外从事汉语教学经验。刘振平博士曾在新加坡南洋理工大学执教六年。钱道静老师曾任教于蒙古国立大学及所建的孔子学院。在教学过程中，感同身受，深知了解所任教国的国情是多么重要。他们的教学经历有助于挖掘沿线国家汉语教学的方方面面的情况，为编写打好了基础。但在材料的搜集与筛选过程中，或有得失不当，在评述与表达中也或有失察之处，敬请读者不吝指教，以便将来修正。

赵金铭

2016 年 12 月 5 日

丛书序二

习近平总书记提出的"一带一路"倡议，是中国进一步走向世界，与各国实现互联互通的开放包容的经济合作倡议，同时也是中国文化走向世界、加快文化交流共通的一条重要路径。

改革开放以来，中国以前所未有的速度融入世界，经济发展迅猛，目前已经成为世界第二大经济体，中国的国际地位大大提升，成为世界经济发展的主要引擎。但是，经济地位的提升，硬实力的增强，并不意味着一定是世界强国，还需要软实力的增强，综合国力的全面提升。软实力即非物质的力量，就是文化和精神的力量。因此，习近平总书记一直强调在不断提高经济竞争力的同时，要增强道路自信、制度自信、理论自信、文化自信，大力推动制度创新、理论创新，积极走出去，促进中华文化与世界文化的交流。

文化交流，首先是语言。语言是人类交往的媒介，也是文化最基本的载体，当然更是文化的本体。任何民族的文化都是与特定的语言联系在一起的，语言就是一个民族文化的标志，也是进入一种文化的密码。理解一种文化，就要学习和掌握一种语言。因此，推动不同文化的交流，必须实现语言的互通。另外，经济的密切而频繁地交往，也离不开语言，语言与人的经济行为结合在一起，既体现为经济交往的方式，也在某种意义上表现为观念融通的方式。

　　实施"一带一路"倡议，首要的就是汉语的推广。其一，汉语是目前全世界使用人口最多的一种语言，联合国把它作为5种官方语言之一，说明汉语是国际交往的主要语言，推广汉语具有国际意义。其二，中国已经成为世界第二大经济体，对世界的影响越来越大，与世界主要经济体和毗邻国家的经济交往、贸易往来越来越频繁，语言成为交往畅通的钥匙，世界范围的"汉语热"在持续升温。其三，"一带一路"倡议，最重要的是实现中国与沿线国家紧密地联系起来，汉语无疑对沿线国家具有重要的工具意义。其四，汉字作为一种古老的形声义结合的文字，与其他语言文字相比，具有更丰富的蕴含，需要认真地训练、习得，才能在生活和国际交往中有效运用。因此，加强"一带一路"沿线国家的汉语教学研究，对服务国家"一带一路"倡议，具有重要意义。

　　信阳师范学院文学院在汉语教学研究方面既有历史传统，也有丰富的积淀。早在20世纪80年代，张静先生、吴力生先生、肖天柱先生等就带领中文系汉语教研室的老师们，加强汉语教学的研究和推广，其中张静先生的《现代汉语》教材，成为全国高校选用的三种主要教材之一。后来，许仰民先生、贾齐华先生的古汉语教学研究也取得了重要成果，其中许仰民先生的《古汉语语法》被译介到日本、韩国，并作为韩国釜山大学的研究生教材。20世纪90年代至21世纪，汉语教学的力量进一步增强。为了把汉语教学研究的能量转化到人才培养上，文学院先后开办了汉语言、汉语国际教育本科专业，2006年，汉语言文字学硕士点获批并开始招生，之后，文学院汉语言文学一级学科硕士点获批，语言学与应用语言学专业亦开始招收硕士研究生，文学院的汉语教学和人才培养都取得了新的成绩，而且，培养的人才也逐渐在汉语教学和汉语国际推广中发挥作用，近些年来，每年都有十几名学生作为志愿者到东南亚等国家从事汉语国际教育和汉语推广。与此同时，文学院刘振平教授、钱道静副教授、朱敏霞博士、张庆彬博士也分别奔赴新加坡、蒙古国、美国等开展汉语教育和研究工作，积累了丰富的经验，为进一步开展"一带一路"沿线国家汉语教学研究奠定了较好的基础。

从学术角度看，"一带一路"沿线国家汉语教学研究也是一个学术热点。因为"一带一路"倡议是全方位的，它不仅是经济问题、政治问题、外交问题，也是文化问题，甚至是语言的交融问题，它将给我们带来新的视野。近几年，信阳师范学院文学院在学术研究和学科建设中，一直关注学术前沿，寻找新的学术增长点，进而凝练方向，整合队伍，集中力量开展一些重大学术问题的研究，努力寻求重大突破，形成重要的学术成果，取得了明显的效果。先后整合文艺学、现当代文学、写作学等学科队伍，进行当代河南文学研究，编纂了《中原作家群研究资料丛刊》23 卷，包含当代河南文学中最知名的 25 位作家，第一辑 13 卷 2015 年 5 月出版，在学术界产生了广泛影响。第二辑 10 卷即将出版。整合中国古代文学学科的力量，开展"何景明研究"，何景明诗文点校整理工作正在有序推进。《"一带一路"沿线国家汉语教学研究丛书》是整合汉语学科队伍进行的一项重要的学术研究，也是服务于国家经济社会发展特殊需要的一项工作。

《"一带一路"沿线国家汉语教学研究丛书》对"一带一路"沿线 65 个国家的汉语教学进行了细致地梳理、研究，整理出了《南亚和东南亚国家汉语教学研究》《埃及和西亚国家汉语教学研究》《蒙古和独联体国家汉语教学研究》《中东欧十六国汉语教学研究》等，努力为"一带一路"沿线国家开展汉语推广提供有效的参照，积极服务于国家的"一带一路"倡议。4 部著作的作者刘振平教授、钱道静副教授、牛利博士和栗君华讲师，或者有丰富的海外汉语教学的经验，或者多年致力于对外汉语教学研究，都有一定的学术积累，因此，这套书既有一定的学术支撑，也有一定的可读性。

当然，由于这项研究刚刚开始，还不够深入；更由于资料收集的渠道有限，作者不可能真正走进所有的国家身临其境地全面考察，研究视野必然受到一定制约，因此，书中疏漏和错误在所难免，敬请专家、读者批评指正！

吴圣刚

2016 年 12 月 19 日

前　言

2013 年 9 月 7 日，中国国家主席习近平访问哈萨克斯坦，在纳扎尔巴耶夫大学发表演讲，首次提出共同建设"丝绸之路经济带"。同年 10 月 3 日，习近平主席出访印度尼西亚，在印尼国会发表演讲时，又倡议建设"21 世纪海上丝绸之路"。11 月，"一带一路"被写入党的十八大三中全会通过的《中共中央关于全面深化改革若干重大问题的决议》，正式上升为党和国家的重大战略。

"一带一路"构想把亚、欧两大洲连在一起，并延伸到中东、非洲及世界其他地区，秉持"和平合作、开放包容、互学互鉴、互利共赢"的共同发展理念，与沿线沿路国家共同打造"政治互信、经济融合、文化包容"的利益共同体、命运共同体和责任共同体，是一条贸易之路、发展之路、友谊之路。习近平总书记在哈萨克斯坦首次提出共同建设"丝绸之路经济带"时，就提出要与沿线国家实现"五通"——"政策沟通，设施联通，贸易畅通，资金融通，民心相通"。实现"五通"，当然需要语言互通。① 著名语言学家、世界汉语教学学会原会长陆俭明教授指出："甚至可以毫不夸张地说，语言互通是'五通'的基础。因为没有语言互通，政策难以沟通，也会影响设施联通、贸易畅通、资金融通，更谈不上民心相通。……对沿线沿路国

---

① 李宇明：《"一带一路"需要语言铺路》，《人民日报》2015 年 9 月 22 日第 7 版。

家来说，要有通晓汉语的人才。……要先搞调查研究，以了解哪些国家已开展汉语教学，哪些国家至今还未开展汉语教学；已开展汉语教学的国家，具体教学状况如何，汉语教学是否已进入对象国的国民基础教育体系。"① 为此，我们从 2015 年 11 月开始，展开对"一带一路"沿线国家汉语教学状况的调查研究。

目前，我们调查完成了"一带一路"沿线 65 个国家的汉语教学概况。这 65 个国家的汉语教学发展情况不一。有些国家汉语教学的历史比较悠久，而有些国家近些年来才开始汉语教学，还有一些国家的汉语教学至今尚未起步。比如，早在半个多世纪前，蒙古国就开始了汉语教学。目前，这个总人口只有 300 万人的国家，约有 2 万人在学习汉语，建有 3 所孔子学院和 1 个独立孔子课堂。从幼儿园到大学、从选修课到学历教育、从本科到硕士、博士，蒙古国汉语教学已经形成了多渠道、多层次、多形式的教学体制。而位于中亚西南部的内陆国家土库曼斯坦是仅次于哈萨克斯坦的第二大中亚国家，直到最近几年，随着两国各领域交流合作的全面实施，尤其是油气能源的合作发展，汉语教学才取得较大进展，学习汉语的人数开始增加。目前，土库曼斯坦没有孔子学院，只有 4 所高校设有汉语专业；根据土库曼斯坦总统别尔德穆哈梅多夫的倡议，从 2016 年开始，土库曼斯坦才在中小学阶段（5 年级至 12 年级）把汉语设为第二外语。南亚的不丹则因国小人少、经济条件落后，目前还未见到有规模的汉语教学。这种情况下，我们在介绍各国汉语教学状况时，势必出现有些国家的资料较多，有些国家资料较少甚至阙如的现象，这也就会造成本套丛书各个章节的内容不够均衡的现象。我们尽可能地多渠道收集资料，尽量全面展现各个国家的汉语教学情况，但受各种因素的制约，定有挂一漏万的现象，个中不足敬请专家学者批评指正。在撰写过程中，我们引用先哲时贤的研究成果时，尽可能地做到注明出处，但由于时间仓促、精力有限，可能还有疏漏之处，如有专家学者发现问题，敬请来电来

---

① 陆俭明：《"一带一路"建设需要语言铺路搭桥》，《文化软实力研究》2016 年第 2 期。

函与我们联系，我们必当按照要求予以更正，并致以诚挚的歉意。

　　本套丛书是"'一带一路'沿线国家汉语教学研究"项目第一阶段的研究成果，尽可能地全面介绍和分析了"一带一路"沿线国家汉语教学的状况，每个国家包括"国家概况""汉语教学简史""汉语教学的环境和对象""汉语教材和师资"等内容，重点介绍各国现阶段中小学、高等院校、孔子学院（课堂）的汉语教学情况，分析取得的成绩和存在的问题，为下一阶段深入研究各个国家汉语师资培养、教材编写和教学策略与方法等问题奠定基础。

编委会

2017 年 1 月 12 日

目　　录

南　亚

东 南 亚

南　亚

第一章 巴基斯坦的汉语教学

第一节 国家概况

一 自然地理

巴基斯坦伊斯兰共和国（乌尔都语：اسلامی جمہوریہ پاکستان，英语：Islamic Republic of Pakistan），简称巴基斯坦，意为"圣洁的土地""清真之国"。位于南亚次大陆西北部，南濒阿拉伯海，东接印度，东北邻中国，西北与阿富汗交界，西邻伊朗。国土面积796095平方公里（不包括巴控克什米尔地区），海岸线长980公里。全境五分之三为山区和丘陵地，南部沿海一带为沙漠，向北伸展则是连绵的高原牧场和肥田沃土。南部属热带气候，其余属亚热带气候。南部湿热，受季风影响，雨季较长；北部地区干燥寒冷，有的地方终年积雪。年平均气温27℃，年降水量少于250毫米的地区占全国总面积的四分之三以上。[①]

[①] http：//www.fmprc.gov.cn/web/gjhdq_ 676201/gj_ 676203/yz_ 676205/1206_ 676308/1206x0_ 676310/，2016 年 8 月 10 日。

二 历史政治

公元前 3000 年前后，巴基斯坦境内产生了古印度河文明。公元前 2000 年前后，雅利安人统治了这块土地。自公元前 600 年起，波斯帝国统治了巴基斯坦西南部的印度河流域地区。公元 8 世纪初，阿拉伯帝国军队征服巴基斯坦和印度次大陆以西的地区，建立伊斯兰政权，并将伊斯兰教传入，使大批当地居民成为穆斯林。

随后，又不断有外族入侵。1757 年后，巴基斯坦成为英国殖民地。1858 年，英国人镇压了印度反英大起义后，在印度设立驻印代表副王（总督）对印度实行直接统治，统治范围包括现在的印度、巴基斯坦、孟加拉国以及斯里兰卡。[①] 1940 年 3 月，在全印穆斯林联盟会议上通过了著名的"巴基斯坦决议"，提出要使"穆斯林在数量上占多数的地区，如印度西北地带和东部地带，能够组合成为独立的国家，在这些国家中，各组成单位将实行自治并拥有主权"。[②] 1947 年 6 月 3 日，英国公布"蒙巴顿方案"，实行印巴分治。同年 8 月 14 日，巴基斯坦宣告独立，成为英联邦的一个自治领，包括东、西巴基斯坦两部分。1956 年 3 月 23 日，巴基斯坦伊斯兰共和国成立，仍为英联邦成员国。

1971 年 11 月 21 日，印军向东巴基斯坦发动进攻，于 12 月 16 日攻陷达卡，东巴基斯坦独立成为孟加拉国。1972 年巴基斯坦宣告退出英联邦，1989 年又重新加入。

巴基斯坦实行议会内阁制，议会在宪法中被正式称作"协商会议"（乌尔都语转写：Majlis-e-Shoora），是巴基斯坦联邦最高立法机构，实行两院制，由总统及上下两院组成。下院称"国民议会"（National Assembly），上院称"参议院"（Senate），两院兼顾民主与共和

---

① ［法］多米尼克·拉皮埃尔、［美］拉里·柯林斯：《圣雄甘地》，周万秀、吴葆璋译，新华出版社 1986 年版，第 10—13 页。

② ［巴基斯坦］拉希姆：《巴基斯坦简史》（第 4 卷），四川大学外语系翻译组译，四川大学出版社 1975 年版，第 356 页。

原则。总统是国家元首和武装力量最高统帅，是国家统一的象征。宪法规定，总统应由一名年龄不低于 45 周岁、符合参选国民议会议员相关条件的穆斯林担任。总统由上下两院及各省议会组成的选举人团选举产生，任期 5 年，连选连任不得超过两届。当选总统后不得兼任国民议会或省议会议员。总统对任何法院、法庭或其他机构做出的判决具有缓、减、免、改等权力。联邦政府总理应就国家内政外交及拟向议会的提议与总统保持沟通，总统则应按总理建议行使其职权。不设副总统，当总统不能履行其职责时，由参议院主席、国民议会议长顺次代行总统之权。国民议会即议会下院，是具有最高权力的立法机构，按照民主原则，体现人民意志。参议院即议会上院，是常设立法机构，按照共和原则，体现联邦平等精神。

总理是政府首脑，由国民议会选举产生，通常由多数党或多数党派联盟领袖出任；最大反对党或反对党派联盟推举 1 名议员为反对党领袖。同时，国民议会还选举产生 1 名议长（Speaker）及 1 名副议长（Deputy Speaker）。总理从议会两院中提名内阁成员（即联邦部长）及国务部长，但其中来自参议院的部长不得超过四分之一。内阁及国务部长共同向议会两院负责。①

三　人口经济

巴基斯坦是个多民族国家，现有人口 1.97 亿，其中旁遮普族占 63%，信德族占 18%，帕坦族占 11%，俾路支族占 4%。95%以上的居民信奉伊斯兰教（国教），少数信奉基督教、印度教和锡克教等。

巴基斯坦经济以农业为主，农业产值占国内生产总值 21%。受国内政局不稳、国际金融危机冲击、国际大宗商品价格上扬等因素影响，2008 年巴基斯坦经济形势持续恶化。2009 年以来，在巴基斯坦自身调整努力和国际社会的帮助下，经济运行中的积极因素增多，重要经济

---

① 林一鸣：《巴基斯坦议会简况》，《中国人大杂志》2016 年第 8 期。

指数较前有所好转。①

四　语言政策

巴基斯坦宪法规定乌尔都语为国语。主要民族语言有旁遮普语、信德语、普什图语和俾路支语等。长久以来巴基斯坦都将英语作为自己的官方语言，这让在民间普及率非常高的本土语言乌尔都语陷入尴尬。据环球网的消息，2015 年 9 月巴基斯坦最高法院最新颁布命令：政府部门将乌尔都语定为国家官方语言，全面取代英语的地位。按计划，巴基斯坦联邦政府及 4 个省份要在 3 个月内完成"官方语言转换"工作。②

第二节　汉语教学简史

巴基斯坦的汉语教学开始于 1970 年。1970 年，巴基斯坦的首都伊斯兰堡（Islamabad）成立了国立现代语言学院（National Institute of Modern Languages），该校受巴基斯坦陆军部门管理，是一所军校，设立了中文系，这是全巴基斯坦大学里的第一个中文系。当时中国政府向中文系捐赠了教学设备和大批的图书资料，汉语教师也都由中国负责选派。根据中巴两国政府签署的文化教育友好交流协议，中国政府以国立现代语言学院为基地，设立了伊斯兰堡中文教师组，全面负责中文系的日常教学与管理工作。1970 年 9 月 1 日，国立现代语言学院中文系正式开展汉语教学工作，首批学生 13 人。这是巴基斯坦正式开展汉语教学的一个里程碑事件。③

---

① http：//www. fmprc. gov. cn/web/gjhdq_ 676201/gj_ 676203/yz_ 676205/1206_ 676308/1206x0_ 676310/，2016 年 8 月 10 日。

② http：//tech. huanqiu. com/news/2015 – 09/7457628. html，2016 年 8 月 10 日。

③ 刘飙、［巴基斯坦］米斯巴赫·拉希德：《巴基斯坦本土汉语教师概述》，《黄冈职业技术学院学报》2016 年第 2 期。

　　一直到 20 世纪 90 年代初，国立现代语言学院中文系的生源主要是巴基斯坦军方或政府部门派遣的进修生，一般每年有三四十人。这些学生在进行短则半年、长则两年到三年的汉语学习以后，原则上都会回到原派出部门。国立现代语言学院中文系不能面向社会自主招生，这就使汉语学生的规模在相当长的时期内一直徘徊在较少的数量上，也使汉语教学局限在基础阶段的汉语培训上，无法更深入地开展中文学历教育。①

　　2000 年，国立现代语言学院升级为国立现代语言大学（National University of Modern Languages），面向社会招生的人数大幅增加，中文系的学生人数也增加到了将近一百人。中文系在不断规范汉语本科教学的基础上，经过充分准备，在 2001 年正式开设了中国语言文学专业的硕士课程。2005 年，国立现代语言大学在伊斯兰堡以外城市的分校中也开始教学汉语，即拉合尔（Lahore）分校，卡拉奇（Karachi）分校及费萨拉巴德市（Faisalabad）分校，巴基斯坦汉语推广首次进入巴基斯坦首都伊斯兰堡以外的其他城市。②

　　2007 年，国立现代语言大学的汉语教学又进入了一个新的阶段，与北京语言大学合作建立了孔子学院——伊斯兰堡孔子学院，该院于 4 月 9 日正式启动运行。

　　随着中巴经济和文化交流的日益频繁，越来越多的大学和私立教育机构加入了汉语和中国文化的教学当中。尤其是中国经济的快速、平稳发展使得巴基斯坦民众争相学习汉语，以能更便利地跟中国打交道。卡拉奇工商管理学院院长伊什拉特·侯赛因清楚地认识到了这一点，2008 年他在阐述卡拉奇工商管理学院开设汉语课程的理由时称："中国现在是最大出口国，我敢说，到 2016 年中国会超过美国，成为世界最大经济体。这是新的经济平衡，巴基斯坦处于最有利位置，所

---

① 崔晓飞：《巴基斯坦国立现代语言大学中文系的汉语教学》，《云南师范大学学报》（对外汉语教学与研究版）2007 年第 2 期。
② 刘飘、[巴基斯坦] 米斯巴赫·拉希德：《巴基斯坦本土汉语教师概述》，《黄冈职业技术学院学报》2016 年第 2 期。

以我认为学生应该学汉语。"①

2009 年底，孔子学院空中课堂正式进入巴基斯坦，汉语远程教学形式开始运用于巴基斯坦。穆扎法尔格尔短波收听俱乐部广播孔子课堂是巴基斯坦首家广播孔子课堂，2009 年 12 月在伊斯兰堡揭牌，以广播汉语教学、研讨教学和远程视频辅导教学为主要教学方式，2010 年 4 月首次开课有学员 40 名，到 2011 年已有 1500 学生。②

2013 年，巴基斯坦汉语教学事业的发展又进入了一个新的阶段，汉语教学开始进入巴基斯坦国民教育体系。巴基斯坦信德省政府宣布从 2013 年起，在全省所有学校和教育机构六年级以上课程中设立汉语必修课。③

2014 年 11 月 19 日，巴基斯坦信息技术学院（COMSATS Institute of Information Technology）成立了中国研究中心，目前已开展了多项旨在向巴基斯坦民众介绍中国文化的活动。

近年来，巴基斯坦境内孔子学院的建设又取得了辉煌的成绩，新增了三所孔子学院：卡拉奇大学（University of Karachi）孔子学院、费萨拉巴德农业大学（University of Agricultural Faisalabad）孔子学院和旁遮普大学（University of the Punja）孔子学院，前两所孔子学院已分别于 2013 年 11 月 29 日和 2015 年 2 月 12 日启动运行，国内的合作高校分别是四川师范大学和新疆农业大学。旁遮普大学孔子学院已于 2015 年 7 月签约，目前处于筹建阶段，国内的合作院校为江西理工大学。在筹建过程中，陆续开展了一些汉语培训活动，由江西理工大学派出的孔子学院中方院长刘称生教授也已于 2016 年 3 月 23 日赴任。④

目前，巴基斯坦自政府到民间都掀起了一股汉语热。巴基斯坦的 7

---

① http://news.xinhuanet.com/overseas/2013 – 05/23/c_ 115877077. htm，2016 年 8 月 11 日。
② http://www.chinanews.com/hwjy/2011/11 – 28/3490262. shtml，2016 年 8 月 11 日。
③ 刘飚、[巴基斯坦] 米斯巴赫·拉希德：《巴基斯坦本土汉语教师概述》，《黄冈职业技术学院学报》2016 年第 2 期。
④ 孔子学院总部/国家汉办网站：http://www.hanban.org/；江西理工大学网站：http://www.jxust.cn/，2016 年 8 月 11 日。

个城市即伊斯兰堡、拉合尔、费萨拉巴德、卡拉奇、阿伯塔巴德（Ab-
bottabad）、拉布瓦市（Rabwah，Chenab Nagar）、米尔布尔市（Mirpur，
由巴基斯坦管理的克什米尔地区）的 39 所学校在教授汉语。①

第三节　汉语教学的环境和对象

40 多年来，巴基斯坦的汉语教育经历了从无到有、从小到大、从
点到面的全面发展过程。从北部的伊斯兰堡、拉瓦尔品第到南部的卡
拉奇，从西北边境省到东部的旁遮普省，汉语教育基本覆盖了巴基斯
坦的主要大中城市。② 在"一带一路"外交政策的推动下，今天的巴
基斯坦已经掀起了学习汉语的热潮，无论是在公立学校还是在私立学
校，无论是学龄阶段的儿童、青少年，还是已经工作的人都有学习汉
语的，汉语已经成为中巴之间加强全天候友谊的桥梁。中国在巴基斯
坦通过网络远程教育系统、课堂面授和无线电广播技术等方式教授汉
语，并通过各种组织机构，如孔子学院、中国国际广播电台、巴基斯
坦中国研究所、以国立现代语言大学为代表的学校及中国大使馆文化
处等来进行汉语教学。③ 下面对几个影响较大的汉语教学机构的汉语
言文化教学活动进行简要介绍。

一　国立现代语言大学的汉语教学

巴基斯坦的大学招生制度与中国不太一样，每半年一届，每个学
期开始所有学生均需重新注册，每个学习阶段结束后就可以获得一个
相应的毕业证书。此外，还同时存在由军队或政府部门派来的学习时

① 刘飙、［巴基斯坦］米斯巴赫·拉希德：《巴基斯坦本土汉语教师概述》，《黄冈职业技术学院学报》2016 年第 2 期。
② 张海威、张铁军：《巴基斯坦汉语教育最新概况》，《国际汉语教育》2012 年第 2 辑。
③ 刘飙、［巴基斯坦］米斯巴赫·拉希德：《巴基斯坦本土汉语教师概述》，《黄冈职业技术学院学报》2016 年第 2 期。

间长短不一的公费进修生。这些特殊的教育政策使得国立现代语言大学的汉语教学的课程体系存在着双轨制混合并行的情况，既有以前从学院时代长期沿袭下来的非学历教育的语言培训课程，又有近年升格到大学时代后新开设的"中国语"学士学位班和"中国语言文学"硕士学位班。主要的课程班有①：

证书班（Certificate Class）：学制一般为 1 个学期，教学对象包括来自民间的普通学生和巴基斯坦军方或政府部门的公派进修生，以民间学生为主。教学目标是经过大约 400 个学时的学习，使学生掌握最基本的汉语发音、词汇、语法和汉字书写等内容，词汇量达到 600 个左右。开设课程有精读课、听力课、口语课和汉字课等。

文凭班（Diploma Class）：学制为 1 学年 2 个学期，教学对象包括民间的普通学生和来自巴基斯坦军方或政府部门的公派进修生，以公派学生为主。教学目标是经过大约 800 个学时的汉语学习，使学生具备一定的汉语表达能力，能够进行简单的汉语交流，词汇量达到 1400 个左右。开设课程有精读课、听力课、口语课、阅读理解和初级写作等。

译员班（Interpretership Class）：学制为 3 个学期，教学对象多为具有一定级别的军官和公职专业人员。教学目标是经过大约 1200 个学时的学习，使学生大致了解中国的语言文化，不仅要具备相当水平的汉语听说读写能力，还要有初步的翻译能力，词汇量达到 3000 个左右。开设课程有精读课、语法课、听说课、中级写作、阅读理解、中国概况和翻译课等。

学士学位班（Bachelor's Degree in Modern Languages）：学制为 4 学年 8 个学期，要求学生必须在其他语言系选修至少两个学期的第二外语。中文系承认学生在"证书班""文凭班""译员班"学习中所修的课程，这样民间学生和公派学生在上述阶段一般混合编班。也就是说，

---

① 崔晓飞：《巴基斯坦国立现代语言大学中文系的汉语教学》，《云南师范大学学报》（对外汉语教学与研究版）2007 年第 2 期。

从译员班毕业的学生实际上只要再继续学习一年就可以得到本科文凭，而这一年的汉语课程具有硕士预科的性质，主要是进一步强化学生的汉语基础，扩大学生的词汇量，为接下来汉语硕士课程的学习做准备。

硕士学位班（Master's Degree in Chinese Language and Culture）：学制为 2 学年 4 个学期，分为"中国语言"和"中国文学文化"两个专业方向。主要的课程有现代汉语研究、语言学概论、古代汉语基础、汉语名著选读、汉语偏误分析、汉语教学法、中国文化专题、当代中国研究、汉（语）英（语）互译、汉（语）乌（乌尔都语）互译、中巴比较研究等十余门专业课程，还有几门基础课程，如英语、计算机、文献检索方法等，其中主要专业课程的教学均由中国的汉语教师承担。每个研究生在修完全部课程后还必须用汉语撰写硕士毕业论文，并通过答辩，才能获得汉语硕士学位。

为了满足更多学生的汉语学习愿望，国立现代语言大学中文系充分挖掘教学资源的潜力，近几年又开办了"下午班"（Evening Course）。因为巴基斯坦一般院校的正规课程是 8：00 到 13：00 上课，所以下午班就在每天的 15：30 至 18：30 授课。下午班面向社会招生，有点儿像中国的成人教育，教学对象不一，多数学生是和中国有生意往来的商人。此外，在每年暑假的六七月份，中文系还会开办为期五周的"暑期汉语课程"（Summer Course）。

2015 年 4 月，国家主席习近平访问巴基斯坦期间，向巴基斯坦的一些友好人士和团体颁发了"和平共处五项原则友谊奖"，以表彰其对中巴两国友谊所做出的非凡贡献，国立现代语言大学获此殊荣。

二　伊斯兰堡孔子学院的汉语教学[①]

中巴双方 2005 年 4 月正式签署在巴国立现代语言大学设立孔子学院的协议，2007 年 4 月 9 日，北京语言大学和国立现代语言大学合作

---

① 孔子学院总部/国家汉办网站：http://www.hanban.org/；伊斯兰堡孔子学院网站：http://cii.pk.chinesecio.com/zh-hans，2016 年 8 月 11 日。

共建的伊斯兰堡孔子学院正式开班，这是巴基斯坦境内设立的第一所孔子学院。中巴两国官员、华侨华人代表和该校数百名师生出席了开班仪式。

巴基斯坦教育部长贾韦德·阿什拉夫·卡齐在开班式上说，孔子学院的设立将赋予巴中合作新的意义，其提供的相关培训将促进巴基斯坦同中国在经贸、文化等领域的合作。

中国驻巴大使馆政务参赞毛四维说，孔子学院是中巴友好史上又一个重要合作项目。伊斯兰堡孔子学院将与喀喇昆仑公路、瓜达尔港等项目一样成为中巴友好史上的里程碑。

巴国立现代语言大学校长、孔子学院巴方院长阿齐兹·艾哈迈德·汗介绍，伊斯兰堡孔子学院的工作重点是培训当地中文教师、举办汉语水平考试、推荐巴基斯坦学生赴中国留学等。此外，孔子学院还将通过组织多种活动来介绍中国文化。

经过两年多的发展，至 2009 年 9 月伊斯兰堡孔子学院无论是学生数量还是教学质量都有了很大提高，课程种类和教学范围都在不断扩大。时任孔子学院中方院长付继伟博士介绍说："学生人数从最初的十几个人增加到一年 300 人左右，教学的范围也从 NUML（巴基斯坦国立现代语言大学）一所学校扩大到伊斯兰堡和拉合尔六所学校，教师也从 2 个人增加到 6 个人，课程的种类已经有商务汉语、少儿汉语、汉语口语、预备教师培训、博士课程、太极拳、一对一教学等十多种课程类型，学生的层次也从仅仅是大学生扩大到大中小学生、社会上的商人、公司的职员、政府的官员，包括一些政府的高官，比如我们就对巴基斯坦总统的中国问题特使来进行一对一的汉语教学。"

2010 年 2 月 15 日，由伊斯兰堡孔子学院发起并主办的巴基斯坦汉语语法教学研讨会成功召开。来自伊斯兰堡孔子学院、巴基斯坦国立现代语言大学中文系、巴基斯坦联邦现代语言学院的相关负责人和教师参加了本次研讨会。

2010 年，为了更好地激发巴基斯坦学生学习汉语的兴趣，展示中国语言文化的独特魅力，伊斯兰堡孔子学院主持制订并逐步开展了课外教学计划。3月1日至3月6日，"趣味汉语课堂"系列活动在巴基斯坦国立现代语言大学及 GSIS 中小学相继举办。

"趣味汉语课堂"系列活动，是由伊斯兰堡孔子学院牵头，聘请并召集了巴基斯坦国立现代语言大学和 GSIS 中小学的有关任课教师，根据语言教学与习得的规律、结合当地学生的学习特点，经过详细地研讨与论证之后，所拟订的一套以游戏为主要载体、意在鼓励学生主动参与的实践性汉语教学方案。该方案针对不同的年龄段、不同的汉语认知与学习水平的学生，对中国流行的语言类游戏活动进行了重新设计，目的是以游戏的快乐吸引学生，激发学生说汉语、用汉语的积极性，而游戏中的随机性变化与趣味竞争，能够让学生发现中国文化的深层次意蕴，令学生在好奇心的驱使下对汉语学习投入更大的热情。

2010年4月，伊斯兰堡孔子学院发起并联合当地多所大中小学共同举办的"今日中国—世界的中国"系列文化活动顺利拉开帷幕，该系列活动旨在展示中国文化的独特魅力，促进中外文化交流，增进巴基斯坦人民对当代中国的认知。第一次活动是在巴基斯坦国立科技大学（National University of Sciences & Technology，NUST）举办了"多国文化周"活动，伊斯兰堡孔子学院不仅为中国展区提供了海报、展板等实物，而且在现场举办了"新中国六十年"大型图片展。生动鲜活、题材丰富的图片以及内容翔实、形式多样的说明材料展示了中国文化的特色与魅力。在"多国文化周"的尾声阶段，NUST 大学约请有关专家和参观代表对参加活动的 20 多国展区进行了评比，中国展区独占鳌头，荣获一等奖。在"多国文化周"活动结束之后，伊斯兰堡孔子学院深入巴基斯坦伊斯兰堡、拉布瓦等地的中小学，帮助 CITY 中小学、GSIS 中小学、NUSRAT JEHAN 中小学举行了"我眼中的世界文化""联合国模拟会议""多元共生的文化""趣味汉语课堂"等主题活动，把中国灯笼、中国结、中国民间剪纸、长城模型等实物带给了对中国充满好奇与向往的巴基斯坦中小学生，在正式活动的间隙，为他们讲授中国成语故事、教大家学唱"新年好"等少儿歌曲。

2010 年 11 月 25 日，伊斯兰堡孔子学院在当地学校 Modern Language School 成功举办了一场"汉语与中国文化"知识竞赛，该校 200 多名小学生和初中生参加了这次活动。赛前，伊斯兰堡孔子学院的老师和志愿者进行了精心的策划和筹备，根据中小学生年龄特点和心理特点设计了详细的活动方案，活动方案注重知识性、趣味性和娱乐性，将运用汉语汉字、了解中国国情知识和欣赏中国传统文化三者有机地结合起来。

2011 年 3 月 5 日，由伊斯兰堡孔子学院举办的首届巴基斯坦汉语教材教学研讨会在巴基斯坦国立现代语言大学召开。经过充分的探讨，与会教师们对巴基斯坦汉语教材本土化的问题达成了共识，即本土化的教材开发要充分考虑到巴基斯坦当前文化与社会的多方面影响因素，结合具体情况进行积极探索，在此基础上总结出教材本土化的规律性经验；汉语教材的本土化开发，要在实践中稳步前进；目前的当务之急，是要充分利用并深入挖掘既有优秀教材的资源潜力，为未来的教材本土化开发做出多方有效的探索。

2011 年 3 月 22 日，伊斯兰堡孔子学院的"中华文化体验中心"举行了揭牌仪式。"中华文化体验中心"是利用现代多媒体技术介绍和展示中国语言文化知识，使体验者通过视听结合的立体化方式，对中华文化得到更加直观的体验。该中心的落成，不仅丰富了伊斯兰堡孔子学院的教学课堂，而且为当地的社会公众打开了一扇直观感受中华文化的窗口。

2011 年 4 月 23 日，伊斯兰堡孔子学院在国立现代语言大学成功举办巴基斯坦汉语教师研修班。40 余名来自伊斯兰堡、卡拉奇、拉合尔以及拉瓦尔品第等地教学一线的汉语教师参加了研修班培训课程。此次研修班作为前次巴基斯坦汉语教材教学研讨会的延续，同时也是为将伊斯兰堡孔子学院打造为巴基斯坦汉语教学资源中心与汉语交流平台的重大举措。

研修班为期一天，分"专题讲座"和"汉语示范课教学录像展示"两个专场。会上，与会专家学者与各地教师代表就如何进一步提高巴基斯坦汉语教学水平，优化本土化汉语师资队伍以及整合汉语教学资源等问题展开了热烈的讨论。

2011 年 10 月 8 日和 9 日，伊斯兰堡孔子学院成功举办了为期近两天的汉语教材培训。此次培训旨在向巴基斯坦各汉语教学单位推广介绍国家汉办组织开发的一系列优秀汉语教材。42 名来自巴基斯坦伊斯兰堡、拉瓦尔品第、卡拉奇、拉合尔、满色拉和拉布瓦等地的汉语教师参加了此次培训，覆盖巴基斯坦境内 8 所大学、10 所中小学、2 所国际学校和 3 所社区中文学校。会上，国立现代语言大学中文系主任雷伟中教授以及伊斯兰堡孔子学院教师张海威、张铁军作为培训师向学员重点介绍了乌尔都语版《国际汉语教学通用课程大纲》（孔子学院总部编，外语教学出版社 2010 年版）、《汉语乐园》（刘富华等编，北京语言大学出版社 2007 年版）、《快乐汉语》（李晓琪等编，人民教育出版社 2003 年版）、《跟我学汉语》（陈绂等主编，人民教育出版社 2009 年版）四套教材。这四套教材涵盖了汉语课程体系标准的建立以及中小学一年级到十二年级可供选择的优秀教材，基本上能满足当前巴基斯坦大部分中小学汉语教学需求。

随后，伊斯兰堡孔子学院基本上每年都要举办汉语教材培训会，通过专家讲座、示范课观摩和分组讨论、优秀课件评比、教材展等多种形式举行。巴基斯坦本土教师与中方教师就《汉语乐园》《快乐汉语》《跟我学汉语》《当代中文》（吴中伟主编，华语教学出版社 2010 年版）等教材的使用情况以及巴基斯坦本土汉语教材的编写等进行了广泛、深入的交流。

2014 年 2 月 16 日，由伊斯兰堡孔子学院和巴基斯坦著名智库巴中协会合作开设的首个远程汉语教学班正式开班授课。通过多媒体设备，教师可同时向伊斯兰堡、卡拉奇等地的学生授课。

伊斯兰堡孔子学院高度重视这次合作，为其精心设计了汉语课程，并针对远程教学的特点选用了国家汉办基于网络多媒体技术开发的《长城汉语》（北京语言大学出版社 2005 年版）作为教材。此举是伊斯兰堡孔子学院结合现代技术与巴基斯坦实际汉语教学形势做出的一次新的尝试。随着近年来巴基斯坦汉语教学需求的持续增加，汉语教学网络逐步从大城市向中小城市延伸，从院校向社会渗透。然而，巴基斯坦特殊的社会环境大大限制了师资的正常流动。有鉴于此，运用现代技术发展远程汉语教学不失为一个好办法——一方面可以满足偏远地区对于汉语教学的需求，另一方面也可以避免师资下放带来的安全管理等问题。

随着伊斯兰堡孔子学院汉语学习者规模不断扩大，学院建设完成了新的教学场地。2015 年 6 月 2 日，新教学场地落成典礼仪式在巴基斯坦国立现代语言大学举行，孔子学院总部副总干事、国家汉办副主任夏建辉、巴基斯坦国立现代语言大学校长乌丁·纳吉姆、中国驻巴使馆文化参赞郑国进等一同为伊斯兰堡孔子学院新教学场地正式使用剪彩。伊斯兰堡孔子学院新教学场地位于巴基斯坦国立现代语言大学内，主要包括教室、图书馆、语言实验室、文化展览厅等教学场所设施。作为伊斯兰堡孔子学院的主要教学地点，新教学场地的正式使用将大大改善学院办学环境和条件，有利于进一步提高汉语教学质量、加强对外文化交流。

另外，伊斯兰堡孔子学院还多次举办夏令营活动，带领巴基斯坦的汉语和中国文化爱好者前往中国浸濡、考察和学习；为每届"汉语桥"选拔参赛选手、为相关学校选拔汉语教师以及开展"孔子学院日"、组织汉语水平考试等相关活动。2015 年 12 月 6 日，在第十届全球孔子学院大会上，伊斯兰堡孔子学院被评为"示范孔子学院"。

三 卡拉奇孔子学院的汉语教学①

2013 年 11 月 29 日，四川师范大学与巴基斯坦卡拉奇大学共建的"卡拉奇大学孔子学院"揭牌仪式在巴基斯坦信德省省督府隆重举行。中国驻卡拉奇总领事马亚欧、四川师范大学副校长严余松、卡拉奇大学孔子学院中方院长黄桂平，以及巴国信德省省督（卡拉奇大学名誉校长）伊巴德·汗、卡拉奇大学副校长凯瑟和当地政府、教育、文化、媒体等各界人士 200 多人出席了揭牌仪式。

卡拉奇大学孔子学院是一所年轻的孔子学院，成立以来稳步开展汉语课程的教学，响应李克强总理访问巴基斯坦期间所发表的为该国培训 1000 名汉语教师的声明，联合卡拉奇大学孔子学院推动信德省本土汉语教师培养计划，将在未来 5 年内从信德省中小学任课教师中选拔优秀教师，分批进行汉语教学培训。并在 2015 年 9 月 23 日与卡拉奇普雷斯顿大学签订了汉语学分课协议。

与此同时，卡拉奇大学孔子学院积极组织各种中国文化的推介活动。2014 年 3 月 23 日是巴基斯坦伊斯兰共和国建国 75 周年的国庆日，卡拉奇大学孔子学院师生共同举行了国庆日活动。学生主要来自汉语入门班参加晚班学习的巴基斯坦人，他们中有政府官员、商人、教授、博士和大学生等，年龄从二十几岁到五十多岁。庆祝活动上，孔子学院师生共唱巴基斯坦伊斯兰共和国国歌《祝福这神圣国土》和中华人民共和国国歌《义勇军进行曲》，之后《万岁！巴基斯坦》和《茉莉花》两首耳熟能详的中巴民歌将活动推向了高潮。巴基斯坦学生们情不自禁地用汉语高喊"中巴友谊万岁！""中国人民是我们的好朋友！"活动茶歇期间，师生们用英语和汉语相互交流，共叙中巴两国政府和人民长期相互交往的历史，学生们也交流了他们两个多月来学习汉语的感受和体会。

暑期来华夏令营活动是卡拉奇大学孔子学院每年开展的一项常规

---

① 孔子学院总部/国家汉办网站：http：//www.hanban.org／；卡拉奇大学孔子学院网站：ht-tp：//ciuok.pk.chinesecio.com/zh-hans，2016 年 8 月 12 日。

活动。如 2014 年 8 月底至 9 月初，卡拉奇大学孔子学院举办了暑期来华夏令营，在为期两周的时间里，卡拉奇大学考务处处长兼地质学院院长纳迪姆教授（Professor Nadeem Ahmed Khan）带队前往四川师范大学学习了丰富精彩的语言文化课，并前往多地进行了文化考察，开展了一系列文娱活动。

2015 年 1 月 17 日，卡拉奇大学孔子学院参与协办了国际文化美食节。本次国际文化美食节在卡拉奇费萨尔空军基地（PAF Faisal Base）举行，来自孟加拉国、中国、伊朗、约旦、马来西亚、斯里兰卡和土耳其七个国家的代表团参展，吸引了空军学院师生及其家人参与该活动。中国展区提供了具有中国特色的水饺、辣子鸡丁和水煮牛肉等美食，摆放着火红的鞭炮挂件、大红灯笼、对联、剪纸、年画、孙子兵法竹简、小件兵器和围棋等具有中国特色的物品，种类繁多。孔子学院同时设立书法展位，吸引了各国嘉宾驻足欣赏。

2016 年 3 月 23 日，卡拉奇大学孔子学院举行了巴基斯坦国庆日汉语演讲比赛。孔子学院外方院长 Moin、中方院长李勇和孔院师生、卡拉奇大学师生等 100 余人参加了此次比赛。比赛过程中，十余名选手围绕巴基斯坦建国历史、风俗文化和中巴友谊三方面的主题展开演讲。此次比赛锻炼了学生的汉语口语能力和演讲能力，充分展示出了参赛者的汉语水平和赛场风采。

2016 年 5 月 29 日，卡拉奇大学孔子学院与教学点卡拉奇普雷斯顿大学（Preston University）联合举办了"中国文化秀"文艺演出。不仅展现出了孔院师生积极的精神面貌和汉语学习成果，还进一步加强了孔院和教学点的联系与合作。

2016 年 6 月 19 日，由卡拉奇大学孔子学院举办的以"爱我中华"为主题的文化墙装饰活动正式竣工。在院长李勇的带领下，学生们参观了文化墙的成果展示，汉语教师为学生进行了现场讲解。文化墙分为"孔院介绍""爱我中华——中国城市""中国风筝""中国书法""中国茶艺""传统服饰""中国剪纸""我的中国梦——学生作品"

几个版块，采用文字介绍、手工制作、实物图片等方式制作完成，是教师们辛勤劳动的成果，更是孔院师生风采的体现。文化墙旨在展示孔院风貌，促进孔院文化建设，为孔院学生营造良好的文化、学习氛围，得到了卡拉奇大学校方和孔院学生的高度评价。

四　费萨拉巴德农业大学孔子学院的汉语教学①

2015 年 2 月 12 日，巴基斯坦费萨拉巴德农业大学孔子学院在伊斯兰堡巴中友谊中心的"2015 中巴友好交流年"启动仪式上举行揭牌仪式。中国外交部长王毅和巴基斯坦国民议会议长萨迪克先生共同为孔子学院揭牌。

在揭牌之前，费萨拉巴德农业大学孔子学院的汉语培训班已于 2015 年 1 月 15 日正式开班，首批 35 名学生是来自费萨拉巴德农业大学各个专业的本科生和研究生。

费萨拉巴德农业大学孔子学院在开展汉语培训的同时，还陆续开展相关的中国文化推介活动。如 2015 年 5 月 31 日，由巴基斯坦费萨拉巴德农业大学孔子学院组织举办了"2015 中巴友好交流年孔子学院文艺演出"，该演出在费萨拉巴德农业大学剧场举行，来自新疆农业大学、新疆艺术学院的大学生艺术团为 1500 余名巴基斯坦观众表演了精彩的节目。

2015 年 8 月 6 日，费萨拉巴德农业大学孔子学院在中国驻巴基斯坦新使馆举办了一场精彩的文艺演出，来自新疆师范大学音乐学院的艺术团表演了汉民族乐曲演奏《喜洋洋》《茉莉花》《好日子》，维吾尔舞蹈《库车赛乃木》，哈萨克舞蹈《黑骏马》，维吾尔歌舞《纳瓦木卡姆》等节目，巴基斯坦总理谢里夫夫妇及中巴各界友好人士 150 余人观看了此次演出。

2015 年 10 月 1 日，费萨拉巴德农业大学孔子学院举办了中华人

① 孔子学院总部/国家汉办网站：http：//www. hanban.org/；中国高校之窗网站：http：//www.gx211.com/news/2015119/n2271238894.html，2016 年 8 月 13 日。

民共和国 66 周年庆典活动，费萨拉巴德农业大学学生艺术团表演了精彩的中国文化节目，近三千名巴基斯坦各界人士与费萨拉巴德农业大学师生一同见证了这场庆典。

另外，费萨拉巴德农业大学孔子学院建立了旁遮普省的第一个 HSK 考试中心。

五　孔子课堂的汉语教学①

巴基斯坦目前有一所孔子课堂——扎法尔格尔短波收听俱乐部广播孔子课堂（简称巴基斯坦广播孔子课堂），2009 年 12 月在伊斯兰堡揭牌。揭牌之时，孔子课堂有 53 间教室，其中 3 间计算机教室、3 间艺术教室、3 个图书馆。校舍面积 16666 平方米，主要校舍已于 2008 年建成完工，属于学校自买房产，地点位于巴基斯坦首都伊斯兰堡市区西部教育核心区。

巴基斯坦广播孔子课堂刚开班时，就有 40 名学员，随着越来越多的巴基斯坦儿童在家长的鼓励下学习汉语，学汉语正在从原先的时髦逐渐演变成一种风气，学员人数激增，至 2012 年 12 月 14 日，汉语课已经成为巴基斯坦广播孔子课堂一年级至七年级将近 2200 名学生的必修课程，所有教学任务由 5 名中国教师承担，其中 3 名教师是由国际台广播孔子学院选派到课堂的，他们分别有 2 人负责汉语教学，1 人负责太极拳的教学。

2011 年 9 月 30 日，巴基斯坦广播孔子课堂在伊斯兰堡路兹教育机构 19 校区成功举办了汉语教学推广典礼，这是与巴基斯坦著名的路兹教育机构成功签署合作协议后，首次进行的汉语教学推广活动。巴基斯坦驻华大使马苏汉、中国驻巴使馆张连佑参赞、巴中协会主席穆沙希德·侯赛因、巴基斯坦高教委主席、路兹教育集团执行董事、路

---

① 孔子学院总部/国家汉办网站：http：//www. hanban. org/；中新网：http：//www. chinanews. com/；国际在线网站：http：//gb. cri. cn/42071/2014/09/27/7211s4709124. htm 等，2016 年 8 月 13 日。

兹学校的学生代表、中巴媒体，以及巴基斯坦社会各界友好人士等百余人参加了此次盛会。

2011 年 11 月 25 日下午，巴基斯坦广播孔子课堂在中巴友谊中心举办了"中国文化"会演，主题是"全面推进汉语教学，全面推进中华文化，庆祝中巴友好年"。1000 多名中巴各界人士出席了此次活动。会演既有巴青少年表演的"巴中军人友谊颂"舞蹈，又有巴小朋友的中国唐服秀，还有汉语表演唱"茉莉花"和京剧唱段，以及中国舞龙舞狮和太极拳表演。巴国际艺术委员会还用多媒体在演出大厅播放了与中国有关的纪录片。会演间隙，巴汉语教学的先驱者费萨尔·穆什塔克在接受采访时表明，他负责的巴汉语教学队伍已经遍及全国，总共有 1500 多名巴基斯坦孩子学习汉语。

2011 年 12 月 21 日，中国邯郸太极学院选派杨氏太极拳第五代传人常关成等老师在北京国际广播电台演示太极拳法，巴基斯坦广播孔子课堂——路兹教育机构 20 个班级的学生代表在伊斯兰堡通过远程视频学习了太极拳，并与北京的太极拳老师进行了互动。

2012 年 3 月 16 日，巴基斯坦广播孔子课堂师生参加了巴基斯坦传统卡车装饰绘画比赛。师生们一起动手，自己设计卡车装饰绘画的图案，在绘画装饰设计当中巧妙地融入了中国传统文化元素——中国结，师生们自己动手进行绘画、上色；最后，在师生的共同努力之下完成了结合中巴文化特色的巴基斯坦传统卡车绘画，将中国传统文化与巴基斯坦传统文化有机地结合在一起。

2012 年 3 月 24 日，伊斯兰堡当地时间 9：00，新中小学生汉语水平考试（Youth Chinese Test）在巴基斯坦广播孔子课堂汉语水平测试中心如期举行。巴基斯坦广播孔子课堂本次申请笔试一级考试，共有 17 名学生参加。这是巴基斯坦广播孔子课堂汉语水平测试中心成立以来举办的第一次汉语水平考试。

2012 年 3 月 26 日，巴基斯坦广播孔子课堂举办"地球熄灯一小时"（Earth Hour）主题活动，活动的最后，巴基斯坦广播孔子课堂全体师生共同用中文演唱了《感恩的心》，表达了自己对地球母亲的感激之情。巴基斯坦广播孔子课堂希望通过组织这样的环保公益活动，在推广中文学习和中国文化的同时，也能为社会公益事业做出自己应有的贡献。

2012 年 8 月 7 日，巴基斯坦广播孔子课堂的社会中文培训项目成功启动，首期课程与中国移动辛姆巴科有限公司合作，共有学员 12 名，均为该公司内部骨干成员。这标志着巴基斯坦广播孔子课堂在探索"市场化"的道路上迈出了坚实的第一步。课程使用国家汉办推出的乌尔都版教材，以"用母语学汉语"的方式让巴基斯坦学员进行更便捷、有效的学习。

2012 年 11 月 22 日上午，巴基斯坦广播孔子课堂在伊斯兰堡举办"如何将中国文化融入汉语教学"主题讲座，来自巴基斯坦根基教育集团 5 个校区及总部的近百名师生参与了此次活动。

2013 年 9 月 20 日，巴基斯坦广播孔子课堂在合作方鲁茨学校 Noe World Campus 新校区正式开设太极拳课程。自此，在首都伊斯兰堡，与巴基斯坦广播孔子课堂合作开设太极拳教学的校区已增加到了 6 所。鲁茨学校是伊斯兰堡创办的规模最大的一所现代化、国际化教学机构。

2013 年 11 月 29 日，巴基斯坦广播孔子课堂与世界动植物基金会，在课堂合作方根基千禧学校首都校区，为所有学员开展了一场别开生面的中国造纸文化宣传活动。该活动由巴基斯坦世界动植物基金会"绿色办公行动"推广处负责人里兹万主讲，主题为"宣传中国造纸术，珍惜纸张，热爱大自然"。活动内容主要安排了中国造纸术历史文化回顾、造纸的原理和演练、学员亲自体验造纸乐趣三个环节。该活动不仅宣传了中国的造纸文化，鼓励学生养成珍惜纸张的好习惯，还为课堂学员了解中国文化和热爱大自然起到了积极的推动作用。

2014 年 1 月 29 日下午，巴基斯坦广播孔子课堂举办成立三周年庆典活动。该活动恰逢中国春节到来之际，是中国驻巴基斯坦使馆"欢乐春节"系列活动项目之一。中国驻巴基斯坦大使孙卫东和使馆外交官出席了庆典活动，并与巴基斯坦政要、课堂师生及学生家长共同庆祝中国新年。孙大使在致辞中还特意介绍了中国重要传统节日春节的文化内涵和习俗。庆典活动上，孔子课堂的师生们精心准备了具有中巴两国特色的歌舞及武术等节目。太极文化展示一直是巴基斯坦广播孔子课堂的特色之一，演出过程中博得了现场观众阵阵掌声。

　　2014 年 4 月 28 日，巴基斯坦广播孔子课堂于伊斯兰堡俱乐部成功举办了"2014 年度家长会"文艺演出，孔子课堂合作方、全体教师和全体学员家长出席了本次活动。此次活动是继巴基斯坦广播孔子课堂成立三周年庆典活动后，又一颇具规模的汇报演出。整台演出以"我们就是世界"为主题，由童话故事、大自然、节日、运动和文化等几个板块组成，涵盖了传统与现代、人文与自然等表达元素。来自课堂不同年级的学员，共同完成了这场表演。

　　2014 年 9 月 25—26 日，为庆祝孔子学院成立十周年，中国驻巴基斯坦使馆、国立现代语言大学和伊斯兰堡孔子学院联合主办了以"孔子学院日"为主题的中国文化展示活动。为了能够让更多热爱中国文化的巴基斯坦朋友参与其中，主办方邀请了伊斯兰堡大部分开设中文课程的大中小院校共同参展。与巴基斯坦广播孔子课堂合作的根基千禧学校在展示活动中摆起了"中国商品摊"，中国少林寺的和尚玩偶、来自万里长城的袖珍模型、来自江南水乡的胭脂粉盒、浓缩历史与智慧的中国象棋等这些独具中国特色的商品引起了参观者的极大兴趣。除此之外，巴基斯坦广播孔子课堂几位公派教师的才艺表演也令参观者目不暇接：书法表演、葫芦丝演奏、太极拳表演等等赢得声声赞美。①

　　2015 年 4 月 4 日，巴基斯坦广播孔子课堂在根基千禧学校 YCT 考试中心成功举办了孔子课堂成立以来的第六次中小学生汉语水平考试。来自课堂合作学校四个校区的 102 名学生报名参加了三个等级的考试。其中一级报考人数 79 人，二级报考人数 20 人，三级报考人数 3 人。

　　2016 年 3 月 19 日，巴基斯坦广播孔子课堂在根基千禧学校 YCT

---

① http://gb.cri.cn/42071/2014/09/27/7211s4709124.htm，2016 年 8 月 14 日。

考试中心成功举办了孔子课堂成立以来的第六次中小学生汉语水平考试。来自课堂的 297 名学生报名参加了四个等级的考试。其中一级报考人数 251 人，二级报考人数 40 人，三级报考人数 4 人，四级报考人数 2 人。值得一提的是，今年首次有学生报考四级考试，可以从侧面反映出课堂近几年教学效果的提升。

六　现代语言学校的汉语教学

现代语言学校（Modern Language School & College）是位于伊斯兰堡的一所私立学校，在校学生有 600 多人。该校于 2010 年 9 月与伊斯兰堡孔子学院签署了开设汉语课程的协议，汉语课程正式进入该校六年级至十二年级的课程体系，由孔子学院负责提供教师和必要的教学设施。目前该校已有 160 多名学生正在学习汉语。他们对汉语学习的热情很高，成绩突出。在 2011 年 3 月 22 日伊斯兰堡孔子学院举办的"2011 年巴中友好年文化活动招待会暨中华文化体验中心开幕式"上，该校汉语学习学生为与会嘉宾带来了精彩的中文歌舞演出，受到观众的热烈欢迎。据悉，为满足学生的汉语学习需求，该校计划在将来开设更多的汉语课程。[①]

第四节　汉语师资队伍发展概况[②]

1970 年巴基斯坦开始汉语教学之时，首所开展汉语教学的机构——国立现代语言学院所需的汉语师资全部是中国派出的。当时，张占一和李运兴是第一批前往该校任教的中国教师。随后，一直都有中国教师被派往该校任教。据统计，从 1970 年到 1981 年，一共有 7 位中国

---

① 孔子学院总部/国家汉办网站：http：//www.hanban.org，2016 年 8 月 14 日。
② 刘飙、[巴基斯坦] 米斯巴赫·拉希德：《巴基斯坦本土汉语教师概述》，《黄冈职业技术学院学报》2016 年第 2 期；崔晓飞：《巴基斯坦国立现代语言大学中文系的汉语教学》，《云南师范大学学报》（对外汉语教学与研究版）2007 年第 2 期。

教师被派往该校教授汉语。20 世纪 80 年代，高峰时派驻的教师有六七人之多，1990 年以来教师组成员逐渐稳定在两人，截至目前中国派入该校的教师已经有 70 余位。

在接受中国教师支援的同时，巴基斯坦也注重吸收本土人士进入汉语教师队伍。1981 年，从北京语言学院（1999 年 6 月更名为北京语言文化大学，2002 年简称北京语言大学）毕业的一名巴基斯坦学生来到国立现代语言学院任教，从此开启了巴基斯坦本土教师从事汉语教学的历史。

不过，在相当长的一段时间内，巴基斯坦本土汉语教师的数量有限，从 1981 年到 1999 年这近二十年的时间里，整个巴基斯坦教汉语的只有 4 位巴基斯坦本土汉语教师。这 4 位老师都是从北京语言学院毕业的。

在国立现代语言学院升格为国立现代语言大学后，本土教师的数量逐渐增加，2000 年，又有一位在北京语言文化大学学习汉语的毕业生到国立现代语言大学中文系教汉语。2001 年，又有两位从北京语言文化大学学习汉语的毕业生到国立现代语言大学中文系任教。

2001 年，全巴基斯坦只有 7 位本土汉语教师。这 7 位汉语教师全部都在国立现代语言大学中文系。到 2005 年年底，国立现代语言大学中文系里的本土教师数量已超过中国教师，11 名教师中有 6 名是本土教师，其中，正式教师中有 5 名，合同教师中有 1 名。目前，国立现代语言大学中文系本土汉语教师已有 12 名。其中正式教师 8 名，合同教师 3 名，从军队派来管理军方学生的教师 1 名。到 2015 年，全巴基斯坦 30 多所从事汉语教学的学校一共有 28 位本土汉语教师。其中在伊斯兰堡教汉语的有 17 位，拉合尔市有 5 位，卡拉奇市有 2 位，费萨拉巴德市、阿伯塔巴德市、拉布瓦市和米尔布尔市各有 1 位。这些本土教师大多数是从中国的各个大学毕业后回到巴基斯坦任教的，一部分毕业于巴基斯坦国立现代语言大学中文系，大部分教师具有汉语硕士学位或学士学位。2015 年毕业于中国传媒大学的巴基斯坦籍博士穆尼布来到国立现代语言大学中文系任教，成为整个巴基斯坦唯一拥有博士学位的本土汉语教师。

巴基斯坦的本土教师从事汉语教学过程中发现自己的知识或教学技能需要更新，他们会前往中国或在伊斯兰堡孔子学院参加培训。1996 年，国立现代语言大学中文系的两位本土汉语教师在北京语言学院参加了培训；2009 年，又有一位教师到中国上海参加了培训；2010 年，又有三位教师到海南参加了培训。2011 年和 2012 年分别有 8 位教师到上海参加了培训。

2013 年 5 月 23 日，李克强总理访问巴基斯坦，在巴基斯坦议会发表演讲，首次宣布未来五年，中国将为巴基斯坦培训 1000 名本土汉语教师。7 月 5 日，李克强总理在北京接待了前来访问的巴基斯坦总理谢里夫，两人一致认为双方必须落实好培训 1000 名汉语教师计划，使中巴友好代代相传。2013 年，有 7 位本土教师到上海参加了培训；2014 年，有 7 位教师到北京语言大学参加了培训；2015 年，又有 16 位教师到北京语言大学参加了培训。另外，伊斯兰堡孔子学院建立后进行过三次汉语教师培训，全巴基斯坦本土汉语教师都参加过这些培训。五年内为巴基斯坦培养 1000 名汉语教师的计划目前正得到逐步落实。

本章主要参考文献

崔晓飞：《巴基斯坦国立现代语言大学中文系的汉语教学》，《云南师范大学学报》（对外汉语教学与研究版）2007 年第 2 期。

［法］多米尼克·拉皮埃尔、［美］拉里·柯林斯：《圣雄甘地》，周万秀、吴葆璋译，新华出版社 1986 年版。

［巴基斯坦］拉希姆：《巴基斯坦简史》（第 4 卷），四川大学外语系翻译组译，四川大学出版社 1975 年版。

林一鸣：《巴基斯坦议会简况》，《中国人大杂志》2016 年第 8 期。

刘飙、［巴基斯坦］米斯巴赫·拉希德：《巴基斯坦本土汉语教师概述》，《黄冈职业技术学院学报》2016 年第 2 期。

张海威、张铁军：《巴基斯坦汉语教育最新概况》，《国际汉语教育》2012 年第 2 辑。

第二章 孟加拉国的汉语教学

第一节 国家概况

一 自然地理

孟加拉人民共和国（孟加拉语：GônôprôjatôntriBangladesh，英语：People's Republic Of Banglagesh），简称孟加拉国，位于南亚次大陆东北部的恒河和布拉马普特拉河冲积而成的三角洲上。东、西、北三面与印度毗邻，东南与缅甸接壤，南濒临孟加拉湾。海岸线长550公里。全境85%的地区为平原，东南部和东北部为丘陵地带。大部分地区属亚热带季风型气候，湿热多雨。全年分为冬季（1月—次年2月），夏季（3—6月）和雨季（7—10月）。年平均气温为26.5℃。冬季是一年中最宜人的季节，最低温度4℃，夏季最高温度达45℃，雨季平均温度30℃，雨量自西向东递增，年雨量1300—2500毫米。①

---

① http：//www.fmprc.gov.cn/web/gjhdq_ 676201/gj_ 676203/yz_ 676205/1206_ 676764/1206x0_ 676766/，2016年8月15日。

二 历史政治

孟加拉族是南亚次大陆古老民族之一。孟加拉地区曾数次建立独立国家，版图一度包括现印度西孟加拉、比哈尔等邦。16 世纪孟加拉地区已发展成次大陆上人口最稠密、经济最发达、文化昌盛的地区。18 世纪中叶成为英国对印度进行殖民统治的中心。19 世纪后半叶成为英属印度的一个省。1947 年印巴分治，孟加拉地区划归巴基斯坦（称东巴）。① 东巴的经济水平相对落后，国家领导人在政治、经济和文化教育等方面没有采取两翼平等的原则，自 1960 年起中央政府做了若干努力，但成效不大。

1966 年 3 月，巴基斯坦人民联盟领导人谢赫·穆吉布·拉赫曼（1920—1975）提出著名的"六点方案"，主张实行联邦制，联邦政府除负责国防和外交外，应把其他权力移交给地方政府。1970 年 12 月，巴基斯坦举行议会选举，人民联盟在中央和东巴省立法机构均获得多数席位。然而，直到 1971 年 3 月各主要政党未能就国家宪法体制和政府机构组成问题达成协议。同时，东巴各阶层人民举行大规模的抗议集会和示威游行。3 月 25 日，各政党会谈破裂，形势急转直下。当晚军队采取镇压行动，逮捕拉赫曼。东巴人民立即以普遍的起义作为回应，从此开始长达 9 个月的内战。1971 年 3 月东巴宣布独立，1972 年 1 月正式成立孟加拉人民共和国。

孟加拉国总统是国家元首，由议员选举产生，现任总统是阿卜杜勒·哈米德。总理是内阁首脑，掌握实权。20 世纪 90 年代以来，孟加拉国主要由民族主义党和人民联盟轮流执政。现任总理谢赫·哈西娜，是孟加拉国开国总统穆吉布·拉赫曼的长女，长期从事政治活动，自 20 世纪 80 年代起担任人民联盟（人盟）主席。曾于 1996 年至 2001 年、2009 年至 2014 年初担任总理，继 2014 年第三次出任

---

① http：//www. fmprc. gov. cn/web/gjhdq_ 676201/gj_ 676203/yz_ 676205/1206_ 676764/1206x0_ 676766/，2016 年 8 月 15 日。

总理。①

孟加拉国实行一院议会制，即国民议会（Jatiya Sangsad）。宪法规定议会行使立法权。议会由公民直接选出的 300 名议员和遴选的 50 名女议员组成，任期五年。议会设正副议长，由议员选举产生。现任议长希琳·沙尔敏·乔杜里（Shirin Sharmin Chowdhury，女），2014 年 1 月 29 日就任。议会还设秘书处以及专门委员会等部门。

最高法院分为上诉法庭和高等法庭。首席大法官及法官若干人均由总统任命。首席大法官和一部分指定的法官审理上诉法庭的案件，其他法官审理高等法庭的案件。达卡有高等法院和劳工上诉法院。此外还有巡回法院，县法院，民事、刑事法院。

三　人口经济

孟加拉国人口约 1.6 亿，孟加拉族占 98%，另有 20 多个少数民族。孟加拉国的四大宗教是伊斯兰教、印度教、佛教和基督教。伊斯兰教为国教，穆斯林占总人口的 88%，印度教徒约占 10%，剩下的主要有佛教徒、基督教徒和普通民众。

孟加拉国是世界最不发达国家之一，经济发展水平较低，国民经济主要依靠农业。近两届政府主张实行市场经济，推行私有化政策，改善投资环境，大力吸引外国投资，积极创建出口加工区，优先发展农业。孟加拉国矿产资源有限，主要能源天然气已公布的储量为 3113.9 亿立方米，主要分布在东北几小块地区，煤储量 7.5 亿吨。森林面积约 200 万公顷，覆盖率约 13.4%。工业以原材料和初级产品生产为主，重工业薄弱，制造业欠发达。主要直接投资国为美国、英国、马来西亚、日本、中国、沙特阿拉伯、新加坡、挪威、德国、韩国等。主要经济数据如下：2015 财年国内生产总值（2014 年 7 月至 2015 年 6 月）：1951.6 亿美元；人均国内生产总值：1316 美元；货币名称：塔

---

① http：//www.fmprc.gov.cn/web/gjhdq_ 676201/gj_ 676203/yz_ 676205/1206_ 676764/1206x0_ 676766/，2016 年 8 月 15 日。

卡（Taka）；汇率：1 美元 = 85 塔卡。①

四　语言政策

孟加拉语属印欧语系的印度雅利安语族，已独立存在 800 多年，目前是孟加拉国的官方语言。在教育界和商界广泛使用的语言则是英语。有相当数量的人可以看懂阿拉伯语。从世界范围内来看，说孟加拉语的约有两亿五千万人。联合国教科文组织把 1952 年 2 月 21 日定为国际母语日，以在全球范围内纪念那些为了争取孟加拉语的合法地位而牺牲的烈士们。②

第二节　汉语教学简史

孟加拉国最早的汉语教学可以追溯到 20 世纪 40 年代末，首先开始于达卡大学。1948 年，达卡大学（Dhaka University）开始法语、汉语等语种教学，之后由于各种原因有过中断。达卡大学成立于 1921 年 7 月 1 日，是孟加拉国最大的公立大学，目前大学下设 13 个学院、71 个系，以及超过 38 个高端研究中心，在校生 3.3 万多人。③

1970 年后汉语教学又得到了发展，并持续至今，开创者是孟加拉人阿卜杜勒·哈耶（A. H. M. Abdul Haye）。阿卜杜勒于 1966 年来到中国学习汉语，还于 1996 年和 1999 年两度参加了汉语教学培训班。1967 年阿卜杜勒结束留学生活回到孟加拉国，1970 年加入达卡大学外语学院，在他的倡议和努力下，达卡大学外语学院首次成立了汉语系，而他也成为第一位汉语教师，并在长达 20 多年的时间里

---

① http：//www. fmprc. gov. cn/web/gjhdq_ 676201/gj_ 676203/yz_ 676205/1206_ 676764/1206x0_ 676766/，2016 年 8 月 15 日。

② http：//news. xinhuanet. com/ziliao/2002 – 07/04/content_ 469840. htm，2016 年 8 月 15 日。

③ 刘权等：《孟加拉国达卡大学中文系汉语教学调查分析》，《楚雄师范学院学报》2014 年第 7 期。

是汉语系唯一的一名汉语教师。

当时招收的一年级汉语学生有 36 人，常规生 15 人。1974 年，达卡大学建立现代语言学院（Institute of Modern Languages），下设汉语、波斯语、阿拉伯语、日语、韩语等 13 个语种，设立了汉语系。随后，达卡大学的汉语教学在现代语言学院的管理下展开。现代语言学院有十几个外语专业，大多数外语专业都有外教，但汉语系在 20 世纪 90 年代中期才有中国教师加盟。达卡大学汉语系的成立及汉语教学活动的日益多样化，对孟加拉国的汉语推广起到了重要作用。

2014 年 11 月 24 日，由中国驻孟加拉国大使馆、孟加拉国达卡大学现代语言学院联合主办的第三届"想唱就唱"达卡大学中文歌曲大赛在达卡大学现代语言学院举办。此次大赛以轻松活泼的方式推广了中国文化，使得众多喜爱中国文化的孟加拉国学生通过参与此类活动提高了中文水平，加深了对中国文化的了解。

2015 年 5 月 8 日，第十四届"汉语桥"世界大学生中文比赛孟加拉国赛区预赛在由中国政府援建的达卡大学中国研究中心[①]举行。此次活动由中国驻孟加拉国大使馆主办，达卡大学现代语言学院中国研究中心、南北大学孔子学院、山度玛丽亚姆机构广播孔子课堂、OPPO 孟加拉通信设备有限公司协办。

1993 年，孟加拉国建立了南北大学。南北大学自建校以来发展迅速，现有在校学生 8 千余人，下设商学院、计算机科学学院、社会学学院、英语学院、继续教育学院五个学院。南北大学设 11 个本科学位，9 个硕士学位，其中工商管理硕士享有盛名。2006 年 2 月 14 日，南亚首所孔子学院在南北大学成立，即南北大学孔子学院，由国家汉办委托云南大学与孟加拉国南北大学合作建立。目前是一所旨在促进孟加拉国的汉语言文化教学、以短期课程为主的教学机构，现任院长为伊里亚斯博士（Dr. KhaliquzzmanM. Elias），汉语教师郭磊为中

---

① 2015 年 2 月 8 日，由中国驻孟加拉国使馆援建的中国研究中心，在孟加拉国著名学府达卡大学落成，达卡大学中国研究中心将由达卡大学汉语系负责管理和使用。

方代表。

1994 年 11 月，孟加拉美国国际大学（American International University-Bangladesh）在孟加拉国首都达卡成立。随着中孟经贸联系的加强，越来越多的中国人和孟加拉人进行经贸文化互访，孟加拉美国国际大学意识到"中国"已经开始渗透到孟加拉人民的日常工作生活中。中国影响力逐渐增强，很多国际大学的师生有高涨的汉语学习热情。2006 年 11 月，孟加拉美国国际大学应邀往浙江工商大学派出交流人员，其中学生 29 名，师生 3 名。根据浙江工商大学的要求，孟加拉美国国际大学的师生被安排编入"英语寝室"，在规定时间内与他们用英语交流，历时 3 个星期。"英语寝室"项目在提高学生英语口语能力和对外交流中起了非常积极的推动作用。其间孟加拉美国国际大学看到了中国大学的建设和发展，坚定了开设汉语课程的信心。①2007 年 5 月开始汉语教学，成为孟加拉国境内开展汉语教学的第三所大学。

另外，2003 年中孟两国签订了《中孟文化合作协定 2004—2006 年执行计划》使得孟加拉国的汉语教学更加蓬勃地发展起来，到中国学习和旅游的孟加拉人也越来越多。汉语作为了解中国的重要工具和文化载体，受到了孟加拉国政府、教育机构、企业及媒体的广泛关注。孟加拉国大量的家电产品、农药化工产品和日常生活用品都来自中国，一些到孟加拉国投资的中资机构和中孟合资企业也需要一些翻译人员，因此，汉语在孟加拉国作为一种重要商业语言，其实用价值和潜在价值也正在提升，其重要性正日益被孟加拉国各界认可。现在，孟加拉国的"汉语热"逐渐升温，报名学习汉语的人数逐年增加。②

---

① 龚苗：《孟加拉国美国国际大学的汉语教学》，《云南师范大学学报》（对外汉语教学与研究版）2008 年第 4 期。
② 龚苗等：《孟加拉大学汉语教学现状》，《世界汉语教学》2008 年第 4 期。

第三节　汉语教学的环境和对象

　　孟加拉国的首都达卡是国家的政治文化中心，国家间的经贸合作与文化交流都主要在达卡进行，而且达卡的大学数量较多，开展汉语教学的机构也基本集中在这里。目前开展专业化汉语教学的机构，包括达卡大学现代语言学院汉语系、南北大学孔子学院（军校、韩国学校等教学点）、达卡大学孔子学院、山度玛丽亚姆广播孔子课堂、孟加拉美国国际大学、孟加拉国际教培学校、孟加拉开放大学学习中心等。下面对其中的一些汉语教学机构的汉语言文化教学活动进行简要介绍。

一　达卡大学现代语言学院汉语系的汉语教学

　　达卡大学现代语言学院汉语系成立于 1978 年，是孟加拉国最早开展汉语教学的机构，它为达卡大学在校生提供汉语选修课，同时也为社会人士和在孟外国人提供非学位汉语进修课程。

　　（一）学期安排和课程设置

　　达卡大学现代语言学院汉语教学为学年制，类似国内大学的四年本科，达卡大学 1973 年第 6 号法规规定，学生如果想要进入汉语系学习汉语，必须通过入学考试，考试内容是有关中国文化知识的英文试卷。一个学年分为两个学期：春季学期（1—5 月）、秋季学期（8—12月）。每年的 7 月开始招生，8 月开始新学期。根据学员需要，每个学期都开设有汉语长期班和汉语短期班。长期班分为一年级至四年级，课程以综合课为主；短期班不分年级，课程以口语课为主。每个班级每周上两次课，每次课 120 分钟，每学期都有相应的期中和期末考试。课程基本按听、说、读、写设置，教材为北京语言大学出版社出版的《速成汉语初级教程》（1—4 册，郭志良主编）。

除长期班综合课和短期班口语课以外，达卡大学现代语言学院汉语系从 2012 年起开设了中国文化介绍课，并在文化介绍课的基础上开展了中文歌曲比赛、"周五汉语角"等活动。①

（二）招生和师资

达卡大学现代语言学院汉语系招生人数不断增长，龚苗等（2008）《孟加拉大学汉语教学现状》② 一文给出了 2004—2007 年参加入学考试和最终招收的人数，见表 1。

表 1　达卡大学现代语言学院 2004—2007 年汉语学生人数

年份	入学考试人数	招收人数
2004	133	69
2005	208	120
2006	250	125
2007	402	124
总计	993	438

刘权等（2014）《孟加拉国达卡大学中文系汉语教学调查分析》③ 一文给出了 2008—2013 年的招生人数，见表 2。

表 2　达卡大学现代语言学院 2008—2013 年一年级汉语学生人数

年份	2008	2009	2010	2011	2012	2013
招收人数	125	140	165	205	225	270
总计：1130 人						

师资方面，我国政府于 20 世纪 90 年代中期开始向达卡大学派遣汉语教师。2008 年，已有 7 任公派汉语教师到达卡大学任教，目前该校来自中国的汉语教师有 2 名，分别是公派汉语教师和汉语志愿者教师。汉语系主任阿弗扎尔·侯赛因（Afzal Hossain）也承担部分教学

---

① 刘权等：《孟加拉国达卡大学中文系汉语教学调查分析》，《楚雄师范学院学报》2014 年第 7 期。
② 龚苗等：《孟加拉大学汉语教学现状》，《世界汉语教学》2008 年第 4 期。
③ 刘权等：《孟加拉国达卡大学中文系汉语教学调查分析》，《楚雄师范学院学报》2014 年第 7 期。

任务。阿弗扎尔曾于 1997—2001 年在北京语言大学学习汉语，并获学士学位，后又在云南大学汉语言文学专业攻读硕士和博士学位。阿弗扎尔也是第一个完成汉语言文学专业的孟加拉人。①

二 孟加拉美国国际大学的汉语教学

孟加拉美国国际大学属于孟加拉国新兴的私立大学，于 2007 年 5 月首次开设汉语课程，虽然起步较晚，但是在学校和教师的共同努力下，汉语教学事业的发展很快。

随着中孟交流的加深，孟加拉美国国际大学的师生对汉语产生了浓厚的兴趣。孟加拉美国国际大学的汉语教学对象主要有两类：本校的教职人员和在校本科生，汉语水平都是零起点，为了便于教学，分为汉语教师班和汉语学生班。

（一）汉语教师班

2007 年 5 月美国国际大学首次开设汉语课程时，教职人员踊跃报名，但是由于工作性质、时间及学期安排等客观原因，教职人员的学习稳定性不强，即使把课程安排到下午六点至八点，仍不能保证每人每节课都到。教职人员的学习特点是课上高效，他们在上课的过程中比较放松。授课教师强调的语音、语调或者其他发音练习，他们都积极主动地开口练习，课堂互动良好；对于学到的词汇和简单的语法现象能够当堂融会贯通，教师的举一反三可以很快地得到理解，创造性好、准确性高。

（二）汉语学生班

首批报名参加汉语课程的国际大学本科生共有 25 人，这些学生的学习特点是上课积极主动练习，积极提问，课后练习比较认真，也积极参加中国大使馆组织的有关汉语的竞赛和其他活动。如在使馆组织的演讲比赛中，参赛的大学生力争发好演讲稿中的每一个音，理解每一句话。这些学生对中国文化、汉语和北京奥运会有着浓厚并

---

① 龚苗等：《孟加拉大学汉语教学现状》，《世界汉语教学》2008 年第 4 期。

且持续的兴趣，他们虽然起步晚，但还是力争要拿到赴中国学习的奖学金。①

三 孟加拉国际教培学校的汉语教学

1983 年，孟加拉国际教培学校（Bangladesh International Tutorial，BIT）依照孟加拉国教育部《1962 年私立学校注册条例》（第 1962 × × 号）注册登记，在孟加拉国达卡市库尔山成立，属孟加拉中小学教育规模较大、教学质量较好的一所著名私立学校。在校师生共 2305 人，学校分库尔山、乌多拉两大校区，距离南北大学孔子学院分别为 15 公里和 40 公里。②

BIT 学校于 2009 年开设汉语课，2010 年成为孟加拉南北大学孔子学院的汉语教学点之一。至 2014 年有 52 个汉语教学班，共 1038 名学生。汉语教师人数 7 人，其中本土汉语教师 5 人，中国教师 2 人。一至七年级，汉语属于必修课；八年级至十年级，汉语则属于选修课。

汉语课采用小班教学，一个班 25 人左右，教学场所为普通教室，没有多媒体设备。每班每周两次汉语课，一次一节，每节 40 分钟。教学语言以汉语为主，辅以英文。主要使用的汉语教材有《汉语乐园》《快乐汉语》以及《汉语会话 301 句》（康玉华，来思平编，北京语言大学出版社 2003 年版），但教材使用方面存在一些问题。四至六年级使用的是《快乐汉语》，六年级只学《快乐汉语》第二册上半部（1—4 单元），到了七年级改为《汉语会话 301 句》。《快乐汉语》第二册的下半部（5—8 单元）以及《快乐汉语》第三册在 BIT 学校汉语实际教学中没有使用，教材使用出现断层；七年级至十年级使用的均为同一本教材《汉语会话 301 句》，而且上课内容和进度完全一样，不太合理。

---

① 龚苗：《孟加拉国美国国际大学的汉语教学》，《云南师范大学学报》（对外汉语教学与研究版）2008 年第 4 期。
② 刘权等：《孟加拉国达卡大学中文系汉语教学调查分析》，《楚雄师范学院学报》2014 年第 7 期。

四　孟加拉国开放大学学习中心的汉语教学

2014 年 4 月，由云南开放大学与友好合作伙伴孟加拉国开放大学共同合作，依托孟加拉国开放大学设立的孟加拉国开放大学学习中心在孟加拉国南北大学正式揭牌。该中心坐落于孟加拉国首都达卡，是中国云南开放大学的第一所境外汉语学习中心。中心开展了汉语课程学习与文化交流活动。第一，基于平台开设线上自学汉语课。目前，平台上已有数百名注册的汉语学习者。第二，开设有"汉语实践及中华文化体验"短期访学班。第三，开设有基于网络平台的"基础交际汉语"混合汉语课程，授课地点在合作院校孟加拉美国国际大学。①

五　南北大学孔子学院的汉语教学

2006 年 2 月 14 日，由中国云南大学与孟加拉国南北大学合作创办的南北大学孔子学院在达卡挂牌，是南亚第一所孔子学院。学院经常举办各种有中国特色的文化活动和汉语竞赛，并深入当地中小学校开展教学，为中孟文化教育交流搭建了一座金桥。

南北大学孔子学院建院已经 10 年，在国家汉办、孔子学院总部的大力支持下，在合作双方共同努力下，学院不断向前发展，各方面都取得了显著成绩，先后获得"先进孔子学院""孔子学院先进个人"称号。目前，南北大学孔子学院已经在孟加拉国内设立了 9 个教学点和两个 HSK 与 HSKK 汉语水平考试点，共招收了来自社会各阶层的12941 名学员。汉语教学上，因地制宜，探索出了一条适应当地环境和对象的教学模式和方法；文化传播上，形式多样，教娱结合，使越来越多的孟加拉人民渴望学汉语懂汉语，了解中国热爱中国。②

南北大学孔子学院与孟加拉国内的其他教学机构合作建立了一些教学点，包括我们上面介绍的 BIT 学校，另外还有几个影响比较大的

---

① 刘权等：《孟加拉国际教培学校汉语教学情况调查》，《湖北经济学院学报》2014 年第 2 期。
② http://nsu.bd.chinesecio.com/zh-hans/node/48，2016 年 8 月 16 日。

教学点，如 Bangladesh University of Professionals 和 EIS 国际学校。

Bangladesh University of Professionals（BUP）于 2010 年与南北大学孔子学院合作并成为其下设教学点。BUP 是孟加拉国第一所为公民和军事人员建立的大学，BUP 每年设置一个学期，学习时间为 5—6 个月，但具体开学和结束时间都不固定。以 2013 年为例，学期起止为从 4 月到 8 月，开设了一个汉语班，共 45 人，学生汉语水平均为零基础。南北大学孔子学院每学期派 1—2 名志愿者教师到 BUP 进行每周两次的汉语教学。

EIS 国际学校 2013 年 5 月正式与南北大学孔子学院建立合作关系，成为南北大学孔子学院的一个教学点，由南北大学孔子学院派遣一名志愿者教师常驻该校担任汉语教学工作。学校开设了两个汉语教学班，学生皆为韩国籍中学生，每个班每周两次到三次课，授课强调趣味性教学。①

2011 年 4 月 22 日，第十届"汉语桥"世界大学生中文比赛孟加拉赛区决赛在中国驻孟加拉国大使馆圆满落幕。南北大学孔子学院学生安妮（Anika Atique Chowdhury）以优异的成绩喜获第一名。

2011 年 10 月 14 日，孟加拉南北大学孔子学院举办首次新 YCT（Youth Chinese Text）考试。这是 YCT 在孟加拉国的首次考试，参加考试的中小学生达 265 名，考生主要来自孟加拉国际教培学校。

2012 年 8 月 13 日，中国驻孟加拉国大使馆文化处和南北大学孔子学院在达卡共同举办了"首届孟加拉国汉语教学研讨会"，来自南北大学孔子学院、山度玛丽亚姆机构孔子课堂、达卡大学中文系、布拉克大学语言教学中心、牛津国际学校、孟加拉国际教培学校等单位的汉语教师及使馆文化处官员等共 16 人出席。此次研讨会顺应孟加拉国汉语教学发展的新需求，对该国汉语教学工作做了一次全面梳理，并针对该国汉语教学中存在的问题进行了集中研讨，旨在引发各教学

---

① 刘权、黄薇：《孟加拉国南北大学孔子学院汉语教学及推广概况》，《教育学研究》2015 年第 1 期。

点汉语教师的深入思考，推动孟加拉国汉语教学工作的进一步发展。

2012 年 9 月 2 日，第五届"汉语桥"世界中学生中文比赛孟加拉国预赛在达卡南北大学举行，这是"汉语桥"世界中学生中文比赛首次在孟加拉国举行。选手们主要来自孔子学院及其下设的汉语教学点BIT 学校和牛津国际学校等中学。

2013 年 2 月 21 日，孟加拉南北大学孔子学院参加了 ATN 电视台世界母语日节目录制，共参加 3 个节目的录制，很好地宣传了南北大学孔子学院，提高了当地对汉语和中国传统文化的认识。

2014 年 2 月 8 日，"2014 欢乐春节"第二届达卡庙会盛大举行，浓浓的中国色彩吸引了成千的孟加拉人前来感受中国春节文化。自2010 年起，"欢乐春节"系列活动在达卡已经连续举办了 4 年，孔子学院的全体汉语教师和志愿者们是每次活动的主力军，通过该活动向孟加拉国人民介绍中国文化，展现中国文化的魅力。

2014 年 6 月 25—26 日，南北大学孔子学院在南北大学广场举行了"中文体验日"活动，中国驻孟加拉国大使馆文化处参赞、南北大学孔子学院外方院长、山度玛丽亚大学孔子课堂的汉语教师和达卡大学的汉语教师等参加了本次活动。陈霜参赞表示，此次活动意义重大，是促进中孟两国文化交流的一个重要窗口，通过中文体验活动能让更多的孟加拉国学生了解并且感受中国文化。

2014 年 10 月 11 日，2014 年的第三次汉语水平考试在南北大学孔子学院语音教室举行，参加本次考试的考生共有 29 人，考试级别有HSK 二级、HSK 三级、HSK 四级和 HSKK 初级，分别在上午与下午进行。考生主要来自南北大学孔子学院和达卡大学。

2015 年 8 月 27—29 日，2015 年"亚洲旅游博览会"在达卡国际会展中心隆重举办。南北大学孔子学院参加了该活动，向孟加拉国人民介绍中国的大好河山，展现了中国风情，进一步推动中国文化在孟加拉国的传播。这已是南北大学孔子学院第三次参加该项活动。

2016 年 3 月 8 日，南北大学孔子学院参加了南北大学建校 24 周年的文艺演出活动，孔子学院学生用汉语表演了歌曲《说唱脸谱》《渡情》，诗朗诵《将进酒》，赢得了观众的热烈掌声；精彩的武术表演让观众们感受到了中国武术的博大精深。

2016 年 3 月 19 日，南北大学孔子学院举办"中国日"活动，中方院长郭磊做了题为"中国哲学与中国功夫"的讲座，并与孔子学院全体师生共同观摩了中国电影，使得孟加拉国学生了解了中国的哲学思想和武术精神。

2016 年 8 月 27 日，南北大学孔子学院举办了汉语教学研讨会。南北大学孔子学院的全体教师以及达卡大学的三位汉语教师参加了此次研讨会。此次汉语教学研讨会上，各位教师分享了在汉语教学和汉语文化活动中积累的经验与方法，提出了存在的问题和相应的解决策略，进一步推动了孟加拉国汉语教学的发展。①

六 达卡大学孔子学院的汉语教学

达卡大学始建于 1921 年，是孟加拉国最著名、规模最大的国立大学。建校 90 多年来，达卡大学为孟加拉国各界培育输送了大量高级知识人才，是孟加拉国名副其实的精英摇篮，被誉为"东方牛津"。达卡大学现有 1800 余名教师、33112 名在校学生，学科门类齐全，有 23个学院、71 个系部、38 个研究中心。② 达卡大学汉语系成立于 1978年，是孟加拉国最早设立汉语专业的高校，优质的教学质量在孟加拉国有口皆碑。在历年的"汉语桥"大学生比赛中，达卡大学的学生都取得了比较优异的成绩。

2015 年 11 月 5 日，中国国家汉办正式批准云南大学与达卡大学合作承办孟加拉国达卡大学孔子学院。2016 年 6 月 6 日，达卡大学孔子学院在孟加拉国首都达卡举行开工典礼。达卡大学孔子学院位于现

---

① 孔子学院总部/国家汉办网站：http://www.hanban.org/；孟加拉南北大学孔子学院网站：http://nsu.bd.chinesecio.com/zh-hans，2016 年 8 月 17 日。

② http://www.news.ynu.edu.cn/gjjl/2015-12-25/0-29-10608.html，2016 年 8 月 17 日。

代语言学院内，将与该校的中国研究中心及汉语系一起共同开展汉语教学及研究工作。达卡大学孔子学院立足培养孟加拉国本土汉语教师及促进中孟高层次教育文化交流。

2016 年 6 月 8 日由云南大学和孟加拉国达卡大学共建的达卡大学孔子学院增建区开工典礼，在达卡顺利举行。两所大学决定在达卡大学艺术大楼新建孔子学院专用场地，用于教学及举办各种文化活动。双方共建达卡大学孔子学院是中孟两国人民友好交往的成果，也是未来双方在教育、文化等领域深入交流的平台，有利于进一步促进双方汉语教学活动的交流与借鉴。

七 山度玛丽亚姆机构广播孔子课堂的汉语教学①

2009 年 2 月 14 日，中国国际广播电台与孟加拉国山度玛丽亚姆机构合作建设的广播孔子课堂，在达卡举行了揭牌仪式。山度玛丽亚姆机构广播孔子课堂是孟加拉国第一家广播孔子课堂。自其创立以来已经举办了各种形式的汉语交流活动，对中外文化的交流产生了重要的作用。

2010 年 1 月 18 日，山度玛丽亚姆机构广播孔子课堂在孟加拉国首都达卡举行主题为"学习汉语的机遇与挑战"的媒体推介会，宣传推广汉语教学和中国文化。包括孟加拉国国家电视台在内的 20 余家孟方主流媒体参加了当天的推介会。

2010 年 7 月 20 日，山度玛丽亚姆机构广播孔子课堂和孟加拉国山度玛丽亚姆创意与技术大学联合举办的"你好，上海世博会"儿童绘画展暨绘画比赛颁奖仪式在孟加拉国首都达卡举行。中国驻孟加拉国大使张宪一、文化参赞钱开富，以及孟加拉国文化部秘书海达耶杜拉·阿尔马蒙一起出席了画展剪彩仪式并参观了参展作品。

---

① 中新网（http：//www.chinanews.com/hwjy/2011/06 - 01/3083561.shtml）；新华网（http：//news.xinhuanet.com/world/2011 - 02/16/c_121087610.htm）；国际在线网站（http：//gb.cri.cn/27824/2009/02/14/2225s2426734.htm）和《APD 亚太日报》，2016 年 8 月 17 日。

2011 年 3 月 6 日，在山度玛丽亚姆机构广播孔子课堂的邀请和联络下，中国驻孟加拉国大使张宪一在孟加拉国文学院（Bangladesh Academy）① 做了题为"中孟交往的历史与传说"的专题讲座。包括孟加拉国文学院院长沙姆苏扎曼·汗（Shamsuzzaman Khan）在内的约 150 位孟加拉国文学院研究专家及孟知识界人士出席了该讲座。

2011 年 5 月 18 日，由山度玛丽亚姆机构广播孔子课堂举办的孟空军首期基础汉语培训班结业仪式在孟首都达卡举行，中国驻孟加拉国大使张宪一、武官李成林以及包括孟加拉国空军培训部主任瓦塞克·伊克巴尔·汗空军上校（Group Captain Wasek Iqbal Khan）在内的多名空军高层人士出席了结业仪式。

2011 年 6 月 1 日，孟加拉国颇受欢迎的电视台 Desh TV 邀请山度玛丽亚姆机构广播孔子课堂的中方院长杨伟明以及本土教师毛大海参加该电台的直播电视教学节目"用孟加拉语学汉语"。该节目是孟加拉国电视台首次举办的直播汉语教学节目，也是山度玛丽亚姆机构广播孔子课堂在汉语推广方面的一次崭新尝试。以用"孟加拉语学汉语"的特色教学方式增加观众对汉语的兴趣，促进孟加拉国大众对汉语和中国文化的了解，增进中孟双方的友谊和交流。

2012 年 11 月 15 日，山度玛丽亚姆机构广播孔子课堂在达卡举行了以"我心中的中国"为主题的画展，展出了 60 幅孟加拉国青少年学生和社会各界人士创作的优秀绘画作品。

2014 年 3 月 22 日，由山度玛丽亚姆机构广播孔课堂主办的"舌尖上的中国——2014 中国电影节"在孟加拉国首都达卡开幕。本次电影节主题为中华美食，3 月 22 日至 25 日放映了《舌尖上的中国》系列纪录片，用电影的方式向孟加拉当地民众展示中华美食的特点及制作过程，从而使其对中华文化产生兴趣，提升汉语学习热情。

---

① 孟加拉国文学院成立于 1955 年，是孟加拉国从事孟加拉语言文学研究和推广的权威机构。

第四节　汉语教材的选用和开发

　　孟加拉国各汉语教学机构所开设的课程类型、学生类型和师资情况各不相同，类型多样，在教材的选择和设置方面也有所不同。孟加拉国汉语教学中所使用的教材主要是由中国出版的，如《长城汉语》系列教材、《汉语会话 301 句》《快乐汉语》《汉语乐园》《新实用汉语课本》（刘珣主编，北京语言大学出版社 2002 年版）、《汉语口语速成》（马箭飞主编，北京语言学院出版社 1999 年版）；也有新加坡的教材，如《趣味汉字》［（新加坡）陈火平，新世界出版社 1999 年版］；另外还有自己开发的本土教材，如《新长城汉语（中孟英版）》和《实用汉语 300 句》。但总体来看，教材数量有限，只能满足教师使用需求，学生主要使用的是复印件。①

　　《长城汉语》系列教材是孟加拉国达卡市使用范围最广、使用人数最多的汉语教材之一。其中南北大学孔子学院（及下设教学点）、山度玛丽亚姆机构广播孔子课堂、达卡大学中文系三年级等均使用《长城汉语》系列教材作为基础汉语课程教材。该教材以培养学习者的汉语交际能力为主要目标，配合多媒体课件和练习册，依托丰富的教学资源，适应多数学习者的汉语学习要求。

　　《汉语会话 301 句》是南北大学孔子学院、达卡大学孔子学院和孟加拉国际教培学校中文课堂使用的主流教材之一。该教材为南北大学孔子学院 1 对 1 课程主要使用的教材、BIT 学校中小学七年级至九年级也将该教材作为选修课教材。该教材是为初学汉语的外国人编写的速成教材。该教材仅有一册，共 40 课，另有 8 课复习课。其中包括"问候""相识"等交际功能项目近 30 个、生词 800 个左右，以及汉语的基本语法。该教材注重培养初学者运用汉语进行交际的能力，采

---

① 　王婕好：《孟加拉国达卡市汉语教材使用情况调查研究》，硕士学位论文，云南大学，2014 年。

用交际功能与语法结构相结合的方法编写。

《快乐汉语》是国际学校中文课堂和孔子学院下设教学点韩国学校中文课所使用的主流教材。小学四年级至六年级使用《快乐汉语》第一、二册进行汉语学习，韩国学校六年级至八年级也将《快乐汉语》作为主要教材。该教材主要面向以英语为母语的中小学学习者，是中小学中文课的主力教材。全套教材分为三个等级，每个等级都配有教师用书、练习册，另外还配有词语卡片、挂图等教具。教材内容和练习项目的设置参照了部分英语国家的中学汉语课程大纲和考试大纲。

《汉语乐园》是 BIT 国际学校中文课堂一年级至三年级汉语必修课的教材。该教材是一套供英语国家小学生使用的初级汉语选修课教材，包括：学生用书 6 册、活动手册 6 册、教师用书（中、英文）6册、词语卡片 6 册，共 18 册。

《新长城汉语（中孟英版）》是达卡大学孔子学院和南北大学孔子学院基础汉语课程所使用的主要教材。该教材是达卡大学孔子学院在《长城汉语》的基础上改编而成的，融入孟加拉国本地文化和国情，是一部专门针对孟加拉国汉语学习者改编的本土化教材，相对《长城汉语》，该教材在以下三个方面做了改编：（1）把教材中人名、地名改成孟加拉国特色的人物和地点名称；（2）加入了孟加拉语注释，使得课文解释更清楚明了；（3）内容上适当地增加了中国文化的介绍，同时还增加了孟加拉国和中国文化对比的内容。

《实用汉语 300 句》是达卡大学中文系主任阿弗扎尔·侯赛因（Afzal Hossain）和云南大学人文学院的马艳老师共同编著的，同样是一部在孟加拉国出版的本土化教材，全书有完整的孟语注释，适用于母语为孟加拉语的学习者，目前主要用于达卡大学中文系一年级汉语教学。

第五节　汉语师资与培训

中国政府最早于 20 世纪 90 年代初向达卡大学派遣汉语教师，截至 2013 年，已有 13 任公派和志愿者教师到达卡大学任教。现在任的中国汉语教师有四名，其中公派教师两名，志愿者教师两名，目前师资是 2010 年以前的两倍。达卡大学现任汉语系主任阿弗扎尔·侯赛因也承担一定的教学任务。

2006 年以来，在孔子学院总部和国内有关机构的支持下，孟加拉国先后设立南北大学孔子学院和山度玛丽亚姆孔子课堂。随着汉语教学工作的深入推进，孟加拉国对汉语教师的需求也急剧上升，孔子学院总部为此招募汉语教师和志愿者赴孟加拉国从事汉语教学和中国文化的推广工作。南北大学孔子学院大部分汉语教师都是中国国家汉办派遣的公派教师和志愿者。[1] 2007 年至 2013 年，39 名志愿者分别在南北大学孔子学院、山度玛丽亚姆孔子课堂、达卡大学、孟加拉国国际教培学校等大、中、小学的教学点任职。[2]

孟加拉国国际教培学校汉语教师数量还有待增加。整个学校有 52 个汉语教学班，汉语教师人数共 7 人，师资尚不能满足实际需求。学校任教的 3 名兼职老师同时还是孟加拉国达卡大学中文系的学生，汉语教学能力还有待进一步提高。由于该校中国教师大多为汉办外派志愿者，志愿者教师的任期一般都是一年。受其任期影响，学校经常会调换教师。在该校教学的志愿者教师，最短的教学时间只有两个星期，最长的也不足十个月，这极大地影响了正常教学。[3]

在接受中国教师支援的同时，孟加拉国也注重吸收本土人士进入汉语教师队伍。2008 年孟加拉国首届汉语教师培训班在南北大学孔子学院开班，本次培训的主要目的是使学员了解和掌握汉语基础知识，能够针对孟加拉人学习汉语的实际情况，掌握基本的汉语教学方法。参加培训的 17 名学员是从 100 多位报名者中选拔出来的，主要来自孟加拉国大、

---

① 刘权、黄薇：《孟加拉国南北大学孔子学院汉语教学及推广概况》，《教育学研究》2015 年第 1 期。

② 刘汉银：《浅论海外汉语教师志愿者的日常管理——以孟加拉国为例》，《保山学院学报》2014 年第 3 期。

③ 刘权等：《孟加拉国际教培学校汉语教学情况调查》，《湖北经济学院学报》2014 年第 2 期。

中学校和部分教育机构，以及孔子学院。孟加拉国汉语教学起步较晚，汉语教师匮乏，已成为一些学校开设汉语课程难以起步的原因之一。此次汉语教师培训共计四周，以全日制形式，实行严格的考试和考勤制度。前三周在南北大学孔子学院进行，最后一周在云南大学开展，使学员们实地了解中国文化，并进行汉语教学实践。为便于孟加拉国学员的阅读和理解，中方教师为培训制订了详细的中孟双语教学计划。①

2013 年 9 月中国驻孟加拉国大使馆文化处与南北大学孔子学院联合召开了第二届对孟汉语教学研讨会。根据国家汉办的指导方针，本届研讨会的两大议题确定为如何实现汉语教学本土化以及汉语教学规范化、系统化、科学化。中国驻孟加拉国大使馆文化参赞梁斌对研讨会进行了总结。他表示，此次研讨会议题鲜明、有针对性，研究如何提升本土化教学水平将是提升对孟整体汉语教学水平的突破口，应加大本土化教师的培训力度和不断改进本土化教材的编写。②

本章主要参考文献

龚苗：《孟加拉国美国国际大学的汉语教学》，《云南师范大学学报》（对外汉语教学与研究版）2008 年第 4 期。

龚苗等：《孟加拉大学汉语教学现状》，《世界汉语教学》2008 年第 4 期。

刘汉银：《浅论海外汉语教师志愿者的日常管理——以孟加拉国为例》，《保山学院学报》2014 年第 3 期。

刘权等：《孟加拉国际教培学校汉语教学情况调查》，《湖北经济学院学报》2014 年第 2 期。

刘权等：《孟加拉国达卡大学中文系汉语教学调查分析》，《楚雄师范学院学报》2014 年第 7 期。

刘权、黄薇：《孟加拉国南北大学孔子学院汉语教学及推广概况》，《教育学研究》2015 年第 1 期。

王婕妤：《孟加拉国达卡市汉语教材使用情况调查研究》，硕士学位论文，云南大学，2014 年。

---

① http：//www.fjnet.com/shxx/shxxnr/200804/t20080421_68383.htm，2016 年 8 月 17 日。

② http：//www.mandarinhouse.com.cn/jiaoxue/201307022493.html，2016 年 8 月 17 日。

第三章　斯里兰卡的汉语教学

第一节　国家概况

一　自然地理

斯里兰卡全称斯里兰卡民主社会主义共和国（The Democratic So-cialist Republic of Sri Lanka），旧称锡兰（Ceylon），是印度洋上的一个岛国，位于北纬 5°55′至 9°50′，东经 79°42′至 81°53′，在南亚次大陆南端，西北隔保克海峡与印度半岛相望。南北长 432 公里，东西宽 224 公里，国土面积为 65610 平方公里。斯里兰卡岛大致呈梨形，中南部是高原，其中皮杜鲁塔拉格勒山海拔 2524 米，为全国最高点。北部和沿海地区为平原，其中北部沿海平原宽阔，南部和西部沿海平原相对狭窄，海拔均在 150 米左右。斯里兰卡还有着众多的河流，主要河流有 16 条，大都发源于中部山区，流域短且流势湍急，但水流量很丰富。斯里兰卡境内最长的河流是马哈韦利河，全长 335 公里，在亭可马里港附近流入印度洋。东部较低洼的平原地区，有着星罗棋布的湖泊，其中以巴提卡洛湖最大，面积为 120 平方公里。

由于斯里兰卡地理位置接近赤道，所以终年如夏，年平均气温 28℃，又因受印度洋季风影响，西南部沿海地区湿度大。雨季为每年

5月至8月、11月至次年2月，年平均降水量2136毫米。风景秀丽，素有"印度洋上的明珠"之称。①

二　历史政治

2500年前，来自北印度的雅利安人移民至锡兰岛建立僧伽罗王朝。公元前247年，印度孔雀王朝的阿育王派其子来岛弘扬佛教，受到当地国王欢迎，从此僧伽罗人摈弃婆罗门教而改信佛教。公元前2世纪前后，南印度的泰米尔人也开始迁徙并定居锡兰岛。5世纪至16世纪，岛内僧伽罗王国和泰米尔王国之间征战不断。16世纪起先后被葡萄牙人和荷兰人统治。18世纪末成为英国殖民地。1948年2月获得独立，定国名锡兰。1972年5月22日改称斯里兰卡共和国。1978年8月16日改国名为斯里兰卡民主社会主义共和国。

斯里兰卡现行宪法于1978年9月7日生效，是斯里兰卡历史上第四部宪法，并在1982年后曾多次修改宪法，不仅废除了沿袭多年的英国式议会制，改行总统制，并规定包括议员在内的所有官员，必须宣誓反对分裂主义，维护国家统一。斯里兰卡议会为一院制，由225名议员组成，任期6年。司法机构由三部分组成：法院，包括最高法院、上诉法院、高级法院和地方法院等；司法部，负责司法行政工作；司法委员会，负责法院人事和纪律检查。总统由选民直接选举产生，集国家元首、政府首脑、武装部队总司令等权力于一身，且不对议会负责。总理一职由总统任命，通常不具有实权。现任总统为迈特里帕拉·西里塞纳（Maithripala Sirisena），于2015年1月当选，曾在苏联高尔基文学院学习。现任总理为拉尼尔·维克拉马辛哈（Ranil Wickremesinghe），曾历任外交部副部长等职，2015年1月被新当选总统西里塞纳任命为总理。②

---

① http：//news. xinhuanet. com/world/2014 - 09/16/c_ 1112506031. htm，2016年8月18日。

② http：//www. fmprc. gov. cn/web/gjhdq_ 676201/gj_ 676203/yz_ 676205/1206_ 676884/1206x0_ 676886/，2016年8月18日。

三 人口经济

斯里兰卡是由曾伽罗、泰米尔和摩尔等民族组成的多民族国家，最新的统计数据显示，2014 年全国有人口 20778472 人，其中僧伽罗族人占 74%，泰米尔族 18%，摩尔族 7%，其他 1%。[①] 居民信奉佛教、印度教、伊斯兰教和基督教，信奉佛教的人口约占 70%。该国工业基础薄弱，经济结构单一，以种植园经济、农产品和服装加工业为主，贸易最大优势在于矿业和地理位置，它是一个宝石富集的岛屿、世界前五名的宝石生产大国，因此被誉为"宝石岛"。其纺织和茶叶虽处于初期发展，但茶叶在欧洲市场广受欢迎，红茶产品闻名于世，是世界上最大的红茶生产基地。[②]

自 1978 年开始，斯里兰卡在南亚国家中率先实行经济自由化政策，大力吸引外资，推进私有化，斯里兰卡的自由经济逐渐形成了一个良好的市场经济格局。2003 年，统一国民政府加大经济重建工作力度，出台了一系列包括私有化在内的经济改革措施，调整产业结构、加强基础设施建设，收效十分明显。2005 年，人民自由党上台后，增加了对农业及中小企业的投入，努力改善民生。2010 年斯里兰卡已经摆脱最不发达国家身份，步入中等收入国家行列，但贫富仍悬殊，国内安全形势严峻，基础设施脆弱，经济结构失衡、物价涨幅过高、财政赤字居高不下等影响经济发展的系列问题依然存在。2015 年，随着经济增速轻微放缓，斯里兰卡经济将承压前行。[③]

四 语言政策

斯里兰卡国家人民使用的语言的不同是斯里兰卡族群的多样性造成的，被广泛使用的两种语言是僧伽罗语和泰米尔语。在斯里兰卡，

---

① http：//www. renkou. org. cn/countries/sililanka/2016/5363. html，2016 年 8 月 18 日。

② http：//www. xingzhee. com/srilanka/srilanka-economy. htm，2016 年 8 月 18 日。

③ http：//finance. sina. com. cn/roll/2016 – 03 – 30/doc-ifxqxcnz8882048. shtml，2016 年 8 月 18 日。

国家语言问题似乎在文化和政治领域具有很大的影响力，争论的主要焦点就在于僧伽罗语和泰米尔语之间的取舍问题。语言问题甚至导致了宗教、种族、民族以及国内的骚乱。1956 年，议会执政联盟推出了官方语言法案是僧伽罗语正式成为国家唯一的官方语言，而泰米尔语作为用于商业的主要语言在印度海岸和斯里兰卡海岸的商业和贸易中起到了至关重要的作用。

如今，僧伽罗语、泰米尔语同为斯里兰卡官方语言和全国语言。不仅如此，由于斯里兰卡曾属英殖民地，受英国历史文化的影响，英语也作为一门极具重要性的语言在上层社会被通用，且大多数当地人也能运用它与人进行交流。[①]

第二节　汉语教学简史

在中国古代典籍中，斯里兰卡被称作狮子国、师子国、僧伽罗。汉语在斯里兰卡的传播则可追溯至东汉平帝年间。斯里兰卡一直以来都是南传佛教的传承中心，早期中斯两国主要开展的是以佛教为主的文化交流。[②] 从中国高僧法显到斯里兰卡游学，再到斯里兰卡高僧比丘尼造访中国学习汉语，汉语在斯里兰卡的传播由此开始。英国殖民时期，锡兰总督 Frederick North 曾招募 47 名中国人在 Galle、Tricomal-ee 等地从事农业生产。继任者 Thomas Maitland 任职期间，共招募 100 名中国人在 Negombo 从事农业生产。至 18 世纪末，定居斯里兰卡的中国人至少有 147 人。[③] 然而，尚未发现有史料记载 20 世纪 70 年代以前斯里兰卡有严格意义上的学校汉语教学，斯里兰卡人民对于汉语的教

---

① http://www.toutiao.com/a6335570059021762818/，2016 年 8 月 18 日。
② 杨刚、朱珠：《汉语在古代斯里兰卡的传播》，《云南师范大学学报》（对外汉语教学与研究版）2016 年第 5 期。
③ ［斯里兰卡］斯里丹玛：《跨文化背景下的斯里兰卡汉语教学现状分析》，硕士学位论文，中央民族大学，2013 年。

学活动，仅限于民间且为自发状态。

20 世纪 70 年代，斯里兰卡凯拉尼亚大学（University of Kelaniya）现代语言系建立，其中有汉语专业的教学，标志着斯里兰卡正规汉语教学机构的产生。与此同时，政府同意将汉语纳入高中二、三年级（十一、十二年级）的课程体系中，由此在斯里兰卡定居的中国人子女可以使用汉语参加考试，可惜的是，限于各方面的原因，高中并没有真正开设汉语课程，因此政府的这项政策并没有对高中汉语教学的发展起到实质性的推动作用。

20 世纪 80 年代，随着汉语学习需求的加大，斯里兰卡社会上接连出现了由华人华侨开办的汉语培训机构。2005 年，斯里兰卡与中国签订了《合作在斯里兰卡建立孔子学院的谅解备忘录》，旨在推动斯里兰卡汉语教学进程，提供汉语教师培训、汉语教材编写，以及开展汉语水平考试等服务。

2007 年 5 月 3 日，斯凯拉尼亚大学孔子学院正式揭牌成立，成立时中方合作院校为云南民族大学（2011 年 4 月改为重庆师范大学），开启了斯里兰卡境内的孔子学院汉语教学。

2007 年 10 月，在中斯双方建交 50 周年之际，斯里兰卡总统马新达拉贾帕克萨（Chamal Rajapaksa）在华访问期间与中国政府签署了包括《中国北京外国语大学和斯里兰卡凯拉尼亚大学校际交流合作备忘录》在内的一系列合作项目，加强双方互派留学生、互设政府奖学金的交流。

2008 年 10 月 12 日，中国政府与斯里兰卡政府签署协议共同建设 CRI 斯里兰卡兰比尼听众协会广播孔子课堂，孔子课堂的斯方承办单位为 CRI 斯里兰卡兰比尼听众协会，中方合作单位为中国国际广播电台。2009 年 7 月 28 日，在位于首都科伦坡的兰比尼学校正式揭牌运行，这为斯里兰卡民众学习汉语、了解中国文化搭建了一个难得的平台，目前该孔子课堂运行正常，举办了丰富多彩的汉语培训和文化推广活动。

2011 年 10 月，斯里兰卡教育部长班杜勒古纳瓦日德纳（Bandula Gunawardana）成功访问中国，并提出了进一步开展汉语教学方面的合作意愿，希望斯里兰卡的中小学能够与中方院校建立友好交流机制。中方也表示将在汉语教学上给予师资等方面的帮助。随后，斯里兰卡教育部宣布将汉语纳入公立学校教学体系，这为当地学生提供了一个良好的学习汉语的机会。

自 2012 年开始，斯里兰卡拟定暂不将汉语教育提前至小学六年级，同时也重新修订汉语教学大纲和课程体系，组织两国相关专家学者编写适用于斯里兰卡的国别教材。

2014 年 9 月 16 日，孔子学院总部/国家汉办主任许琳与科伦坡大学时任校长 W. K. Hirimburegama 在中国国家主席习近平与斯里兰卡总统拉贾帕克萨共同见证下，签署了合作建立科伦坡大学（University of Colombo）孔子学院的协议。科伦坡大学孔子学院是斯里兰卡第二所孔子学院，中方合作院校为北京外国语大学和云南红河学院，该孔子学院的建立标志着斯里兰卡汉语教学的发展又上了一个新的台阶。

目前，斯里兰卡已初步形成以面向成年人为主的孔子学院、面向未成年人的孔子课堂为主体的教学格局，并以开设汉语选修课、汉语兴趣班的本地学校及培训机构为补充。两国多个机构之间保持着良好的合作关系，如云南民族大学与凯拉尼亚大学、重庆师范大学与凯拉尼亚大学，北京外国语大学与科伦坡大学，中国国际广播电台与兰比尼中学，等等。这无不预示着中国和斯里兰卡双方汉语教学交流的不断扩大，层次不断加深，同时也必将受到两国人民的共同欢迎与支持。①

---

① ［斯里兰卡］斯里丹玛：《跨文化背景下的斯里兰卡汉语教学现状分析》，硕士学位论文，中央民族大学，2013 年。

第三节 汉语教学的环境和对象

斯里兰卡的汉语传播源远流长，其汉语教学经历了一个从无到有、从民间自发到政治支持的发展历程，目前汉语学习者主要以成年人为主，当地汉语教学机构也大都面向成年人开设，如当地大学、孔子学院和社会教学机构等。而孔子课堂则承担着针对未成年人尤其中小学生的汉语教学任务。

现对一些开展汉语教学活动比较丰富的机构进行简单介绍，从中可以看出斯里兰卡国内汉语教学和中华文化推广工作的大致状况。

一 凯拉尼亚大学的汉语教学

凯拉尼亚大学的汉语课程开始于 1971 年，其人文学院现代语言系自建立以来，一直是斯里兰卡最为重要的汉语教学机构。现代语言系下设类似中国国内大学隶属于系的教研室，专门负责汉语教学。

该校面向全校学生提供了学制三年的汉语选修课程（Auxiliary Course in Chinese）。该汉语课程虽为选修，但直接影响学生能否顺利毕业并取得学位。根据凯拉尼亚大学规定，在校学生需在英语之外选修两门外语才能获得毕业资格。

凯拉尼亚大学人文学院按照三年制学位 B. A.（General）Degree Program 的要求设置了汉语课程，汉语课程的教学时间和学分设置与其他专业相同，一个学期大约 15 周，每周 5—10 节课。20 世纪 90 年代之后，现代语言系对汉语教学大纲进行了多次修改，并引进了中国出版的教材。随着汉语教学的发展，现代语言系的汉语专业开设了四年制汉语学位课程，教学大纲由汉语专业主任设计，大纲名为 Bachelor of Arts Degree in Business and Academic Chinese，于 2010 年审批通过，此课程意在让学生在毕业后就业更有竞争力。根据凯拉尼亚大学人文学院规定，根据第一学年汉语考试成绩，学校分配学生进入 3 年制或 4 年制汉语专业学习。①

汉语教研室还面向社会开展汉语教学服务，目前开设学制两年的汉语进修班（Certificate Course in Chinese），学习期满考试合格，由凯拉尼亚大学颁发结业证书。汉语教研室还是"斯里兰卡语言运用能力测试"汉语科目的主考单位，负责全国汉语能力测试命题改卷等相关工作。2010 年，汉语教研室在斯里兰卡教育部的支持下，制定了《斯里兰卡中小学汉语课程教学大纲》，为斯里兰卡的汉语推广工作打下了坚实的基础。

2010 年，凯拉尼亚大学孔子学院运行后，凯拉尼亚大学的汉语教学进行了改革。现代语言系招收的汉语班学生纳入孔子学院教学体系，即学生在现代语言系学习汉语的同时，还需在孔子学院学习汉语及文化课程。学生在孔子学院所取得的成绩计入期末考试总成绩，分值占 30%。考试形式由学校统一安排，题型参照教学大纲。该校的汉语老师人数不多，且多数为中国老师，有时也安排在当地留学的中国留学生授课。汉语课程建立之初，学生并不多，后经逐步发展和不断拓广，近年来现代语言系学习汉语的人数迅速增长，已初具规模。②

二　萨巴拉格木瓦大学的汉语教学

2007 年，斯里兰卡高等教育部批准在萨巴拉格木瓦大学（Sabaragamuwa University）开设汉语主修课程，学制 3 年，课程数量按照学期顺序由少到多，从第一学年的每周 2—4 节至第二学年每周 8—10 节，直至最后一学年的每周 10—12 节，其中，听力和汉字等课程被安排在第一学年，阅读和写作等在第二学年。考试的形式有听力、阅读等。

---

① ［斯里兰卡］柯玛丽：《斯里兰卡高校汉语教学研究——以凯拉尼亚大学为例》，博士学位论文，南京师范大学，2015 年。
② 杨刚：《斯里兰卡汉语教学概况》，《云南师范大学学报》（对外汉语教学与研究版）2012 年第 3 期。

学生须按照要求用中文完成学士毕业论文，且每个学生拥有一次语言实习的机会，即到各地去完成实地实习以及相应的小论文。

萨巴拉格木瓦大学是唯一一所提供汉语专业文凭的高校，与桂林理工大学、凯拉尼亚大学孔子学院都有建立教学点的口头协议。该校在汉语教学上还存在一些问题，由于课程设置的学时不够，学生并不能达到较高汉语水平，此外，缺乏充足的口语锻炼环境，缺少教学工具设备、课外辅助读物等，也都给萨巴拉格木瓦大学的汉语教学发展带来了一定的影响。

尽管如此，萨巴拉格木瓦大学的发展前景是十分光明可观的，该校预备将 3 年制改为 4 年，在此之后，校内学生可与中国许多高校进行校级交流，在校学生也将拥有享受奖学金的机会。①

三　凯拉尼亚大学孔子学院的汉语教学

凯拉尼亚大学孔子学院成立于 2007 年，是中国与斯里兰卡合作建设的第一所孔子学院，学院开办初期主要是面向社会人士提供汉语教学及中国文化推广工作，开设为期一年的汉语进修班（Certificate Course in Chinese），学习期满考试合格后可以获得由凯拉尼亚大学及中方合作大学联合颁发的结业证书。

凯拉尼亚大学孔子学院成立当年，招收学员 30 余人，经过近些年的发展，目前凯拉尼亚大学孔子学院以科伦坡为大本营，辐射周边地区，自 2013 年以来学生人数基本上保持在 3000 人左右。经过不懈的努力，凯拉尼亚大学孔子学院已经成了中斯文化交流的一座桥梁，不仅为汉语教学的发展起了重要的促进作用，而且为中华传统文化的传播做出了卓越贡献。

2010 年，凯拉尼亚大学的汉语教学进行了改革，现代语言系招收的汉语班学生纳入孔子学院教学体系，即学生在现代语言系学习汉语

---

① ［斯里兰卡］斯里丹玛：《跨文化背景下的斯里兰卡汉语教学现状分析》，硕士学位论文，中央民族大学，2013 年。

的同时，还需在孔子学院学习汉语及文化课程。学生在孔子学院所取得的成绩计入期末考试总成绩，分值占30%。此次改革标志着孔子学院的汉语教学进入斯里兰卡的国民教育体系，孔子学院的汉语教学也从过去的单一面向社会学员转变为全日制本科生学历教育与社会成人学员语言进修协调发展的新局面。①

2012年8月17日，凯拉尼亚大学孔子学院举办了斯里兰卡首期面向全岛本土汉语教师的培训班，以此为本土汉语教师及准汉语教师提供学习与发展平台，提升本土汉语教师的教学水平和素质，同时扩大其规模，加强本土汉语教师之间及其与中国教师的交流与合作，建立本土汉语教师协会，借此推动斯里兰卡汉语教育事业的发展。培训过程中，除汉语教学与教材方面的讲座外，还设置了中国书法、剪纸等文化类课程。学员们在志愿者教师的指导下，带着强烈的好奇心与兴奋之情在体验中学习，在学习中发现了乐趣并增强了兴趣，这也为他们以后的汉语教学增加了才艺。培训的间隙，凯拉尼亚大学孔子学院还举办了配套的图书和音像材料展览，展出了若干套汉语教材（含僧伽罗语版）以及有声挂图、有声词典等。培训结束，参训学员获得了凯拉尼亚大学孔子学院颁发的本土汉语教师培训结业证书和国家汉办赠送的汉语教材。

2016年5月21日，凯拉尼亚大学孔子学院又成功举办了2016年第三场HSK及HSKK考试。此次考试共有138人参加，其中参加HSK考试的有126人，参加HSKK口语考试的有12人。本次考试涵盖HSK1—3级。考生中既有十几岁的中学生，也有年过半百的长者，可见凯拉尼亚大学孔子学院的汉语推广工作颇见成效，已经吸引了不同年龄层次的当地民众学习汉语。这充分表明在斯里兰卡汉语教学有着巨大的发展空间。②

---

① 杨刚：《斯里兰卡汉语教学概况》，《云南师范大学学报》（对外汉语教学与研究版）2012年第3期。
② 孔子学院总部/国家汉办网站：http://www.hanban.org/，2016年8月18日。

四 科伦坡大学孔子学院

2013 年 6 月，斯里兰卡总理贾亚拉特纳率团访华参加云南昆明"南博会"，与当地政府达成了包括教育等各方面的合作意向，此后，斯里兰卡科伦坡大学委派中国籍教授郝唯民到红河学院访问，双方达成共同申办孔子学院的意向并签署了《合作备忘录》。

2014 年 9 月 16 日，在国家主席习近平和斯里兰卡总统拉贾帕克萨的共同见证下，孔子学院总部总干事、国家汉办主任许琳与斯里兰卡科伦坡大学校长 W. K. Hirimburegama 共同签署了合作设立斯里兰卡科伦坡大学孔子学院的协议。该协议明确了科伦坡大学孔子学院的中方合作院校为北京外国语大学和红河学院。①

科伦坡大学孔子学院建立各方通过会谈初步明确了具体合作模式、工作职责等问题。双方商定每两年轮流派出孔子学院的中方院长及汉语教师，红河学院主要承担科伦坡大学孔子学院汉语教学和文化传播活动等方面的工作。根据工作进展情况，北京外国语大学、红河学院还将在适当的时候共同邀请科伦坡大学校长率团（组）拜访国家汉办，三方签署执行协议，并召开首次科伦坡大学孔子学院理事会。

科伦坡大学孔子学院的成功申办，必将有助于斯里兰卡汉语教学管理水平的提高，推进汉语师资队伍的建设，进一步促进中国和斯里兰卡之间文化、汉语教育方面的交流与合作。②

五 CRI 兰比尼听众协会广播孔子课堂的汉语教学

除上述孔子学院外，我国政府在 2008 年 10 月 12 日与斯里兰卡政府签署协议共同建设 CRI 斯里兰卡兰比尼听众协会广播孔子课堂（以下简称兰比尼孔子课堂），这是斯里兰卡第一家广播孔子课堂，同时也是"汉语水平考试"（HSK）的考点。

---

① http://www.hanban.edu.cn/article/2014-09/17/content_551357.htm，2016 年 8 月 18 日。
② http://www.hh.gov.cn/info/1027/71432.htm，2016 年 8 月 18 日。

兰比尼孔子课堂的学制短为半年，最长一年，涵盖了从低到高各个学习阶段的汉语课程。起初孔子课堂为每周一次课，后因学生人数逐渐增多，课时也被延长，如今每天都可提供课堂教学。其考试采用标准的"汉语水平考试"（HSK），包括听力、阅读、口语等。孔子课堂自开课之日起，积极进行汉语教学，传播中华文化，已逐步吸引了不少对汉语有兴趣的学习者，成立之初该机构注册学生仅为几十人，随着其不断扩大授课范围，到 2011 年，注册学生已达近 500 人。该课堂不仅与著名中小学进行合作、针对中小学生制定课程，提供师资和教学服务，受到了广泛欢迎，更为社会人士提供了汉语学习的良好平台，目前已成为斯里兰卡汉语教学实力雄厚的教育机构。①

2015 年 9 月 2 日，兰比尼孔子课堂校外教学点伊丽莎白·莫伊尔（Elizabeth Moir）国际学校正式开设中文课，共有 35 名学生参加课程。

伊丽莎白·莫伊尔国际学校于 2015 年 5 月与兰比尼孔子课堂商谈开课事宜，在双方协商下，对课程设置和课时安排达成共识。

伊丽莎白·莫伊尔国际学校副校长查理·席勒（Charlie Shearer）表示，随着中国经济的发展和全球化进程的加快，为该校学生开设中文课势在必行。

六　龙华书院的汉语教学

龙华书院是斯里兰卡唯一一所政府注册的民办汉语教育学院，建立于 2003 年，创办者为中国人郝唯民。郝唯民于 1973 年进入北京外国语大学，毕业后留校任教，后又在凯拉尼亚大学攻读博士学位，博士毕业之后，便受聘于凯拉尼亚大学人文和社科两大学院，直至 2003 年在斯里兰卡创办了自己的民间学堂，即龙华书院。

该学院培养了 2000 余名汉语学生，学生来源渠道各不相同，不仅包含著名大学的汉语专业学生，还吸引了商人、培训师等前来，更有

---

① 杨刚：《斯里兰卡汉语教学概况》，《云南师范大学学报》（对外汉语教学与研究版）2012 年第 3 期。

为留学中国而提前来此学习汉语的学生。

　　书院主要开设1—2年的汉语辅导课，在周末进行，主要内容为口语和听力，口语课堂采用演说形式，也伴随着课上口语测验，提供话题由学生自由进行演讲发挥，同时还针对不同学生人群专门开设了旅游导游课、商贸课等以满足社会人士的学习需要。校内班级人数在15人左右，课上使用的课本一般都是中国国内大学出版的汉语教材。考试设置方面，学校安排了口语考试和笔试，并且设置有结业考试，通过即可获得结业证书。①

　　此外，学校还组织建立了"汉学研究会"，该组织由留学中国的硕士和博士构成，组织成员通过对中国各个领域进行研究并举办讲座借此相互交流，领域涉及面较为广泛，如语言、文学、考古、政治、经济等，讲座形式也具有多样性。

　　文华书院的汉语教学仍然具有一定的困难，如学生年龄参差不齐，接受教育程度的不同，工具书的缺乏等，都为课程设置和编班带来了阻碍，不过随着学校各方面条件的逐步完善，其汉语教学的发展状况已越来越乐观，发展脚步也越来越坚实。

第四节　汉语课程设置和教材

　　凯拉尼亚大学现代语言系汉语教研室开设的三年制汉语选修课程（Auxiliary Course in Chinese）：一年级开设"汉语词汇、综合汉语、读写、汉字、汉语辅导"等课，这五门课为主干课程，一年级至三年级都开设；二年级在此基础上开设"中国文化""应用文写作"课；三年级在上述五门主干课基础上增加"中国古代文学中国现当代文学"等课程。这些课程每周两课时，选用的教材为

---

① ［斯里兰卡］斯里丹玛：《跨文化背景下的斯里兰卡汉语教学现状分析》，硕士学位论文，中央民族大学，2013年。

北京语言大学出版社出版的《新实用汉语课本》，文化文学类课程则由任课教师根据实际选取教学材料。此外，一年级至三年级每周安排汉语外教教学两个课时，主要侧重口语练习，教学内容由外教自行选取。

针对社会学员开设的两年制汉语进修班（Certificate Course in Chinese）课程相对简单，开设"汉语词汇、综合汉语、读写"课，选用的教材也是北京语言大学出版社出版的《新实用汉语课本》，每周两课时；一年制汉语进修班（Certificate Course in Chinese）每周安排汉语外教教学两个课时，选用的教材为《跟我学汉语》。

从总体上看，两种课程类型、规定课时与完成教材所需要的教学时间都存在较大差别。

相比之下，孔子学院的汉语课程更为全面灵活。现代语言系汉语班学生在孔子学院取得的成绩需纳入最终学年成绩，为保持课程的连贯性和一致性，所开课程在课型课时上与现代语言系保持一致，但在教学手段上变化较大，全部使用多媒体进行教学，使用的教材有《长城汉语》《新实用汉语课本（光盘）》等。针对三年级学生还增设了《计算机操作》。

而针对社会学员开设的一年制汉语进修班（Certificate Course in Chinese）课程较为丰富，开设"综合汉语、汉语听说、中国文化、影视欣赏、太极拳"等课程。上述课程每周两课时，选用的教材有《新实用汉语课本》《长城汉语》等，所有课程均使用多媒体进行教学。2009 年，根据教学实际，学院编写出版了《初级汉语课本（英语—僧伽罗语注释）》作为学院主干教材。

此外，孔子学院还与当地政府部门、民间社团、中资公司联合开设汉语培训课程，已开设的课程有"商贸汉语、旅游汉语"等。同时，还针对家庭开展"送教到家"活动。①

---

① 杨刚：《斯里兰卡汉语教学概况》，《云南师范大学学报》（对外汉语教学与研究版）2012 年第 3 期。

第五节 汉语师资状况

斯里兰卡汉语教学与推广起步较晚，面对汉语学习者和爱好者数量的迅速增加，师资的缺乏成为该国汉语教学长足发展的瓶颈。

目前斯里兰卡从事汉语教学的教师主要可分为母语为汉语和僧伽罗语的教师。前者主要是中国国家汉办/孔子学院总部派遣而来的志愿者，此类教师经过了严格的选拔，并提前进行了专业性的教学培训，另一部分是在斯里兰卡本地工作的相关人员。后者则是斯里兰卡本地大学汉语系毕业生，这一类教师一般都取得了汉语教学资格。据斯里兰卡教育部统计，备案登记的具有本土汉语教学资格的教师不足 100 名，且其分布不均衡。①

凯拉尼亚大学现代语言系汉语教研室有汉语教师 5 人，其中本土汉语教师 4 人，汉语外教 1 人。4 名汉语教师都有三年以上在中国学习工作的经历，都在中国大陆取得博士或硕士学位，可以说，这几位本土教师代表了斯里兰卡人学习汉语的最高水平。

现代语言系汉语教研室及孔子学院都聘有兼职教师。汉语教研室每年聘请兼职汉语教师 1 名，大都是到斯里兰卡工作或学习的华人，未接受过系统的汉语言理论培训。孔子学院的兼职教师来自北京外国语大学，凯拉尼亚大学一直接受北京外国语大学僧伽罗语专业学生到校学习进修，这些学生在学习僧伽罗语的同时参与孔子学院日常教学及文化推广工作，由于具备双语教学的能力，因而深得学生喜爱。②

因此从斯里兰卡整体的汉语师资状况来看，尽管目前斯里兰卡已经具备培养本土汉语教师的条件，但实际汉语教师数量远远不够，且

---

① 杨刚：《斯里兰卡汉语教学与推广的现状、问题及前景》，《东南亚研究》2012 年第 4 期。
② 杨刚：《斯里兰卡汉语教学概况》，《云南师范大学学报》（对外汉语教学与研究版）2012 年第 3 期。

其中具有教学经验、综合素质较高的教师更是少之又少。

本章主要参考文献

［斯里兰卡］柯玛丽:《斯里兰卡高校汉语教学研究——以凯拉尼亚大学为例》，博士
　　学位论文，南京师范大学，2015 年。

［斯里兰卡］斯里丹玛:《跨文化背景下的斯里兰卡汉语教学现状分析》，硕士学位论
　　文，中央民族大学，2013 年。

杨刚:《斯里兰卡汉语教学概况》，《云南师范大学学报》（对外汉语教学与研究版）
　　2012 年第 3 期。

杨刚:《斯里兰卡汉语教学与推广的现状、问题及前景》，《东南亚研究》2012 年第
　　4 期。

杨刚、朱珠:《汉语在古代斯里兰卡的传播》，《云南师范大学学报》（对外汉语教学
　　与研究版）2016 年第 5 期。

第四章　阿富汗的汉语教学

第一节　国家概况

一　自然地理

阿富汗伊斯兰共和国（普什图语：جمهوری اسلامی افغانستان，英语：The Islamic Republic of Afghanistan），简称阿富汗，是一个位于亚洲中南部的内陆国家，坐落在亚洲的心脏地区。阿富汗的位置有不同的定义，有时会被认为处在中亚或者南亚，甚至被归类于中东地区（西亚）。阿富汗与大部分比邻的国家有着宗教上、语言上、地理上相当程度的关联。北邻土库曼斯坦、乌兹别克斯坦、塔吉克斯坦，西接伊朗，南部和东部连巴基斯坦，东北部凸出的狭长地带与中国接壤。属大陆性气候，全年干燥少雨，冬季寒冷，夏季炎热，全国年平均降雨量仅 240 毫米左右。①

二　历史政治

阿富汗的历史可上溯到波斯帝国时期，公元前 6 世纪居鲁士（Cy-

---

① http：//www.fmprc.gov.cn/web/gjhdq_ 676201/gj_ 676203/yz_ 676205/1206_ 676207/1206x0_ 676209/，2016 年 9 月 1 日。

rus）大帝远征时并入波斯。公元前 329 年亚历山大侵略后又并入其帝国。亚历山大死后帝国三分，阿富汗地区又转属于东部的塞琉古王朝。约公元前 250 年，建立了巴克特里亚王朝（中国史籍称大夏、吐火罗等），后因内乱转衰。①

8 世纪初，阿拉伯人进入该地区，国民随之逐渐伊斯兰化。12 世纪中叶，古尔山区兴起了古尔王朝，很快便占据阿富汗全境，随后 16 世纪，又转入波斯人手中。

1747 年，阿富汗普什图人（Pushtuns）艾哈迈德（Ahmad Shah Durrani，1724—1773）乘波斯衰落之际建立了杜兰尼王朝，使得统一的阿富汗国家正式形成。1979 年 9 月底，苏联以"支援阶级兄弟"的名义出兵阿富汗。由于苏军深陷阿富汗各个势力游击队泥潭之中，难以速战速决。戈尔巴乔夫（Михаил Сергеевич Горбачёв）上台后决定终止没有结果的阿富汗战争，最后一批苏联部队于 1989 年初撤离。

1994 年，由奥马尔在巴基斯坦与阿富汗边境成立了"塔利班"组织，成员多是当地不满军阀混战的学生，"塔利班"源于阿拉伯语，是"学生"的意思，因此得名。塔利班于 1997 年基本占领阿富汗全境。直至 2001 年美国"9·11"恐怖袭击事件发生后，美国以打击藏匿的本·拉登（Osama bin Mohammed bin Awad bin Laden）为由推翻塔利班政权。

2002 年 6 月，阿富汗召集紧急支尔格大会，选举产生以卡尔扎伊（Hamid Karzai）总统为首的阿富汗过渡政府。2004 年 1 月 26 日，阿富汗过渡政府总统卡尔扎伊签署颁布新宪法，定阿富汗国名为阿富汗伊斯兰共和国（The Islamic Republic of Afghanistan）。

该国实行总统制，总统在行政、立法和司法领域具有特权。总统由全民选举产生，任期 5 年。各部部长由总统提名，议会任命。国民议会是国家最高立法机关，由人民院（下院）和长老院（上院）组成。人民院议员不超过 250 名，根据各地人口数量平均分配，但保证

---

① http：//news. ifeng. com/mil/special/diguofenchang/200912/1221 _ 8928 _ 1482453 _ 5. shtml，2016 年 9 月 1 日。

每省至少有 2 名女议员。长老院议员从各省、区管理委员会成员中间接选举产生。国民议会有权弹劾总统，但须召集大支尔格会议并获得 2/3 以上多数通过才可免除总统职务。

阿富汗现议会于 2010 年 9 月选举产生，2011 年 1 月正式成立。现任长老院主席为法扎尔·哈迪·穆斯林姆亚尔（Fazal Hadi Muslim-yar），人民院议长为阿卜杜·拉乌夫·伊卜拉希米（Abdul Rauf Ibrahi-mi）。2014 年 9 月 21 日，前财长阿什拉夫·加尼（Ashraf Ghani）当选为阿富汗总统。①

三　人口经济

阿富汗全国总人口约 3270 万，普什图族占 40%，塔吉克族占 25%，还有哈扎拉、乌兹别克、土库曼等 20 多个少数民族。逊尼派穆斯林占 80%，什叶派穆斯林占 19%，其他占 1%。

阿富汗属于最不发达国家，历经了三十多年战乱，交通、通信、工业、教育和农业基础设施等都遭到了尤为严重的破坏，生产生活物资极度短缺，曾有 600 多万人沦为难民。2002 年以来，阿富汗国民经济呈现"低水平快速增长"趋势，经济逐步恢复发展。2014—2015 财年经济同比增长 2%，国内生产总值（GDP）210 亿美元，人均 GDP 672 美元。②

四　语言政策

阿富汗官方语言为普什图语和波斯语，其他语言有乌兹别克语、俾路支语、土克曼语等，中上层人士通用英语。

阿富汗的多民族可能讲 3—4 种主要语族的语言（印欧语族、乌拉尔—阿尔泰语族、德拉威语族，可能有闪米特语族）。可是书面文字

---

① http：//www. fmprc. gov. cn/chn/pds/gjhdq/gj/ yz/1206/sbgx/，2016 年 9 月 1 日。
② http：//www. fmprc. gov. cn/web/gjhdq_ 676201/gj_ 676203/yz_ 676205/1206_ 676207/1206x0_ 676209/，2016 年 9 月 1 日。

仍然使用一种经过修改的阿拉伯字母手写体，而 3 万多印度人和锡克人的大部分主要是城镇的商人，则用阿拉伯字母手写体书写西旁遮普方言（Lahnda），只有小部分阿富汗犹太人知道如何拼写希伯来文。大多数自称是阿拉伯人的人们讲一点阿拉伯语，且他们中的大多数是不识字的人。迈马纳（Maimana）、昆都士（Kunduz）、阿克查尔（Aq Chah）和巴尔赫（Balkh）附近有一部分讲阿拉伯语的群体。

阿富汗 1964 年的宪法规定：达利语（Dari）（或称阿富汗法尔西语）和普什图语两者均为正式语言。达利语（Dari）是一个古老的名词，按字面解释的意思是"法庭上的语言"。虽然宪法规定普什图语为国语，达利语（Dari）仍然和莫卧尔帝国时的印度一样，是阿富汗的法庭语言，实际上起着一种混合方言的作用。1964 年成立的一个特别委员会继续在研究旨在促进普什图语发展和普及的办法和途径。①

第二节　汉语教学简史

阿富汗是全球最不发达的国家之一，全民信仰伊斯兰教，顽固保守势力仍相对强大，以致当地人民并不能正确客观地看待汉语在两国交往中发挥的作用，这在一定程度上限制了汉语在当地的推广，不利于本土人民更好地学习汉语。此外，阿富汗的历史、政治、经济、战乱环境等因素，导致该国的教育事业受到严重影响，汉语传播发展十分受限。

直到近几年，随着中阿双方经贸往来频繁，大量中资企业在阿富汗投资设厂，阿富汗人民的汉语学习需求逐渐增加。同时中国政府也十分重视同阿富汗发展友好文化交流，积极推动汉语的传播与教学。②

---

① http://szb.chinalxnet.com/html/2009 – 12/10/content_ 52370. htm，2016 年 9 月 1 日。
② 赵京武、王胜香：《阿富汗汉语推广现状及对策——以阿富汗喀布尔大学孔子学院的发展为例》，《长春理工大学学报》2012 年第 6 期。

　　根据 2007 年 10 月汉办签署的关于在阿富汗喀布尔大学创办孔子学院的一份协议，太原理工大学被国家汉办指定为该孔子学院的国内合作院校。但是当时阿富汗的局势并不明朗，喀布尔大学没有一本汉语教科书，没有汉语师资，太原理工大学没有会讲阿富汗语言的老师，双方院校没有任何合作基础。就是在这样的条件下，太原理工大学从零开始，与喀布尔大学校方沟通联络，对孔子学院第一批学生的教学做出了妥善的安排。①

　　2009 年 11 月，喀布尔大学孔子学院和喀布尔大学汉语系同时举行正式挂牌仪式。喀布尔大学孔子学院是阿富汗唯一一个专门从事汉语教学和文化交流的机构；喀布尔大学汉语系的创建，标志着阿富汗把汉语正式作为外语教学的开始。两个机构的同时诞生，为当地汉语教学的发展奠定了坚实基础。

　　中国国家汉办为推进汉语教师本土化建设，设立了孔子学院奖学金"南亚国家汉语师资班"项目，太原理工大学作为该项目的承接者之一，负责汉语师资班阿富汗学员的培养工作，招生则由中国驻阿富汗大使馆和喀布尔大学孔子学院共同负责。项目学员在太原理工大学汉语国际教育专业学习并通过汉语水平考试。②

　　目前在阿富汗，只有喀布尔大学开设了汉语课程，且由于受到师资状况的限制，并不具备为社会人士开设汉语课程的条件，而中小学也没有汉语课程，当地的书籍市场很难看到汉语课本，这一系列现实状况表明，汉语在阿富汗的传播工作仍然任重道远。

第三节　汉语教学的环境和对象

　　喀布尔大学汉语系于 2008 年 3 月开始招生，第一届学生共有 15

---

① http://gb.cri.cn/42071/2015/11/25/7551s5178018.htm，2016 年 9 月 1 日。
② 张光宇：《一带一路倡议下的中阿教育合作》，《合作与交流》2016 年第 19 期。

人，包括 3 名女生和 12 名男生；第二届学生共 16 人，包含 2 名女生，14 名男生；第三届学生共 24 人，其中，2 名女生，22 名男生。截至 2012 年 1 月，共招收了三届，累计 55 名学生。这 55 名学生中，先后有 46 人获得过中国国家汉办提供的孔子学院奖学金，有 5 人获得太原理工大学奖学金，奖学金获得者获得在中方合作院校太原理工大学进行为期一年半的汉语学习的机会，学习期间由太原理工大学提供学费。①

2013 年 4 月 20 日和 21 日，汉语水平考试（HSK）首次在阿富汗举行，喀布尔大学孔子学院承担了考试的组织工作，共有 40 名阿富汗汉语学习者参加了此次考试。考试在喀布尔大学孔子学院举行，29 人参加了三级水平考试，另有 11 人参加了五级水平考试。考试分为听力、阅读和写作三部分，总时长 85 分钟。次年喀布尔大学孔子学院又于 5 月 10 日成功举办了 2014 年阿富汗 HSK 考试，本次考试共有 52 人参加，其中三级考生 46 人，六级考生 6 人。本次考试是自去年喀布尔大学孔子学院成功申办 HSK 考点以来举办的第二次考试，在报名人数及报名级别上较上次都有显著的提高。据悉，参加 HSK 考试目前已经成为外国学生申请到中国留学的必备条件之一，阿富汗喀布尔孔子学院的学生只有通过学习汉语并参加 HSK 考试，方可获得到中国留学的资格。

2014 年 6 月 25 日上午，喀布尔大学孔子学院举办了本土汉语教师选拔考试，该次选拔考试注重实践教学，重视讲评，采用教师讲解、专家提问的形式，由喀布尔大学的各院系专家代表和喀布尔大学孔子学院中方评委从被选拔教师的专业基础、教态、表达、教学技术运用等几个方面对实习汉语教师的综合表现进行评分。参加选拔的两名实习汉语教师凭借流利的汉语、熟练的教学思路和方法、良好的教姿教态给在座的专家、评委留下了深刻的印象，最终以优秀的表现全票通

---

① 赵京武、王胜香：《阿富汗汉语推广现状及对策——以阿富汗喀布尔大学孔子学院的发展为例》，《长春理工大学学报》2012 年第 6 期。

过选拔考试。

2014 年 6 月 30 日，由阿中友好协会和喀布尔大学孔子学院、汉语系共同举办的孔子思想研讨会在阿富汗国家电视台隆重举行。出席并参加本次研讨会的包括中国驻阿富汗大使馆临时代办陈世杰参赞、阿富汗文化部部长兼阿中友好协会会长 Sayed Makhdoum Rahin 先生、喀布尔大学校长 Habibullah Habib 教授、阿富汗总统首席法律顾问兼阿中友好协会秘书长 Nasrullah Stanekzai 教授、喀布尔大学孔子学院全体教师，以及来自新华社、中国中央电视台、阿富汗国家电视台等媒体的记者。与会代表分别从不同角度就孔子思想进行了发言，陈世杰参赞发表了题为"孔子思想和中国外交"的重要讲话。Sayed Makhdoum Rahin 先生在致辞中表示孔子在教育方面的思想和理念值得全世界学习。Nasrullah Stanekzai 先生也就孔子的治国思想进行了独到的分析，认为孔子以德治国的思想具有深刻的历史意义和现实意义，值得治国者学习和借鉴。此外，与会代表孔子学院代理中方院长赵京武，汉语系老师 Yusuf Rahnaward、Shaheen 也分别就孔子的教育思想作了发言。Habibullah Habib 教授最后为研讨会发表总结陈词，表示本次研讨会是阿中友好关系的一个新起点。

2014 年 11 月 10 日上午，喀布尔大学孔子学院受邀参加中阿共同举办的"中阿关系未来发展"研讨会。中国驻阿富汗大使邓锡军、阿富汗前总统国家安全顾问斯潘塔和多名中阿官员学者出席了此次研讨会。孔子学院向与会代表介绍了自成立以来的办学成果，并发放了"孔子新汉学计划"及"孔子学院奖学金"的宣传册，积极宣传孔子学院的项目。会后，研讨会举办方负责人对孔子学院提供的各种奖学金及资助项目表示感谢，并表示希望孔子学院今后在中阿人文交流方面发挥更大的积极作用。

2015 年 4 月 15 日，中国驻阿富汗大使馆向喀布尔大学孔子学院、汉语系捐赠了一批教学设备和图书。中国驻阿富汗大使邓锡军、喀布尔大学校长 Habibullah Habib，阿中阿友好协会会长 Sayed Makhdoum

Rahin，孔子学院中外方院长率全体师生及媒体人士等 150 余人出席了捐赠仪式。捐赠仪式上，邓锡军大使肯定了孔子学院近年来的工作，并表示中方将继续给予大力支持，喀布尔大学孔子学院中方院长赵京武也表示将不断地提供更加优质的教学服务，以满足广大阿富汗学生学习汉语和中国文化的需要。

2015 年 5 月 3 日，阿富汗喀布尔大学孔子学院首期汉语培训班正式开课。孔子学院中外方院长、汉语教师及本期培训班的学员参加了开课仪式。中方院长赵京武介绍了孔子学院的情况，外方院长 Kabir Nezami 结合自己访华的经历，向学员们介绍了中国经济发展的情况，希望大家学好汉语，学习中国的文化和先进技术。此次培训课是为喀布尔大学非汉语专业师生开设的。培训班计划招收学员 40 人，报名当天，不到一小时名额即被报满。

2015 年 6 月 10 日，正值端午节来临之际，喀布尔大学孔子学院与中国驻阿富汗大使馆联合举行文化表演活动。中国驻阿富汗大使邓锡军、喀布尔大学校长 Habibullah Habib、阿富汗国家电视台节目总监 Anzor、孔子学院师生、使馆馆员及中阿媒体人士等参加此次活动。邓锡军大使在致辞中表示，端午节是纪念中国爱国诗人屈原的节日，爱国主义是阿富汗人民自强不息的动力，是中阿两国人民共有的优良品质，青年是国家的希望，是两国关系的未来，他希望孔子学院学生能够学好汉语，为中阿友好关系贡献力量。Habibullah Habib 校长在致辞中表示感谢中国政府、孔子学院总部和中国国内合作院校长期以来对喀布尔大学的帮助和支持，今后会继续支持喀布尔大学孔子学院的发展，为阿富汗培养更多的汉语人才。①

喀布尔大学孔子学院自成立以来，已开展了许多丰富多彩的汉语言文化教学活动，获得了良性发展，并为阿富汗培养了许多汉语专业人才，推动了汉语的传播，促进了中阿两国的人文交流。

---

① http://www.hanban.org/confuciousinstitutes/node_ 6853.htm? vak = list, 2016 年 9 月 3 日。

第四节　汉语师资和教材

由于阿富汗目前开设汉语课程的学校极少，其中，汉语教学又以喀布尔大学汉语系和喀布尔大学孔子学院为主，因而在此重点介绍其师资、教材和设施方面的状况。

从师资方面来看，喀布尔大学汉语系目前还没有一个本土汉语教师，汉语教师全部由孔子学院派出。虽然喀布尔大学孔子学院也有意从第一届毕业生中选拔几个优秀学生作为本土汉语教师来培养，但由于这些学生汉语学习时间短，只完成了中级汉语课程，若想成为严格意义的汉语教师还需接受进一步的培训和学习。此外，阿富汗还处于战乱状态，中方教师的派出也有一定的困难，由于中方教师在阿没有相对安全稳定的住所，针对国外人员的恐怖袭击又时有发生，这在很大程度上影响了中方汉语师资的派出。

此外，阿富汗各方面都还处于重建阶段，其社会功能并没有完全得到恢复，其中尤以教育工作显得颇为棘手。阿富汗本土缺乏充足且合适的汉语教材，若教材采取邮寄的方式，则远从中国国内到阿富汗，其邮寄过程的困难程度可想而知，不仅成本高，也需要花费相当长的时间。课本方面达不到教学所需要的标准，在一定程度上制约了校内的汉语教学活动。不仅如此，喀布尔大学教室的匮乏、互联网等电力设施的落后，在汉语教学的操作过程中也给老师和学生带来了巨大困难。

尽管如此，中国与阿富汗近年来一直在积极推动孔子学院的建设工作，随着双方在汉语教学方面的交流往来进一步加强，阿富汗的政治经济文化等逐步发展，汉语在阿富汗的进一步推广与传播工作具有了良好的推动力，在彼此大力合作的条件下，汉语教学的师资、教材、设备等状况必将有所突破。

本章主要参考文献

张光宇：《一带一路倡议下的中阿教育合作》，《合作与交流》2016 年第 19 期。

赵京武、王胜香：《阿富汗汉语推广现状及对策——以阿富汗喀布尔大学孔子学院的
        发展为例》，《长春理工大学学报》2012 年第 6 期。

第五章　印度的汉语教学

第一节　国家概况

一　自然地理

印度共和国（印地语：भगणराज्य，英语：The Republic of India），简称印度（印地语：भारत，英语：India），位于北纬 10°—30°，是南亚次大陆上最大的国家，面积 298 万平方公里，居世界第七位。东北部同中国、尼泊尔、不丹接壤，孟加拉国夹在东北部国土之间，东部与缅甸为邻，东南部与斯里兰卡隔海相望，西北部与巴基斯坦交界。东临孟加拉湾，西濒阿拉伯海，海岸线长 5560 公里。地形以平原、山地、高原为主，平原约占总面积的 40%，山地只占 25%，高原占 1/3。大体属热带季风气候，一年分为凉季（10 月至翌年 3 月）、暑季（4 月至 6 月）和雨季（7 月至 9 月）三季。降雨量忽多忽少，分配不均。[①]

---

① http://www.fmprc.gov.cn/ce/cein/chn/gyyd/ydgk/，2016 年 9 月 10 日。

二　历史政治

印度是世界四大文明古国之一。公元前 2500 年至公元前 1500 年创造了印度河文明。公元前 1500 年左右，原居住在中亚的雅利安人中的一支进入南亚次大陆，征服了当地土著，创立了婆罗门教。公元前 4 世纪崛起的孔雀王朝统一印度，公元前 3 世纪阿育王统治时期达到鼎盛，把佛教定为国教。公元 4 世纪笈多王朝建立，统治印度 200 多年。中世纪小国林立，印度教兴起。1398 年，突厥化的蒙古族人由中亚侵入印度。1526 年建立莫卧儿帝国，成为当时世界强国之一。1600 年英国开始入侵印度。1757 年印度沦为英殖民地，1849 年全境被英占领。1947 年 6 月，英国通过"蒙巴顿方案"，将印度分为印度和巴基斯坦两个自治领。同年 8 月 15 日，印度独立。1950 年 1 月 26 日，印度宪法正式生效，印度成立共和国，同时仍为英联邦成员。

印度独立后长期由国大党统治，反对党曾在 1977 年至 1979 年、1989 年至 1991 年两次短暂执政。1996 年后印度政局不稳，到 1999 年先后举行 3 次大选，产生了 5 届政府。1999 年至 2004 年，印度人民党为首的全国民主联盟上台执政，瓦杰帕伊任总理。2004 年至 2013 年，国大党领导的团结进步联盟执政，曼莫汉·辛格任总理。2014 年 4 月 7 日至 5 月 12 日，印度举行第 16 届人民院选举，印度人民党赢得人民院过半数席位，成为第一大党，在中央单独执政，纳伦德拉·莫迪（古吉拉特语：નરેન્દ્ર મોદી，英语：Narendra Modi）出任总理。[1]

三　人口经济

2012 年印度的人口为 12.15 亿，是世界上仅次于中华人民共和国的第二人口大国，人口数世界排名第二。根据普查结果，过去十年，印度人口增长率为 1.764%，较 2001 年人口普查时的 2.115% 出现明

---

[1]　http://www.fmprc.gov.cn/ce/cein/chn/gyyd/ydgk/，2016 年 9 月 10 日。

显下降。普查结果还显示，印度目前拥有自独立以来的最低儿童性别比例，即男女比例为 1000：914。① 印度有 100 多个民族，其中印度斯坦族约占总人口的 30%，其他较大的民族包括马拉提族、孟加拉族、比哈尔族、泰固族、泰米尔族等。世界各大宗教在印度都有信徒，其中印度教教徒和穆斯林分别占总人口的 80.5% 和 13.4%。②

印度独立后经济有较大发展。农业由严重缺粮到基本自给，工业形成较为完整的体系，自给能力较强。20 世纪 90 年代以来，服务业发展迅速，占 GDP 比重逐年上升。印已成为全球软件、金融等服务业重要出口国。1991 年 7 月开始实行全面经济改革，放松对工业、外贸和金融部门的管制。印度是世界上发展最快的国家之一。

2008 年以来，受国际金融危机影响，印度经济增长速度放缓。2009 年下半年以来有所好转。在全球经济增长放缓的大环境中，印度经济在 2014—2015 财年仍实现了 7.2% 的增长。印度资源丰富，有矿藏近 100 种。云母产量居世界第一位，煤和重晶石产量居世界第三位。③

四　语言政策

印北印度语是印度 41% 的人口的主要语言。另外还有 21 种其他官方语言：阿萨语、孟加拉语、波杜语、多格里语、古吉拉特语、卡纳达语、克什米尔语、孔卡尼语、迈蒂利语、马拉雅拉姆语、曼尼普利语、马拉地语、尼泊尔语、奥里雅语、旁遮普语、梵语、桑塔利语、信德语、泰米尔语、泰卢固语，以及乌尔都语等。英语在印度不是最主要的语言，但是在国家政治经济交流中处于非常重要的位置。④

---

① http：//www. indianembassy. org. cn/Chinese/DynamicContentChinese. aspx？ MenuId = 70&Sub - MenuId = 0，2016 年 9 月 10 日。

② http：//www. fmprc. gov. cn/web/gjhdq_ 676201/gj_ 676203/yz_ 676205/1206_ 677220/1206x0_ 677222/，2016 年 9 月 10 日。

③ http：//www. fmprc. gov. cn/ce/cein/chn/gyyd/ydgk/，2016 年 9 月 10 日。

④ http：//www. indianembassy. org. cn/Chinese/DynamicContentChinese. aspx？ MenuId = 70&Sub - MenuId = 0，2016 年 9 月 10 日。

第二节　汉语教学简史①

　　纵观 2000 多年的中印交往史，两国间的文化交流从未间断，自古以来也都是相互学习、彼此交流的。中印交流始于秦代，到汉代时交流逐渐频繁，在隋唐时趋向高潮，宋元时期更加深入。在文化交流中，语言起到了主导作用。

　　1918 年，印度加尔各答大学（University of Calcutta）开设了汉语班，该大学从开设汉语班起，一直重视汉语教育，即使在中印两国关系处于低谷时期也从未中断过汉语教学。② 在推进中印两国交往的历程上，印度著名诗人泰戈尔起到很大的作用。泰戈尔是印度国际大学（Visvabharati University）的创始人，他使印度开始了真正意义上的汉语教育。泰戈尔于 1921 年在他创办的国际大学开设汉语系，培养汉语专门人才，于 1928 年将其改为汉语研究中心。1928 年，中国学者谭云山在泰戈尔亲手创办的国际大学里开设了第一个中文班。1937 年，国际大学成立了以研究和教授汉语文化为主要任务的中国学院，并聘请中国的谭云山任校长，使汉语汉文化的教学和研究提高到一个新的历史水平。

　　目前，这所大学除了拥有最早的汉语专业外，还开设了佛教学、中国哲学、中印文学等其他与汉语言文化相关的专业。国际大学成为印度汉语教学与研究历史最长、规模最大的大学。③

　　到了 20 世纪 50 年代，印度开设汉语课的大学不断增加，如德里大学（University of Delhi）、尼赫鲁大学（Jawaharlal Nehru University，

---

① ［印度］阿西：《印度汉语教学历史与现状分析》，硕士学位论文，上海师范大学，2002 年。
② 北京语言学院世界汉语教学交流中心信息资料部：《世界汉语教学概况》，国际文化出版公司1991 年版，第 17 页。
③ ［澳大利亚］赵守辉：《印度国际大学中国学院的汉学研究与汉语教学》，《世界汉语教学》1996 年第 1 期。

JNU）等。这一时期印度的汉语教学迅速地发展起来。

自 20 世纪 60 年代至 80 年代中后期，中印关系进入低潮时期，这直接影响到印度汉语教学的发展，这一时期是印度汉语教学发展最缓慢的时期，处于基本停滞的局面。印度国际大学中国学院的地位大大降低。当时印度的汉语教学普遍面临困境：汉语教材更新慢，汉语教师严重缺乏，汉语学历证书也被取消，原有的一些汉语学校基本上全部倒闭。① 20 世纪 50 年代，加尔各答有华社出资兴办的建国学校、梅光学校和培梅学校等侨校教授汉语，侨校鼎盛时期学生多达数千人，为华社培养了不少人才，其中，培梅中学②的学生曾达到 1000 多人。但到了 60 年代，由于受两国关系的影响，这些学校基本上都倒闭了，最后只剩下培梅学校。③ 两国政治关系的变化使得印度的汉语教学遭受重创，打击了印度青年学生学习汉语的兴趣，阻碍了汉语在印度的传播，其损失是无法弥补的。这也使得两国在以后的交往中更加重视两国的友谊，重视两国文化教育等多方面的交流。

从 20 世纪 80 年代后期开始，中印两国关系逐渐回暖，两国的发展与交流进入新的历史阶段，特别是 2005 年温家宝访问印度，大大推动了两国关系的发展进程。2006 年被中印两国确定为"中印友好年"，这无疑使得中印两国的友好关系更加密切。

新时期两国在各方面的交流与合作均得到了良性的、迅速的发展，在印度悄然兴起了一股汉语学习热潮，印度人学习汉语的热情与信心大增，印度的汉语教学迅速发展。与此同时，印度大学及其他的一些汉语培训机构的教学水平也在不断提高，据法新社 2011 年 5 月 10 日报道，印度计划从中国台湾招募一万名教师，以满足印度国内对学习

---

① 谷俊、杨文武：《印度汉语教学的发展状况、问题及对策思考》，《南亚研究季刊》2001 年第 1 期。

② 当初来到塔坝创业的华人以原籍在广东梅县的居多，取名培梅中学，含有培养梅县子弟的意思。

③ 目前，印度中文学校仅剩下加尔各答培梅中学，由于学校管理者以"英文化"的理念办学，使该校中文要素逐渐弱化，不少华人不愿把子女送来读书，目前人数依旧很少。

汉语课程不断扩大的需求。① 印度国内对汉语教师的大量需求，充分说明印度汉语教学拥有良好的发展势头。随着中国在国际上发挥着越来越重要的作用，中印的交流不断加强，印度的汉语教学一定会朝着一个新的高度发展。印度的其他名牌大学，比如印度首都新德里的德里大学和尼赫鲁大学，这一时期对汉语教学和研究更加重视，教学规模不断扩大。

目前，印度对懂汉语者的需求非常大，很多企业都需要招聘一些懂汉语的人，这导致大量印度大学生去学汉语，汉语热已经在印度兴起。据印度媒体调查，汉语已经成为印度最热门的外语了。虽然很多学生想学汉语，但是印度还没有足够的大学开设汉语专业。印度的汉语专家或翻译、汉语教师、汉语导游等供不应求。

第三节 汉语教学的环境和对象②

目前，印度开展汉语教学的机构呈现了多层次发展，既有正规的大学和公立教育机构，也有一些私立培训学校，还有一些企业主动聘请汉语教师进行员工培训，印度境内目前拥有的两所孔子学院也开展了大量的汉语言文化教学活动。下面简要介绍一些汉语教育机构的基本情况。

一 大学里的汉语教学

目前，印度拥有 20 多所进行汉语教学与中国文化研究的大学。大学设立汉语专业和中国文化研究中心，是印度汉语教学的重要类型和最高的教学层次。其中，德里大学的东亚研究系、尼赫鲁国际学院的东亚系、印度国际大学的人文与社会科学学院和贝纳拉斯印度教大学

---

① http：//news. xinhuanet. com/tw/2011－05/11/c_ 121402114. htm，2016 年 9 月 12 日。
② ［印度］阿西：《印度汉语教学历史与现状分析》，硕士学位论文，上海师范大学，2012 年。

的文学院等在印度汉语教学与中国文化研究方面做出了巨大贡献。现在德里大学和尼赫鲁大学的中文系是全国拥有最强汉语教学实力的大学教育机构。下面介绍一下德里大学、尼赫鲁大学、英迪拉甘地国立开放大学的相关情况。

（一）德里大学东亚研究系

德里大学是印度国内一流大学，是世界著名大学。1964 年德里大学社会科学院成立了"汉语研究中心"，是最早开设汉语专业并进行汉语教学的机构。后因增设日语专业，便改名为"中日研究系"。2001 年，在此基础上增加了韩语专业，最终更名为"东亚研究系"。

德里大学规定，该校的日语文学硕士生、东亚研究学硕士生和博士生都需要学习三门东亚语言中的任意一门。学校根据实际情况，三门东亚语言都开设了全日制和非全日制课程，学生完成规定的课程可获得相应的文凭。目前，就汉语方面而言，非全日制学生学习一年可获得相应文凭；全日制又分为两种，一种是学生毕业后可选修一年精读汉语，这一年里，学生上的是零起点的汉语课程，学完汉语的基本语法，然后获得初级汉语文凭。在此基础上，学生可继续学习，进入汉语学习的高级阶段。这一阶段的学生没有固定的课程，指导老师一般是指导学生通过多渠道了解中国的政治、经济和历史等，例如阅读报纸等，学生完成这一阶段的学习可获得高级汉语精读文凭。

上述这些课程都有名额限定，学校每年录取大约一百名学生。该校拥有多名杰出的汉语言教师和汉文学教师，如 Anita Sharma 教授、K. C. Mathur 教授和 Shreeparna 教授。Anita Sharma 教授毕业于该学院汉语专业，现是东亚研究系的系主任，汉文学教授。K. C. Mathur 教授在汉语教学方面方法很独特，并且颇有建树，他曾于 1979 年获得国家奖学金前往中国留学，是首批印度留学生之一。但是，学院中的大多数教师不是真正用汉语教课，而是用英语进行中国历史、政治等方面的教学。虽然该学院汉语课程是最先开设的，但是直到现在，学院还没有汉语专业的硕士点，连后来开设的日语专业都设立了硕士点。其中主要原因可能是学校汉语教师的缺乏以及教育当局对汉语教学研究的重视不足。

（二）尼赫鲁大学中国与东南亚研究中心

尼赫鲁大学成立于 1969 年，是为了纪念印度第一位总理尼赫鲁而建立的。该大学以外语教学而闻名，目前学校开设了亚洲、欧洲等一些国家的语言课程。值得一提的是，尼赫鲁大学的汉语教学水平在印度是最高的，学校设有中国和东南亚研究中心，该中心的中文系设有汉语专业的学士、硕士和博士学位课程。2005 年该中心的中文系有 115 名学生（《人民日报》2005 年 7 月 28 日第 7 版），2012 年共有本科、硕士及博士在校生约 110 名，6 名印度本土汉语教师，师资力量还是比较强大的。尤其是曾经在北京大学和复旦大学学习的 Priyadarshi Mukher jee 教授的汉语造诣极高，他不仅汉语发音标准，表达流畅，语法准确，而且他还会写繁体字，精通书法，了解中国的历史知识，对中国文化有很深入的研究。2011 年，他被北京师范大学文学院民间文化研究所邀请做访问学者，对中国民俗进行研究。

该中心的教学层次比较高，汉语专业可以招收本科生、硕士生和博士生，截至 2012 年，中国和东南亚研究中心学生撰写的毕业论文中，中文论文占了相当大的比例。60 多篇博士论文中，中文论文有 40 篇；220 篇硕士论文中，中文论文有 100 多篇。在印度获得国家奖学金去中国留学的学生中，大部分是尼赫鲁大学和德里大学的学生。

（三）英迪拉甘地国立开放大学

2010 年，联合国教科文组织公布拥有 300 万学生的英迪拉甘地国立开放大学（Indira Gandhi National Open University，IGNOU）为世界上学生最多的大学。该大学采取远程教育教学模式，进行多媒体教学。该大学的外国语学院开设了中文与中国文化证书（CCIC）课程。该课程是介绍性的初级汉语课程，它包括两部分：中国语文（普通话）和中国文化。该课程的目的是帮助学习者认识并写出约 300 个基本汉字，在此基础上再进一步认识 500 个汉字。通过该课程的学习，学生还能对中国的文化、社会、经济、政治等方面有所了解。

二　印度专业教育学院的汉语教学

印度的各个专业教育学院，比如印度理工学院（Indian institute of technology，IIT）、印度商管学院（Indian School of Business，ISB）等已经开设或者打算开设汉语课程。印度管理学院（Indian Institutes of Managemen，IIM）各个分校正致力于为学生提供汉语教学的服务，其中至少有一所已经把汉语课列为该校学生的必修课。

三　私营汉语培训学校的汉语教学

随着印度汉语教学的升温，各种汉语培训班数量日益增加。这种私营汉语培训学校或者外语学校一般是由语言解决方案服务提供商设立的。此类学校通常开设 30—40 个小时的速成汉语课程，大约在两个月的时间内完成培训。这种培训课程不教汉字，只用拼音授课，偏重培养学习者基本的汉语口语交际能力。

参加这些语言培训班的学生大多是经常跟中国人做生意的商人、企业家或者被公司派往中国短期出差的人，他们的主要目的是学习基础汉语，通过速成汉语课程的学习达到能跟中国人进行基本交流的水平。这些语言培训班主要教学基础汉语语法和一些日常生活用语（比如买东西、饭店吃饭、订房间等），通过角色扮演的教学方式开展口语教学。有的学校采取语音聊天和电视会议等形式多样的授课方式。部分学校还在新德里、孟买、班加罗尔、金奈、海德拉巴等大城市设立了分校。随着学校招生规模的扩大，很多中等城市和小城市也开始开设汉语培训学校。印度的很多大公司包括信诚公司、塔塔公司、印度软件公司等都聘请汉语教师为他们的员工进行培训。这些培训学校的很多老师是来自德里大学、尼赫鲁大学等高校的学生或者是这些学校的毕业生，大多缺乏专门的汉语教学培训。

此外，印度中国工商商会也开设了汉语文课程，所开课程是专门针对企业家、业务主管经理、商人和学生社团的，使他们获得足够的语言知识，能够克服语言障碍，培养他们的汉语口头表达能力。

社会团体和私营汉语培训机构成为当下印度汉语教学力量的有力补充，与正规学校汉语教学形成良好的互补态势。

四　孔子学院的汉语教学

印度现有两所孔子学院，它们分别是韦洛尔科技大学（Vellore Institute of Technology，VIT）孔子学院、孟买大学（University of Mumbai）孔子学院。韦洛尔科技大学孔子学院所在城市是印度的金奈，与中国的合作机构是郑州大学，启动时间是 2009 年 4 月 9 日。孟买大学孔子学院所在城市是孟买，与中国的合作机构是天津理工大学，启动时间是 2013 年 7 月 18 日。

（一）韦洛尔科技大学孔子学院的汉语教学①

随着中国的快速发展，汉语热在印度悄然升温。韦洛尔科技大学作为中印教育合作交流的先行者，率先在印度设立了孔子学院，该学院有证书课程、短期课程和 HSK 辅导课。2009 年韦洛尔科技大学孔子学院共有各类学生 109 人。② 目前已经发展成为印度规模最大的汉语教育和考试基地。

2011 年 1 月 23 日，韦洛尔科技大学孔子学院举办了为期一天的以"您好，中国"为主题的文化节活动。此次活动旨在加深印度学生对中国和中国文化的理解，增进中印两国学生的交流与融合。

2014 年 8 月 16 日，韦洛尔科技大学孔子学院接受了国家汉办公

---

① http：//www. hanban. org/confuciousinstitutes/node_ 6792. htm？ vak = lis，2016 年 9 月 12 日。
② http：//www. chinesetesting. cn/gokdinfo. do，2016 年 9 月 12 日。

办首批 3 名汉语志愿者教师，3 名志愿者教师将承担金奈校区汉语学分课程、短期班，以及 HSK 和 HSKK 考前辅导课程，并为新建立的金奈市中心的公众商务汉语培训教程做好准备。

2014 年 9 月 13 日，韦洛尔科技大学孔子学院汉语体验课堂在位于 VIT 大学主楼的 Smart 多功能教室开课。本次教学活动的主题为"生存汉语"，教授外国人到中国后迫切需要了解和掌握的包括打招呼、找厕所、换钱、打车、问路、点菜、购物等在内的实用口语二十句。学习过程中穿插现场提问、游戏竞答、唱儿歌等互动环节，课堂气氛活跃。

2014 年 9 月 24 日，韦洛尔科技大学孔子学院汉语体验课堂在 VIT 大学主楼的 Smart 多功能教室第二次开课。本次活动吸引了 40 余名各学院教师参加。

2014 年 9 月 25 日，韦洛尔科技大学孔子学院在 VIT 大学主楼的 Smart 教室，举办了"迎国庆大型中文歌会"，韦洛尔科技大学的中国留学生、孔院学生和各学院教师 100 余人参加了本次活动，共演唱了 30 余首歌曲，歌会高潮迭起。

2015 年 3 月 3 日，韦洛尔科技大学孔子学院在 Ambedkar 礼堂举办了庆羊年春节晚会，200 余人的礼堂座无虚席。初级汉语班的师生共同表演了中英双语版小合唱《新年好》，融合众多中国元素，唱出了浓浓的中国情。中级汉语班的学员们表演了古典诗词配乐朗诵，阿钦特带来的宋词《水调歌头·明月几时有》字正腔圆、抑扬顿挫、感情饱满，令全场观众惊艳。尼维塔、秦奋共同演唱《最炫民族风》，为观众带来印度学生演绎的中国味道。此外，本场晚会的一大亮点是孔子学院全体教师、志愿者共同表演《贺岁版甩葱舞》，欢声笑语弥漫了整个礼堂。

2016 年 2 月 5 日，韦洛尔科技大学孔子学院应邀参加了韦洛尔科技大学体育文化节（Riviera）之多国文化秀活动（Aikya）。孔子学院师生表演的太极拳，柔中带刚，尽显中华阴柔之美；志愿者侯兴业的少林棍术，腾转挪移，尽展中华武术阳刚之美；孔子学院学生还表演了藏族舞蹈《青藏高原》，展示了浓郁的中国风情。文化秀活动结束后，孔子学院全体教师在孔子学院大厅开展了中国书法体验活动，展现了写春联、剪窗花、扎灯笼等传统的中国技艺。

（二）孟买大学孔子学院的汉语教学①

2013 年 7 月 18 日，孟买大学孔子学院的揭牌仪式隆重举行，标志着这架沟通中印两国语言与文化交流的桥梁正式启动。4 年来，这所孔子学院不仅在孟买大学校内大力开展常规教学工作，更辐射周边地区，带动当地的汉语及中国文化的传播，在推动中印睦邻友好关系的过程中发挥了重要作用。

第四节　汉语教学机构的区域分布

随着印度汉语教学的不断升温，开展汉语教学的大学越来越多，汉语教学机构的分布地域也越来越广泛。下面我们列表给出印度目前开展汉语教学的大学及其所在的区域，见表 1。

表 1　　　　　　　开设汉语教学的大学一览表②

大学名称	所在地
德里大学东亚研究系	新德里
尼赫鲁大学国际学院东亚系	新德里
印度国际大学人文与社会科学学院	桑蒂尼盖登
贝纳拉斯印度教大学文学院	瓦拉纳西
英语和外国语大学	海德拉巴
艾哈迈达巴德管理学院	艾哈迈达巴德

① http：//www.hanban.org/confuciousinstitutes/node_ 39966.htm？vak＝list，2016 年 9 月 12 日。
② 谷俊、杨文武：《印度汉语教学的发展状况、问题及对策思考》，《南亚研究季刊》2001 年第1 期。

续表

大学名称	所在地
维斯瓦—巴拉第大学	加尔各答
加尔各答大学	加尔各答
罗摩克里希那维维卡南达大学	贝卢尔
韦洛尔科技大学	新德里
孟买酒店管理和餐饮技术学院	孟买
贾瓦哈拉尔尼赫鲁语言学院	新德里
贾达沃普尔大学	加尔各答
班加罗尔大学	班加罗尔
亚什万特劳·查文马哈拉施特拉开放大学	纳西克
旁遮普大学	旁遮普
卡利亚尼大学	卡利亚尼
利兹大学南亚办事处	新德里
北安查尔邦梵文大学	哈里瓦
玛赫西帕尼尼梵文大学	乌贾因
梵文大学	瓦拉纳西
提斯浦尔大学	提斯浦尔

资料来源：通过印度主要大学官方网络资源收集相关资料整理。

为更直观反映印度汉语教学的地理分布情况，我们将在上述开始汉语专业的大学标注在地图上，见图1。

第五节　汉语教材的选用和开发

印度汉语教学中使用的教材基本上都是中国大陆出版的，很多汉语教学机构使用的都是综合教材，大部分汉语教材不配录音带或VCD/DVD，版本陈旧，存在词汇老旧、语法解释过于复杂等问题，教材中有些词语即使是现今的中国学生看起来也很陌生。比如"进城"这个词，中国现在已经很少使用，一般只存在于中国古装戏中的人物口语中，但印度采用的教材仍然收录了这个词。类似这样的词汇还有

图 1　印度设立汉语专业的大学分布

很多，他们不但增加了学生的学习负担，而且学习后对日后交际也没有直接作用。语言最主要的功能是交际，这些已经被时代和社会淘汰的词语如果放在课本中，对于学习汉语的外国人来说是一件吃力不讨好的事，并且学习也必将事倍功半。①

印度大学对汉语教材的选用没有统一的要求和规定，完全按照学校或老师的喜好决定使用哪本教材，比较随意，不够正式。《基础汉语课本》（华语教学出版社 1994 年版）是印度开设汉语课程的大学普遍使用的教材。该书分为 4 册，内容比较丰富，有专门讲解中国文化的章节，比如成语故事、鲁迅先生的小说等；语法讲解也很清楚透彻；

---

① ［印度］阿西：《印度汉语教学历史与现状分析》，硕士学位论文，上海师范大学，2012 年。

练习题不仅数量充分，而且有新意、有实用性，学生不会觉得枯燥无味。但无论是从教材的出版时间、内容还是思想方面来看都显得过于陈旧，尤其是课文内容，好多都是十多年前的事情，缺乏现代意识，不能吸引学生，很多学生反映他们觉得课文有些无聊，很难激发他们的兴趣。

曾经有几位来自中国的志愿者去印度教课，他们试图运用从中国带来的课本，如《桥梁》等，但是由于没有提前对学生的水平和现实情况做调查，所以他们对教材的改革并不顺利。因而现在需要研究者们对印度的学生和学习现状在各方面做一些调查研究，全面地了解印度汉语教学方面的现实情况，充分讨论并选择运用新的合适的汉语教材。[①]

印度汉语教学中，教师也自编一些教材主要用于报刊阅读课的教学，内容主要选取《人民日报》《环球时报》等中国报纸中的一些有趣的新闻，选编过程中对教材的难度、知识点的把握不够，质量普遍不高。[②]

第六节　汉语师资状况[③]

随着印度汉语学习需求的增加，汉语师资短缺的问题逐渐凸显。印度大部分开展汉语教学的机构，都存在汉语师资不足、师资质量不高的问题。从所受教育上来看，印度的汉语教师大多数毕业于尼赫鲁大学和印度国际大学。比如德里大学、锡金国际大学、奥兰加巴德大学、英语和外国语大学等的老师们都是尼赫鲁大学的硕士毕业生。印

---

① ［印度］木克士：《印度汉语教学的问题及对策研究——以 Doon 大学为例》，硕士学位论文，山东师范大学，2012 年。

② ［印度］潘卡基：《印度大学汉语教学现状研究》，硕士学位论文，沈阳师范大学，2013 年。

③ 岳亚骏：《印度大学汉语教学的"三教"问题及对策研究——以德里大学初级综合课为例》，硕士学位论文，辽宁师范大学，2015 年。

度本土汉语教师大部分都是 20 世纪八九十年代的毕业生,虽然说他们在教学方面经验比较丰富,而且教授本土学生比中国汉语老师拥有更有效的方法,毕竟作为本土教师,他们更能明白印度学生的心理状况和学习过程中的难点。但也存在另外一个问题,他们对中国的了解和认识多限于 20 世纪八九十年代,教学中会影响学生对中国新情况和文化的正确认识和学习。

很多印度本土汉语教师对中国的认知有限,他们中的大多数人从来没有到过中国或者四五年才会来一次,对于中国的认识主要是通过媒体或者其他方面获取的,因此,这种通过中介得来的东西难免会与中国的实际情况不能完全符合,教学中将对中国的片面认识,甚至是误解传达给学生,不利于学生的汉语学习和正确认识中国。

印度的本土教师素质还是很高的,但与中国的对外汉语教学专家们相比还是有一定的差距。因为印度大多数的汉语教师是汉语翻译专业毕业的,而非汉语言专业,由于受专业背景的影响,这些教师最喜欢运用的就是翻译法,汉语教学法的发展较慢,方法单一陈旧。

在印度大学汉语教学的师资队伍里,缺少专业性人才,来自中国的教师更是屈指可数。这其中的原因是多方面的,主要源于两国历史遗留问题及现行政治观念的差异,当下,两国人才交流的契机本就有限,加之签证办理困难复杂,这便让两国的文化交流雪上加霜,甚至是陷入僵局。即便近几年来,中印两国上层人士在经济、政治、文化方面的交流越来越频繁,但依旧不能打破两国在人才流动限制条件上的僵局,这不禁让中印两国人民大失所望。由于办理签证材料和手续流程很复杂,因此申请印度的工作签证有一定的难度。这种情况对汉语教师到印度进行汉语教学起到了阻碍的作用。虽然印度开设汉语教学科目的许多大学或是私立学校出现了中国留学生或研究人员的身影,但他们并非专门从事汉语教学的教师,主要是一些学校外聘的在印度从事其他工作或留学的中国人,由于没有受过专门的汉语教学训练,教学质量难以得到保证。

第七节 对印度汉语教学发展的建议[①]

（1）增强两国的政治互信，消除两国的文化壁垒，为印度学习汉语营造良好的政治氛围。目前中印两国的政治互信还需进一步加强，一部分印度人对中国人采取提防的态度，他们认为，学习汉语是中国文化与政治的对外传播，不利于他们国家的文化与政治的发展。作为世界上两大文明体系——中华文明和印度文明，两国都应具有大国心态和开放包容的胸襟，互相善待。尤其是印度，应该尽量消除文化壁垒，为印度的汉语教学和印度人学习汉语营造一个良好的政治氛围。

（2）增进两国之间的民间往来交流，巩固在印汉语教学的社会基础。尽管中印之间近年来政治上往来较多，但由于印度政府在中印文化交流方面上还不够开放，民间交流也略显不足，不少印度民众无法满足学习汉语的愿望，对中国文化也了解得非常少，直接造成了两国人民之间的隔阂与误解，这也会制约印度汉语教学成效，因而双方应加强中印文化交流与国际合作，增进两国和两国人民之间的了解和信任。

（3）推动和扩大两国之间相互学习对方的文化和教育的交流和合作，加大对印汉语教师培训和汉语教学材料方面的支持力度。21 世纪以来，中印两国持续快速的经济增长，以及中印经贸合作关系更加密切，都对中印两国之间的学习和交流提出了更高的要求，这也为中印两国的教育合作迎来了更好的发展时机。因而，中印两国人都应该学习对方的文化和知识，学习对方的语言，融洽相处，从而为两国更深层次的交流提供更多的机会。我们需要从国家文化资源竞争的战略高度来思考对印的汉语教学工作，采取"请进来""走出去""入学深造"等多种方式提高在印汉语教师素质并加大对应的汉语教学材料方

[①] 谷俊、杨文武：《印度汉语教学的发展状况、问题及对策思考》，《南亚研究季刊》2001 年第 1 期。

面的支持力度。

（4）探索适宜印度学生实际需求的汉语国际教育规律，努力提升印度汉语教学效果。只有准确把握汉语国际教育的规律性，才能增强汉语国际推广工作的前瞻性、针对性和有效性，目前制约和影响印度汉语教学的三个基本问题还是"教师、教材、教学法"，因而，培养既懂印度民族语言又懂汉语的中文教师是印度学生学好汉语的核心，编辑适合印度学生的中文教材是印度学生学好汉语的关键，推进印度本土的教学方法是印度学生学好汉语的重要手段。

（5）开展中印远程教育合作，探索开放式的印度汉语国际教育新模式。在这种新形势下，对外汉语教学，必须摆脱传统的以面授教学为主，转而利用网络开展远程汉语教学，这是今后对外汉语教学发展的新方向。而且，随着全球互联网的不断发展和普及，利用网络远程教学变得现实而具有可行性。同时这种方式不受年龄、时间、地点的限制，为在印汉语学习者提供了便捷而准确的方式和道路。这种方式在一定程度上可以摆脱政治因素和其他因素的影响，既可以省去教学者出国教学的麻烦，也可以降低汉语学习者的学习成本。所以应该在印度开展基于网络的远程汉语教学，探索开放式的印度汉语国际教育新模式。

本章主要参考文献

［印度］阿西：《印度汉语教学历史与现状分析》，硕士学位论文，上海师范大学，2012 年。

北京语言学院世界汉语教学交流中心信息资料部：《世界汉语教学概况》，国际文化出版公司 1991 年版。

谷俊、杨文武：《印度汉语教学的发展状况、问题及对策思考》，《南亚研究季刊》2001 年第 1 期。

［印度］木克士：《印度汉语教学的问题及对策研究——以 Doon 大学为例》，硕士学位论文，山东师范大学，2012 年。

［印度］潘卡基：《印度大学汉语教学现状研究》，硕士学位论文，沈阳师范大学，

2013 年。

岳亚骏：《印度大学汉语教学的"三教"问题及对策研究——以德里大学初级综合课
　　为例》，硕士学位论文，辽宁师范大学，2015 年。

赵守辉：《印度国际大学中国学院的汉语研究与汉语教学》，《世界汉语教学》1996 年
　　第 1 期。

第六章　马尔代夫的汉语教学

第一节　国家概况

一　自然地理

马尔代夫，全名马尔代夫共和国（The Republic of Maldives）。马尔代夫是印度洋上的群岛国家，总面积 9 万平方公里，陆地面积 298 平方公里，距离印度南部约 600 公里，距离斯里兰卡西南部约 750 公里，南北长 820 公里，东西宽 130 公里，由 26 组自然环礁、1192 个珊瑚岛组成，分布在 9 万平方公里的海域内，其中 200 个岛屿有人居住。岛屿平均面积为 1—2 平方公里，地势低平，平均海拔 1.2 米。位于赤道附近，具有明显的热带气候特征，无四季之分。年降水量 2143 毫米，年平均气温 28℃。马尔代夫被誉为"上帝抛洒人间的项链"。[①]

二　历史政治

马尔代夫历史悠久，公元前 5 世纪雅利安人来此定居。公元 1116

[①] http：//www. fmprc. gov. cn/web/gjhdq_ 676201/gj_ 676203/yz_ 676205/1206_ 676692/1206x0_ 676694/，2016 年 10 月 1 日。

年建立了以伊斯兰教为国教的苏丹国，前后共经历了六个王朝。1513
年，马尔代夫王室因王位继承问题发生矛盾，葡萄牙人乘机侵入，自
1558 年开始，葡萄牙对其实行了殖民统治。在塔库鲁法努领导下，马
尔代夫人民于 1573 年举行了起义，光复祖国。18 世纪又遭荷兰入侵，
1796 年英国人将荷兰人赶出锡兰，1887 年沦为英国保护国。1932 年，
马尔代夫改行君主立宪制。1934 年，英国承认马尔代夫独立。1953
年，成为英联邦内的共和国，20 世纪 50 年代中期成为英国的保护国。
1954 年，马尔代夫议会决定废除共和国，重建苏丹国。1965 年 7 月 26
日，马尔代夫宣布独立，同年加入了联合国。1968 年 11 月 11 日，马
尔代夫颁布独立后的第一部宪法，宣布成立马尔代夫共和国，实行总
统制。人民议会为其立法机构，实行比例代表制。①

　　随着 1973 年和 1975 年的修宪，总统权力得到加强，继而出现了
加尧姆长达 30 年的独裁专政。在总统独裁期间，马尔代夫的政治转型
缓慢，甚至出现了倒退的情况。1993 年后，加尧姆执政下的马尔代夫
开始向政治现代化发展。1993 年的大选，人民议会提名加尧姆之外的
候选人参选，进一步推动了马尔代夫的现代政治进程；1998 年新宪法
的颁布，更是以宪法的形式确立了三权分立的民主政体；2004 年马尔
代夫动乱，加尧姆承诺"推行宪政改革"，并于 2007 年颁布新宪法，
2008 年 8 月，新宪法正式生效，规定马尔代夫为主权独立和领土完整
的伊斯兰教总统内阁制国家，总统为国家元首、政府首脑和武装部统
帅，有权任命内阁成员，但须经议会批准。2010 年，马尔代夫陷入了
政党纷争，形成政治僵局，阻碍了国家民主革命的有序进行。2012
年，一场警察哗变事件，马尔代夫总统纳希德迫于形势宣布辞职，
结束了马尔代夫长达两年的政治僵局，又恢复了正常的政治生活秩
序，挽回了马尔代夫民主政体。也显示了马尔代夫人民民主政治转
型的决心。这一路，马尔代夫自身的政治发展不断取得进步，尽管
经过多年才进入民主化进程的初级阶段，但都是马尔代夫人民经过

---

① http：//gb. cri. cn/42071/2014/09/09/1545s4683972. htm，2016 年 10 月 1 日。

不断探索得来的。①

三 人口经济

马尔代夫人口约 35 万,其首都为马累(Male),人口 15.3 万,均为马尔代夫族。马尔代夫自称是印度雅利安人种,马尔代夫人在外表、语言、性格、文化、传统和行为等方面类似印度人、斯里兰卡人和阿拉伯人。马尔代夫几乎没有华侨华人,仅有少量在马尔代夫境内的中国劳务人员。伊斯兰教为国教,属逊尼派。

旅游业、渔业和船运业是马尔代夫经济的三大支柱。马尔代夫强调发展多元化、可持续的国民经济,实行小规模开放型经济政策。坚持在保护环境的基础上,发挥自身资源优势,积极吸收国外资金与援助,加快经济发展。2015 年出台《经济特区法案》,为大力吸引外资提供法律和政策支持。②

经过 30 多年的快速发展,旅游业的收入对马尔代夫 GDP 的直接贡献率达到 30% 以上,间接的贡献率达 60%—70%,超过了渔业、船运业,成为马尔代夫的第一大经济产业。旅游业的快速发展促使马尔代夫培养大量旅游业方面的专业人才,直接和间接从事旅游业人员数量发展迅速。2006 年马尔代夫旅游业创造的就业人数约占国内就业总人数的 57.6%,直接就业贡献率超过 25%。目前,高达 83% 的劳动力直接或间接从事旅游业。旅游业在带动就业方面和国民经济财政及外汇收入中发挥着极为重要的作用。③

四 语言政策

马尔代夫官方语言为迪维希语(Dhivehi),政府文件和法律均用

---

① 黄德凯、李浩宽:《马尔代夫政治转型与前景分析》,《东南亚南亚研究》2014 年第 1 期。
② http://www.fmprc.gov.cn/web/gjhdq_ 676201/gj_ 676203/yz_ 676205/1206_ 676692/1206x0_ 676694/,2016 年 10 月 1 日。
③ 杨丽琼:《小型开放经济体发展国家旅游战略研究——以马尔代夫为例》,《三峡大学学报》2013 年第 3 期。

迪维希语写成，少数有英文版本。上层社会通用英语。马尔代夫有两种日报和少量周刊，系迪维希语，主要在首都马累发行。还有一份双周刊英文报纸。"马尔代夫之声"电台建于 1962 年，用英文和迪维希语对全国广播。[①]

第二节　汉语教学的环境和对象

马尔代夫实行免费教育，识字率为 98.04%。2006 年共有在校学生 100241 人，教师 6656 人。有 349 所学校，其中公立学校 222 所，社区学校 48 所，私立学校 79 所。

马尔代夫国立大学（Maldives National University）是马尔代夫唯一的高等院校。各环礁设有一个教育中心，主要向成年人提供非正规文化教育。

2010 年，天津市政府与马尔代夫教育部签订了向马尔代夫派出汉语教师的协议，教师的任期为一年，协议四年内有效。这是中国官方首次向马尔代夫派出较长任期的汉语教师。

2012 年 1 月，国家汉办向马尔代夫国立大学派遣了第一位汉语教师，随后马尔代国立大学文学院开始开设汉语培训班，学员主要是社会人员。首批学员 20 多位，但最后坚持到结业考试的只有 9 人。2012 年 7 月 12 日，马尔代夫国立大学文学院举行了首期基础汉语课程结业暨第二期基础汉语课程开学典礼。参加典礼的有马尔代夫国立大学校长 Hassan Haweed 博士、文学院院长 Abdul Rasheed Ali、文学院全体教师和全体第一期结业学生、部分第二期学生。中国驻马尔代夫大使因回国述职未能出席，使馆临时代办徐伟参赞受邀向学生颁发了由马尔代夫国立大学文学院签署的结业证书并致辞。学生代表阿米尔用流利

---

① http：//www. fmprc. gov. cn/web/gjhdq_ 676201/gj_ 676203/yz_ 676205/1206_ 676692/1206x0_ 676694/，2016 年 10 月 1 日。

的汉语表达了学习汉语的感受和对教师的感谢。中国驻马使馆秘书印俊也受邀出席了典礼。

2014 年 8 月 27 日，马尔代夫中国文化中心汉语班毕业典礼在文化中心多媒体会议室顺利举行，60 余名学员参加了毕业典礼。

在国家汉办大力支持和中国驻马尔代夫使馆积极推动下，国际汉语教师项目于 2015 年在马正式启动。首位国际汉语教师将从 2015 年 1 月起在首都马累的比拉邦国际学校开展汉语教学活动。1 月 7 日，驻马尔代夫大使王福康在使馆亲切会见国家汉办向马派出的首位国际汉语教师范瑞。王大使代表使馆热烈欢迎国际汉语教师来马开展汉语教学活动。并表示作为首位来马工作的国际汉语教师，不仅要帮助马学校开展汉语教学，同时还承担传播中华文化、促进中国与马尔代夫教育文化交流的崇高使命，使命光荣，责任重大。王大使向其介绍了马的工作生活状况，勉励其克服困难，勤勉工作，发扬汉办国际汉语教师吃苦奉献精神，将汉语教学在马中小学尽快普及，传播中华文化。[①]

2015 年 9 月 16 日，中国驻马尔代夫大使王福康访问了马尔代夫国立大学，并会见了国立大学校长拉蒂夫。王大使就在马尔代夫国立大学设立孔子学院事宜与马尔代夫国立大学校长进行了深入探讨。拉蒂夫校长表示愿意加强与中国高等院校在合作办学、师生交流领域的合作，马尔代夫国立大学十分重视在马尔代夫开展汉语教学，将积极研究扩大该校汉语教学规模的策略和方法。访问期间，王大使向马尔代夫国立大学捐赠了 100 册介绍中国的图书。[②]

2015 年 12 月 28 日，云南省教育厅王建颖副厅长访问马尔代夫国立大学，此次参观访问旨在推进云南开放大学同马尔代夫的合作，加强院校间语言文化教育交流。

① ITA 国际汉语教师协会网站（http：//www. itact. com. cn/），2016 年 10 月 2 日。
② 中华人民共和国驻马尔代夫共和国大使馆网站（http：//mv. china-embassy. org），2016 年 10 月 2 日。

2016 年 2 月 22 日，驻马尔代夫大使王福康访问马累市艾哈玛迪亚国际学校，考察了该校开设汉语课程的有关情况。一年前，在中国大使馆和孔子学院总部的支持下，该校引进了汉语志愿者老师，开设了汉语课程。经过发展，汉语课程已实现全年级覆盖，相信在未来会有更多学生会说汉语，了解中国文化。①

2016 年 5 月 10 日，中国驻马尔代夫大使王福康应邀出席了比拉邦国际学校儿童节庆祝活动。学校董事会主席阿卜杜拉·拉希德对王大使的到来表示欢迎，还重点提及，在中国大使馆的帮助下，学校派出的教育交流团访华取得圆满成功，开阔了师生视野，增加了对华认识。王大使在致辞中表示，作为首个开设汉语课程和引进中国汉语志愿者的学校，校领导展现出远见和战略眼光，驻马尔代夫大使馆将一如既往地支持学校汉语教学工作。活动期间，王大使还向学校捐赠了部分汉语教材。②

本章主要参考文献

黄德凯、李浩宽：《马尔代夫政治转型与前景分析》，《东南亚南亚研究》2014 年第 1 期。

杨丽琼：《小型开放经济体发展国家旅游战略研究——以马尔代夫为例》，《三峡大学学报》2013 年第 3 期。

---

① 中华人民共和国外交部网站（http://www.fmprc.gov.cn/web/），2016 年 10 月 2 日。

② 同上。

第七章　尼泊尔的汉语教学

第一节　国家概况

一　自然地理

尼泊尔全称为尼泊尔联邦民主共和国（Federal Democratic Republic of Nepal），简称尼泊尔，为南亚山区内陆国家，素有"美丽的山国"之称。尼泊尔是世界三大宗教之一佛教的发源地，位于喜马拉雅山脉南麓，北与中华人民共和国西藏自治区相接，东与印度共和国锡金邦为邻，西部和南部与印度共和国西孟加拉邦、比哈尔邦、北方邦和北阿坎德邦接壤，国境线长 2400 千米。①

尼泊尔是一个近长方形的国家，国土面积为 147181 平方公里。从东到西长度为 885 千米，从南到北为 145—241 千米。地势北高南低，境内大部分属丘陵地带，海拔 1000 米以上的土地占总面积近一半。尼泊尔属热带季风气候，基本上只有两季，每年的 10 月至次年的 3 月是干季（冬季），雨量极少，早晚温差较大，晨间 10℃左右，中午会升

---

① http：//www.fmprc.gov.cn/web/gjhdq_ 676201/gj_ 676203/yz_ 676205/1206_ 676812/1206x0_ 676814/，2016 年 10 月 3 日。

至25℃；每年的4—9月是雨季（夏季），其中4—5月气候尤其闷热，最高温常达到36℃；5月起的降雨常作为雨季的前奏，一直持续到9月底，雨量丰沛，常泛滥成灾。南北地理变化巨大，地区气候差异明显，分北部高山、中部温带和南部亚热带气候。

二　历史政治

公元前6世纪起，尼泊尔境内就出现了一些国家，主要有基拉特（公元前6世纪到公元4世纪）、李查维王朝（公元4世纪到13世纪）、玛拉（公元13世纪到1768年）等王朝。那时的尼泊尔人就已在加德满都河谷一带定居。之后印度的移民及英国的入侵共同谱成了尼泊尔的历史。

1769年，廓尔喀王普里特维·纳拉扬·沙阿（Prlthvl Narayan Shah）统一了尼泊尔，建立了沙阿王朝。① 其君主崇信雅利安文化和印度教，树立"君权神授"观念，国王是毗湿奴大神的化身，是民众的至高无上的保护神。

1814年，尼泊尔遭到英国入侵，尼泊尔被迫割让大片领土给英属印度，外交受英监督。1846年，亲英的忠格·巴哈杜尔·拉纳（Jang Bahadur Rana）将军发动政变，国王大权旁落，拉纳家族世袭首相。

1846年至1990年，尼泊尔王朝更迭频繁，先后由拉纳家族、特里布万国王、马亨德拉国王和比兰德拉国王统治。1923年，英国承认尼泊尔独立。

1990年，尼泊尔全国爆发大规模"人民运动"。尽管比兰德拉国王被迫实行君主立宪的多党议会制，但尼政局依然动荡，党派斗争激烈，政府更迭也十分频繁。1996年，尼泊尔共产党激进派宣布退出议会斗争，开展"人民战争"。

经过长达十二年的党派斗争，至2008年5月，尼泊尔共产党（毛主义）取得220个制宪会议席位，成为最大政党。制宪会议首次会议

---

① http://politics.people.com.cn/GB/8198/228412/228417/15404221.html，2016年10月3日。

通过决议，宣布建立尼泊尔联邦民主共和国，延续近 240 年的沙阿王朝宣告终结。2008 年 7 月，制宪会议选举产生了总统、副总统和制宪会议主席，国名由"尼泊尔"改为"尼泊尔联邦民主共和国"。①

2015 年 9 月 20 日，尼泊尔正式颁布新宪法，10 月 11 日，尼泊尔共产党（联合马列）主席奥利（Khadga Prasa Oli）当选为新一届政府总理。尼泊尔新宪法颁布后，制宪会议自动转化为立法议会，2015 年 10 月 28 日举行新总统选举，尼泊尔共产党（联合马列）副主席比迪娅·德维·班达里（Bidhya Devi Bhandar）获得 327 票，当选尼泊尔总统。目前，尼泊尔大会党、尼泊尔共产党（联合马列）、尼泊尔联合共产党（毛主义）为议会前三大党。现任议长为昂萨莉·加尔蒂·马嘎（Onsari Gharti Magar）。②

尼泊尔奉行平等、互利、相互尊重和不结盟的外交政策，主张在和平共处五项原则的基础上同世界各国发展友好关系。高度重视发展同中、印两大邻国友好关系。重视加强同美、英等西方国家关系，争取经援和投资。积极推动南亚区域合作联盟发展。2004 年加入环孟加拉湾多领域经济技术合作倡议。

三 人口经济

截至 2014 年，尼泊尔总人口为 2852 万。③ 有拉伊、林布、苏努瓦尔、达芒、马嘉尔、古隆、谢尔巴、尼瓦尔、塔鲁等 30 多个民族。居民 86.2% 信奉印度教，7.8% 信奉佛教，3.8% 信奉伊斯兰教，2.2% 信奉其他宗教。

克拉底族是拉伊、林布等尼泊尔东部族群的统称，曾建立了克拉底王朝。克拉底语系由多种方言组成，属汉藏语系藏缅语族。卡斯族也称为卡族，是尼泊尔最主要的民族。语言是卡斯库拉语，又称廓尔

---

① http：//politics. people. com. cn/GB/8198/228412/228417/15404221. html，2016 年 10 月 3 日。
② http：//www. fmprc. gov. cn/web/gjhdq_ 676201/gj_ 676203/yz_ 676205/1206_ 676812/1206x0_ 676814/，2016 年 10 月 3 日。
③ http：//www. phb123. com/city/renkou/2502. html，2016 年 10 月 3 日。

喀语。尼瓦尔族起源于加德满都河谷，擅长经商，历史上先后建成了加德满都、帕坦、巴德岗三座古城。夏尔巴族属藏缅血统，生活在喜马拉雅山区。以肺活量大、勇敢顽强闻名，登山向导是他们的一种谋生手段。

尼泊尔经济落后，是世界上最不发达国家之一。农业人口占总人口的约 70%。耕地面积为 325.1 万公顷，主要种植大米、甘蔗、茶叶和烟草等农作物。工业基础薄弱，规模较小，机械化水平低，发展缓慢，以轻工业和半成品加工为主，主要有制糖、纺织、皮革制鞋、食品加工、香烟和火柴、黄麻加工、砖瓦生产和塑料制品等。①

20 世纪 90 年代初，开始实行以市场为导向的自由经济政策，但由于政局多变和基础设施薄弱，收效不彰。1992 年后，尼泊尔签署了加入世界贸易组织的协定，也成为南亚自由贸易区和孟加拉湾多层次经济技术合作机制成员。

尼泊尔经济发展严重依赖外援，预算支出的 1/4 来自外国捐赠和贷款。② 主要贸易伙伴有印度、美国、中国、欧盟等。主要进口商品是煤、石油制品、羊毛、药品、机械、电器、化肥等，主要出口商品是蔬菜油、铜线、羊绒制品、地毯、成衣、皮革、农产品、手工艺品等。

四 语言政策

尼泊尔是一个多民族、多语言和多元文化的国家。尼泊尔虽属地域小国，但因其语种繁多而被冠以语言大国的称号。在 2001 年的人口普查中，尼泊尔的语言数量显示为 126 种，实际上存在的语言种类还要更多。总体来说，尼泊尔境内存在有四大语系，分别是达罗毗荼语系、亚澳语系、藏缅语系和印欧语系。③

2007 年 12 月 28 日，尼泊尔临时议会通过临时宪法修正案，该法

① http://www.fmprc.gov.cn/web/gjhdq_ 676201/gj_ 676203/yz_ 676205/1206_ 676812/1206x0_ 676814/，2016 年 10 月 3 日。
② 同上。
③ 王辉：《"一带一路"国家语言状况与语言政策》，社会科学文献出版社 2015 年版，第 104 页。

案明确规定："尼泊尔是一个多民族、多语种、多宗教和多元文化的国家","尼泊尔语是官方语言。所有尼泊尔的语言都是尼泊尔的母语"。[①] 这表明,虽然政府已经接受了本国多语言的现实,但仍将尼泊尔语视为唯一的官方语言。

随着尼泊尔语的官方语言地位得到确立和英语作为国际通用语言影响的日益增强,土著和少数族群正逐渐放弃使用当地母语,使得多种少数族群语言处于濒临灭绝的边缘。为此,2007 年尼泊尔政府颁布了"基于多语教育的母语教育政策"(MT - MLE),旨在保护语言的多样性,促进文化共存。

第二节　汉语教学简史

中尼之间有着上千年交往的历史,晋代高僧法显、唐代高僧玄奘曾在尼泊尔学习佛法。唐朝时,尼泊尔尺尊公主与吐蕃赞普松赞干布联姻。清朝时,尼泊尔是其 20 个藩属国之一。中尼之间的良好交往历史为当今汉语在尼泊尔的推广奠定了良好的社会基础。[②]

20 世纪 70 年代,中国开始公派教师到尼泊尔教授汉语,为尼泊尔培养了一批汉语水平较高的学生。

1986 年,国家汉办同特里布文大学(Tribhuvan University)国际语言学院合作开办学制为两年的汉语教程,第一年是尼泊尔教师教授,他们多是在中国学习过汉语的老师,第二年由国家公派教师来教。教材是《实用汉语课本》(刘珣、邓恩明、刘社会主编,商务印书馆 1981 年版)。[③] 2014 年以前,该校一直开设的是汉语短期培训课程,面对社会招生,2014 年开始招收四年制汉语专业的本科生。

---

① http://news.sina.com.cn/w/2008 - 07 - 20/020514188268s.shtml, 2016 年 10 月 3 日。
② 孙晓飞:《尼泊尔加德满都地区中小学汉语教学情况调查报告》,硕士学位论文,郑州大学, 2014 年。
③ 赵丹:《尼泊尔汉语教学情况调查报告》,硕士学位论文,东北师范大学,2011 年。

2004 年，驻尼泊尔的中国信息中心开始教授汉语，学生来源主要是做生意的印度商人，学制两年，三个月一个学期，使用的教材是《基础汉语课本》。每期都有学员 10—20 人，2004 年顺利完成学业的有 25 人左右，从 2005 年起由国家汉办选派的志愿者老师教授汉语课程，直到 2013 年。2013 年 5 月，该中心停止开设汉语课程。

2006 年 11 月，Universal Language & Computer Institute 开始开展汉语教学活动。该校成立于 1984 年，是尼泊尔一家有一定知名度的语言和计算机培训、留学中介及考试机构。同年 12 月 26 日，该校成立了尼泊尔第一家汉语水平考试中心，由志愿者教师进行教学和辅导活动。2007 年 9 月，这里成功地举办了尼泊尔首次汉语水平考试，参加者 4 人。

2006 年 11 月，Himalayan Whitehouse International College 开始在 MBA 一年级开设商务汉语课程，开启了该校开展汉语教学的历史。该校 2001 年成立，是一所私立大学。[1]

随着尼泊尔汉语学习需求的加大，越来越多的教学机构开始开设汉语课程，进而带来了师资短缺等问题。为缓解尼泊尔汉语教师短缺的状况，应尼泊尔方面的邀请，中国国家汉办于 2005 年开始向尼泊尔派遣汉语志愿者教师。

2009 年 11 月 12 日，尼泊尔境内的首所孔子学院——加德满都大学（Kathmandu University）孔子学院正式成立，中方合作院校为河北经贸大学，教学对象主要是加德满都大学的学生和其他大学的一些学生。

2010 年 6 月，中国国际广播电台和中尼友好协会合作承办了尼泊尔—中国人民友好联络委员会广播孔子课堂（以下简称 C. R. I. 广播孔子课堂），在加德满都的胜利学校正式挂牌成立，教学对象主要是胜利学校的中学生和大学预科生。

2011 年 11 月 7 日，北京国际汉语学院与尼泊尔 L. R. I. 国际学校合作的孔子课堂（以下简称 L. R. I. 孔子课堂）在加德满都正式揭牌。另外，加德满都大学孔子学院还在 4 所学校建了孔子课堂。目前，尼

---

[1] 赵丹：《尼泊尔汉语教学情况调查报告》，硕士学位论文，东北师范大学，2011 年。

泊尔境内的孔子学院和孔子课堂都在正常运作，在汉语言文化教学和传播方面做了大量的工作。[①]

在加德满都大学孔子学院的协助下，加德满都大学 2016 年 8 月开始开设汉语师范本科专业，学制四年。

总体来看，近 10 年来，汉语教育在尼泊尔蓬勃发展，势头强劲。各大、中、小学及语言培训机构也争相开设汉语课程。甚至一些幼儿园也跃跃欲试，开始准备开设汉语课。还有一些和中国有贸易往来的本地人，为了本人事业发展的需要或者希望孩子学会汉语后能有更好的发展前景，出酬金请人到家里教授汉语。[②] 虽然尼泊尔的汉语教学没有正式纳入当地的基础教育体系当中，但很多的中小学生对汉语感兴趣，希望学习汉语，中小学生是尼泊尔汉语学习最大的群体。2005 年 8 月 11 日，由中国国家汉办派出的首批 21 名志愿者教师到尼泊尔进行汉语教学活动，至此拉开了尼泊尔中小学汉语教学的序幕。按照尼泊尔的相关教育法规，八年级以下开设的选修课程，学校校长可以自行决定，目前申请汉语教学的学校很多，不过，中小学开设的汉语课程多为兴趣课、选修课，每周有一两个课时，没有学习成绩要求，大多学校没有具体的教学大纲和教学计划及详细的考试评估标准，中小学生的汉语学习具有较大的随意性。[③]

第三节　汉语教学的环境和对象

近年来，由于中国经济的快速发展，中国赴尼泊尔游客的日益增加和中尼两国在经贸、文化和教育等领域交往的加强，"汉语热"在尼泊尔悄然兴起。尼泊尔的汉语教学已经由最初的加德满都地区推至全国各

---

① http://news. xinhuanet. com/2011 - 11/08/c_ 122247789. htm，2016 年 10 月 4 日。
② 邹学娥：《尼泊尔汉语教育现状分析》，《国际汉语教育》2014 年第 2 辑。
③ 王俊英：《尼泊尔汉语教学现状调查及分析》，硕士学位论文，苏州大学，2016 年。

地，汉语教学前景大好。特里布文大学中文系招生火爆，加德满都大学孔子学院教学形式丰富，C. R. I. 孔子课堂和 L. R. I. 孔子课堂相继成立，普通中小学积极推广汉语教学，社会语言培训机构也积极开设汉语课程。可以说，现在的尼泊尔汉语教学有全民化的趋势，无论是古稀老人，还是总角孩童，都对汉语学习有兴趣，学习汉语正成为一种潮流，汉语教学环境越来越好，汉语教学机构也会如雨后春笋般生长。

一　特里布文大学中文系的汉语教学

特里布文大学是尼泊尔最著名的公立大学，其中文系所属的国际语言学院开设了汉语、日语和西班牙语等十多个语种，是尼泊尔最早开设汉语教学的地方，2014 年前主要开设的是语言培训课程，2014 年开始汉语专业本科学历教育，当时有 2 名中国公派教师和 4 名尼泊尔本土汉语教师从事该专业的教学工作。报名学习汉语的尼泊尔学生每个学期只需缴纳约 100 元人民币的注册费用，学费低廉，故中文系的招生异常火爆，每年都有大批学生报不上名。教材采用的是《新实用汉语课本》，由于教材数量不足，学生主要使用的复印本。每个班每周 5 个课时，每课时 90 分钟，学生可根据自身情况选择早晚班。为提高学生口语水平，自 2008 年开始，公派教师每周六上午为学生开设汉语角，邀请赴尼泊尔的汉语教师志愿者参加，这对学生提高汉语口语水平很有帮助。历届公派教师都为中文系的汉语教学付出了艰辛的努力，为尼泊尔培育了很多精通汉语和中国文化的人才，并在尼泊尔历届"中国大使杯汉语比赛"成人组中名列前茅，这里的学生代表了目前尼泊尔汉语学习者的最高水平。[①]

二　加德满都大学孔子学院的汉语教学[②]

加德满都大学是尼泊尔著名的私立高等学校，2007 年 6 月与中国

---

① 张玲艳：《尼泊尔汉语教学现状探析》，《当代继续教育》2014 年第 2 期。
② 孔子学院总部/国家汉办网站：http：//www.hanban.org，2016 年 10 月 4 日。

河北经贸大学合作承办了孔子学院，加德满都大学孔子学院本部设在加德满都大学帕坦（Patan）校区。加德满都大学孔子学院汉语教学条件良好，有藏书丰富的中文图书馆和配备电脑的多媒体教室；并多次组织汉语水平考试和汉语水平口语考试，为学员提供了大量的前往中国进修汉语的机会。

加德满都大学孔子学院本部开设了面向社会招生的汉语短期培训班（分为初级班、中级班、高级班），每周5个课时，每课时60分钟，使用的教材主要为《汉语口语速成》《汉语会话301句》和《当代中文》。加德满都大学孔子学院在加德满都大学校本部杜利克尔（Dhulikhel）校区开设了针对大学生的汉语选修课以及针对加德满都大学教职工的汉语培训班。同时，为促进尼泊尔汉语教学的发展在4所学校开设了孔子课堂，其中的2所分别是尼泊尔旅游和酒店管理学院（Nepal Academy of Tourism & Hotel Management）和小天使学校（Little Angle's School），另外2所是分别位于博克拉（Pokhara）和拜拉瓦（Bhairahawa）的中小学。此外，孔子学院还在加德满都谷地（Kathmandu Valley of Nepal）和奇特旺（Chitwan）开设了多个汉语教学点，积极推广汉语教学。①

2010年8月29日，加德满都大学孔子学院在尼泊尔首都加德满都旅游部大厅举办了《尼泊尔导游汉语》和《实用汉语手册》两书的发行仪式。两书都是加德满都大学孔子学院组织编写的本土化教材。其中，《实用汉语手册》是一本袖珍读物，它简明实用，针对没有汉语基础的尼泊尔学习者编撰而成；《尼泊尔导游汉语》针对有一定汉语基础的中文导游而编写，具有较强的针对性、故事性和文化性。

2011年3月26日，加德满都大学孔子学院在中国文化体验角举办了中国文化体验活动，并将该项活动确定为每个周末都要举办的例行活动，力求通过现代化的多媒体手段，让学生更直观、更感性地了解中国优秀文化精粹。

---

① 张玲艳：《尼泊尔汉语教学现状探析》，《当代继续教育》2014年第2期。

2011 年 4 月 19 日，加德满都大学孔子学院首个研究生汉语班正式开班授课。首次研究生培训班共计 27 位学员。

2011 年 9 月 18 日，加德满都大学发布文件，正式将孔子学院承担的本科生汉语选修课纳入学分课程。

2011 年 12 月 4 日，加德满都大学孔子学院首次举行了新 HSK 考试，共有 48 人报名参加，涉及初级到高级五个等级。

2012 年 2 月 22 日，加德满都大学孔子学院举办的银行高管汉语培训班在加德满都繁华商业区泰米尔开班授课。银行高管汉语培训班的开设，一方面展现出尼泊尔官员对汉语以及中国文化的极大兴趣，显示出汉语的巨大影响力和"汉语热"在尼泊尔的持续升温；另一方面也表明加德满都大学孔子学院生源多样性的进一步发展。

2012 年 5 月 29 日，加德满都大学孔子学院举办了以"我与孔院"为主题的汉语演讲比赛，3 名学员荣获优胜奖，10 名学员获得纪念奖。

2012 年 6 月 22 日，加德满都大学孔子学院举办了庆祝成立五周年系列活动之"庆端午、品文化"文化体验活动，教师们向孔子学院学生介绍了端午节的来历，文化内涵和现实意义。

2012 年 8 月 23 日，农历七月初七，加德满都大学孔子学院组织全体师生，开展了以"相约浪漫七夕，体验中国文化"为主题的文化讲座，孔子学院师生在浪漫传统的文化氛围中共同体验了中国文化的魅力。

2013 年 3 月 2 日，加德满都大学孔子学院与尼中媒体论坛联合主办的尼泊尔媒体汉语培训班，在尼泊尔信息部大楼举行开班仪式，35 名来自尼泊尔各大媒体的编辑、记者将接受为期约 3 个月的汉语培训。

2014 年 6 月 9 日，加德满都大学孔子学院为尼泊尔外交部官员开设的"尼泊尔外交部初级汉语班"在尼外交部成功举行了开班典礼。中国驻尼泊尔大使馆吴春太大使在典礼上致辞，介绍了此次汉语班的基本情况，指出尼泊尔外交部初级汉语班的举办是汉语教学在尼泊尔近几年发展过程中的重要突破，将使汉语成为沟通两国友谊的桥梁，在增进友谊、扩大交往方面发挥巨大的作用。尼泊尔外交部副部长

Shankar Das Bairagi 先生也在致辞中表达了对此次汉语班的期望，希望尼泊尔外交官员借助学习汉语，加深对中国的了解，拉近两国人民间的距离，不断推动中尼两国在外交、文化等方面的交流与合作。典礼上，外交部官员学员们观看了加德满都大学孔子学院纪录片，对孔子学院有了更深刻的了解。现场还设置了中华文化体验区，包括中国书法、脸谱、剪纸、七巧板、九连环等具有中国特色的文化形式，给现场嘉宾带来别开生面的文化体验。

2014 年 7 月 20 日，加德满都大学孔子学院在奇特旺国家森林公园举行了导游汉语培训班开班典礼。旅游业是奇特旺经济增长的推动力，汉语成了本地导游亟须掌握的语言，此次汉语班旨在培养当地汉语导游人才，致力于实现每个酒店都配有一个专职汉语导游，更好地服务中国游客。

2014 年 8 月 1 日，加德满都大学孔子学院"第一届尼泊尔军队总部汉语培训班"开班典礼在尼泊尔军队总部举行，30 位尼泊尔年轻军官参加了本届培训班，9 月 19 日圆满结业。2015 年 3 月 29 日，"第二届尼泊尔军队总部汉语培训班"举行了开班典礼，26 位尼泊尔骨干军官参加了此届培训班，将在两个月内集中学习汉语基础知识和中华文化相关知识。

2014 年 8 月 23 日，加德满都大学孔子学院与加德满都大学教育学院联合举办了本土汉语教师培训及教学经验交流会，尼泊尔本土汉语教师以及中方汉语教师等 50 余人参加此次培训和交流。加德满都大学孔子学院的中方教师向参加培训和交流教师详细介绍了汉语水平考试和中小学汉语考试相关内容、教学案例观摩、教学方法研究等，交流环节分成人组和中小学组进行了教学经验交流。各位老师逐一发言，畅谈如何调动学生汉语学习积极性。围绕课堂教学活动的开展、课堂教学的主体性、跨文化沟通中存在的问题，汉语考试与平时教学的结合、中华文化学习的必要性等方面进行了深入探讨。

2015 年 8 月 12 日，加德满都大学孔子学院录制的《电视汉语讲座》在尼泊尔电视台"新闻 24 小时"（News 24）频道正式开播。《电视汉语讲座》前期录制了 60 集，每集 30 分钟，以《汉语口语速成》入门篇（上）为主要教材，由孔子学院的汉语教师和志愿者教师担任主讲，采用英汉双语相结合的方式讲解汉语拼音、声调、词汇、语法等基础知识，穿插剪纸、编中国结、唐诗等才艺项目和中华传统文化知识。这档节目将于每周一、三、五 17：30 首播，次日 11：00 重播。观众还可以在安卓应用中下载 Nepali TV，在其中找到 News 24 同步观看学习。

2016 年 1 月 14 日，加德满都大学孔子学院与浙江农林大学国家汉办汉语国际推广茶文化传播基地共同举办了"浙茶之美"茶艺文化表演活动，向尼泊尔民众展示中国茶文化。加德满都大学各学院的院长、师生等 50 余人到场观看。

2016 年 1 月 16 日，加德满都大学孔子学院主办的尼泊尔汉语教学经验交流会在加德满都举行。尼泊尔教育部官员戴韦、中国驻尼泊尔大使馆文化处主任张冰、加德满都大学教育学院副院长巴尔、中尼文化教育协会主席哈利仕、阿尼哥协会副主席舒俊、L. R. I. 孔子课堂负责人、C. R. I. 广播孔子课堂负责人、孔子学院下设四所孔子课堂负责人及各教学点校长、中方教师及本土教师共 60 多人出席活动。交流会由校长论坛和教师论坛两个部分组成。校长论坛以管理经验交流为主题，校长们分别介绍了各学校开设汉语课程的情况和取得的成绩，对汉语教学的重要性、汉语课程开设中的主要问题和解决办法进行了研讨。教师论坛上，4 位中方教师和 4 位本土教师就尼泊尔学生的汉语学习问题和实际需求进行了经验交流。

2016 年 6 月 24 日，加德满都大学孔子学院举办了本土汉语师资培养学术讲座暨南亚师资班项目宣讲会，约 200 人出席了此次活动。

2016 年 7 月 12 日，加德满都大学孔子学院承办了尼泊尔旅游人才汉语培训班。上课地点在尼泊尔旅游局办公大楼。加德满都大学孔子学院认真筹备，选派了优秀汉语教师前往授课，制定了适用于尼泊尔旅游系统相关官员和高层次学员的教学方案，提供了符合尼泊尔汉语教学特点的专业教材，致力于将汉语教育和文化体验相结合，全力培养出满足实际工作需要的汉语旅游专业人才。

三 C. R. I. 广播孔子课堂的汉语教学

C. R. I. 广播孔子课堂成立于 2009 年 8 月，尼方合作机构是尼泊尔—中国人民友好联络委员会，中方合作机构是中国国际广播电台。2014 年，C. R. I. 广播孔子课堂有 5 名汉语教师志愿者，2 个小型的汉语图书馆，2 所中小学汉语教学点，1 所针对成人开设的汉语语言培训中心，并在隶属于奥地利萨尔茨堡应用科技大学（Salzburg University Applied Sciences）的尼泊尔旅游和酒店管理国际学院（International School of Tourism &Hotel Management）开设汉语课程。在办学模式方面，C. R. I. 广播孔子课堂注重依托中国国际广播电台的媒体优势，使汉语教学与广播节目制作相结合，借助广播媒体宣传汉语教学并组织各类中国文化活动，受到尼泊尔当地广播听众和汉语学习者的欢迎。通过广播这一媒介，传播中国文化，推进尼泊尔汉语教学的发展。①

四 L. R. I. 孔子课堂的汉语教学

L. R. I. 孔子课堂，由 L. R. I. 国际学校与北京十八中、北京国际汉语学院合作建立，成立于 2013 年 3 月 5 日，孔子课堂成立后开展了从学前教育到大学预科教育全程的汉语教学。2014 年，汉语考试被 L. R. I. 国际学校纳入了学生学籍考试系统，受到了学生及家长们的高度重视，同时也表明该学校的汉语教学正逐步正规化，还表明了孔子课堂所开展的汉语教学在 L. R. I. 国际学校的地位得到了较大的提高。

五 普通中小学的汉语教学

尼泊尔中小学的汉语教学开始于 2005 年，经过"摸着石头过河"

---

① 张玲艳：《尼泊尔汉语教学现状探析》，《当代继续教育》2014 年第 2 期。

的探索初创期（2005 年 8 月至 2008 年 3 月）、快速发展期（2008 年 4 月至 2011 年 4 月）和逐渐成熟期（2011 年 5 月至今），现在的尼泊尔约有 2.3 万名中小学生学习汉语，以 3—7 年级的学生为主。①

据统计，2014 年尼泊尔全国现有 12 个县的 20 个市镇共 72 所中小学开设了汉语课程，其中私立学校居多。这些学校主要集中在加德满都谷地及周边的卡夫县（Kavre），北部邻近中国樟木口岸的辛杜帕尔乔克县（Sindhupalchok），著名的旅游城市博克拉（Pokhara）、奇特旺与蓝毗尼附近的拜拉瓦和布德沃尔（Butwal），东部发展区的孙萨里县（Sunsari）、莫朗县（Morang）和贾帕县（Jhapa）等。中小学汉语教学的影响和规模在尼泊尔日益扩大，开设汉语课程的学校和学习者的人数越来越多。②

尼泊尔中小学校每年都会统一组织和参与以下四个语言文化活动：一是 6—7 月的"中华才艺大赛"，主要为舞蹈、歌曲、绘画、剪纸、书法等项目的比赛；二是 8—9 月的"大使杯汉语比赛"，主要为演讲、才艺、国情知识和汉语知识四部分内容的比拼；三是每年冬季的尼泊尔"中国冬令营"，时间一般为一周，食宿统一，集中学习汉语和中国功夫、歌曲、舞蹈、书法、折纸、中国结等文化项目；四是每年春节前后的"欢乐春节，快乐校园"活动，开展文艺会演、图片展、美食节、传统游戏比赛等形式多样的春节庆祝活动。这四个语言文化活动已有一定规模和影响，成为尼泊尔中小学汉语教学和传播的重要补充，为汉语的推广起到了正面作用。③

六　语言培训机构的汉语教学

加德满都的语言培训机构很多，主要教学对象为成人和大学生。培训的主要内容是英语和日语，近年来汉语培训也得到了发展，但大

---

① 赵勋、张玲艳：《尼泊尔中小学汉语教学现状研究》，《国际汉语教育》2014 年第 1 辑。
② 张玲艳：《尼泊尔汉语教学现状探析》，《当代继续教育》2014 年第 2 期。
③ 李加方：《尼泊尔中小学汉语教学与传播研究——兼谈非汉文化圈地区汉语教学与传播问题》，《海外华文教育》2015 年第 1 期。

多机构的汉语培训过程还不是很规范,教学设施相对落后。

　　加德满都有两所较为知名且教学设施较完备的汉语培训机构,由汉语教师志愿者担任老师,生源稳定,均有小型中文图书馆,采用的汉语教材都是《汉语会话 301 句》。一所是中国信息中心,是由中尼贸易与投资促进中心开办的,不仅开设汉语培训,还负责承办与中国相关的各种文化贸易活动,自 2006 年 4 月开始,每年都申请1 名汉语教师志愿者来此任教,但是自 2013 年 5 月起暂停开设汉语课。另一所是 Universal Language & Computer Institute,2006 年 11 月申请到 1 名汉语教师志愿者并开设汉语课程,2006 年 12 月申请成立了汉语水平考试考点,主要负责举办 HSK、HSKK 和 YCT 等国家汉办组织的标准化汉语考试,目前有 2 名汉语教师志愿者负责汉语教学和组织各类汉语考试。[①]

第四节　汉语师资和教材

一　师资状况

　　目前,尼泊尔的汉语师资主要来自中国,中国国家汉办公派汉语教师和志愿者是尼泊尔汉语教学的中坚力量。邹学娥 2014 年的统计数据显示,当时尼泊尔有中国国家公派汉语教师 7 名,中国志愿者教师 105 名,还有大约 20 名尼泊尔本土教师。面对近 3 万的汉语学习者,从数量上来说,师资力量是相对薄弱的。从质量上来说,本土教师大都没有系统地学习过汉语,有些在中国留过学,但都是非汉语专业毕业的,大部分是从特里布文大学国际语言学院中文系毕业的(他们也仅接受了两年到三年的中文培训)。他们一般在上课时间来教学,课后就去从事其他工作,有时连上课时间都不能保证。中国政府向尼泊尔派遣的汉语志愿者教师,基本都是大学毕业生,有的是对外汉语专业毕业的,有的是其他专

---

① 张玲艳:《尼泊尔汉语教学现状探析》,《当代继续教育》2014 年第 2 期。

业的。他们被分到各地中小学进行汉语教学，由于存在语言上的障碍与生活环境的不适应，加上有些学校的不重视，教学效果都不是很理想。总之，教师数量不足、师资水平参差不齐是尼泊尔汉语教育亟须解决的问题。① 另据国家汉办尼泊尔汉语志愿者之家的统计数据，2014—2015年，全尼泊尔一共有130余位国家汉办汉语志愿者，较上一年增加近30%，分布在全尼泊尔20多个城市和村镇，面向3万余名尼泊尔学生传授汉语及中国文化知识。我们通过咨询目前尼泊尔境内从事汉语教学的多位教师及几位刚刚从尼泊尔回国的志愿者，得到的信息是目前尼泊尔的师资状况相对于2014年、2015年没有多大变化。

二 教材状况

尼泊尔汉语教学常用的教材有《新实用汉语课本》《快乐汉语》《汉语乐园》《跟我学汉语》《汉语口语速成》《汉语会话301句》等，另外，还有几本本土教材，如《尼泊尔导游汉语》《实用汉语手册》《尼泊尔基础商务汉语》等，主要是公派到尼泊尔的汉语教师和志愿者编写的，使用范围很窄，主要使用于编写单位内部。

国家汉办为尼泊尔地区的汉语教学指定两套教材，一年级学生或学龄前儿童选用人民教育出版社出版的《汉语乐园》，因其有大量图画，内容简单，适用于低龄的汉语学习者，但由于尼泊尔学校一年级开设汉语课程的为数不多，这套教材并没有得到广泛推广。二年级至九年级选用人民教育出版社出版的《快乐汉语》为教材。全书共三册，目前大部分学校正在使用的是第一册。② 随着尼泊尔学习汉语的人数不断增多，汉语教材短缺的问题日益突出，各个层面的汉语学习者基本上都是依靠复印文本的形式获得教材，由于受经济条件等因素的限制，作为汉语学习主力军的中小学学生不可能人手一本汉语教材的复印本。教材的缺乏严重制约了汉语教学的进度，影响到学生学习汉语的兴

① 邹学娥：《尼泊尔汉语教育现状分析》，《国际汉语教育》2014年第2辑。
② 窦子健：《尼泊尔初级汉语教学实践报告》，硕士学位论文，西北师范大学，2015年。

趣，更不利于学生汉语水平的提高。且这些被复印的教材一般是在中国出版的，所设计的教学对象并非针对尼泊尔学生，教材内容使学生感到陌生，甚至有些内容还有悖于当地的宗教信仰和民俗文化。一些教材所体现出的教学法也不适合尼泊尔学生的实际情况。学生学习汉语的热情和迫切需求与尼泊尔本土汉语教材匮乏之间的矛盾是汉语教学中亟须处理的问题，所以编写适合尼泊尔学生的学习需求、年龄特征和接受能力并能体现尼泊尔文化特色的汉语教材就成为当务之急。①

本章主要参考文献

窦子健：《尼泊尔初级汉语教学实践报告》，硕士学位论文，西北师范大学，2015 年。

李加方：《尼泊尔中小学汉语教学与传播研究——兼谈非汉文化圈地区汉语教学与传播问题》，《海外华文教育》2015 年第 1 期。

刘昕远：《谈国别化专门用途汉语教材编写的针对性——以〈尼泊尔导游汉语〉为例》，第四届汉语国别化教材国际研讨会论文，重庆，2015 年 5 月。

孙晓飞：《尼泊尔加德满都地区中小学汉语教学情况调查报告》，硕士学位论文，郑州大学，2014 年。

王辉：《"一带一路"国家语言状况与语言政策》，社会科学文献出版社 2015 年版。

王俊英：《尼泊尔汉语教学现状调查及分析》，硕士学位论文，苏州大学，2016 年。

张玲艳：《尼泊尔汉语教学现状探析》，《当代继续教育》2014 年第 2 期。

赵丹：《尼泊尔汉语教学情况调查报告》，硕士学位论文，东北师范大学，2011 年。

赵勋、张玲艳：《尼泊尔中小学汉语教学现状研究》，《国际汉语教育》2014 年第 1 辑。

邹学娥：《尼泊尔汉语教育现状分析》，《国际汉语教育》2014 年第 2 辑。

---

① 张玲艳：《尼泊尔汉语教学现状探析》，《当代继续教育》2014 年第 2 期。

东南亚

第八章　新加坡的汉语教学

第一节　国家概况

一　自然地理

新加坡全称为新加坡共和国（Republic of Singapore），旧称新嘉坡、星加坡、星洲或星岛等，别称为狮城，位于赤道以北 136.8 公里，北纬 1°18′，东经 103°51′，是东南亚的一个岛国，北隔柔佛海峡与马来西亚为邻，南隔新加坡海峡与印度尼西亚相望，毗邻马六甲海峡南口，国土除新加坡岛之外，还包括周围数岛。新加坡本岛由东到西约 42 公里，由南到北约 23 公里，近年来新加坡不断填海造地，2015 年国土总面积达 719.1 平方公里。① 新加坡岛地势比较平坦，武吉知马是新加坡的最高点，海拔也仅有 163.63 米。

新加坡地处热带，长年受赤道低压带控制，为赤道多雨气候，长夏无冬，气温年温差和日温差小，年平均温度为 24℃至 34℃。年均降雨量在 2400 毫米左右，11 月到翌年 1 月为雨季，受较潮湿的季风影响，雨水较多。由于缺乏大型纵深的河流，新加坡淡水资源紧缺，政

---

① 新加坡统计局网站（http：//www.singstat.gov.sg/statistics/latest-data#16），2016 年 6 月 1 日。

府专门修建了多个蓄水池，用以收集降雨所带来的淡水，而且还积极开发其他水源，如海水淡化和再生水。但是这依然无法满足新加坡的用水需求，生活用水主要还是要通过输水管道从马来西亚进口。

二 历史政治

3 世纪，三国吴人康泰所著《吴时外国传》中记载："拘利正东行，极犄头海边有居人，名蒲罗中国。"[1] 蒲罗中是马来语 Pulau Ujong 之对音，指半岛南端的岛国，是新加坡最古老的名称。[2]

1819 年英国人史丹福·莱佛士（Raffles Stamford）登陆新加坡，随后与当地苏丹签订条约，取得了在新加坡建立商站和贸易的专权。1824 年，英国又迫使苏丹放弃对新加坡的统治权，使新加坡完全沦为英国的殖民地。最初隶属于英属印度殖民当局管辖。1867 年，新加坡升格为海峡殖民地，受英国直接统治。

1942 年 2 月—1945 年 9 月，日本占领新加坡，将新加坡改名为昭南岛。1945 年 9 月 12 日，日本宣布无条件投降，英国重新管辖新加坡，并恢复其名为"Singapore"，翌年把新加坡从海峡殖民地分离。

1959 年，新加坡取得自治邦的地位，李光耀成为首任总理。1963 年，新加坡连同当时的马来亚联合邦、砂拉越，以及北婆罗洲（现沙巴）共同组成立马来西亚联邦，从而完全脱离英国统治。1965 年 8 月 9 日，新加坡脱离马来西亚成为独立自主的共和国。

根据《新加坡宪法》，新加坡实行的是一院议会制（内阁制）政府，国家的政府机构三权分立，总统由直接民选产生，为国家元首，任期六年，可以连任一届。国会议员也是由全民选举产生，任期五年。总理从国会多数党中产生，其领导的内阁拥有行政权，并由独立的公共服务委员会管理公务员的聘用以及处分。总理从议员中选出内阁部长，组建内阁。人民行动党是新加坡第一大党，自独立建国以来一直执政。

---

① ［新加坡］许云樵：《康泰吴时外国传辑注·蒲罗中国》，南洋研究所 1971 年版，第 44 页。
② ［新加坡］许云樵：《南洋史》，星洲世界书局 1961 年版，第 97 页。

三　人口经济

新加坡统计局发布的最新数据显示，截至 2015 年 11 月，新加坡常住总人口临时数字为 553.5 万，其中，新加坡公民 337.5 万人，永久居民 52.77 万人。新加坡是多民族、多元文化的国家，华族、马来族和印度族是三个最大的族群，公民中华族占 74.2%、马来族占 13.3%、印度族占 9.1%。①

新加坡是东南亚国家中唯一的发达国家，被誉为"亚洲四小龙"之一，其经济模式被称为"国家资本主义"。根据 2014 年的全球金融中心指数（GFCI）排名报告，新加坡是继纽约、伦敦、香港之后的第四大国际金融中心。在重工业方面，主要包括区内最大的炼油中心、化工、造船、电子和机械等，拥有著名的裕廊工业区。国际贸易和金融业在机场经济中扮演重要角色，是亚洲最重要的金融和贸易中心之一。此外，新加坡也是亚洲的区域教育枢纽，每年吸引不少来自中国和马来西亚等地的留学生前来留学，为国家带来了丰厚的外汇和吸纳了许多优秀人才。旅游业也在总体经济结构中占重要比重，游客主要来自日本、中国、欧美地区和东南亚其他国家。

四　语言政策

新加坡的官方语言有四种：英语、华语、马来语和淡米尔语。语言教育上，新加坡目前推行以英语为主、以族群母语为辅的非平衡双语教育政策，规定所有新加坡学生在基础教育阶段都必须修读英语和族群母语两种语言。族群母语作为一门必修课，担负着培养学生族语沟通能力和传承族群文化的重任。

虽然新加坡人口中华族占绝大多数，但是基于多方面的原因，如对周边国家可能产生的政治冲击、国内非华族新加坡人的感受、未受华文教育的华人的反应，以及进行国际贸易的便利等，在语言政策中

---

① 新加坡统计局网站（http://www.singstat.gov.sg/statistics/latest-data#16），2016 年 6 月 1 日。

从来没有把华文作为主要的官方行政语文或学校里的主要教学媒介语。① 但，华文教学在新加坡语言教学中一直占据重要的地位，政府高度重视，新加坡是中国之外唯一明令要求当地华人在基础教育阶段必须学习华文的国家。② 小学六年级华族毕业生的升学考试中，华文跟英语、数学等科目的分值相同，华文成绩不好，会影响毕业生进入重点中学。

第二节　汉语教学的特点

新加坡华文教学，既有母语教学的成分，也有第二语言教学的成分，然而，又不同于中国的汉语母语教学，也不同于世界范围内的汉语作为第二语言教学。作为一种面向海外华裔的华文教学，它相对于其他地区的华文教学，又有自己的独特之处。

一　新加坡华文教学与中国的汉语母语教学

新加坡中小学华文教学具有强制性，这与中国中小学的汉语母语教学是相同的。现行的《中华人民共和国教育法》（1995 年颁布）第十八条规定公民有义务接受义务教育，这就是说，中国中小学的汉语母语教学也具有强制性。

新加坡中小学华文教学与中国中小学的汉语母语教学同样都有培养语言能力、提高人文素养和培养通用能力的目标，但两者的主要区别有以下三方面。

（一）起点有所不同

中国小学的汉语母语教学是在教学对象拥有良好的汉语口语的基础

---

① 刘振平：《新加坡华文教学中的中华文化内容初探——建构〈中华文化大纲〉的若干思考》，《中国学研究》［韩］2011 年第 3 期。

② 刘振平：《新加坡中小学华文师资培养存在的问题与对策》，载《第十一届国际汉语教学研讨会论文选》，高等教育出版社 2013 年版，第 558—561 页。

上进行的，学生入校以前在家庭和社会中已能自如地运用汉语进行口头交际。然而，有很大一部分新加坡小学华文教学对象在华文学习之前，尚不具备运用华语进行口头交际的能力。据最新的统计数据，目前已有超过60%小学一年级入学新生的家庭主要用语是英语。① 这些学生"一般不能听说华语或仅仅能听懂一点儿或说一点儿华语，不具有运用华语进行正常交际的能力，华语的学习是第二语言的学习"②。

（二）学习者使用华语的机会不同

新加坡中小学学校里的主要教学媒介语是英语，华文教学只是单科教学。英语是族际交际语和工作语言，汉语使用的场合较少，尤其是新加坡的年轻国人，更是优先使用英语交际。

（三）文化灌输的目的不完全一样

虽然，新加坡中小学华文教学与中国的汉语母语教学都要灌输优秀的中华传统文化，然而，具体的目的有所不同，前者有一个重要目的，即民族身份认同。民族身份认同问题，是海外华人都会遇到的问题，新加坡中小学华文教学通过灌输优秀的传统华族文化，增强华族国民的华族身份认同感进而增强民族团结。对此新加坡领导人反复强调，如1984年9月21日，李光耀在"推广华语运动"开幕礼上指出："华语在情感上可以被我们接受为母语，华语也能够把各方言集团的人士团结起来。它使我们想起我们是五千多年悠久历史的古老文明的一部分。这是一股既深且巨的精神力量，能使一个民族产生信心，去面对和克服重大的改变和挑战。"1999年，李显龙在国会发表政策声明时指出："母语构成我们的价值观、根源和认同感的重要部分。母语使我们认识自己的文化传统，使我们更具有平衡的、与英语世界相辅相成的世界观。"2010年6月26日，李光耀在与参加亚洲地区孔子学院联席会议的代表座谈时，进一步强调华文教学可以"传承中华优秀的传统文化，增强华族人的民

① 赵恺健：《教育部重视加强母语教学，以让更多学生精通双语》，新加坡《联合早报》2011年9月10日第3版。

② 刘振平：《新加坡华文教学中的中华文化内容初探——建构〈中华文化大纲〉的若干思考》，《中国学研究》［韩］2011年第3期。

族认同感和自信心，促进民族团结"，"如果没有华文、没有双语教学，今天新加坡的华人就会很不一样，丢了根了"。①

二　新加坡华文教学与汉语作为第二语言教学

汉语作为第二语言教学以培养汉语交际能力为目标，中国境内所进行的对外汉语教学，是一种在目的语环境中进行的第二语言教学，世界其他地区的汉语作为第二语言教学（除去面向华人的华文教学），是在非目的语环境中进行的第二语言教学，或者说是一种外语教学，前者的教学对象在社会交际中，一般必须运用汉语，而后者的教学对象在社会交际中一般情况下不会用到汉语。汉语作为第二语言教学中传授优秀的中华传统文化，目的主要有二：一是有利于学习者汉语的学习与交际，二是使学习者感受中华文化的魅力。其不涉及文化认同的问题，更不涉及华族身份认同问题。相对于汉语作为第二语言教学，新加坡小学华文教学有以下几个特点。

（1）具有强制性。华族学生在基础教育阶段必须学习华文。

（2）教学对象在交际语言的选择上有更大的余地。在新加坡，无论用不用华语都能在社会中顺利交际，如果想用华语进行交际，则随时随地都能够找到场合。

（3）传"道"和增进文化认同、华族身份认同是其重要目标。

三　新加坡华文教学与其他地区的华文教学

新加坡小学华文教学跟其他地区的华文教学一个最大的不同，应该说就是它的强制性。而正是因为新加坡政府要求华族子弟必须在基础教育阶段接受华文教学，从而带来了一系列的优势。

（1）政府非常重视，从而对华文教学投入很大。而其他地区的华文教学往往是华族社群或家庭自主的行为。

---

① 刘振平：《新加坡华文教学中的中华文化内容初探——建构〈中华文化大纲〉的若干思考》，《中国学研究》［韩］2011 年第 3 期。

（2）每所政府中小学都开设华文课程，而且还设立 15 所华文特选小学、11 所特选中学以培养华语精英。而其他地区多是利用华族社群开办的学校、社区学校或周末学校进行华文教学。

（3）政府不断检讨华文政策，应势而变华文政策。从 1956 年出台第一部报告书（《新加坡立法议会各党派华文教育委员会报告书》）至今，新加坡政府共出台了六部报告书（含《李显龙副总理政策声明》），也就是进行了六次大的调整。

（4）政府组织编写教材，并不断改进。新加坡自 1981 年出版统编华文教材以来，先后出版了四套七版小学华文教材。① 目前，第五套统编华文教材正在出版。而其他地区多是引进或改编中国编写的教材，或者是教师自编教材。

当然，也正是具有强制性，也遭到了一些家庭或学生的抵触。由于华文成绩是决定新加坡小学生分流到不同中学及其课程的一项重要指标，所以，有一些对华文不感兴趣的学生不得不学习华文，甚至有些家长也不愿意孩子学华文，从而存在一定的抵触情绪。而其他地区的华族子弟接受华文教学，往往是因为家长或学生本身希望学习，从而有家庭的支持或良好的学习动机。

第三节　汉语教学总目标

实行双语教育是新加坡的既定国策，新加坡三大民族（华族、马来族和印度族）的学生在中小学阶段要接受英语和族群母语的教育。然而，由于英语是新加坡的行政语言、各民族之间沟通的语言，还是学校教育的主要媒介语，各民族的族群母语只是学校教育里单科的语言科目，所以，各族群母语的使用场合和实用价值大大降低，以致越

---

① 刘振平：《新加坡小学华文教材革新论略》，载《国际汉语教材的理念与教学实践研究》，浙江大学出版社 2012 年版，第 420—425 页。

来越多的家庭采用英语作为主要家庭用语。依据教育部对小一入学新生主要家庭用语进行调查所得数据，"以英语作为主要家庭用语的华族学生从 1991 年的 28% 上升到 2010 年 59%，印度族学生则是从 1991 年的 49% 上升到 2010 年的 58%，而马来族学生在同一个时期则从 13% 上升到 37%"。①

　　在这种情况下，如何让华族学生依然愿意学习华语，并能够学习达到一定水平及达到什么水平，也就成为新加坡教育部必须不断探索、不断实践的重要课题，为此新加坡教育部不定期成立母语检讨委员会，调查研究不同时期的教育理念、培养目标、教学要求、课程设置、教学方法、教材、师资、评估等各个方面，进而不断修订华文课程标准，如教育部 1998 年由时任副总理的李显龙牵头成立华文检讨委员会，于 1999 年发布了《李显龙副总理声明》② 向社会各界传达了检讨结果，进而于 2002 年制定出了新的小学③和中学④华文课程标准。而时隔 6 年，教育部又于 2004 年成立了新的华文课程与教学法检讨委员会，并发布了《华文课程与教学法检讨委员会报告书》⑤，进而又修订课程标准，于 2007 年和 2011 年分别发布了《小学华文课程标准 2007》⑥ 和《中学华文课程标准 2011》⑦。又时隔 6 年，教育部于 2010 年成立了母语检讨委员会，于 2011 年发布了《乐学善用——2010 年母语检讨委员会报告书》⑧，并进而修订了小学华文课程标准，于 2015 年发布了《小学华文课程标准 2015》⑨。

---

① 新加坡教育部：《乐学善用——2010 年母语检讨委员会报告书》，新加坡教育部 2011 年编印。
② Singapore Ministry of Education. Ministerial Statement by DPM BG Lee Hsien Loong on Chinese Language in Schools in Parliament. http://www.moe.gov.sg/media/press/1999, 1999 - 01 - 20/2013 - 09 - 12.
③ 新加坡教育部课程规划与发展司：《小学华文课程标准》，新加坡教育部 2002 年编印。
④ 新加坡教育部课程规划与发展司：《中学华文课程标准》，新加坡教育部 2002 年编印。
⑤ 新加坡教育部：《华文课程与教学法检讨委员会报告书》，新加坡教育部 2004 年编印。
⑥ 新加坡教育部课程规划与发展司：《小学华文课程标准 2007》，新加坡教育部 2007 年编印。
⑦ 新加坡教育部课程规划与发展司：《中学华文课程标准 2011》，新加坡教育部 2011 年编印。
⑧ 新加坡教育部：《乐学善用——2010 年母语检讨委员会报告书》，新加坡教育部 2011 年编印。
⑨ 新加坡教育部课程规划与发展司：《小学华文课程标准 2015》，新加坡教育部 2015 年编印。

一　小学华文课程总目标

现行的《小学华文课程标准 2015》中设定的小学华文课程总目标包括以下三方面。

（一）培养语言能力

能听懂适合程度的一般话题、传媒资讯（平面媒体、广播、新媒体等）的信息和内容。能具体明确地说出自己的见闻、体验和想法。能独立阅读适合程度的阅读材料，获得知识和信息。能根据需要，运用常见的写作方法，表达情感和看法。能与他人进行口语和书面语互动，交流情感、传达信息、表达看法。能综合运用聆听、说话、阅读、写作的语言技能与人沟通。

（二）培养人文素养

培养品德修养，培养积极正面的价值观，促进全面发展。重视、热爱、欣赏与传承优秀的华族文化。具有生活常识和科普知识，并认识新加坡本土的事物、习俗等。关爱家人、关心社会、热爱祖国、关怀世界。培养环球意识，理解并尊重不同文化，以进行跨文化沟通。

（三）培养通用能力

培养想象力、创造力和批判性思维能力，能分析问题和解决问题。培养自主学习的能力，能主动进行探究式的学习，为终身学习打下基础。培养社交技能与情绪管理的能力，能够处理人际关系，与他人协作，并在团队中做出贡献。能以资讯科技为交流的手段，与他人进行有效的口头和书面交流。能以资讯科技为学习的工具，搜索和处理信息，获取知识，提高学习效率。

二　中学华文课程总目标

现行的《中学华文课程标准 2011》中设定的中学华文课程总目标是：进一步提高学生学习华文的兴趣，养成良好的学习态度和习惯，在潜移默化中培养学生的情意品德，认识和传承优秀的华族文化。通过加强听、说、读、写和语言综合运用的能力，提高学生理解和运用华文的水平。同时，结合语言学习，运用资讯科技等相关技能，强化学生在交际、认知和思维等方面的能力。

（一）加强语言交际能力

中学华文课程包括华文（基础）、华文（B）、华文（普通学术）、华文（快捷）与华文（高级）五个课程。各课程需要达到的语言交际能力目标各有不同。

华文（基础）加强学生的口语交际能力，培养基本的读写能力，最终达到以下目标：能听懂适合程度的记叙性、说明性和实用性语料；能初步针对一般话题表达看法与感受，并与人进行交流；能阅读适合程度的记叙性和实用性语料，体会文章表达的思想感情；能写简单的记叙文和实用文；能认读 1500—1600 个常用字，能写其中的 1000—1100 个字。

华文（B）加强学生的口语交际能力，培养基本的读写能力，最终达到以下目标：能听懂适合程度的记叙性、说明性和实用性语料；能初步针对一般话题表达看法与感受，并与人进行交流；能阅读适合程度的记叙性、说明性和实用性语料，并能初步进行简单的文学欣赏；能写适合程度的记叙文和实用文；能认读 1600—1700 个常用字，能写其中的 1100—1200 个字。

华文（普通学术）加强学生听、说、读、写的能力，着重读写能力的培养，最终达到以下目标：能听懂适合程度的记叙性、说明性、议论性和实用性语料；能针对一般话题表达看法与感受，并与人进行交流；能阅读适合程度的记叙性、说明性、议论性和实用性语料，并能初步进行文学欣赏；能写适合程度的记叙文、说明文、议论文和实用文；能认读 2200—2300 个常用字，能写其中的 1800—1900 个字。

华文（快捷）加强学生听说读写的能力，着重读写能力的培养，最终达到以下目标：能听懂适合程度的记叙性、说明性、议论性和实用性语料；能针对较复杂的话题表达看法与感受，并与人进行有效的交流；能阅读适合程度的记叙性、说明性、议论性和实用性语料，并能进行文学欣赏；能写适合程度的记叙文、说明文、议论文和实用文，并能初步进行简单的文学创作；能认读 2400—2500 个常用字，能写其中的 2000—2100 个字。

华文（高级）加强学生听说读写的能力，着重写作能力的培养，最终达到以下目标：能听懂适合程度的记叙性、说明性、议论性和实用性语料；能针对较复杂的话题与人进行有效的交流，能根据题目发表简短的演讲；能阅读适合程度的记叙性、说明性、议论性和实用性语料，并能深入地进行文学欣赏；能写适合程度的记叙文、说明文、议论文和实用文，并能进行简单的文学创作；能认读和写 2700—2800 个常用字。

（二）提高人文素养

培养正确的价值观与积极的人生态度；认识并传承优秀的华族文化；关爱家人，关心社会，热爱国家，关怀世界；培养审美情趣，学习感受和理解不同文化。

（三）提高通用能力

具备想象力、创造力和批判性思维能力，能分析问题和解决问题；具备自主学习的能力，能主动进行探究性的学习；能够有效地使用资讯科技进行学习，与他人交流；具备社交技能与情绪管理能力，能处理人际关系，与他人协作。

第四节　汉语教学简史

一　1919 年以前的华文教学

华人最早是什么时候到新加坡岛上居住的？由于史料的缺乏，已经不得而知。有史可查的是，在 1819 年英国人史丹福·莱佛士（Raffles Stamford）登陆新加坡之时，岛上已有 150 人，其中华人约 30 人

（Saw，1991）。而且，海峡殖民地档案（SSR，L6 P17）记载，当时在直落亚逸一带有华人的集居区。① 莱佛士登陆后与当地苏丹签订条约，取得了在新加坡建立商站和贸易的专权。1824 年，英国又迫使苏丹放弃对新加坡的统治权，使得新加坡完全沦为英国的殖民地。殖民地政府采取的是对华人、马来人和印度人"分而治之"政策，华人办自己的华文学校，马来人办马来文学校，印度人办淡米尔文学校。

1829 年，依据德国传教士 G. H. 汤姆生的记述，当时"在新加坡有 3 所华文学校：一所广府人学校位于甘榜戈兰，另一所广府人学校在北京街，一所福建人学校也位于北京街"②。1849 年，陈金声在新加坡创建了崇文阁学堂，1854 年陈金声又与陈振生、杨佛生等 12 人合捐创办了萃英书院。③ 在这些华校中，教学媒介语是不一致的，来自闽籍的个人或社团办的华校用闽语作为教学媒介语，来自粤籍的个人或社团办的华校用粤语作为教学媒介语，来自客家籍的个人或社团办的华校用客家语作为教学媒介语。由于英语是行政、司法和国际贸易等重要领域的语言，所以，无论是在华人、马来人还是在印度人当中，都有一部分人争相学习英文。

二　1919 年至 1978 年的华文教学

1919 年五四新文化运动后，中国大陆开始了现代汉语的教学，同样受到该运动影响的新加坡创立了第一所现代式的华文学校——华侨中学，也开始了现代汉语的教学，教学媒介语转为运用"国语"（借用中华民国政府时期对现代汉语共同语的称呼）。当时新加坡的现代汉语教学"一切都是中国式的，教师和教科书都来自中国"。④

1956 年，新加坡出台了《新加坡立法议会各党派华文教育委员会

---

① ［新加坡］庄钦永：《新加坡华人史论丛》，新加坡南洋学会 1986 年版，第 20 页。
② 童家洲：《略论新加坡华族会馆兴学育才弘扬华族文化的贡献》，《八桂侨史》1994 年第 3 期。
③ ［新加坡］陈育松、［新加坡］陈荆和：《新加坡华文碑铭集录》，香港中文大学出版社 1970 年版，第 291—292 页。
④ 臧慕莲：《新加坡的华文教育》，《八桂侨史》1994 年第 3 期。

报告书》，该报告书中明确指出：各语文源流学校应当以英语、马来语、华语和淡米尔语这四种语言中的至少两种作为学校的教学媒介语。① 华校此时自然就变为了以华语和英语作为教学媒介语。

1959 年，新加坡成为自治邦，为寻求与马来西亚合并，语言政策又做了调整。李光耀在回忆录中说："在 1959 年成立政府时，我们决定用马来语作为国语，为新马合并做好准备。"② "我认为不管是否切实可行，唯一在政治上说得过去的政策，就是实行三语制度，以马来语，即马来亚未来的国语，作为共同语，并以英语为国际贸易和科学方面所用的语言，同时规定华语是华人的母语，淡米尔语、印地语或旁遮普语则是印度人的母语。"③

虽然语言政策有所变动，但学校里基本上一直进行的是一种非平衡的双语教育。一般来说，一个学校往往以一种语言为主要教学媒介语，同时还要学习另外一种语言。如英校以英语作为主要的教学媒介语，华语实际上处于辅修的地位；而华校以华语作为主要的教学媒介语，英语处于辅修的地位。

值得注意的是，这一时期虽然政府在政策层面上是平等对待各个不同源流的学校，但实际上在各个层面上明显地出现了鼓励人们更好地学习英语的导向。比如说，政府部门要求日常工作的书信、电函、文件等都需要用英文书写，英文好的人有更多的机会到政府部门工作；高等院校主要是由政府办的，用英语作为教学媒介语，如果要想进入高等院校学习必须具有良好的英文水平，华校生英文水平普遍不高，升入大学的概率很小；商业交流也主要是用英文，如果要成为公司的白领一般也需要具有良好的英文水平。虽然华人社群为了解决华族子

① Singapore, Legislative Assembly, All Party Committee of the Singapore on Chinese Education. *Report of the All Party Committee of the Singapore on Chinese Education.* Singapore：Government Printing Office, 1956.

② Lee, Kuan Yew. *From Third World to First-The Singapore Story*：1965 – 2000：*Memoirs of Lee Kuan Yew.* Singapore：The Straits Times Press, 2000：170.

③ Lee, Kuan Yew. *The Singapore Story*：*Memoirs of Lee Kuan Yew.* Singapore：The Straits Times Press, 1998：246.

弟上大学的问题，开办了以华语为主要教学媒介语的南洋大学，但由于毕业生没有好的就业前景，且学校跟政府之间一直有摩擦，最后不得不并入政府办的新加坡大学。这种情况下，许多华人家长为自己孩子以后升学和就业前景着想，都纷纷把孩子送入英校。华校学生人数逐渐减少。到了 70 年代末，就读英文学校的华族学生已经占到了88.8%，而只剩下 11.2% 的华族学生在华校学习。

这一时期，虽然华校里教授的是华语，但是大多数华人在日常交际中依然用的是祖籍方言。官方的统计数据显示：1980 年有 81.4% 的华人以方言为主要家庭用语。①

三　1979 年至 1989 年的华文教学

新加坡政府有鼓励人们更好地学习英语的导向。在这种导向下，华校毕业生在升学和就业方面都明显不如英校生，越来越多的华人家庭为了孩子的前途，纷纷把孩子送到英校学习，入读华校的人数越来越少。1979 年新加坡教育部发布了《吴庆瑞报告书》②，定下了"英语为主、母语为辅"的双语教育发展基调，提出了"教育分流"制度：小学教育 6—8 年，在小三之后进行第一次分流，成绩最好的60% 学生分配到"普通双语源流"（Normal Bilingual Stream），修读英语第一语文和母语第二语文，3 年后参加小学离校考试；成绩较差的20% 分配到"延长双语源流"（Extended Bilingual Stream），也修读英语第一语文和母语第二语文，5 年后参加小学离校考试；成绩最差的20%，则分配到"单语源流"（Monolingual Stream），只修读母语，5年后不参加离校考试，而直接接受技术和职业训练。第二次分流是在小学离校考试之后。小学毕业后能升上中学的学生，约占 80%。教育部将同年入学的每一届学生中最优秀的前 8% 的学生，分配到"特别

---

① ［新加坡］吴英成：《汉语国际传播：新加坡视角》，商务印书馆 2010 年版，第 49 页。
② Goh, Keng Swee. Report on the Ministry of Education 1978. Singapore：Government Printing Office，1979.

双语源流"（Special Bilingual Stream），学生修读英语和母语两种第一语文。同时鼓励这些学生在读高中的时候应多修一门外语作为第三语文。这些学生完成中学需 4 年，高中 2 年。成绩在前 9%—39% 的学生，分配到"普通双语源流"（Normal Bilingual Stream），修读英语第一语文和母语第二语文。这些学生完成中学需 4—5 年，高中 2—3 年。其余 41% 的学生，分配到"普通源流"（Ordinary Stream），以修读英语为主。这些学生完成中学需 5—6 年，最终无法进入高中继续学习。

《吴庆瑞报告书》出台的当年，政府宣布 9 所华文中学成为"特选中学"，鼓励小学离校考试中成绩前 8% 的学生进入特选中学，英语和华语都作为第一语文来学习，最终成为保留优良文化传统的双语人才。然而，这并没有阻挡华校衰败的趋势。到了 1984 年全国只有 23 名学生报读华文学校，1986 年华校里所剩无几的学生全部转入英校，华文学校教育体系彻底瓦解（郝洪梅，2004）。从 1987 年开始，新加坡所有的学校都变成了以英语作为教学媒介语，华文教学成为单科教学。

四　1990 年至今的华文教学

《吴庆瑞报告书》颁布后的 10 多年里，所推行的分流制度过于偏重英语，新加坡人民在学习英语的同时，难免会受到西方文化的强烈影响，接受英语教育的年轻一代受现代西方物质文明及伦理道德的影响，思想与生活方式日益"西化"，然而，年轻一代吸纳的多是西方的表层文化，他们没有真正汲取西方精神内涵，他们崇尚个人主义，自由放任，越来越多的人不愿意结婚生子，不愿意赡养老人，甚至虐待、遗弃老人。新加坡的生育率急剧下降，与此同时，离婚率却急剧上升。这些都直接影响了新加坡社会稳定和经济发展，给新加坡的社会保障造成压力。新加坡领导人对年轻人"西化"的现象表示了极大的隐忧和关心。1989 年 1 月，时任总统的黄金辉在施政演说中说："我国人民尤其是年轻一代的态度和人生观，在不到一代人的时间内都有了改变。传统亚洲价值观里的道德、义务和社会观念支撑并引导我们的人民，现在已逐步消失，取而代之的是西方化、个人主义和以自我为中心的人生观。"① 李光耀在 1990 年 2 月接受美国哥伦比亚广播公司记者采访时说："如果新加坡人尝试采取美国人那样更为自由自在的生活方式，新加坡将面临毁灭，因为我们不是在美国，而是生活在变化无常的东南亚中心的一个小岛上。"②

政府过于偏重英语教育和青年人的西化问题引起了新加坡华社的不满，很多受华文教育的公民在 1991 年的大选中把票投给了反对党，让人民行动党失去了四个议席，得票率也是历来最低的。这促使政府对华文教育政策再次进行检讨，从而在 1992 年出台了《王鼎昌报告书》③，强调通过母语的学习加强灌输有利于建国工作的亚洲文化和优良的传统价值观以抵制西方文化对新加坡的影响。该报告书将"华文第一语文"改为"高级华文"，将"华文第二语文"改为"华文"，并放宽了对修读高级华文的限制。在小学，建议采用新的小四分流制度，让每所小学小五和小六 EM1（英文、华文和数学都考到一等）的学生都修读高级华文。在中学，允许快捷班华文成绩好的学生修读高级华文和中华文学，不再仅限于九所特选中学。《王鼎昌报告书》的种种建议，的确有重新整顿华文课程、加强传统价值观教育、把华文水平提高的意愿。

可是，90 年代中期华文教育形势又发生了一定的变化：（1）学生的主要家庭用语迅速改变。选用英语作为家庭常用语的华人家庭数量不断攀升，根据教育部的统计，1988 年入学的小一新生 20% 来自讲英语的家庭；而到了 1998 年，其比例则达到了 40%，而且有继续上升的趋势。（2）中国经济迅速发展又增加了华文的实用价值。随着经济的迅速发展，中国的环球影响力大大提升。在与这个巨大的经济体对

---

① ［新加坡］黄金辉：《施政演说》，新加坡《联合早报》1989 年 1 月 10 日第 1 版。

② 曹云华：《新加坡的精神文明》，广东人民出版社 1992 年版，第 45 页。

③ Singapore Ministry of Education. Chinese Language Teaching and Learning in Singapore. Singapore：Government Printing Office, 1992.

话的过程中，拥有华文交际能力无疑会占据优势，华文因此也就更有
实用价值与经济价值，从而对新加坡华族家庭主要用语的改变起了一
定的制衡作用，有助于改变学生及家长对华文的抵触情绪，从而推动
华文的学习。（3）全球化趋势和知识经济发展使得人才国际化。全球
化趋势和知识经济发展使得新加坡人有更多的机会到国外发展，因而，
一方面需要通过母语教学培养国民对国家的认同感和归属感，保有民
族文化的根；另一方面，又要谨慎务实，照顾到一般学生的学习负担，
以免家长和学生不能应付华语的学习而产生抗拒心理。在这样的形势
下，政府不得不在《王鼎昌报告书》仅仅出台七年后，于 1999 年又
发布《李显龙副总理声明》。①

　　《李显龙副总理声明》总的基调是强调"因材施教、各尽其能"。
为不同学习能力的学生"量身定制"不同的课程，让有能力学华文的学
生有更多机会修读高级华文，所学程度越高越好，从而培养一批精通华
文，对华族文化传统、历史、文学有深入认识的精英分子；为大多数能
力一般的学生，制定一个实际、适当的华文课程标准；对于学习有特别
困难的学生，也为其制定更简单的更切合他们实际能力和水平的华文课
程标准。具体建议也主要是朝这三个方向展开的：（1）鼓励更多学生
修读高级华文，培养华文文化精英。建议对于华文能力比较强的学生，
从小学到大学都给予他们更多机会修读高级华文，注重培养双语双文
化精英。首先，在小学放宽修读高级华文的条件。小四分流后，原来
只允许 EM1 的学生修读高级华文。现在，华文考获一等、英文和数学
考获二等的学生，也可以修读高级华文。其次，在中学进一步放宽对
修读高级华文和进入特选中学的限制。允许小学离校考试成绩前 30%
的学生修读高级华文。同时，也允许他们在会考成绩公布后选择进入
特选中学。政府又增选南华中学为第 10 所特选中学。再次，在初级学

---

① Singapore Ministry of Education. Ministerial Statement by DPM BG Lee Hsien Loong on Chinese Lan-
guage in Schools in Parliament. http：//www. moe. gov. sg/media/press/1999，1999 - 01 - 20/2013 -
09 - 12.

院设立两个奖励分,鼓励更多学生修读"华文特选课程"。最后,在南洋理工大学、新加坡国产大学也设置了奖励分制,"A"(高级)水准考试或"AO"(高级普通)水准考试华文成绩好的学生进入新加坡国立大学和南洋理工大学时会有奖励分。(2)为大多数学生所修读的华文课程设定更合理的水平。建议重新编写中小学课本,保留现有课本的文化成分,把语言难度定在大多数学生实际可以接受的水平,教学的重点放在听、说、读方面。(3)帮助学习华文感到非常困难的少数学生。为了照顾那些来自英语家庭的学生学习华文所面对的困难和压力,建议开设华文"B"课程,供中学和初级学院里华文成绩较差、即使尽最大的努力仍然无法应付华文学习的学生修读,目的是让他们的学习过程更加简化,使他们保留对华文和华族文化的兴趣,并获得一些华文交际技能。该课程在内容上与普通华文课程相比,课文更简单,所要求学的总字、词汇量也更少,着重听力和口语能力的培养,更注重实用性。

然而,《李显龙副总理声明》发布后,仍然有越来越多的新加坡华人选择英语作为主要家庭用语,据新加坡教育部的统计数据,在家讲英语的小学一年级华族新生人数到 2000 年升至 40.3%,更于 2004 年以 47.3% 首度超越华语(45.4%),处于主导地位,到了 2009 年更是多达近 60%,[1] 2011 年达到 61%。[2] 这也就是说,用华语作为交际工具的华人已经越来越少。"虽然官方话语一直反复强调英语与母语在国家的语言资产中各司其职,但事实却无可辩驳地表明,华语正在被逐渐地排除出家庭领域——这个被语言规划学者视为濒危语言的最后堡垒和保护地。"[3]

而且年轻人的西化问题依然较为严重,政府对此也非常担心。

---

① [新加坡]吴英成:《汉语国际传播:新加坡视角》,商务印书馆 2010 年版,第 52 页。

② 赵恺健:《教育部重视加强母语教学,以让更多学生精通双语》,新加坡《联合早报》2011 年 9 月 10 日第 3 版。

③ [澳大利亚]赵守辉、王一敏:《语言规划视域下新加坡华语教育的五大关系》,《北华大学学报》2009 年第 3 期。

1998 年 8 月，吴作栋在一次青年团的宴会上对青年团员说："我们新加坡是亚洲国家，我们是亚洲文明的一部分，应该引以为荣，我们不应该被西方所同化而变成伪西方社会，新加坡要确保能使我们生存和继续繁荣的亚洲价值观，并且要在最短的时间里取得最大的进展。"①

面对青年人的"西化"问题，新加坡政府认为要抵制这一问题，就不能放弃各民族的母语教学，通过华语教学传承优秀华族传统文化，塑造华人正确的人生观和价值观。李光耀在回忆录里对此直言不讳："教授第二语言的价值，主要是在于传授道德观念和文化传统的了解。……教导华文的最大价值在于传播社会行为与道德行为的准则。这主要是指儒家学说对做人、对社会以及对国家的思想与信念。"② 1999 年，时任副总理的李显龙在国会发表政策声明时指出："英文是共同的工作语言，将来也是如此。英文是全球商业贸易与科技用语，但母语构成我们的价值观、根源和认同感的重要部分。母语使我们认识自己的文化传统，使我们更具有平衡的、与英语世界相辅相成的世界观，所以华文教学，不只是听说读写的教学，更重要的是灌输华族文化与传统价值观。"③

作为华人，对华语肯定是有感情的。大多数华族家长希望子女在学好英语的同时，也学习本族语言文化，以免"忘本忘根"。只不过新加坡的社会现实是英文好的孩子有更光明的就业前景，华语在社会里的交际功能越来越弱，人们认为华文学得再好也没有用武之地。而且，赵守辉和刘永兵于 2007 年所做的调查研究表明："低住房标准预示高华语运用，而二者的结合，又几乎可以准确地推断这样的家庭一

① 曹云华：《新加坡的精神文明》，广东人民出版社 1992 年版，第 45 页。
② Lee, Kuan Yew. *From Third World to First-The Singapore Story*：1965 – 2000：*Memoirs of Lee Kuan Yew*. Singapore：The Straits Times Press, 2000：180.
③ Lee, Hsien Loong. Ministerial Statement by DPM BG Lee Hsien Loong on Chinese Language in Schools in Parliament. http：//www. moe. gov. sg/media/press/1999, 1999 – 01 – 20/2013 – 09 – 12.

定在社会经济数据中居于下层。由此可见，华语正在成为一种贫穷和边缘化的身份符号，这种贫穷和边缘化的自卑意识，反过来又导致了华语家庭运用的急剧下降。"① 在这样的背景下，人们学习华文的积极性不高也是可以理解的。

不过，随着中国综合实力的不断上升，汉语在世界上的声誉不断高涨，这又导致新加坡华人对华语的感情有所增加，如若要真正放弃华语的学习，还是会心有不甘。《联合早报》在 2004 年初做了一个"华文学习调查"，对象是 400 名初中一年级至四年级的华族学生，高达 97% 的华族学生为能说华语感到自豪；② 73% 的华族学生表示，即使华文不再是必修课，他们还是愿意继续修读华文。③ 2010 年 5 月，新加坡教育部关于减少小六会考中母语考试比重的议题刚出台就在社会上引起了巨大反响。很多华人家长纷纷对此抱怨，他们认为："现在的华文水平比自己当年读的华文第二语文还低，如果比重还减低，我们的孩子怎么还会努力学习华文。"④《联合早报》以及英文报章都收到许多读者的来函，大多反对削弱母语的比重，互联网上也出现了自发的联名行动，希望维持母语的考试成绩比重。而且，反对减少小六会考中母语比重的人群中，有很多来自以英语为家庭主要用语的华人家长。这些情况表明，无论是以华语为家庭主要用语的华人，还是以英语为家庭主要用语的华人，都对华语有一定的情感依附。

在这样的背景下，教育部就成立了由教育总司长何品领导的母语检讨委员会，经过一年多的检讨，最终在 2011 年出台了《乐学善用——2010 年母语检讨委员报告书》⑤。该报告书强调要关注学生在母语学

---

① Zhao, Shouhui & Yongbing Liu. The home language shift and its implications for language planning in Singapore: From the perspective of prestige planning. Asia-Pacific Education Researcher, 2007, 16 (2): 111–126.

② 阮岳湘：《新加坡华语运动和华人文化认同》，《广西社会科学》2005 年第 6 期。

③ 许家康、古小松：《中国—东盟年鉴》，线装书局 2005 年版，第 115 页。

④ 林义明：《积极看待新加坡母语教育改革》，新加坡《联合早报》2010 年 5 月 13 日第 14 版。

⑤ 新加坡教育部：《乐学善用——2010 年母语检讨委员会报告书》，新加坡教育部 2011 年编印。

习上的不同起点，制定具有针对性的教学策略和评估方式，力求使学生在学习母语方面达到力所能及的水平。该报告书提议：继续营造培养学生语文能力、提高华文水平的环境，增设南侨中学为第 11 所特选中学；进一步丰富语文特选课程的内容，为海外浸濡计划增加拨款，并举办一系列的语文特选客场讲座；让更多学生选修双文化课程，并增加双文化课程招生次数；还决定在 2015 年，在选定的初级学院增设一门华文高级水平科目——H2 语言学与翻译，培养精通英华双语的人才；在小学，根据学生母语基础的不同，优先发展不同的语言技能，对于母语基础较弱的学生，先学习听说技能，再学习读写技能。对于母语基础较强的学生，可以先从阅读导入，再进行口语与写作活动；同时，教师要增强资讯科技的使用，并注意运用适当的图像、实物、互动性资源或英文等显性教学手段来帮助学生学习词汇和句式等，并将口语练习设置在真实的语境中，使学生能够通过演示与互动来运用所学过的口语词汇、句式及语言技能与人沟通；在中学，仍保留母语"B"课程，进一步提供更生动有效的教学活动和方法，包括使用资讯科技、进行角色扮演、小组讨论、采用更多生活语料来培养学生的语言交际能力，尤其是加强口头互动能力等。教导母语"B"课程的老师将接受双语教学法的训练；考试形式要更贴近现实生活，扩大电子字典及资讯科技的使用，以录像进行口试，中学和高中华文"B"课程部分试卷允许用电脑文字输入。

第五节 汉语教学的环境、对象和课程

由于新加坡政府规定，所有的华族公民子弟在中小学阶段必须学习母语，所以，中小学是华文教学的主要场所。华文教学的主要对象也就是华族中小学生。幼儿园阶段，华族孩童也会学习一些简单华语

日常用语，高中阶段（初级学院和高中）也会为对华文感兴趣的学生开设华文主修课程或辅修课程。

为培养华文高层次人才和教师，新加坡的一些大学和科研院所也开设中文专业和相关培训课程。目前，新加坡有一所理工学院——义安理工学院开设华文专业文凭课程，两所大学——新加坡国立大学和南洋理工大学开设中文本科和研究生课程。南洋理工大学的人文社会科学院和国立教育学院都有中文系，后者主要负责培养华文师资。另有新加坡华文教研中心主要开展华文教师的在职培训工作。

除此之外，国际学校里也会开设华文课程，目的是学生能够在升大学时顺利通过 IB（International Baccalaureate）考试，教学对象主要是一些外籍华人子弟；新加坡国立大学和南洋理工大学的语言中心开设成人华文课程，主要为希望学习汉语的外国人提供培训；通商中国、新加坡中华总商会、新加坡宗乡会馆联合总会属下"新加坡华族文化中心"、福建会馆属下"文化学院"和一些补习学校等民间机构也进行华文和中华文化培训，教学对象既有成人也有中小学生。另外，南洋理工大学孔子学院、新加坡科思达孔子课堂以及 2015 年习近平主席访问新加坡时揭牌的"新加坡中国文化中心"都是为对华文和中华文化感兴趣的人士开设相关课程的重要场所。下面简单介绍其中的一些机构的华文教学情况。

一　小学华文教学

从新加坡教育部网站（www.moe.gov.sg）所公布的学校名录可以获知，新加坡目前共有政府小学 153 所，均开设华文课程。小学六年制，一年级至四年级开设华文和高级华文两种课程；五、六年级，增开基础华文。语言能力中等的学生修读华文课程，语言能力较强的学生修读高级华文课程，语言能力较弱的学生则修读基础华文课程。小学各课程采用单元模式，以照顾学生家庭语言背景的不同和学生能力的差异，使华文教学更具灵活性。

（一）小学华文课程架构①

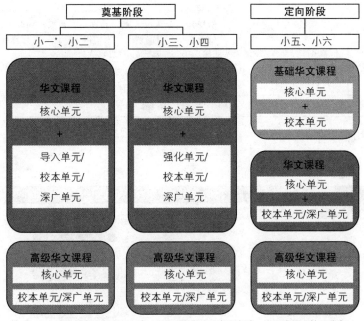

注：* 小一阶段的学生在学习方法、学习经验等方面都刚起步，学习表现比较不稳定，
所以学校可以根据实际需要对小一阶段的单元分班进行灵活处理。

（二）小学华文课程采用的单元模式②

小学华文课程采用的单元模式包括以下五种单元：

单元类型	说明
核心单元	所有学生都必须学习核心单元。这是为了确保所有学生都完成一套共同的学习目标，以设定华文水平的底线。小学离校考试（PSLE）的华文试卷应该以核心单元的程度为依据
导入单元	在低年级阶段较少接触华文的学生可以学习导入单元，着重聆听、说话技能的学习，目的是为学习核心单元做准备
强化单元	在中年级阶段需要额外帮助的学生可以学习强化单元，着重识字、阅读技能的学习，目的是强化所学过的内容，也为学习核心单元做准备

① 新加坡教育部课程规划与发展司：《小学华文课程标准 2015》，新加坡教育部 2015 年编印。
② 同上。

续表

单元类型	说明
校本单元	只供能力中等的学生修读。学校就实际情况的需要和许可，根据校内学生的不同能力和需求设计的课程。学校可根据各自的情况，采用以下任何一种处理方式 ·采用部分导入/强化单元或深广单元，加强针对性教学 ·利用核心单元，丰富教学活动 ·自行设计教材，丰富学习内容
深广单元	能力较强又对华文感兴趣的学生，则学习深广单元

各课程有不同的单元组合模式，具体情况如下：

（1）华文课程

课程	单元组合与课时分配	
	70%—80%	20%—30%
华文课程	核心单元 +	导入/强化单元 校本单元 或 深广单元

（2）高级华文课程

课程	单元组合与课时分配	
	70%—80%	20%—30%
高级华文课程	核心单元 +	校本单元 或 深广单元

（3）基础华文课程

课程	单元组合与课时分配	
	70%—80%	20%—30%
基础华文课程	核心单元 +	校本单元

（三）小学各课程的学习重点①

课程	学习阶段	学习重点
华文	奠基阶段（小一至小四）	培养基础阅读和写作（写话、写段）能力，着重聆听、说话、口语互动、识字和写字的训练
	定向阶段（小五至小六）	综合发展各语言技能，着重口语互动、阅读、写作和书面互动的训练
高级华文	奠基阶段（小一至小四）	培养基础阅读和写作（写话、写段）能力，着重聆听、说话、口语互动和写字的训练
	定向阶段（小五至小六）	综合发展各语言技能，着重阅读、写作和书面互动的训练
基础华文	定向阶段（小五至小六）	培养基础阅读和写作（写话、写段）能力，着重聆听、说话口语互动的训练

（四）小学各课程每周授课时间安排②

课程 \ 年级(小时)	小一	小二	小三	小四	小五	小六
华文	6	6	4.5	4	4.5	4.5
高级华文	7	7	5.5	5	5.5	5.5
基础华文					2.5	2.5

（五）小学华文教学对象的语言文化背景

新加坡政府中小学的学生主体是新加坡公民和永久居民，但也接受外籍学生。由于英语是新加坡社会的行政语言和主要的教学媒介语，越来越多的家庭选择英语作为家庭主要用语。所以，大部分学生是华语作为第二语言的学习者。不过，由于新加坡大多数的幼儿园都会开设华文课程，所以，即便是以英语为家庭主要用语的学生在小学之前还是学过一点儿华语的。我们可以依据学生的语言、文化背景，将其分为以下两类③。

---

① 新加坡教育部课程规划与发展司：《小学华文课程标准2015》，新加坡教育部2015年编印。
② 同上。
③ 刘振平：《新加坡华文教学中的中华文化内容初探——建构〈中华文化大纲〉的若干思考》，《中国学研究》[韩] 2011年第3期。

　　第一类，以华语为家庭主要用语的华族。他们的语言、文化背景主要有以下一些特点。

　　语言背景：在入学进行华文学习之前，以华语为主要交际语言，已具备了运用华语进行正常交际的能力，入学后英语成为绝大多数科目的课堂用语，并很快成为主要交际语言（甚至在与华族人交际时也不再运用华语，只是跟家人交谈时采用华语）。

　　文化背景：这类教学对象的文化背景知识中，中华文化内容占绝对优势，运用华语交际时一般不会因文化知识不足影响交际，这主要是因为：（1）家庭中的父母与其讲华语，使其耳濡目染地获得了运用华语交际必备的一些中华文化因素；（2）父母坚持讲华语，表明父母对中华文化还是比较认同的，日常生活向其灌输的中华文化知识也就相对较多。另外，由于在社会生活中其又会跟巫族和印度族人打交道，其又多少了解一点儿巫族和印度族文化；由于学习英语及与受西方文化熏陶较深的一些华族和非华族人交往，其又受到西方文化的影响，并随着英语逐渐成为其主要交际语，其文化素养中西方文化知识逐渐增多。

　　第二类，以英语为家庭主要用语的华族。他们的语言、文化背景主要有以下一些特点。

　　语言背景：以英语为主要交际语言，一般不能听说华语或仅仅能听懂一点或说一点华语，不具有运用华语进行正常交际的能力，华语的学习是第二语言的学习。

　　文化背景：这类教学对象的文化背景知识中，西方文化内容占优势，但由于其毕竟是华族家庭，虽不以华族语言为家庭用语，但还不会完全丢掉中华文化知识，不过由于其不用华语进行交际，所以对交际所需的中华文化因素知之甚少。另外，由于在社会生活中其又会跟巫族和印度族人打交道，其又对巫族和印度族文化多少了解一点儿。

二　中学华文教学

　　从新加坡教育部网站（www. moe. gov. sg）所公布的学校名录可以

获知，新加坡目前共有中学（相当于中国的初中）133 所，分为自主中学（Independent Secondary School）、自治中学（Autonomous Secondary School）和政府中学三类，都开设华文课程，不过开设高级华文课程的只有 127 所。中学学制 4—5 年。

中学根据学生华文水平由低到高，分别开设了华文（基础）、华文（B）、华文（普通学术）、华文（快捷）和华文（高级）五种课程。各课程每周授课时间安排如下①：

课程 ＼ 年级 小时	中一	中二	中三	中四	中五
华文（基础）	2	2	2	2	—
华文（B）	3.75	3.75	3.75	3.75	—
华文（普通学术）	3.75	3.75	3.75	3.75	3.75
华文（快捷）	3.75	3.75	3.75	3.75	—
华文（高级）	3.75	3.75	3.75	3.75	—

为了培养英汉双语精英，新加坡将德明政府中学、华侨中学、立化中学、圣尼格拉女校、南洋女中、圣公会中学、公教中学、中正中学总校、海星中学、南侨中学、南华中学共 11 所中学定为华文特选中学。特选中学中，强调英语和华语双语并重，继续保留传统华校优势，注重向学生传授优秀的传统价值观，除开设高级华文课程外，还会开设华文文学课程，供学生选修。

三　幼儿园、初级学院和高中汉语教学

新加坡执政党——人民行动党在全岛不同地区都开办了一些幼儿园，另外还有大量的私立幼儿园，幼儿园一般是四年，幼儿园会教授孩童一些华语日常用语，有些幼儿园还会开设汉语拼音课程。

在新加坡教育体制中，初级学院（Junior College）相当于中国的高

---

① 新加坡教育部：《乐学善用——2010 年母语检讨委员会报告书》，新加坡教育部 2011 年编印。

中，另外，还有一些以"××Instititue"和"××High School"命名的学校，设有相当于中国的高中部，如华侨中学（Hwa Chong Institution）和德明政府中学（Dunman High School），无论是初级学院还是高中部，学制都是两年。在这些初级学院和高中部里，有的还开华文文学课。中学毕业时，高级华文成绩通过者可以免修华文课，为了进一步提升华文水平可去选修华文文学课。只不过，华文成绩非常好的学生，才会去选修华文文学，所以，华文文学课只有在那些集聚华文水平较高的学校（如莱佛士初级学院、华侨中学、德明政府中学等）才能开班。

四 大专院校的汉语教学

新加坡开设华文专业的大专院校，主要有义安理工学院人文与社会科学学院、南洋理工大学人文社会科学院中文系、南洋理工大学国立教育学院中文系和新加坡国立大学文学暨社会科学学院。义安理工学院开设的有华文专业文凭课程，相当于中国的中文专业大专文凭，南洋理工大学人文社会科学院中文系和新加坡国立大学文学暨社会科学学院开设汉语、汉学研究本科和研究生课程，主要是培养华文专业高级人才；南洋理工大学国立教育学院中文系主要开设华文教育课程，有专业文凭课程、本科课程和研究生课程，以培养华文师资为主要目的。

另外，南洋理工大学人文社会科学院现代语言中心和新加坡国立大学语言中心，还为成人提供汉语作为第二语言学习课程。

五 新加坡华文教研中心的汉语教学

新加坡华文教研中心由新加坡总理李显龙于2008年9月6日宣布成立，并于2009年11月17日由内阁资政李光耀揭幕。新加坡华文教研中心主要提供优质的师资培训课程，提升在职华文教师的教学素养、教学能力与专业水平，并尽力促进华族语言文化在新加坡的发展。新加坡华文教研中心也着重创新教学与学习策略的研究，探索新加坡双语环境下的华文教学法。

六　南洋理工大学孔子学院的汉语教学

南洋理工大学孔子学院从 2005 年 8 月开始运营，是新加坡唯一的一所孔子学院，中方合作院校是山东大学。学院成立之初，临时办公室与授课地点安排在南洋理工大学校园内的南洋科技创业中心。2006年 7 月，正式迁到波那维斯达（Buona Vista）地铁站附近的南洋理工大学校友会俱乐部暨教育中心。学院现有图书资料室一个，藏书10000 余册，教室 7 间，其中 2 间为多媒体阶梯教室。目前学院开设的课程主要有：中小学生华文补习课程、面向成人的专门汉语课程（商务汉语、财务与会计汉语、交际汉语等）、汉语国际教育专业文凭课程、商务翻译及口译专业文凭课程、中华文化课程、中国通商策略与法则等课程。另外还不定期开展各种文化活动和文化讲座，并依据学习者的需求量身定制一些汉语言和文化课程。

七　国际学校的汉语教学

国际学校开设国际文凭课程（International Baccalaureate，IB），其课程体系要求至少教授两门语言：语言 A 和语言 B。就英语背景的国际学校而言，语言 A 事实上就是英语，语言 B 即为第二语言课程。新加坡主要是英语背景的国际学校（如新加坡美国国际学校，新加坡加拿大国际学校等）开设汉语课程，学校里的华族学生选择汉语作为第二语言课程，这些学生从语言背景上大致可以分为三类：一是汉语作为第一语言的学生，这类学生主要来自中国大陆、台湾、香港等地的家庭；二是汉语作为第二语言的学生，这类学生主要来自海外华裔家庭；三是汉语作为外语的学生，这类学生主要来自海外非华裔家庭。凡修读汉语课程的学生基本上都是按年龄分班，不同语言背景的学生，往往同处一个班级。① 在课时安排上，较为普遍的情况是，每周 4 节

---

① ［新加坡］吴英成、邵洪亮、［新加坡］周德成：《英语背景国际学校汉语课程：困境与变革》，《国际汉语教育》2014 年第 2 辑。

汉语课，每节课 40—45 分钟。

八　中国文化中心的汉语教学

新加坡中国文化中心位于新加坡市中心奎因街 217 号，占地面积 1355 平方米，毗邻南洋艺术学院、新加坡国家图书馆、新加坡美术馆等众多文化机构。2015 年 11 月 7 日，中国国家主席习近平与新加坡荣誉国务资政吴作栋共同为中心揭牌。中心设有展厅、剧场、图书馆和教室，为新加坡公众提供各类文化活动、教学培训和信息服务。

展厅设在二层，经常举办中华文化展，如 2016 年 1 月就举办多个文化展：9—16 日举办了"翰墨交辉——新加坡·中国书法联展"，19 日举办了"丝路绵延——美丽厦门：'一带一路'图片展"等。

七层、八层都是教室。目前，教室里主要从事一些文化体验和艺术教学活动，如中心与中国儿童艺术剧院联手共同创办了"中国儿艺马兰花艺校"，开办了戏剧表演班。

四层、五层是剧场。剧场内经常会有一些展现中国文化的文艺演出，如 2016 年 2 月的三场演出：5—9 日举办了"美丽中国·美丽广西——桂风壮韵中华情文艺晚会"，12 日举办了"北京东盟文化之旅"活动，昆曲、口技、川剧变脸、古彩戏法等众多节目在剧场中演出，21 日中心与新加坡鼎艺团合办的"新春音乐会"在中心剧场上演。剧场还会作为一些语言文化活动的赛场，如 5 月 6—7 日，"2016 中国好声音新加坡赛区复赛"在四楼剧场举行，5 月 28 日，"新加坡汉语桥比赛"在四楼剧场举行。另外，一些文化讲座也会在剧场内举行，如 2016 年 3 月 4 日，中国著名演员濮存昕做了题为"我和我的角色"的演讲。

第六节　汉语教材的选用和开发

1979 年前，新加坡华文教学中没有统一的教材，各个出版社或翻印中国的教材，或自己组织人员编写教材。自 1979 年新加坡教育部开始出版统编华文教材以来，先后出版了四套七版小学华文教材，即 1979 年开始出版的《小学华文教材》（共出了三版）、1994 年开始出版的《好儿童华文》（共出了两版）、2001 年开始出版的《小学（高级）华文》、2007 年跟中国的人民教育出版社合作编写并出版的《小学（高级）华文》。目前正在出版第五套教材——《欢乐伙伴——小学华文》《欢乐伙伴——小学高级华文》，已出版了一、二年级上下册。截至目前，新加坡共出版了四套中学华文统编教材，开始出版的时间分别是 1983 年、1994 年、2002 年和 2011 年。下面简要介绍一下统编教材的基本情况。

一　小学华文教材

由于最新版的小学华文统编教材《欢乐伙伴——小学华文》和《欢乐伙伴——小学高级华文》尚未完全出版，我们本节着重介绍前四套小学华文统编教材。[①]

（一）《小学华文教材》（1979）

《小学华文教材》是第一套由新加坡教育部编写、面向全国小学普通课程学生使用的汉语教材，原名为《小学华文实验教材》。1974 年开始编写并在一些学校试用。1979 年，教育部调查团与外国的语言学专家认为这套教材编写有系统，教学效果良好，于是教育部决定重编并向全国推广。从 1980 年开始，这套教材分阶段在新加坡小学使用。1984 年整套教材出齐，紧接着在 1984 年和 1990 年先后进行过两次修订，从内容、编排顺序、注音、难易度处理等方面进行了修改、补充和完善。但是总体架构并没有根本改变。

该套教材共十二册，每个年级分上下两册，我们所见的修订第二

[①] 前三套教材的内容介绍主要参考了罗庆铭《新加坡小学汉语教材的沿革》，载《第九届国际汉语教学研讨会论文选》，高等教育出版社 2010 年版，第 851—862 页。第四套教材的内容介绍主要参考了刘振平《新加坡小学华文教材革新论略》，载《国际汉语教材的理念与教学实践研究》，浙江大学出版社 2012 年版，第 420—425 页。

版（第三版）是以单元的形式组织的，整套教材由 60 个单元构成，每册 4 个到 6 个单元不等。单元内部又包括 4 个独立的教学小单元。该教材有以下几个主要特点：（1）以语法结构为主线组织编排教学内容；（2）教材题材丰富，以记叙性文本为主；（3）以汉字教学为先导，汉语拼音教学后延。

（二）《好儿童华文》（1994）

这套教材是根据 1992 年《华文教学检讨委员会报告书》（以下称《王鼎昌报告书》）以及 1993 年《小学华文科课程标准》的建议和要求编写的。从 1994 年开始每年出版两册到三册，1999 年出齐。接下来教育部又用了两年时间对教材进行修订，修订内容主要在两个方面：一是增加了汉语拼音的教学内容，用将近一个学期的时间集中教授汉语拼音方案；二是用汉语拼音为全书的课文、练习和生字注音。

《好儿童华文》共十二册，每个年级上下两册，一年级上册主要教授汉语拼音，共有 24 课，集中教导学生掌握汉语拼音的声母、韵母、声调、音节、拼写规则，以及认读和书写音节，随后是汉字加汉语拼音注音的文本教材。整套教材由按主题组织的 54 个单元构成（不包括汉语拼音），单元内部又包括 4 个独立的教学小单元。该教材有以下几个主要特点：（1）以八大主题为纲组织编排教学内容；（2）以语篇为教学单位，强调人文目标和语言目标的统一；（3）生字根据难度分级处理，整套教材标注汉语拼音。

（三）《小学（高级）华文》（2001）

从 2001 年起，新加坡华文教材为了适应不同学习者的需求，分别编写了《小学华文》和《小学高级华文》两个版本，两者的体例是基本相同的，主要的区别是学习《小学高级华文》的需要会写更多的汉字和掌握更多的成语。本套教材是根据 1999 年李显龙在国会发表的《副总理声明》的建议和 2002 年《小学华文课程标准》编写而成的。该教材有以下特点：（1）以五大主题为纲编排教材内容；（2）根据教学需要分级处理教学内容；（3）采用"变通式分词连写"为课文注音，即词与词之间空一个字符，显示出词的界限，同时一个词内的两个音节之间也空出一个字母的位置（这样做一方面可以标明音节的界限，另一方面还可以省略隔音符号的使用）。

（四）《小学（高级）华文》（2007）

本套教材是根据 2004 年发布的《华文课程与教学法检讨委员会报告书》和《小学华文课程标准 2007》编写而成的。该教材有以下特点：（1）教材编写的理念尚未转向汉语作为第二语言教学；（2）教材大纲的研制工作还较为薄弱，用于约束和指导新加坡小学华文教材编写的纲领性文件，主要的就是一个非常概括性的《小学华文课程标准 2007》，《华文课程与教学法检讨委员会报告书》在某种意义上也具有教学大纲的一些功能，但并没有明确的语法大纲、词汇大纲、汉字大纲以及文化大纲等；（3）教材中汉语拼音没有采用分词连写；（4）教材中很多地方的语言没有很好地向普通话靠拢，显得不够标准自然。

二　中学华文教材①

（一）《华文（第二语文）》和《华文（华文中学适用）》

《华文（第二语文）》（1—8 册）是由新加坡教育部组织编写的，编写人员主要有巫汉明、王定裕、陈定华、陈源发、卢宪鸿、潘文光、赵令茂、陈如信等，该教材的适用对象是全国将华文作为第二语文学习华文的中学生，1972 年 6 月由教育出版社出版，然后不断再版至1978 年。

从内容上看，课文篇章主要采自中国名家名篇、成语、寓言和传统故事，共占全套教科书的 52.8%，同时还选用了一些西方的名家名作和经典故事，而具有新加坡本地特色的篇章只占教材里的 8.5%。基本上可以归为五大主题：个人与家庭、国家与社会、学习与生活、

---

① ［新加坡］吴宝发：《新加坡中学华文课程（1987—2011）的发展与演变研究》，博士学位论文，南京大学，2013 年。

文化知识和其他。

从体裁上看，除了常见的记叙文、论说文、说明文和描写文，教科书里还含有体裁清新活泼的寓言、剧本、短篇小说、传记和童话，以记叙文为主，占全套教科书篇章的 44.9%。不同体裁的分布是随着学生年级的提升而变化，譬如记叙性的篇章在中四年级（即第七和第八册）共为 15 篇和中一（第一、二册）及中二（第三、四册）各套的 22 篇相比减幅为 36.7%。随之增加的是论说文和说明文，这无疑体现了语文学习循序渐进的原则，也应和了编写员想要达到"培养学生语文能为"的初衷。该教材上的一些优缺点：（1）在篇章内容阐释方面，有一套固定的篇章说明体系贯彻整套教科书，主要是通过"题解""作者生平""解释""课文分析"来帮助学生理解内容，有效地学习。这一套课文说明系统从生字新词、内容说明，到篇章结构，可谓兼顾学生从点到面的学习需要。此外，"题解"和"作者生平"为学生打开认识文化知识窗口，"课文分析"则为学生提供文章学的基础知识。（2）课文篇章在组织和安排上缺乏系统是编写体例上相当显著的缺失。（3）对课文中哪些词语应该注释没有明确的标准。

《华文（华文中学适用）》是由新加坡教育部授权教育出版社私营有限公司编写出版的用于当时华校的教科书。本书为四学年制华文中学的精读本，共分八册，分供八学期教学的需要，1981 年出版。和《华文（第二语文）》相比，前者的体裁也呈多元化，议论文、论说文、说明文和记叙文都有很好的比重和分布，不似后者主要以记叙文为主，充分反映第一语文和第二语文作为语文科学习本质的不同。在选材上，该套教材主要分为中华文学、马华文学和各国文学三部分，中华文学又细分为古典作品、古今译文、现代作品三类。除了文学作品外，还选辑了一些历史名作、哲理论著和科学小品等。

整体来看，《华文（华文中学适用）》虽为语文教材，但更像是一本罗列美文的选文集，其中收集不少名家名篇和经典名著节选。实际上，这些篇章在教学上发挥"例文"的作用，旨在通过教科书中的

"例文"，有意识地为学生构建一个横跨古今中外的文化知识面，"希望学生通过这些作品，激发爱国思想、人道思想、民主思想、科学思想，认识东方人的伦理观念及其文化价值，培养正确的人生观和世界观，以及各民族和谐共处的美德"①。

　　总之，《华文（华文中学适用）》作为第一语文教科书注重中学生语体文和文言文能力的培养，也借对课文篇章的组织和安排，为学生建立一个相当完整的中华知识系统。内容涵盖文学、科学、历史和哲学等。教科书编写员希冀通过教科书，让学生对中华文化有一个全面的认识，以便将来能与大中华文化圈子接轨，这样的构思符合华社对华文第一语文的认识与要求。《华文（第二语文）》在语文能力培养方面，俨然是采取当时国际流行的第二语文学习法。课文篇章除了载道之外，也强调听、说、读、写语文技能的显性教学。在语文练习设计上，一边讲求学生从字、词、句、段到篇的掌握，一边强调句子的模仿和操练、语法知识和练习。

　　（二）1994 年和 2002 年出版的《中学华文（快捷课程）》

　　新加坡教育部于 1994 年和 2002 年先后出版了两套《中学华文（快捷课程）》（以下分别简称为《快捷华文 94》和《快捷华文 02》）。

　　《快捷华文 94》的课文分为教师"讲读"和学生"自读"、"听力"三类。在内容安排上，各单元的主题分明清晰，如中一课本里有个人、东方文化故事、社会话题（公路安全）、国外文化、环保意识、现代科技和爱国意识。既照顾到第二语文学生的自学需要，也顾及他们"听"的语文技能的培养。

　　《快捷华文 02》推出的社会背景：当时英语作为新加坡家庭常用语的学生数量日益俱增，许多学生感到当时的华文教材的内容和语言能力要求皆超出可理解和掌握的程度。时任副总理李显龙领导的华文检讨委员会建议，重新编写中小学的课本，保留现有课文的文化成分，但把难度定在大多数学生实际可接受的水平。在组织结构上，该套教

―――――――――

① 引自该教材第一册"编辑说明"。

材不再区分为"讲读"课文和"自读"课文，也不再采取单元制。该套教材的另一个特色是在中学低年级安排十一次与资讯科技紧密结合的"唯读光碟"课和四次的听力训练。一般课文篇章，都有课文录音方便教师在课堂上播放给学生聆听，并进行适当的教学活动。另外，该套教材在课文内容的选择上，要比过去的教科书灵活。课文篇章故事性较强，通过通俗的文化故事和成语故事，以及叙事较强的小说和文章，让学生在一定的语境中学习华文。

（三）1994 年和 2002 年出版的《中学高级华文》

新加坡教育部于 1994 年和 2002 年先后出版了两套《中学高级华文》（以下分别简称为《高级华文 94》和《高级华文 02》）。

两套教材都强调词语、字句和段落教学，但更注重"写"的教学，都采取单元制。每篇课文都有一定的学习点，然后采用单元方式组织起来。它们在内容组织上各自有所侧重。《高级华文 94》以篇章主题为主，然后辅以一定的写作训练要求；《高级华文 02》在课文篇章组织上，则以写作技能或知识提纲挈领，然后再配以适合的篇章。两者在教科书编写体例上各有不同，却又有异曲同工之妙，契合以"文"带"语"的学习原则。

《高级华文 94》和《高级华文 02》都安排的有训练学生写作知识的子系统。前者巧妙地通过各种语文活动，让学生潜意识地形成一套写作知识和培养一定的写作能力，而后者除了课文篇章后显性地标示学生必须掌握的写作技能，更通过"写作训练"中的"训练要求""辅导要点""例文"和"仿写指引"一方面为教师提供课堂教学指导，另一方面为学生阐明学习必须达到的学习要求。

《高级华文 94》和《高级华文 02》的课文也分为教师"讲读"和学生"自读""听力"三类。前者的听力活动的焦点不再是针对课文的简单理解，而是从多角度为学生提供掌握语言的机会。后者为全套教科书课文的录音，大大地增加了学生"听"的机会，照顾学生语文技能的平衡发展。

（四）2011 年出版的《中学华文（快捷）》和《中学华文（高级）》

2011 年出版的《中学华文（快捷）》和《中学华文（高级）》都折射出建构主义学习理念，强调以学生为学习的中心，以任务型学习理论为教材编写理论依据。新教材无论在篇章主题还是在内容编订、语文活动设计等方面都以真实语料入题，创设真实情境，让学生在贴近生活的语文活动中，获得语文知识和完成语文技能的学习。在编写体例上，以单元方式组织各语文技能的训练，再以不同课型如讲读课、导读课和自读课编排学习内容，最后再以综合任务完成巩固复习、扩展运用。每个课型里又包括"课前活动""课文放大镜""技能学堂""小任务""阅读指引""知识小锦囊"等模块，通过这些模块帮助学生掌握语文知识和语文技能。值得注意的是，新教材在单元介绍部分阐明该单元的"语言技能目标"，指导教师的教学。

第七节 汉语师资培养

由于新加坡华文教学主要集中在基础教育阶段，所以师资培养的重心也就主要集中在培训中小学华文师资上。新加坡的中小学华文师资，绝大多数由本国自己培养，但自 20 世纪末起也从中国大陆、中国台湾和马来西亚等地招聘汉语言文学专业本科及以上学历的应届毕业生或在职中小学语文教师来新任教。这些教师被招聘到新加坡后，不再接受培训，作为合约教师（Contract Teacher）直接被安排在中小学教授华文。

新加坡中小学华文师资的培训工作，受教育部统一领导，主要由教育部相关行政部门、南洋理工大学国立教育学院（以下简称"教育学院"）中文系、新加坡华文教研中心（以下简称"华研中心"）和中小学校合作完成。教育部主要负责华文教师培训前的遴选和受训后的分配工作，教育学院中文系主要承担职前的专业培训、考核认证及在职研究生的培养工作，华研中心主要负责华文教师的在职培训工作，中小学校的任务主要是为受训教师提供教学实习和为培训单位提供专业研究等方面的支持。

一 中小学华文师资的职前培训

新加坡的师资培养体系受英国师范教育影响很大,其主要特点是职前教师培养采用双轨制,一是通过专业本科教育培养教师,二是采用开设专业文凭课程、颁发专业教师资格证书的方式引进合格教师,这与中国师范教育的做法不同。作为新加坡唯一的一所从事华文师资职前培训的教育机构——教育学院中文系,目前只开设了旨在培养小学华文师资的本科教育课程〔简称"BA(小学)课程"〕,四年制,毕业合格授予华文教育专业学士学位;而开设的专业文凭课程按入学条件和培养目标的不同可分为四类:(1)旨在培养小学华文师资的一年制大学毕业生专业文凭课程〔简称"PGDE(小学)课程"〕;(2)旨在培养中学华文师资的一年制大学毕业生专业文凭课程〔简称"PGDE(中学)课程"〕;(3)旨在培养小学华文师资的两年制专业文凭课程〔简称"Dip Ed(两年制)课程"〕;(4)旨在培养小学华文师资的一年制专业文凭课程〔简称"Dip Ed(一年制)课程"〕。

职前教师培训课程共有五大模块:教育类课程、专业学术类课程、教学法课程、教学管理类课程和教学实习。

教育类课程目标在于培养职前教师掌握教育的一般规律和工作技能,能胜任现代教育制度下的学校教育,主要课程有"教育学、教育心理学、教育与社会背景、课堂管理、资讯科技应用"等。

专业学术类课程目标在于培养职前教师掌握教学所需的专业知识。分为语言和文学两类,总体上看语言类核心课程居多,文学类中选修课程较多。

教学法课程主要是培养职前教师面对复杂社会背景和多元化教学对象的实际课堂教学能力。主要课程有"语言与言语知识教学、听说教学法、读写教学法、汉字教学专题"等。

　　教学管理类课程目标是帮助学生毕业后能够适应学校的教学管理需要，主要课程有教师沟通技巧、专业文本分析、多元文化研究等。

　　教学实习有学校体验（School Experience）、助教（Teaching Assistantship）、见习（Teaching Practice 1）和毕业实习（Teaching Practice 2）四种形式。同类型课程对实习的要求不同，参加 BA（小学）课程的学生必须完成全部四种实习：第一年要进行两周的教学观摩，第二年要进行五周的助教活动，第三年要进行五周的见习，第四年要进行 10 周的毕业实习；参加 PGDE 课程的学生则只需完成 10 周的毕业实习；参加 Dip Ed（一年制）课程的学生在入学前要进行四周的教学观摩，然后在毕业前再完成 10 周的毕业实习；参加 Dip Ed（两年制）课程的学生，第一年要进行五周的助教活动，第二年要进行 10 周的毕业实习。

二　中小学华文师资的在职培训

　　新加坡教育部历来都非常重视师资的在职培训工作，并制定了相关的政策鼓励和支持中小学华文教师参加在职培训。而具体承担在职培训的机构，在培训过程中也不断积累经验，既注重对教师职业发展需求的调研，也强调针对个别学校需求的个性化课程开发，逐步形成了一套切实可行、注重实效的培训体系。

　　从课程内容和培训目的来看，新加坡中小学华文师资的在职培训主要有以下几种类型。

　　（一）以教学为中心的短期培训

　　这类培训主要是为了解决教师在课堂教学中遇到的知识和技能方面的问题，目的在于提高教学质量，推行教学改革。这类培训是新加坡华文师资在职培训的主体。目前，主要是由华研中心来做这方面的培训工作。教师在教学中会发现自己在教学方法技能或语言知识方面存在一些不足，而华研中心通过调研也会发现教师当中存在一些比较集中的问题，针对这些问题，华研中心便会不定期开设一些教学法、语言知识或课室管理等方面的短期课程。

另外，为了进一步提高教学质量，华研中心或教育学院中文系会研究出一些新的教学法，如教育学院近些年一直主推"双语教学法"，华研中心则推出"歌谣教学法""实用语料教学法"等，为推行新的教学法而推动教学改革，他们不定期开设短期培训课程。

（二）资格培训

这类培训主要是让教师通过学习某些特定培训课程，从而获得参与某项教学活动的任职资格。教育学院中文系和华研中心都不定期开设这类培训。如为了让一些华文老师具备指导教育学院中文系学生毕业实习的资格，即做一名合格的协导老师（Cooperating Teachers），教育学院中文系不定期开设"协导老师做的事"培训课程。

（三）学位课程培训

这类培训主要是为了中小学华文教师自身的专业发展。获得华文教育专业学士学位的教师入职后，如果想进一步提升自己的专业水平以获得高级学位，绝大多数人是通过在职学位课程培训。目前提供华文教育专业高级学位在职培训课程的，主要是教育学院中文系。新加坡教育部为了鼓励在职华文教师积极提升自己专业水平攻读高级学位，设立了奖学金，一般来说，具有教育学院颁发的华文教育专业学士学位教师入职两年后，表现优秀可向教育部申请进入教育学院中文系攻读华文教育专业硕士课程（简称"MED 课程"），一旦批准则可以获得奖学金（约相当于学费的 70%）；获得华文教育专业硕士学位后，也有机会进一步申请入教育学院中文系攻读华文教育专业博士学位。未获得教育部批准的申请者，可以选择到其他机构自费攻读华文专业或华文教育专业的高级学位。目前，除教育学院中文系之外，新加坡提供华文专业或华文教育专业高级学位在职培训课程的，还有新加坡国立大学、南洋理工大学和新跃大学的中文系，以及中国的一些大学（如北京语言大学、暨南大学、香港大学教育学院等）与新加坡当地的教育机构合作开设的高级学位班。

另外，Dip 课程的受训者，在入职任教期间如想获得华文专业学士学位，则一般选择自费就读新跃大学中文系开设的华文专业学士学位在职课程，目前新加坡只有新跃大学中文系提供该类课程。

　　新加坡是中国以外，投入最大、经验最多、各方面建设最完备的华文师资培训基地，在华文师资培训方面所取得的成绩令世界瞩目。不过，细细检讨，还是会发现其中的一些不足，有必要不断做出一些改进工作，主要的问题有：（1）遴选职前教师和培训过程中，均对申请者的华文口语表达能力重视不够；（2）很多课程都没有公开出版的、认可度较高的教材，也没有经过详细论证的课程标准对每门课程的基本教学内容作出规定，往往是由授课教师个人决定教授哪些内容，带有很大的随意性；（3）职前培训中有些教师教给学生的教学法单一，在职培训中对推出新教学法却有乐此不疲的倾向，有些教学法的适用性尚未得到很好的验证。

本章主要参考文献

曹云华：《新加坡的精神文明》，广东人民出版社 1992 年版。

［新加坡］陈育松、［新加坡］陈荆和：《新加坡华文碑铭集录》，香港中文大学出版社 1970 年版。

［新加坡］高茹、刘振平：《新加坡双语教育政策中因材施教理念的注入与发展——〈新加坡教育政策报告书〉解读》，《外国教育研究》2014 年第 3 期。

郝洪梅：《新加坡双语教育政策下的华文处境》，《国外外语教学》2004 年第 3 期。

［新加坡］黄金辉：《施政演说》，新加坡《联合早报》1989 年 1 月 10 日第 1 版。

林义明：《积极看待新加坡母语教育改革》，新加坡《联合早报》2010 年 5 月 13 日第 14 版。

刘振平：《新加坡华文教学中的中华文化内容初探——建构〈中华文化大纲〉的若干思考》，《中国学研究》［韩］2011 年第 3 期。

刘振平：《新加坡小学华文教材革新论略》，载《国际汉语教材的理念与教学实践研究》，浙江大学出版社 2012 年版。

刘振平：《新加坡中小学华文师资培养存在的问题与对策》，载《第十一届国际汉语教学研讨会论文选》，高等教育出版社 2013 年版。

刘振平：《新加坡华文教学研究》，南京大学出版社 2014 年版。

刘振平、刘倩:《"都"的句法和语义特征》,《沈阳师范大学学报》2006 年第 2 期。

刘振平、罗庆铭:《新加坡中小学华文师资培训:现状与前瞻》,《国际汉语教育》2012
　　年第 1 辑。

陆俭明:《新加坡华语句法特点及其规范问题》,《海外华文教育》2001 年第 4 期、
　　2002 年第 1 期(连载)。

罗庆铭:《新加坡小学汉语教材的沿革》,载《第九届国际汉语教学研讨会论文选》,
　　高等教育出版社 2010 年版。

阮岳湘:《新加坡华语运动和华人文化认同》,《广西社会科学》2005 年第 6 期。

盛炎:《语言教学原理》,重庆出版社 1990 年版。

童家洲:《略论新加坡华族会馆兴学育才弘扬华族文化的贡献》,《八桂侨史》1994 年
　　第 3 期。

汪惠迪:《新加坡华语,走自己的路!——读卢绍昌先生〈华语论集〉》,《语文建设
　　通讯》1984 年第 16 期。

汪惠迪:《新加坡华语特有词语探微》,载〔新加坡〕周清海编《新加坡华语词汇与
　　语法》,新加坡玲子传媒 2002 年版。

〔新加坡〕吴宝发:《新加坡中学华文课程(1987—2011)的发展与演变研究》,博士
　　学位论文,南京大学,2013 年。

吴文超:《中文需要分词连写》,《北华大学学报》2007 年第 5 期。

〔新加坡〕吴英成:《汉语国际传播:新加坡视角》,商务印书馆 2010 年版。

新加坡教育部:《华文教学检讨委员会报告书》,新加坡教育部 1992 年编印。

新加坡教育部:《华文课程与教学法检讨委员会报告书》,新加坡教育部 2004 年编印。

新加坡教育部:《乐学善用——2010 年母语检讨委员会报告书》,新加坡教育部 2011
　　年编印。

新加坡教育部课程规划署:《小学华文科课程标准》,新加坡教育部 1993 年编印。

新加坡教育部课程规划与发展司:《小学华文课程标准》,新加坡教育部 2002 年编印。

新加坡教育部课程规划与发展司:《中学华文课程标准》,新加坡教育部 2002 年编印。

新加坡教育部课程规划与发展司:《小学华文课程标准 2007》,新加坡教育部 2007 年
　　编印。

新加坡教育部课程规划与发展司:《中学华文课程标准 2011》,新加坡教育部 2011 年
　　编印。

新加坡教育部课程规划与发展司:《小学华文课程标准 2015》,新加坡教育部 2015 年

编印。

许家康、古小松:《中国—东盟年鉴》,线装书局 2005 年版。

[新加坡] 许云樵:《康泰吴时外国传辑注·蒲罗中国》,新加坡南洋研究所 1971 年版。

[新加坡] 许云樵:《南洋史》,星洲世界书局 1961 年版。

杨惠元:《从对外汉语教学谈汉语拼音的分词连写》,《语言教学与研究》1984 年第 1 期。

臧慕莲:《新加坡的华文教育》,《八桂侨史》1994 年第 3 期。

赵金铭主编:《对外汉语教学概论》,商务印书馆 2004 年版。

赵恺健:《教育部重视加强母语教学,以让更多学生精通双语》,新加坡《联合早报》
　　2011 年 9 月 10 日第 3 版。

[澳大利亚] 赵守辉、王一敏:《语言规划视域下新加坡华语教育的五大关系》,《北
　　华大学学报》2009 年第 3 期。

[新加坡] 周清海:《新加坡的语言教育与语言规划》,《中国语文》1996 年第 2 期。

[新加坡] 周清海:《新加坡华语变异概说》,《中国语文》2002 年第 6 期。

[新加坡] 周清海:《论全球化环境下华语的规范问题》,《语言教学与研究》2007 年
　　第 4 期。

周有光:《旧事重提谈拼音——预祝〈汉语拼音方案〉公布 50 周年》,《群言》2005
　　年第 12 期。

[新加坡] 庄钦永:《新加坡华人史论丛》,新加坡南洋学会 1986 年版。

Goh, Keng Swee. *Report on the Ministry of Education* 1978. Singapore: Government Printing
　　Office, 1979.

Lee, Kuan Yew. *The Singapore Story: Memoirs of Lee Kuan Yew*. Singapore: The Straits
　　Times Press, 1998.

Lee Kuan Yew. *From Third World to First-The Singapore Story: 1965 – 2000: Memoirs of Lee
　　Kuan Yew*. Singapore: The Straits Times Press, 2000.

Lee, Hsien Loong. *Ministerial Statement by DPM BG Lee Hsien Loong on Chinese Language in
　　Schools in Parliament*. http://www.moe.gov.sg/media/press/1999, 1999 – 01 – 20/
　　2013 – 09 – 12.

Saw, Swee-Hock. Population growth and control. In Chew, Ernest C. T. & Edwin, Lee
　　(eds.) *A History of Singapore*, 219 – 241. Oxford: Oxford University Press, 1991.

Singapore, Legislative Assembly, All Party Committee of the Singapore on Chinese Educa-
　　tion. *Report of the All Party Committee of the Singapore on Chinese Education*. Singa-

pore: Government Printing Office, 1956.

Singapore Ministry of Education. *Chinese Language Teaching and Learning in Singapore*. Singapore: Government Printing Office, 1992.

Zhao, Shouhui & Yongbing Liu. The home language shift and its implications for language planning in Singapore: From the perspective of prestige planning. *Asia-Pacific Education Researcher*, 2007, 16 (2): 111 – 126.

第九章　东帝汶的汉语教学

第一节　国家概况

一　自然地理

东帝汶全称东帝汶民主共和国（Democratic Republic of Timor-Leste），位于南纬 8°34′，东经 125°34′，是努沙登加拉群岛东端的一个岛国，西与印尼西帝汶相接，南隔帝汶海与澳大利亚相望。国土包括帝汶岛东部和西部北海岸的欧库西（Oecussi）地区以及附近的阿陶罗岛（Atauro）和东端的雅库岛（Jaco）。国土总面积 14874 平方公里。东帝汶境内多山，沿海有平原和谷地，常年高温多雨，无寒暑季节变化。大部地区属热带雨林气候，平原、谷地属热带草原气候，年平均气温 26℃，年平均湿度为 70%—80%。年平均降水量 1200—1500 毫米，但地区差异较大：北部沿海地区每年 5 月至 11 月为旱季，12 月至翌年 5 月为雨季，年降水量为 500—1500 毫米；南部沿海地区 6 月至 12 月为旱季，12 月至翌年 2 月及 5 月至 6 月为雨季，年降水量为 1500—2000 毫米；中部山区年降水量为 2500—

3000 毫米。①

二　历史政治

16 世纪前，帝汶岛曾先后由以苏门答腊为中心的室利佛逝王国和以爪哇为中心的麻喏巴歇（满者伯夷）王国统治。16 世纪初，葡萄牙殖民者入侵帝汶岛。1613 年，荷兰势力侵入，于 1618 年在西帝汶建立基地，排挤葡势力至东部地区。18 世纪，英国殖民者曾短暂控制西帝汶。1816 年，荷兰恢复对帝汶岛的殖民地位。1859 年，葡、荷签订条约，重新瓜分帝汶岛。帝汶岛东部及欧库西归葡，西部并入荷属东印度（今印度尼西亚）。1942 年日本占领东帝汶。第二次世界大战后澳大利亚一度负责管理东帝汶，不久后葡恢复对东帝汶的殖民统治，1951 年将东帝汶改为葡海外省。1960 年，第 15 届联合国大会通过第 1542 号决议，宣布东帝汶岛及附属地为"非自治领土"，由葡萄牙管理。1975 年 11 月 28 日，帝汶人民民主协会宣布东帝汶独立，成立东帝汶民主共和国，同年 12 月，印度尼西亚出兵东帝汶，1976 年宣布东帝汶为印度尼西亚第 27 个省。1999 年 8 月 30 日，东帝汶全民公决选择独立，由于有一部分人反对独立，随后动乱不断。为稳定局势，联合国安理会通过决议授权成立由澳大利亚为首的约 8000 人组成的多国部队于 9 月 20 日正式进驻东帝汶。2000 年 7 月，东帝汶成立首届过渡内阁，2001 年 8 月举行制宪议会选举，9 月 15 日成立制宪议会和第二届过渡内阁，2002 年 4 月举行总统选举，沙纳纳·古斯芒当选。2002 年 5 月 20 日，东帝汶民主共和国正式成立。

2002 年 3 月 22 日，东帝汶制宪议会通过并颁布《东帝汶民主共和国宪法》，规定东帝汶民主共和国是享有主权、独立、统一的民主法治国家，总统、国民议会、政府和法院是国家权力机构。总统是国

---

① 中国驻东帝汶大使馆经济商务参赞处：《对外投资合作国别（地区）指南——东帝汶》，商务部 2015 年发布，第 3—4 页，http://www.mofcom.gov.cn/article/i/jyjl/j/201512/2015120 1208592.shtml，2016 年 8 月 11 日。

家元首和武装部队最高统帅，由全民直接选举产生，任期 5 年，仅可连任一届。政府由总理、各部部长和国务秘书组成，向总统和国民议会负责。总理是政府首脑，由议会选举中得票最多的政党或占议会多数的政党联盟提名，总统任命。各部部长和国务秘书由总理提名，总统任命。

东帝汶现任总统为塔乌尔·马坦·鲁阿克（Taur Matan Ruak），本届政府成立于 2012 年 8 月 8 日，由大会党、民主党和革新阵线 3 党组建，设总理 1 名，副总理兼社会事务协调人 1 名，部长 15 名，副部长 12 名，国务秘书 26 名。[①] 现任总理为鲁伊·玛利亚·德·阿劳若（Rui Maria de Araújo）。

三　人口经济

来源于联合国经济事务部（https：//esa. un. org/unpd/wpp/）的数据显示，东帝汶目前人口数量为 121.4 万。其中东帝汶原住民（巴布亚与马来族或波利尼西亚的混血人种）约占 78%，印尼人约占 20%，华人占 2%。约 91.4% 居民为罗马天主教徒，基督教新教徒占全国人口 2.6%，1.7% 是穆斯林，0.3% 是印度教徒，0.1% 为佛教徒。

东帝汶被联合国开发计划署列为亚洲最贫困国家和全球 20 个最落后的国家之一，大部分物资都要靠外国援助，经济处于重建阶段。经济以农业为主，基础设施落后，粮食不能自给，没有工业体系和制造业基础。

四　语言政策

东帝汶官方语言为德顿语、葡萄牙语，主要使用于公共教育领域、官方出版物和媒体等。德顿语为通用语和主要民族语言。同时，宪法

---

① 中国驻东帝汶大使馆经济商务参赞处：《对外投资合作国别（地区）指南——东帝汶》，商务部 2015 年发布，第 2—5 页，http：//www. mofcom. gov. cn/article/i/jyjl/j/201512/2015120 1208592. shtml，2016 年 8 月 11 日。

还规定，印尼语和英语应当同官方语言一样，作为执行政府公务时的工作语言。

第二节 汉语教学简史

16 世纪初，葡萄牙和荷兰殖民者入侵前后，华人开始在帝汶定居经商。到 19 世纪初，东帝汶已存在一个华人社会。1816 年，荷兰的科尔夫少校从荷属西帝汶来到葡属东帝汶首府帝力，看到那里有许多华人。[①]

华人较多来到东帝汶是在 20 世纪初，尤其是在 1912 年葡萄牙镇压了东帝汶人民大起义，并在东帝汶全境确立殖民统治之后。粤东闽西的客家人是向东帝汶移民的主体。[②] 据统计，1935 年东帝汶华人共3500 人，占总人口 49 万的 0.71%。[③] 1950 年华人 3128 人，占总人口442378 的 0.7%。[④] 多家统计数据显示，20 世纪六七十年代，东帝汶的华人数量在 5000 人左右。[⑤] 近几十年来，由于东帝汶时局动荡，华人数量有所减少，据新加坡《客总会讯》1986 年第 12 期估计，1986年东帝汶只有华人 3500 人。[⑥]

2002 年东帝汶建国后，我国参与了大量的援建工作，一些人前往东帝汶经商务工，2006 年东帝汶再次动乱时，我国撤侨时对侨民数量进行了初步统计，当时有 500 多名侨民。[⑦] 目前在媒体上见到有关东帝汶华

---

① Jill Jolliffe. *East Timor, Nationalism & Colonialism*. Brisbane：University of Queensland Press，1978：32.

② Taylor, John G. *Indonesia's Forgotten War：The Hidden History of East Timor*. London：Zed Books，1991：15.

③ 高事恒：《南洋论》，上海南洋经济研究所 1948 年版，第 248 页。

④ Jill Jolliffe. East Timor, Nationalism & Colonialism , University of Queensland Press, 1978：42.

⑤ 鲁虎：《东帝汶华人社会初探》，《华侨华人历史研究》2000 年第 1 期。

⑥ 方雄普、谢成佳：《华侨华人概况》，中国华侨出版社 1993 年版，第 392 页。

⑦ 夏林：《撤离东帝汶，中国侨民安全到家》，《新华每日电讯》2006 年 5 月 30 日第 1 版。

人数量的最新消息是，东帝汶中华商会副会长谢金龙2010年率领残疾人代表团到广州参加亚残运会时接受《广州日报》记者采访时的介绍。谢金龙介绍："现在东帝汶共有2000多名华人，加上来往于中国、东南亚等地做生意的华人总共3000多人，其中来自福建的比较多。"①

由于东帝汶较早就有华人居住，且有一定的数量，所以，它的汉语教学历史较长。据华侨事务委员会统计，1935年帝汶就有3所华侨学校。② 40年代，东帝汶有6所华侨小学，全向祖国政府登记。③ 1949年国民党败退台湾后，对海外华侨工作格外重视。东帝汶华侨学校都得到了台湾当局资助④，使用台湾供给的教材。华侨学校增多，其中最著名的是帝力中华学校（华人称为力利中华学校）⑤，全盛时有学生五六百名，学校还从台湾聘请教师，采用台湾当时出版的教材，使用繁体字，中学使用普通话教学⑥。

据东帝汶中华商会会长符孝勤介绍，1975年前，全东帝汶13个县每个县都有汉语学校，除设在帝力的是由幼儿园至中学外，其他地方的均为小学。当时汉语教育较为普遍，甚至在东帝汶的货币上都有汉语。⑦

1975年以后，印尼占领当局取消了华校和华文教育，强行推行印尼文教学，华文教育业不复存，华文报刊也被禁止流入东帝汶。东帝汶建国后，稍微稳定的华人社会就开始注重下一代的华文教育，开办华文补习班，并酝酿恢复帝力中华学校董事会，准备向政府要回原先的学校校舍和场地。⑧

---

① http：//sports. sina. com. cn/o/2010 - 12 - 19/10485373338. shtml，2016 年 8 月 12 日。
② 丘汉平：《华侨问题》，商务印书馆 1936 年版，第 93 页。
③ 高事恒：《南洋论》，上海南洋经济研究所 1948 年版，第 269 页。
④ Budiardjo, Carmel & Soei Liong, Lim. *The War against East Timor*. London：Zed Books, 1984：110.
⑤ 鲁虎：《东帝汶华人社会初探》，《华侨华人历史研究》2000 年第 1 期。
⑥ http：//blog. sina. com. cn/s/blog_ 6be93adf0100mbxh. html，2016 年 8 月 12 日。
⑦ http：//news. sina. com. cn/w/2006 - 05 - 27/10249042554s. shtml，2016 年 8 月 13 日。
⑧ http：//www. gqb. gov. cn/node2/node3/node52/node54/node62/userobject7ai282. html，2016 年 8 月 13 日。

第三节　汉语教学的环境、对象和师资

随着中国和东帝汶双方经济文化交流的不断深入，越来越多的东帝汶人希望学习汉语，以会说汉语为荣。近年来，中国为东帝汶国内一些愿意学习汉语的学生提供奖学金，资助他们到中国的大学里学习汉语，据报道北京第二外国语学院有一些来自东帝汶的留学生学习汉语并修读相关专业学位。① 而且，中国开办的"发展中国家政府官员汉语研修班"也常常有东帝汶的官员前来参加。

然而，目前在东帝汶的国民教育体系中，汉语并不是一门必须学习的语言，中小学课堂中并没有开设汉语课程。为推动汉语教学在东帝汶获得发展和延续，中国官方层面积极与东帝汶方面进行沟通。2016 年 6 月 8 日，驻东帝汶大使刘洪洋会见东帝汶国务部长兼教育部长孔塞桑，双方就加强中东教育领域合作进行了友好交流。刘大使表示，中方希望与东方合作在东开展汉语教育，愿与东方积极探讨两国教育领域合作项目，在力所能及的范围内，助东提升教育事业的发展水平。孔塞桑表示，东方愿与中方共同努力推动汉语教育在东落地，加强双方沟通协作，拓展两国职业技术培训、教育基础设施等合作项目，以更好地造福东帝汶人民。②

随着东帝汶局势逐渐转入平稳，一些华人陆续回到东帝汶生活，加上大批来自中国、印尼、马来西亚等地的华商华工，华人开始增多，一些有识之士开始推动汉语教学的重启和延续。动乱之后，中华商会遂向政府递交申请，希望政府归还帝力中华学校的校址。③ 然而，由于各方面的因素，这项工作至今没有太大进展。不过，中华商会并没

---

① http：//paper. people. com. cn/rmrbhwb/html/2007 - 04/28/content_ 12850179. htm，2016 年 8 月 13 日。

② 同上。

③ http：//blog. sina. com. cn/s/blog_ 6be93adf0100mbxh. html，2016 年 8 月 13 日。

有停止努力，而是决心致力于推广华文教育。2009 年 6 月 14 日晚，东帝汶中华商会第三届会长在就职典礼上明确表示："商会将致力于推广华文教育，让所有热爱中华文化的人得到学习机会，将中华文化传统发扬光大。"① 最终排除一切困难开办了华文补习班。从参加联合国派驻东帝汶的中国维和警察廖莉的日记中，我们得知，2010 年商会已为华人子弟重开了华文补习班。廖莉在日记中有这样的记述："每周二、四、六下午，我都要到当地华人商会去教华人小孩学中文。这项义务工作从上批警队驻扎时即已开始。课堂气氛很好，朗朗的读书声，动听的歌声和开怀的笑声始终萦绕在我们耳边。"从课堂气氛来看，当地华人子弟学习汉语的积极性很高。②

另据中国驻东帝汶大使馆经济商务参赞处 2014 年 11 月 1 日的新闻报道中可知：在纳塔波拉农业技术学校中开设了汉语课程，该校共有学生 248 人，他们对中国文化有浓厚的兴趣，中国援助东帝汶农业组工作人员担任教师，每周学习汉语的学生超过 200 人。③

从以上的介绍可知，东帝汶的华人有着汉语学习的需求，当地华人也非常希望大力发展汉语教学事业，但是，鉴于东帝汶国内政治不够稳定、经济较为落后、百废待兴等因素，目前，当地汉语教学的发展还较为缓慢。仅从师资方面来看，就已能够发现当地汉语教学还没有真正走上正轨。商会办的补习班由中国派去的维和警察兼任教师，纳塔波拉农业技术学校的汉语教师则是由中国援助东帝汶农业组工作人员担任，均非有经验的专业汉语教师。

本章主要参考文献

方雄普、谢成佳：《华侨华人概况》，中国华侨出版社 1993 年版。

高事恒：《南洋论》，上海南洋经济研究所 1948 年版。

---

① http://news.xinhuanet.com/world/2009 – 06/16/content_ 11549815.htm，2016 年 8 月 14 日。
② 蒋安全等：《东帝汶，友好活跃的新伙伴》，《人民日报》2010 年 2 月 25 日第 7 版。
③ http://easttimor.mofcom.gov.cn/article/todayheader/201411/20141100781351.shtml，2016 年 8 月 14 日。

蒋安全等:《东帝汶，友好活跃的新伙伴》,《人民日报》2010年2月25日第7版。

鲁虎:《东帝汶华人社会初探》,《华侨华人历史研究》2000年第1期。

丘汉平:《华侨问题》,商务印书馆1936年版。

夏林:《撤离东帝汶，中国侨民安全到家》,《新华每日电讯》2006年5月30日第1版。

中国驻东帝汶大使馆经济商务参赞处:《对外投资合作国别（地区）指南——东帝汶》,商务部2015年发布, http://www.mofcom.gov.cn/article/i/jyjl/j/201512/20151201208592.shtml, 2016年8月11日。

Budiardjo, Carmel & Soei Liong, Lim. *The War against East Timor*. London: Zed Books, 1984.

Jolliffe, Jill. *East Timor, Nationalism & Colonialism*. Brisbane: University of Queensland Press, 1978.

Taylor, John G.. *Indonesia's Forgotten War: The Hidden History of East Timor*. London: Zed Books, 1991.

第十章 缅甸的汉语教学

第一节 国家概况

一 自然地理

缅甸联邦共和国（the Republic of the Union of Myanmar）简称缅甸，是一个位于东南亚的国家，位于亚洲东南部、中南半岛西部，其北部和东北部同中国西藏自治区和云南省接界，中缅国境线长约 2185 公里；东部与老挝和泰国毗邻，缅泰、缅老国境线长分别为 1799 公里和 238 公里；西部与印度、孟加拉国相连，缅印、缅孟的国境线长分别为 1462 公里和 72 公里。缅甸南临安达曼海，西南濒孟加拉湾，海岸线总长 2655 公里。缅甸大部分地区都在北回归线以南，属热带。国土总面积约 67.85 万平方公里。地势北高南低。北、西、东为山脉环绕。北部为高山区，西部有那加丘陵和若开山脉，东部为掸邦高原。大部地区属热带季风气候，年平均气温 27℃。曼德勒地区极端最高气温逾 40℃。1 月为全年气温最低月份，平均气温为 20℃以上；4 月是最热月，平均气温 30℃左右。降雨量因地而异，内陆干燥区 500—

1000 毫米，山地和沿海多雨区 3000—5000 毫米。①

二　历史政治

缅甸是一个历史悠久的文明古国，1044 年形成统一的国家后，经历了蒲甘、东吁和贡榜三个封建王朝。19 世纪英国发动三次侵略战争后占领了缅甸，1886 年将缅甸划为英属印度的一个省。1937 年缅甸脱离英属印度，接受英国总督统治。1942 年 5 月被日本占领。1945 年 3 月全国总起义，缅甸光复。后英国重新控制缅甸。1948 年 1 月 4 日，缅甸脱离英联邦宣布独立。以吴努为首的政府实行多党民主议会制。1962 年，缅甸国防军总参谋长奈温将军发动政变，推翻了吴努政府，成立革命委员会。1974 年 1 月，颁布新宪法，成立人民议会，组建了"社会主义纲领党"（简称"纲领党"），奈温任"纲领党"主席，定国名为"缅甸联邦社会主义共和国"。1988 年 9 月军队接管政权，成立"国家恢复法律与秩序委员会"（后改为"国家和平与发展委员会"，简称"和发委"），改国名为"缅甸联邦"。2011 年 1 月 31 日，缅甸联邦议会召开首次会议，改国名为"缅甸联邦共和国"。②

缅甸联邦议会实行两院制，由人民院和民族院组成。1988 年 9 月 18 日，缅甸军队接管国家政权，宣布废除一党制，实行多党民主制。1988 年 9 月 27 日，昂山素季组建了缅甸全国民主联盟（NLD）（简称民盟），并出任总书记。民盟很快发展壮大，成为缅甸最大的反对党。1989 年 7 月 20 日，军政府以煽动骚乱为罪名对昂山素季实行软禁，她拒绝了将她驱逐出境而获自由的权利。

1990 年 5 月 27 日，缅甸举行首次大选，有 93 个政党参加竞选，昂山素季领导的民盟赢得了绝对优势，赢得了议会 485 个议席中的 392 席。在正常情况下，她应该成为国家总理，但是，军政府对大选

---

① http：//wxntc. com/asia/map – 3361. html，2016 年 10 月 20 日。
② http：//www. fmprc. gov. cn/web/gjhdq_ 676201/gj_ 676203/yz_ 676205/1206_ 676788/1206x0_ 676790/，2016 年 10 月 20 日。

的结果不予承认，宣布民盟为非法组织，继续监禁昂山素季，这次大选后有大批政党自行解散或被取缔。

2010 年 11 月 7 日，缅甸再次举行大选，共有 37 个获批准注册的政党参选，包括 4 个原合法政党和 33 个新成立政党。2010 年 11 月 17 日，缅甸联邦大选委员会 17 日公布了全国大选最终结果，政府总理吴登盛领导的联邦巩固与发展党（简称巩发党）获得约 77% 联邦议会（人民院和民族院）和省邦议会议席。

2015 年 11 月 8 日，缅甸举行第三次全国大选，共有 91 个政党推举的 5728 名候选人和 310 名独立候选人参选。① 2015 年 11 月 20 日，缅甸选举委员会公布了大选最终结果，昂山素季领导的民盟在 1150 个联邦议会和省邦议会议席中共获得 886 个席位，其中在联邦议会人民院获得 255 席，在民族院获得 135 席，在省邦议会共获 496 席。②民盟收获约八成选票，除去军方所保留的 1/4 议席，斩获联邦议会过半议席，赢得大选。

2016 年 2 月 1 日，民盟主导的第二届联邦议会人民院（下院）正式运行，在内比都人民院大厦举行首次会议，民盟推举的民盟中央执行委员会成员吴温敏当选人民院议长，联邦巩固与发展党（巩发党）成员、前缅甸联邦检察院法务部负责人吴帝昆秒当选人民院副议长;③ 3 日上午，民族院（上院）召开首次会议，民盟克伦族议员曼温凯丹当选民族院议长，若开民族党名誉主席吴埃达昂当选为民族院副议长。按缅甸法律，民族院议长曼温凯丹率先兼任联邦议会议长，任期为两年半，随后由人民院议长接棒后两年半任期。至此，缅甸联邦议会两院均已召开会议，民盟主导的联邦议会全面启动。

2016 年 3 月 15 日上午 10 时，缅甸联邦议会举行例会，选举产生新一届国家总统与第一、第二副总统。民盟资深议员吴廷觉获得 360

---

① http://news. sina. com. cn/w/2015 - 11 - 09/doc-ifxknivr4353297. shtml，2016 年 10 月 20 日。
② 同上。
③ http://news. xinhuanet. com/2016 - 02/01/c_ 1117955646. htm，2016 年 10 月 20 日。

票，当选为半个多世纪以来首位民选总统；军方推举的现任仰光省省长吴敏瑞得 213 票，当选第一副总统；民盟钦族议员亨利班提育得 79 票，当选第二副总统。2016 年 4 月 6 日，缅甸国家顾问法，在民族议会与人民议会分别讨论并通过，经国家总统吴廷觉签署后生效。根据该法，昂山素季被委任为"国家顾问"，昂山素季无论是在缅甸国内还是在国际上都是缅甸最具影响力的现任国家领导人。

三　人口经济

缅甸人口共 5150 万（2015 年人口普查结果），共有 135 个民族，主要有缅族、克伦族、掸族、克钦族、钦族、克耶族、孟族和若开族等，缅族约占总人口的 65%。[1] 各少数民族均有自己的语言，其中克钦、克伦、掸和孟等族有文字。华人华侨约 250 万人。全国 85% 以上的人信奉佛教，约 8% 的人信奉伊斯兰教。[2]

缅甸自然条件优越，资源丰富。1948 年独立后到 1962 年实行市场经济，1962—1988 年实行计划经济，1988 年后实行市场经济。2013—2014 财年 GDP 总额为 564 亿美元，实际增长率 7.5%。截至 2013 年底，缅甸外债余额 96 亿美元，央行外汇余额 11.3 亿美元，黄金储备 7 吨。[3]

《世界日报》缅甸版 2015 年 4 月 20 日报道：国际货币基金组织（IMF）发布最新的世界经济展望报告预计，2016 年缅甸经济增速将达到 8.6%，在报告所覆盖的近 200 个国家和地区中排名第一。报告指出，缅甸在长达半个多世纪的时间里经济发展缓慢，随着多年来第一个民选政府的诞生，经济也即将开始腾飞。缅甸曾是世界最主要的大米出口国，其农业领域发展潜力巨大。同时，缅甸劳动力充足，可以发展有利于经济增长的纺织业和鞋业。不过 2015 年缅甸人均 GDP 不到 1300 美元，依然在世界最贫穷国家之列，未来还有漫长的道路要走。

---

[1]　http：//www. fmprc. gov. cn/web/gjhdq_ 676201/gj_ 676203/yz_ 676205/1206_ 676788/1206x0_ 676790/，2016 年 10 月 20 日。

[2]　同上。

[3]　http：//mm. china-embassy. org/chn/ljmd/zzjj/t924655. htm，2016 年 10 月 20 日。

四　语言政策

缅甸语是缅甸的官方语言，属汉藏语系藏缅语族缅语支，主要分布于伊洛瓦底江流域和三角洲地区，使用人口约 2800 万，在泰国、孟加拉国、美国等也有少量分布。

仰光话是现代缅甸语的标准语。缅甸语由于使用人口众多，历史悠久，又有极为丰富的文字记载，在汉藏语系语言中除了汉语、藏语外缅甸语也是一种重要的语言。对研究汉藏语系诸民族的政治、经济、历史、文化等具有重要意义。

随着缅甸语被定为官方语言，英语的地位下降为第二语言。[①] 在少数民族语言方面，由于公立学校不教授少数民族语言，少数民族学生，尤其边区、山区的儿童，只能在非正式学校中学习本族语。联合国教科文组织的一项关于使用母语教学的研究表明，在缅甸北部少数民族较多的地区，只有在特定的社会组织和语言社团开展的非正规教育（NFE）和成人扫盲项目中，才可以使用少数民族语言。缅甸基督教联合会（MCC）也组织了非正规扫盲项目，用华语、那伽语、克伦语、钦语等十来种当地语言对成年人进行扫盲工作。

随着近几年来的汉语热及孔子课堂进入缅甸，汉语在缅甸产生了一定的影响，除了华裔学习汉语，不少缅甸人包括高官子弟也开始学习汉语。这些都有助于缅甸汉语教学的发展。

第二节　汉语教学简史

缅甸的汉语教学当地称"华文教育"，开始于 19 世纪末，由定居缅甸的华侨自行筹资在民间进行的。据有关资料记载，1892 年仰光的广东观音庙就已有华侨开设私塾、蒙馆，传道授业。1904 年，缅甸华

---

① 李佳：《缅甸的语言政策和语言教育》，《东南亚南亚研究》2009 年第 2 期。

侨在仰光创办了第一所正规学校"中华义学"①，此后汉语教学一度在缅甸平稳发展，但 20 世纪 60 年代缅甸大部分地区的汉语教学遭到了毁灭性打击。20 世纪 80 年代后，缅甸汉语教学获得了快速、良性发展。

自 1904 年缅甸第一所正规学校建立到 1962 年奈温军人政变掌权，缅甸华侨汉语教学在师资、学校规模、学生人数等方面，均呈不断发展趋势。1948 年，仰光成立了"缅华教师联合会"，把侨教方针、教学交流、师资培训和教师调配纳入了统一的领导和管理之中，使汉语教学更有系统性。当时的首都仰光成了全缅汉语教学中心。从《三十七年度仰光华侨社团商号目录》在同年所附的一份全缅华侨中小学名录来看，有准确校名的学校达 195 所。② 到 1962 年，缅甸有 259 所华文学校，学生 39000 名。③

1963 年，缅甸政府实行国家主义政策，下令对所有私立学校进行严格管制并限制华文课的授课时间。1965 年 4 月，缅甸政府颁布《私立学校国有化条例》，下令将全国所有私立中小学收归国有。不久，全缅多所华校被缅甸政府接收，一些失业的华文教师在各地兴办了不少华文补习班（政府规定每班人数不能超过 20 人）。然而，1967 年仰光发生"6·26"排华事件后，华文补习班也被政府禁止，缅甸华文教育进入了艰难时期。直至 20 世纪 70 年代末 80 年代初，一些华人华侨在讲授佛经的名义下，率先办起了一些华文补习班，以教授宗教文化之名行华文教育之实，才让华文教育勉强恢复、发展起来。在同一时期，缅甸公立大学仰光外国语大学开设了汉语系，以培养汉语专业的专科生和本科生。④ 与此同时，曼德勒以北的缅甸北部却因为其特殊的地理环境和民族政策⑤，而使其远离政府的管辖，

---

① 范宏伟：《缅甸华文教育的现状与前景》，《东南亚研究》2006 年第 6 期。
② 熊琦、张小克：《缅甸汉语教学概况》，《世界汉语教学》2006 年第 3 期。
③ Douglas, P. Murray. Chinese Education South-east Asia. *The China Quarterly*, 1964, 20: 67 – 95.
④ 范宏伟：《缅甸华文教育的现状与前景》，《东南亚研究》2006 年第 6 期。
⑤ 周小兵：《海外汉语师资的队伍建设》，《云南师范大学学报》（对外汉语教学与研究版）2007 年第 5 期。

因此，在私立学校国有化后，缅甸东北部的华人能一直坚持着华文教育。

在 20 世纪 60 年代中后期，缅甸腊戍的果敢民族首当其冲，向当局申请开办"果敢文"补习班，得到当局的理解和默许。他们或借某家庭院做临时教室，或游移于树荫、竹林处。随着从山区移居到腊戍的果敢族人增多，学生人数也骤增。在此形势下，由族人领袖出面申请办学得到当局应允。1968 年，腊戍果敢汉族语文学校（即后来的果文中学）诞生。此后，缅北很多华人聚居的城镇和村寨，或以学习本民族语言文化，或以宣扬佛教精神为由，纷纷办起了华文学校。华教的星星之火，在缅北广袤的大地上成燎原之势。据统计："1988 年曼德勒的'孔圣学校'已办到高中，学生 2000 多人，至 1991 年增加到 3000 人；腊戍有 8 所华文补习学校，共有学生 7000 多人；眉苗、密支那、叫脉、当阳的华校学生也都在 1000 人以上。"① 而缅甸南部的华侨华人兴办华校的热情和规模要比缅北逊色得多。

随着中国的改革开放，中国国力迅速增强，其国际地位迅速提高，中缅经济交往也日益频繁，1988 年，缅甸政府着力推行与中国友好的政策。尽管缅甸汉语教学当时还没有得到政府明确的支持，但此后还是得到了快速发展。②

进入 21 世纪以后，中国经济腾飞，国际地位不断提高，这导致了全球"汉语热"现象的产生。随着中国对海外华文教育、汉语教学的推动力度的加大，缅甸汉语教学的发展开始取得一系列重大突破，比如在由缅甸政府主导开设汉语课程的大学里，开始接受中国汉办选派的志愿者教师赴缅甸任教，举办 HSK 考试，鼓励缅甸学生来华学习汉语或者参加在华举办的比赛，夏令营等。

缅甸的汉语教学有政府主导和民间组织两种形式。政府主导的汉语教学主要是高校的汉语专业教学，非政府的汉语教学主要由缅甸华

---

① 范宏伟：《缅甸华侨的华文教育》，《人民政协报》2002 年第 1 期。
② 吴应辉、杨叶华：《缅甸汉语教学调查报告》，《民族教育研究》2008 年第 3 期。

人主导。至今已经形成了官办和民办两种形式并存的汉语教学格局。[①]

第三节 汉语教学的环境和对象

中国改革开放和对外合作的不断深化，商务来往、文化交流、来华旅游等活动日益频繁，导致了全球"汉语热"现象的产生。进入 21 世纪以后，缅甸的汉语教学对象发生了重要的变化，不仅仅是华人学汉语，缅甸其他族的许多人也开始学习汉语。

缅甸的汉语教学存在两种教学模式，一种是汉语作为母语的教学，另一种是汉语作为第二语言的教学。汉语作为母语的教学模式存在于当地华人自己开办的私立华校中，多见于缅甸北部和大多数中部的学校；汉语作为第二语言教学的模式主要存在于缅甸政府开办的两所外国语大学、三所孔子课堂与其他汉语中心。

有人做过统计，2012 年缅甸开展汉语作为母语教学的华文学校有 161 所，教师有 2000 位左右，学生有 7 万多人。[②] 仰光外国语大学和曼德勒外国语大学的汉语系总共有 35 位汉语教师。曼德勒的福庆孔子课堂教师有 39 人，学生有 1200—1500 人。仰光福星孔子课堂教师有 12 位，学生有 700 多人。另外，缅甸各地区也都有汉语学校、教师个人开办的家庭补习班、家庭教育式汉语教学机构、外语培训机构下开设的汉语会话班等。近几年，缅甸汉语教学得到了中国国家汉办、中国侨联和中国国务院侨办等机构的大力支持和帮助。[③] 缅甸汉语教学取得了巨大的成就，走上了快速发展的道路。下面对几个影响较大的汉语教学机构的汉语言文化教学活动进行简要介绍。

---

① ［缅甸］李瑞文：《缅甸教育制度背景下中小学汉语课程大纲编制研究》，博士学位论文，中央民族大学，2012 年。
② ［缅甸］邹丽冰：《缅甸汉语传播研究》，博士学位论文，中央民族大学，2012 年。
③ ［缅甸］李瑞文：《缅甸教育制度背景下中小学汉语课程大纲编制研究》，博士学位论文，中央民族大学，2012 年。

一 仰光外国语大学汉语系的汉语教学①

仰光外国语大学的前身是成立于 1964 年的仰光外国语学院，1996 年改为现名。该校汉语系建于 1965 年，50 多年来先后采用过 4 种办学形式。

其一是创办伊始只有业余班，招收对象是已经获得大学其他专业本科文凭且在政府机关工作的公务员。上课时间是下班后，即每天 17：00—19：00（习称晚班）。学制为 4 年，毕业时发汉语专业大专文凭。从 1965 年起，每年招收一个班，无须入学考试，每班 20 多人，但各班能坚持学到毕业的往往只有 2—3 人。

其二是汉语专修班，自 1986 年开始招生，招收对象同上，但上学时间为每天 10：00—14：30（习称白班），学制两年，也发大专文凭。从 1994 年起，招收对象不要求一定是公务员，所以报名人数开始大幅增加。一个班入学时人数可达 70—80 人，但中途有些人辍学，有些人转入业余班，到毕业时各班只剩 10 人左右。该类班办至 1998 年停止招生。

其三是大专班，上课时间为上午 7：00—8：40（习称早班）。从 1998 年开始招生，学制 4 年，须进行入学考试，也有名额限制，毕业时发大专文凭。与此同时，原来的业余班不再发大专文凭，改发结业证，学制也改为 3 年。

其四是本科班，从 2001 年起招生，学制 3 年，招收对象是高中毕业生，根据毕业考试分数录取。至 2005 年 9 月，共毕业了 7 个班 212 人。2006 年，仰光外国语大学汉语系在校本科生 3 个年级共 129 人，大专班 4 个年级共 329 人，业余班 3 个年级共 441 人，总计 899 人。2013 年，学习汉语的人数为 1400 人左右。

---

① 熊琦、张小克：《缅甸汉语教学概况》，《世界汉语教学》2006 年第 3 期。

二 曼德勒外国语大学汉语系的汉语教学

曼德勒外国语大学成立于 1997 年，一开始即设有汉语系，该大学有七种语言的教学，亚洲的三种：汉语、韩语和日语；欧洲的四种：英语、法语、德语和俄语。曼德勒外国语大学在整个缅甸汉语教学界是数一数二的大学。

在曼德勒外国语大学汉语系学汉语的大多数学生为缅族人，汉语基础是零起点，到了大学才开始从头学起。汉语系的老师，除了由中国国家汉办选派到曼德勒外国语大学汉语系的公派教师以外，其余的教师都是本地人，本土教师多是只在中国短期进修过，没有在中国取得汉语教学相关专业的学位。

在曼德勒外国语大学有多种汉语授课形式，时间也比较固定。

1. 专科班。上课时间为 7：00—9：00，每门课每周只上一次，学制四年。学生有 200 多个，主要是社会人员。课程叫作 Diploma in Chinese（汉语专业文凭课程），修业结束后发汉语专业文凭，这对学员找工作有帮助，但学员必须是大学毕业生，简单地说就是一定要有毕业证书才能上早班。

2. 本科班。上课时间为 9：00—12：00，12：30—14：30，每天 5 个课时，每门课每周只上一次，主要面向在校本科生授课，学制三年。

3. 业余班。上课时间为 17：00—19：00，每门课每周只上一次，无须考试可直接报读。是由 CHRD（Center of Human Resource Development）（人力资源开发中心）举办的课程进修班，学生主要是还没有大学毕业的其他大学的学生，学生学习三年相当于在本科班学习到第二年达到的水平。一年有两个学期。每年 12 月至次年 3 月中旬为第一个学期，6 月至 9 月为第二个学期。

其中，专科班和业余班两个班的人数差不多，但是级别不一样，专科班的毕业生汉语水平比较高。曼德勒外国语大学是缅甸知名的大学，考大学时的分数低于 400 分是不可能申请到该校各个院系本科专业的入学资格的，想申请汉语系至少要有 430 分。所以有些学生虽然本科上不了，但通过 CHRD 参加课程进修班，可以给他们一个学习自己喜欢的语言的机会，这也是缅甸教育部为满足社会上汉语学习需求采取的一个措施。

对于本科生来说，一年级是最基本的，也是最重要的，有三门必修课和四门选修课。二年级有四门必修课和两门选修课。三年级只有六门必修课，没有选修课。一年级到三年级都没有专门教汉字的课程，都采用语文并进的方法。

学校每年都有校内中文演讲比赛、中文歌唱比赛。这些比赛往往是由曼德勒外国语大学、中国驻曼德勒领事馆和曼德勒的一些私人华文学校联合举办的。学校还会鼓励学生参加中国国家汉办举办的汉语水平考试（HSK）、中国国家汉办与湖南卫视合作举办的"汉语桥"大学生中文比赛。

曼德勒外国语大学的汉语系在曼德勒的汉语界里是比较有威望的一个学习机构。主要是因为有政府公认的证书，学习制度也比较规范。①

2014 年 6 月 26 日，广西民族大学党委书记钟海青教授和缅甸曼德勒外国语大学校长佐林教授签署合作协议，两校将在培养外语人才方面进一步加强交流与合作。缅甸曼德勒外国语大学作为缅北高等院校是第一次与国外大学签订合作协议，这有利于进行更多教育交流与合作。广西民族大学与曼德勒外国语大学两校的合作事实上已有十年之久，广西民族大学把缅甸语专业学生一批又一批送到曼德勒外国语大学来深造。中国留学生不仅在曼德勒外国语大学学到了缅语知识，同时还了解了缅甸文化及缅甸的风土人情。一批批缅甸语留学生对促进中缅两国友好发挥了积极作用。

---

① ［缅甸］龙威：《缅甸缅族人汉语学习的问题调查——以曼德勒地区为例》，硕士学位论文，中央民族大学，2012 年。

三 福庆语言电脑学校孔子课堂的汉语教学①

缅甸目前有三所孔子课堂——福庆语言电脑学校孔子课堂、福星语言电脑学苑孔子课堂和东方语言与商业中心孔子课堂，还没有孔子学院。

福庆语言电脑学校孔子课堂是曼德勒福庆语言电脑学校与中国云南大学合作建设的孔子课堂，2008 年 2 月 3 日获准设立，2009 年 5 月 14 日举行了揭牌仪式。

2008 年 2 月至 2009 年 11 月，福庆语言电脑学校孔子课堂月平均共有各类学员约 1100 人。其中，初级班学员 430 人，中级班 110 人，高级班 60 人，电脑班约 500 人。针对不同年龄、不同程度、不同需求的学员共开设了拼音、口语、写字、文化等初中高级汉语课程，包括说话、美术、游戏、唱歌、语文、汉语拼音、造句、史地、作文、文化常识、桥梁、高级口语、习惯用语、文言文、HSK 强化班、现代汉语、教学法、现当代文学作品、教育心理学、中国文化与中国哲学等 20 多门课程。

2009 年 9 月，中国传统中秋节期间，福庆语言电脑学校孔子课堂与曼德勒外国语大学汉语系联合举办了"庆中秋，唱中文歌曲"比赛。20 多名选手深情演唱了《至少还有你》《梦醒时分》《隐形的翅膀》等流行歌曲。活动组织者介绍，70% 的参赛者为当地缅族人，这表明非华人对于学习汉语的兴趣日益提高。中国驻曼德勒总领事馆总领事唐英说，中文歌曲演唱比赛给青年提供了展现才艺的平台，激发了他们学习汉语的兴趣。

2010 年 2 月 28 日，福庆语言电脑学校孔子课堂在福庆大礼堂隆重举行了 2010 年汉语教材图书巡回展开幕式。中国驻缅甸曼德勒总领事唐英、曼德勒各侨团华校和缅甸各地侨团华校代表、汉语教师及社

---

① 孔子学院总部/国家汉办网站：http：//www. hanban. org/和新华网：http：//www. xinhuanet.
com/ world/2011 – 01/30/c_ 121040037. htm，2016 年 10 月 18 日。

会各界人士 200 多人出席了开幕式。本次展览分为 6 个区,其中有介绍高、中、初等级汉语教材的教材区;介绍中国文学文化的文学文化区;介绍中国各地风土人情的认识中国区;推广 HSK 的汉语考试区等,共展出图书 700 多册。

2010 年下半年,汉语水平考试在福庆语言电脑学校孔子课堂举行。来自东枝、丙弄、抹谷、眉苗、腊成等缅北地区 20 多所汉语教学机构的 600 多名考生参加了考试。自 2004 年以来,福庆语言电脑学校孔子课堂已成功承办多次汉语水平考试。孔子课堂校长李祖清介绍,汉语水平考试开办以来,参加人数逐年增加,2010 年全年参加考试的人数接近 1800 人,创历史新高。

2011 年 3 月 16 日,福庆语言电脑学校孔子课堂举行新教学大楼、办公大楼落成典礼,并举行了中国文化体验角开幕仪式。该体验角展览厅内展览了各类中文教材、书籍,展示了中国象棋、茶具、民族服装等充分体现中国文化特色的展品。厅内,最受人们瞩目的是由中国国家汉办赠送的大型触摸屏电脑,用以让更多的华侨华人体验到中华文化的魅力。①

2013 年 5 月 7 日,福庆语言电脑学校孔子课堂在本校多功能厅举行 2013 年度首届中文歌唱比赛。参赛者们以《最炫民族风》《失恋阵线联盟》《恋爱频率》《他不爱我》等中国流行歌曲进行角逐。为提高学员的汉语学习积极性,福庆孔子课堂每年举办各类活动,如看电视比赛、看中文报比赛、征文比赛、演出比赛、周会、汉办的"汉语桥"(大学生、中学生)中文比赛、侨办的中华文化常识大赛、中华文化大乐园等比赛与活动等,丰富汉语学习者的文娱生活,以提升学习者的学习兴趣和汉语水平。

2013 年 11 月 30 日,福庆语言电脑学校孔子课堂在本校集思阁会议室举行"第二届外派教师工作会议"。孔子课堂 11 个教学点的 69 名外派本土教师及缅北各地区的教师共 80 人参加会议。福庆语言电脑学

---

① 新华网东盟频道:http://www.gx.xinhuanet.com/,2016 年 10 月 18 日。

校于 2010 年在马圭市开办第一个汉语教学点，至 2013 年教学点数量已拓展至 11 个，包括曼德勒地区洞缪观音寺及喜洋洋与福娃娃幼儿园等。学校先后派出 69 位本土教师到各地教学点任教。①

2013 年 12 月 22 日，福庆语言电脑学校孔子课堂与中国云南大学合作共建的研究和培训中心在孔子课堂校园内举行了揭牌仪式，这表明福庆语言电脑学校孔子课堂已从单纯教学模式向研究和职业培训模式拓展。"缅中语言与文化研究中心""缅中汉语教学研究中心"和"缅中职业与继续教育中心"相继揭牌之后，与会嘉宾还一起参观了福庆语言电脑学校与云南大学共建的"缅中文化展览室"。

2015 年 10 月 14 日，福庆语言电脑学校孔子课堂为曼德勒大学专门开设的汉语教学班在曼德勒大学举行开班典礼，标志着汉语教学首次进入缅甸综合性大学中。曼德勒省缅中友好协会主席吴博敏说，汉语已成为一门国际通用语言，汉语的影响力日益重要。之前缅甸教授汉语的大学仅限于外语类大学，作为在缅甸排名第二的综合性大学，曼德勒大学此次开设汉语班具有里程碑意义。

2016 年 7 月 16 日，在缅甸曼德勒省缅中友好协会的引荐之下，由福庆语言电脑学校孔子课堂与皇家缅甸私立学校（Taw Win Myanmar Private School）共建的汉语班开班典礼顺利举行。皇家缅甸私立学校教学点是福庆语言电脑学校孔子课堂的第 40 个教学点，也是首家私立学校教学点。福庆语言电脑学校孔子课堂为汉语班提供优秀的本土汉语教师，负责教学活动及课程安排，特别针对该校非华人群体，有针对性地设计汉语课程。

2016 年 7 月 20 日上午，第二届本土汉语教师海外志愿者培训班开班典礼在福庆语言电脑学校孔子课堂举行。此次培训为期五天，孔子课堂为学员们安排了第二语言习得理论、汉语语音教学、汉字教学、词汇教学、语义教学、语义和语境的关系、汉语语法教学的处理原则

---

① 中新网（http://www.chinanews.com/hwjy/2013/12 – 23/5652901.shtml）；中国侨网（ht-tp://www.chinaqw.com/hwjy），2016 年 10 月 19 日。

与方法策略、综合课教学、积极心理学和体验寺庙汉语教学等实用课程。主要授课教师为 2016 年 2 月至 4 月在中国南开大学参加过志愿者教师培训的 10 名缅甸本土汉语教师。

2016 年 8 月 9 日上午，福庆语言电脑学校孔子课堂与 KMC 私立中学共建的汉语班正式开班，开班典礼在该中学举行。KMC 私立中学校长林春贵介绍，此次开设的汉语班已有 15 名小学生、29 名中学生和 16 名小学教师参加学习。KMC 私立中学教学点是福庆语言电脑学校孔子课堂的第 42 个教学点，也是第二家私立学校教学点。

四 福星语言电脑学苑孔子课堂的汉语教学①

2009 年 12 月 19 日，由缅甸福星语言电脑学苑与中国华侨大学华文学院合作开办的仰光首家孔子课堂 18 日正式揭牌。福星语言电脑学苑孔子课堂是继曼德勒市福庆语言电脑学校孔子课堂 2009 年上半年揭牌以来的缅甸第二家孔子课堂。福星语言电脑学苑是仰光地区规模最大的华文补习学校，拥有长城汉语多媒体电子教室、电脑教室、语音教室、舞蹈教室、汉语教室等良好的教学设施。

福星语言电脑学苑由缅甸福建同乡总会创办于 2002 年 9 月，经过数年的努力发展，学生人数已由初期的 100 多人增加到目前的 700 多人，不仅班级种类增多，而且教学水平也大大提升。福星语言电脑学苑孔子课堂已经成为缅甸有知名度的汉语教学中心之一。

2010 年 11 月 24—27 日，福星语言电脑学苑孔子课堂在缅甸南部主要城市勃生市举办了该市历史上规模最大的中华文化体验暨汉语图书教材展，送展书籍和音像制品达 500 册，题材涉及中国文化、书法、国画、国情等。福星语言电脑学苑孔子课堂把中华文化体验和书籍巡展结合在一起，通过中国城市变迁、京剧、书法、诸子问答等多媒体

---

① 孔子学院总部/国家汉办网站：http://www.hanban.org/；缅甸福星语言电脑学苑孔子课堂网站：http://fxcc.mm.chinesecio.com/zh-hans；新华网：http://www.gx.xinhuanet.com/dm/2009 – 12/19/content_ 18544486.htm，2016 年 10 月 19 日。

互动形式,生动展示了中国汉字和中国医药、文化艺术、国情、自然风光等,让缅甸南部勃生市的参观者感到新奇不已。

2011 年 5 月 8 日,由福星语言电脑学苑孔子课堂与中国驻缅甸大使馆文化处联合举办的首届"中华文化大乐园"夏令营,在仰光中国驻缅甸大使馆文化处大礼堂隆重开营。"中华文化大乐园"夏令营以在海外办班授课的形式,以中华文化和传统才艺的教学为主,以海内外师生的互动交流为配合,向广大海外汉语学习者传授中华民族优秀传统文化,推动中华文化在海外的传承。孔子课堂根据缅甸学生的特点,精心设计了生动活泼的汉语学习活动,为本届夏令营开设汉语、中华武术、中国画、中国书法、中国剪纸、中国音乐舞蹈等课程。

2011 年 9 月 12 日,福星语言电脑学苑孔子课堂成功举办了中国—东盟友谊知识竞赛。仰光地区各界青少年纷纷踊跃报名参加这次考试,报考人数多达 256 人。中国—东盟友谊知识竞赛作为中国—东盟建立对话关系 20 周年系列纪念活动、中国—东盟友好交流年活动和第八届中国—东盟博览会的重要活动,旨在增进中国和东盟各国人民特别是青少年之间的了解和友谊,促进友好交流。

2012 年 2 月 22 日,福星语言电脑学苑孔子课堂在仰光梅花皇宫大酒家隆重举办了三周年庆典活动。庆典上,孔子课堂的学员们优美的舞姿、动听的歌声,以及丰富多彩的中华传统才艺(其中包括书法、剪纸、国画表演,中国传统乐器:笛子和葫芦丝独奏)精彩纷呈,展现了中华文化的巨大魅力。

2012 年 5 月 20 日,福星语言电脑学苑孔子课堂和舜帝妙善华文补习学校联合举办了 2012 年上半年 HSK 考试。仰光地区汉语学习者纷纷踊跃报名参加这次考试,参加本次考试的有 543 人,再创仰光考生人数的新高,考试分为笔试六个级别。

2012 年 5 月 24 日,福星语言电脑学苑孔子课堂为中缅东南亚管道公司缅甸员工开办的汉语培训班开班仪式在仰光外国语大学举行。这是福星语言电脑学苑孔子课堂受中缅东南亚管道公司委托为公司里的缅甸员工开办的第一期汉语培训班，此次培训共有 60 名员工参加，通过现场反应以及课后反馈调查得知，此次培训反响热烈，效果较好，学员们纷纷表示很享受此次课程。这也是福星语言电脑学苑孔子课堂在仰光外国语大学进行汉语培训的首次尝试。

2013 年 3 月 23 日，福星语言电脑学苑孔子课堂与分课堂 Total 学校联合举办了第五次新中小学生汉语考试（YCT 考试）。本次 YCT 考试在 Total 学校新成立的汉语考试中心进行，共有来自 Total、东方语言与商业中心等学校的 162 名小学员参加了考试。根据各级别考生人数，本次 YCT 考试设立了七个考场，分别进行了四个级别的考试。Total 学校自 2011 年成为福星语言电脑学苑孔子课堂分课堂以来，一直致力于大力推广汉语教育，将汉语由选修课程改为必修课程，极大地促进了缅甸尤其是南部地区汉语教学的发展。

2014 年 2 月 27 日，缅甸福建同乡总会会长、福星语言电脑学苑创始人吕振膑应中国侨联和福建省侨联的邀请，经厦门赴福州参加福建侨商会成立大会暨省第九次侨代会。在这次会议上，他表明当时福星语言电脑学苑孔子课堂已成为仰光地区规模最大的华文补习学校之一。孔子课堂共开设 50 多个汉语课程，每年举办 5 次汉语考试，还开设了包括中国功夫与书法、风光中国、生肖剪纸、中国美食和中国民乐等在内的 10 个体验项目，为缅甸汉语学生零距离体验中国文化提供了良好的平台。

2015 年 12 月，福星语言电脑学苑孔子课堂在分课堂 Brainworks-Total International School 的 8 个校区先后成功举办了第三届"中国周"活动。本届"中国周"活动丰富多彩，既有毛笔字的文化之美，也有剪纸的艺术内涵，更有吹画的笔墨写生，还有中华美食的色香诱惑。广大师生和家长不仅可以亲身体验不同的中华文化，更可以感受中国的现代科技，特别是 40 分钟的北京夏季奥运会开幕式视频，通过现代高科技展现了古典的中华文化。自 2013 年开始举办以来，"中国周"已经成为福星语言电脑学苑孔子课堂引导缅甸青年学生感受中华文化、了解现代中国、增强学习汉语的趣味性和主动性的重要品牌，深受在校学生和家长的喜爱和认可。

2015 年 5 月中旬至 6 月中旬，福星语言电脑学苑孔子课堂成功举办了 2015 年度第十四届"汉语桥"世界大学生中文比赛和第八届"汉语桥"世界中学生中文比赛缅甸仰光赛区的比赛。本年度的比赛精彩纷呈，不仅为选手们提供了一个自我展示的平台，而且让更多的汉语学习者领略了汉语和中国文化的魅力，从而提高了他们学习汉语的兴趣和热情，受到了仰光各汉语教学机构的一致欢迎和好评。

2016 年 1 月 28 日，缅甸福建同乡总会在仰光梅花皇宫大酒家成功举办了"2016 年迎春敬老联欢晚会"，福星语言电脑学苑孔子课堂的师生为众乡邻、侨胞送上了一场精彩绝伦、年味十足的文艺晚会。晚会在洋溢着春天旋律、渲染着奋进激情的《欢乐迎春鼓》中拉开帷幕。水袖舞《花旦》借鉴和继承了戏曲舞蹈独特、鲜明的风格和形态，包容了戏曲和舞蹈的成分，别具美感。舞蹈功夫扇《十面埋伏》将享誉世界的中国功夫和优美绵长的中国舞蹈完美组合在一起，快慢相间，刚柔并举，美轮美奂，活泼新颖。以琵琶、剪纸、书法和中国画为主要内容的《中国传统文化展示》，尽显"琴棋书画"的迷人魅力，尤其是琵琶与春鼓的共鸣，更是令人耳目一新。

五 东方语言与商业中心孔子课堂的汉语教学①

2013 年 12 月 13 日，由缅甸仰光东方语言与商业中心与中国云南师范大学合作创办的东方语言与商业中心孔子课堂举行了授牌仪式。中国驻缅甸大使杨厚兰向东方语言与商业中心董事长曾圆香授牌。杨厚兰在讲话中高度评价了缅华社会在华文教育上所做的不懈努力，对东方语言与商业中心在发展华文教育、弘扬中华文化等方面取得的显著成绩表示赞赏。杨厚兰说，希望以孔子课堂合作共建为契机，为推

---

① 新华网（http：//news.xinhuanet.com/world/）；缅甸《金凤凰》中文报网站（http：//www.mgpmedia.com/）；中新网（http：//www.chinanews.com/hwjy/），2016 年 10 月 19 日。

动华文教育发展、弘扬中华文化、促进中缅友好交流与合作谱写新的篇章。

2013 年 12 月 17 日，东方语言与商业中心迎来建校 11 周年生日，此时该校从幼儿园、小学到高中都设立了汉语课程。

2014 年 4 月 24 日，东方语言与商业中心孔子课堂承办的"感知中国——学唱中文歌曲大赛"仰光赛区在仰光云南会馆隆重举办。来自仰光东方语言与商业中心孔子课堂、缅华妇女协会等机构共 62 名选手参加比赛。比赛中，中文歌曲《同一首歌》为所有选手必唱歌曲，随后任选一首中文或缅文演唱的中国歌曲进行比赛。经过激烈的角逐，最终来自九龙堂天后华文学校的林明荣、庆福华文学苑的陈凤兰、甘马育建德分社的林宝玉、武洞培华学校的陈小龙赢得了代表缅甸地区参加半决赛的入场券。

2015 年 2 月 8 日，东方语言与商业中心孔子课堂于举办了"中国味、世界年——学习汉语，体验春节"文化乐园活动。为贯彻活动主题，鼓励学生积极参与，活动由"知识文化感受""趣味传统游戏体验"和"包饺子——吃饺子"三部分组成。最后，老师们向学生展示了中华习俗包饺子，并为学生准备了种类丰富的饺子。

2016 年 5 月 19 日，"2016 年中华文化大乐园"系列活动在东方语言与商业中心孔子课堂开幕，来自中国的多位优秀教师，将在为期十天的活动中，给 200 余名缅甸华校师生讲授武术、舞蹈、歌曲、书法、绘画、传统手工等兴趣才艺课。来自中国驻缅甸大使馆领事部、云南侨办、云南体育职业技术学院、云南省花灯剧院、云南师范大学艺术学院、昆明学院的领导与教师，东方语言与商业中心孔子课堂校董以及仰光各界侨团侨领、代表共 300 余人出席了开幕式。

第四节　汉语教材的使用情况

缅甸汉语教学中所使用的教材有中国大陆、中国台湾和新加坡出版的教材，据邹丽冰 2010 年的调查，90% 以上的华文学校使用的是中国台湾地区出版的教材。① 下面简要介绍一些汉语教育机构使用教材的情况。

一　仰光外国语大学汉语系使用的教材

仰光外国语大学汉语系现有三个层次的汉语教学，即本科班、大专班、业余班。三个层次的汉语教学开设的课程及使用的教材大体一致。课程基本按听、说、读、写四个方面设置，本科班增开文学课、语法课、翻译课等。使用的教材主要有以下几种（不特别注明出版社的，均为北京语言大学出版社）：（1）听力课：《初级汉语课本·听力练习》（鲁健骥编，2003）、《新实用汉语课本·课文情景会话》（刘珣主编，2002）；（2）会话课：《中级汉语听和说》（白雪林等编，2006）、《速成汉语》（何慕编，2004）；（3）写作课：《新世纪汉语学习指导》（董玉国编，2001）、《汉语写作教程》（邹昭华编，2003）；（4）文学课：《桥梁：实用汉语中级教程》（陈灼主编，2000）；语法课：《对外汉语教学实用语法》（卢福波，2011 年修订本）阅读课：《汉语初级教程》（邓懿主编，北京大学出版社 1993 年版）、《汉语中级教程》（杜荣主编，北京大学出版社 2004 年版）。②

二　曼德勒外国语大学汉语系使用的教材

曼德勒外国语大学常用的教材跟仰光外国语大学所用的教材大都是相同，如《汉语初级教程》《初级汉语课本》《桥梁：实用汉语中级教程》《中级汉语听和说》《汉语中级教程》《汉语写作教程》《对外汉语教学实用语法》《新世纪汉语学习指导》。另外，还使用《中国文化历史故事》（朱一飞等编，上海教育出版社 1989 年版）、《速成汉语

---

① ［缅甸］邹丽冰：《浅谈缅甸北部汉语教材存在的问题》，载《第十届国际汉语教学研讨会论文选》，北方联合出版传媒（集团）股份有限公司、万卷出版公司 2010 年版，第 331—335 页。
② http://www.asean168.com/a/20141124/70433.html，2016 年 10 月 20 日。

初级教程》（郭志良主编，北京语言文化大学出版社 1996 年版）等。

三 福庆语言电脑学校孔子课堂使用的教材

福庆语言电脑学校孔子课堂为学校里的小学生和速成班的成年学生开设汉语课时使用的都是《汉语》系列教材。《汉语》系列教材是北京华文学院在中国海外交流协会的委托下，针对海外的华侨华裔学生学习汉语而编写的，提供给海外全日制华文学校小学一年级至六年级使用，其他学制的学校也可以选用该教材。1998 年 10 月由暨南大学出版社出版了第 1 版，2007 年 7 月又出版了修订版。《汉语》系列教材共 50 册，其中《汉语》课本 12 册，《汉语》练习册 12 册，《汉语》教师手册 12 册，《说话》12 册，《汉语拼音》1 册，《汉语拼音》练习册 1 册。《汉语》课本以句子结构为中心，按照由浅入深、循序渐进的原则有计划、有顺序地介绍常用词语和语法点，并围绕每课出现的词语和句型组织课文，课文内容贴近学生的日常生活，同时也选编了一些适合儿童的中国童话、寓言、历史故事以及科普知识、语文知识等。课与课之间采取以旧带新、滚雪球的方式使学生循序渐进地掌握和积累汉语知识。

虽然小学生和速成班的成年学生都使用《汉语》系列教材，但进度不一样，小学生在 6 个月内学完一册课本，而速成班要在 3 个月内学完一册课本。另外，福庆语言电脑学校孔子课堂使用的初中、高中教材为《桥梁》《习惯用语》《文化常识》和《语文》。[①]

四 福星语言电脑学苑孔子课堂使用的教材

福星语言电脑学苑孔子课堂使用的汉语教材主要有：《汉语》一册、《每日汉语》（中国国际广播出版社 2009 年版）、《长城汉语》（北京语言大学电子音像出版社 2006 年版）、《商务汉语》（吴中华编，华

---

① ［缅甸］邹丽冰：《浅谈缅甸北部汉语教材存在的问题》，载《第十届国际汉语教学研讨会论文选》，北方联合出版传媒（集团）股份有限公司、万卷出版公司 2010 年版，第 331—335 页。

语教学出版社 2004 年版)、《当代中文》(吴中伟主编,北京大学出版社 2008 年版)、《天天汉语》(王际平主编,上海交通大学出版社 2007 年版)、《体验汉语》(高等教育出版社 2006 年版)、《快乐汉语》(李晓琪等编,人民教育出版社 2014 年版)、《阶梯汉语》(周小兵,华语教学出版社 2006 年版)、《互动汉语》(华语教学出版社 2009 年版)、《新实用汉语课本》《中国文化》《地理》《历史》等。福星语言电脑学苑孔子课堂根据使用的教材开课,例如使用《长城汉语》教材的培训班就称为"长城汉语班"。

五　曼德勒昌华学校使用的教材

曼德勒昌华学校是一所与新加坡学校联办的私立外语学校,进行全日制教学。其学校下设两个部门:英文部与汉文部。英文部以英语为主要授课语言,其中也开设一门汉语课,使用的是新加坡教材;中文部以汉语为主要授课语言,使用的是中国出版的教材。小学课程设有语文、数学和自然科学。初中一年级课程设有语文、数学、历史、地理。初中二年级的课程设有语文、数学、物理。初中三年级的课程设有语文、数学、物理、化学。中文部的上课时间是早上 6:00—8:00,下午 4:00—6:00。

六　东方语言与商业中心使用的教材

东方语言与商业中心(简称 ELBC)是由仰光几所社团、协会联合成立起来的汉语学习中心。班级有小学班、初中班,主要使用的教材是《汉语》系列教材小学版第一册至第十二册、《初中汉语》系列第一册至第六册。①

---

① [缅甸]胡彬彬:《缅南地区〈汉语〉教材使用情况调查分析》,硕士学位论文,中央民族大学,2013 年。

七　曼德勒孔教学校等使用的教材

曼德勒孔教学校、明德学校和育才华文补习班的汉语教学属于母语教学，授课时使用汉语授课。三所学校使用的教材、教学时间、教学对象都基本相同。曼德勒孔教学校为缅甸汉语教学规模最大的一所私立华校。教学对象主要是当地的华裔，也有少数其他族的学生，年龄为5—20岁。学校还开设幼稚园、小学、初中、高中班。上课时间为早上6：00—8：00，下午3：30—5：30，每天上2课时，每周上六天，每学期上22周课。目前以上几所学校使用的教材都为中国台湾1989年与1996年出版的课本。学校规定每学期必须要教完每门课的一册书。小学六年的课程为：国语、数学、社会、佛学。初中三年、高中三年的课程为：国语、数学、生物、理化、历史、地理。①

第五节　汉语师资状况

缅甸汉语教师的来源比较复杂，有华人也有缅甸其他民族的人。华人教师，基本上是在缅甸长期生存下来的、在当地接受华文教育的华人。很多青年华人初中、高中毕业后就当了华文教师，华人教师中很少有人读缅甸当地政府的高中，接受本科、硕士或者博士学历教育的人更少，多半是兼职教师。他们一直偏读中文，对现代教育技术不甚了解，也较少接受教师培训等继续教育。有些华人教师的汉语虽然流利，但是教学理论素养较低、缺少教学理念，课堂上用的都是传统教学法。

缅甸非华人教师：1964年缅甸国立仰光外语学院开始设立中文系，1996年升格为仰光外国语大学，之后曼德勒外国语大学也于1997

---

① ［缅甸］邹丽冰：《缅甸汉语传播研究》，博士学位论文，中央民族大学，2012年。

年成立，教授包括汉语在内的很多语言。这两个学校培养了很多汉语人才，有些人毕业后从事了汉语教学。此外，在曼德勒地区的福庆语言电脑学校里不仅有华人子弟，而且有很多缅甸其他族的学生学习汉语，他们当中也有一部分毕业后从事汉语教学。[①]

随着办学层次的提升和学生人数的增长，仰光外国语大学汉语系的教师人数逐步增长。1965 年至 1981 年只有 1 位专职教师，即曾在北京大学进修过的吴德灿伦先生，他也是第一任系主任。目前，仰光外国语大学汉语系共有 20 多位汉语教师，其中大多数都以各种形式来中国学习过，短的 1 个月，长的 6 年，还有从中国的大学获得博士学位的。中国国家汉办从 2001 年起向仰光外语大学汉语系派遣汉语教师，每次 1 人，任期 2 年。

近几年，曼德勒外国语大学的汉语师资主要表现为教师数量不够和教师不够专业两个方面。在曼德勒外国语大学汉语的本科班每年有将近 50 个新生。[②] 这些新生都是高考时得了很高分数才被曼德勒外国语大学汉语系录取的。所以学生的水平和接受能力是毋庸置疑的。然而，由于师资力量薄弱，教学效果不是很好。在曼德勒外国语大学汉语系每个班级的学生都为 30—40 人，每位教师每天的课时量大概为 6 小时，每天平均上两门课，教师工作量过重。教师的超大工作量就会带来其备课的不充分，自然会影响学生的学习效果。

除了教师数量不足以外，曼德勒外国语大学汉语系教师汉语水平和汉语教学水平也不够强，他们多数只有汉语大专学历，通常是化学、法学、物理学等专业本科毕业以后再学习汉语的。曼德勒外国语大学在刚开设时只有大专学历还没有开设本科学历，到了 2000 年才开始开设本科学历，所以早期的学生们只有大专学历。这些学生们在取得中文专业大专文凭之后大多从事大学汉语教学，现今已成为曼德勒外国

---

① ［缅甸］赵温瑞:《缅甸中部与北部汉语师资培训状况调查》，硕士学位论文，中央民族大学，2013 年。

② ［缅甸］龙威:《缅甸缅族人汉语学习的问题调查——以曼德勒地区为例》，硕士学位论文，中央民族大学，2012 年。

语大学汉语系的中坚力量，由于他们很难有机会到中国去留学，且没有系统接受过汉语教学的训练，他们的汉语水平和汉语教学水平都不够高，这成为制约该校汉语教学发展的一个重要因素。

福庆语言电脑学校孔子课堂的师资，无论从数量还是专业水平来看，相对曼德勒外国语大学都有一定的优势。福庆语言电脑学校孔子课堂有 1000 多位学生，汉语教师数量也多，师生比约为 1∶25，每位教师在一节课上一般教十位到二十几位的学生，学生一天学习时间只有一个半小时，教师的教学工作量不是很重。[①] 福庆语言电脑学校孔子课堂的教师专业水平相对较高，多数为汉语专业大学本科毕业生。

总的来看，缅甸目前的汉语教师多是在缅甸出生的华人或者缅甸本土教师，其中以汉语为第一语言进行学习并长期从事华语教学的华人汉语水平和教学水平较高，大多数汉语教师接受汉语教学方面的培训不足。

本章主要参考文献

［缅甸］陈雯霓：《缅甸外国语大学汉语教材话题及相关词汇调查研究》，硕士学位论文，中央民族大学，2013 年。

范宏伟：《缅甸华侨的华文教育》，《人民政协报》2002 年第 1 期。

范宏伟：《缅甸华文教育的现状与前景》，《东南亚研究》2006 年第 6 期。

［缅甸］胡彬彬：《缅南地区〈汉语〉教材使用情况调查分析》，硕士学位论文，中央民族大学，2013 年。

李佳：《缅甸的语言政策和语言教育》，《东南亚南亚研究》2009 年第 2 期。

［缅甸］李瑞文：《缅甸教育制度背景下中小学汉语课程大纲编制研究》，博士学位论文，中央民族大学，2012 年。

［缅甸］龙威：《缅甸缅族人汉语学习的问题调查——以曼德勒地区为例》，硕士学位论文，中央民族大学，2012 年。

买春雪：《缅甸初级汉语教材话题及相关词汇的调查研究——以缅甸福庆学校为例》，

---

① ［缅甸］龙威：《缅甸缅族人汉语学习的问题调查——以曼德勒地区为例》，硕士学位论文，中央民族大学，2012 年。

硕士学位论文，中央民族大学，2013 年。

吴应辉、杨叶华：《缅甸汉语教学调查报告》，《民族教育研究》2008 年第 3 期。

熊琦、张小克：《缅甸汉语教学概况》，《世界汉语教学》2006 年第 3 期。

［缅甸］赵温瑞：《缅甸中部与北部汉语师资培训状况调查》，硕士学位论文，中央民族大
　　学，2013 年。

周小兵：《海外汉语师资的队伍建设》，《云南师范大学学报》（对外汉语教学与研究
　　版）2007 年第 5 期。

［缅甸］邹丽冰：《浅谈缅甸北部汉语教材存在的问题》，载《第十届国际汉语教学研
　　讨会论文选》，北方联合出版传媒（集团）股份有限公司、万卷出版公司 2010
　　年版。

［缅甸］邹丽冰：《缅甸汉语传播研究》，博士学位论文，中央民族大学，2012 年。

Douglas, P. Murray. Chinese Education South-east Asia. *The China Quarterly*, 1964, 20:
　　67 – 95.

第十一章　泰国的汉语教学

第一节　国家概况

一　自然地理

　　泰国（泰语：ไทย，英语：Thailand），全称泰王国，原名暹罗，位于中国和印度间的中南半岛之心脏地带。泰国面积为 51.4 万平方公里。人口 6000 万。泰西北与缅甸为邻，东北接老挝，东连柬埔寨，南部与马来西亚接壤。泰国平面形状像一只大象的头，东西界的最大距离为 780 公里，而最窄处仅 10.6 公里，从北到南最长为 1648 公里。泰国境内大部分为低缓的山地和高原，地势北高南低，全国最高峰为因他暖山，海拔 2595 米。昭披耶河（湄南河）发源于北部山地，纵贯南北，流经国境中部，全长 1200 千米，流域面积为 15 万平方公里，南流注入泰国湾，是中部农业区的重要灌溉水源和航运干线，其主要支流有难河、永河、宾河、巴塞河等。湄公河是泰老两国的天然界河，在泰国境内的主要支流是蒙河。主要山脉为他念他翁山脉，包括达嫩山、比劳山脉、坤丹山，还有栋帕耶费山、山甘烹山脉等。主要岛屿有普吉岛、萨木伊岛、潘甘岛和强岛。①

泰国属于标准的热带季风气候。常年温度不下 18℃，年平均气温在 23℃以上，平均年降水量约 1000 毫米。11 月至次年 4 月受东北季风影响，降水很少，比较干燥，为一年的旱季。4 月至 11 月受西南季候风影响，降水丰富，是泰国全年最主要的降雨期，是雨季。其中，3 月到 5 月气温最高，可达 40—42℃，10 月至 12 月会受到热带气旋的影响。

二　历史政治

泰国已有 700 多年的历史和文化。公元 1238 年建立了素可泰王朝，开始形成较为统一的国家。先后经历了素可泰王朝、大城王朝、吞武里王朝和曼谷王朝。明朝时期，朝廷与暹罗联系甚为密切，郑和南下时留暹罗者甚多。并著有《瀛涯暹胜览》（马欢著，成书于景泰二年即 1451 年），介绍了暹罗的地形、民俗等有关内容。

从 16 世纪起，先后遭到葡萄牙、荷兰、英国和法国等殖民主义者的入侵。

在现代时期，泰国先后经历过军政府时期和民主时期。1932 年 6 月 24 日，皇家专制政府被自称"人民党"的军人以及"推动者"颠覆，建立君主立宪制政体。1973 年军政府时期结束。1973—1976 年举行了两次选举，产生了四届文官政府，其中有两届由民选产生，标志着民主时期的开始，但社会暴力事件时有发生，直到 2001 年 2 月 9 日，他信·钦那瓦成为新任泰国总理，泰国在他的领导下走出金融危机，走向稳定的局面，后他完成 4 年任期，于 2005 年成功连任。2006 年，因政局动荡他信离职，2007 年 12 月的大选，亲他信的人民力量党赢得大选，再次执政。2008 年泰国政治危机后，在野民主党上台，亲他信的为泰党成为在野党。2011 年 7 月 3 日，亲他信的为泰党赢得大选，再次执政。2012 年，泰国在政治上仍存在各种党派之争、红黄

---

① http：//gd.qq.com/a/20130801/014458.htm，2016 年 10 月 21 日。

之争、联合内阁之争、政府与南部分裂组织之争等，表现出一种复杂而脆弱的态势。和解是当年度泰国政治议程中的主题，然而，各种推动和解的举动反而加剧了不同政治派别之间的冲突。[①] 2013 年 10 月底起，泰国再度爆发大规模反政府示威活动，2014 年 5 月，泰国军事政变，迫使总理英拉下台，陆军司令巴育担任代理总理。2014 年 8 月 25 日，泰国国王普密蓬·阿杜德签署御令，正式任命"全国维持和平秩序委员会"主席、陆军司令巴育为泰国第 29 任总理。

三 人口经济

据世界人口网最新统计，泰国人口 6450 万，全国共有 30 多个民族，泰族为主要民族，占人口总数的 40%，其余为老挝族、华族、马来族、高棉族，以及苗、瑶、桂、汶、克伦、掸、塞芒、沙盖等山地民族。90% 以上的民众信仰佛教，马来族信奉伊斯兰教，还有少数民众信仰基督教、天主教、印度教和锡克教。首都曼谷，人口约 800 万。[②]

泰国作为传统农业国，农产品是外汇收入的主要来源之一，泰国是世界著名的大米生产国和出口国，大米出口是泰国外汇收入的主要来源之一，其出口额约占世界市场稻米交易额的 1/3。泰国也是仅次于日本、中国的亚洲第三大海产国，为世界第一产虾大国。近年来，泰国经济结构随着经济的高速发展出现了明显的变化。虽然农业在国民经济中仍然占有重要的地位，但制造业在其国民经济中的比重已日益扩大。对外贸易在国民经济中具有重要地位。

四 语言政策

泰国的官方语言为泰语，也称傣语，是傣泰民族的语言，属于汉藏语系。泰语分为大泰方言（中国云南西部及西南部、缅甸北部及西北部、印度东北部）、兰纳方言（中国云南南部、缅甸掸邦东北部、

---

① 陈红升：《泰国：2012—2013 年回顾与展望》，《东南亚纵横》2013 年第 4 期。
② http：//www.mzb.com.cn/html/Home/report/316402 - 1.htm，2016 年 10 月 21 日。

泰国北部、老挝北部、越南西北部）、暹罗方言（泰国中部及南部、老挝南部、柬埔寨西北部）三大方言。泰国北部、东北部是兰纳方言，中部、南部是暹罗方言，泰国中部方言是泰国的标准泰语。泰国的英语普及率也比较高，在曼谷，英语为主要的商业用语。

第二节　汉语教学简史

泰国华文教学由来已久，可以说它是随着中国移民开始迁移到泰国的时候就开始了。泰国的中国移民大多数是来自中国南部省份的农村，识字的人甚少。后来随着经济状况的改善，在泰国成家立业后，就开始重视自己儿女的教育。由于当时还没有正规的华文教育机构使自己的儿女能够接受中国传统文化教育，一些比较富有的中国移民往往将准备继承家业的长子送到中国的大陆、台湾和香港或马来西亚的槟城接受华文教育。至于一般中国移民家庭往往聘请教师到家里来教授华文或由店里的文员向自己的子女传播华文知识，教会他们懂得珠算以及简易的华文记账方法，当时传授华文的方法往往是死记硬背。[①]

有文献记载的泰国第一所华文学校叫作"格廉"，意思是"学习的小岛"，校名意味深远。它创建于拉玛一世时期（1782—1809 年）的阿育他耶府，是一所只教授华文的学校，当时有在校生 200 名左右。拉玛第四世皇时期（1851—1868 年），一个传教士在媚南河河畔建立了一所名为"拉查东"的基督教学校，其所开始设的课程中就有汉语。[②]

泰国最早的近代意义上的华文学校，一般认为是 1909 年创办的华益学堂，后来因为政治原因被当局控制后停办，但激起了华侨社会举办华文学校的热情。不久，改良派在曼谷创办中华学堂，革命派创办同文学堂，后改称初步学堂。从 1910 年开始，曼谷市创办的几家华文

---

① ［泰］杨作为：《泰国汉语教育的过去、现在和将来》，《东南亚研究》2003 年第 5 期。
② ［泰］易青媛：《泰国南部汉语教学历史与现状》，硕士学位论文，云南大学，2012 年。

学校，即新民学校、进德学校、明德学校、培源学校都是泰国的各属中国侨民会馆所建立的。1910 年到 1920 年，泰国全国拥有的华文学校约 30 所。此后的近 20 年，汉语教育在泰国稳定发展。直到 1939 年第二次世界大战爆发，由于战争和政治原因泰国的华文学校遭到泰国当局的控制，1938 年到 1940 年被查封的华文学校有 242 所，只有一所以泰文"赐威塔亚"命名的华文学校没有被查封，校长和校主都是泰国人，后来转给泰国潮州会馆接办，改名为"歌颂威提亚"（普智）学校。① 1939 年到 1945 年的第二次世界大战期间，华文教育日渐衰落，政府严格控制华文教育的发展，这一时期可谓泰国华文教育最黑暗的时期。第二次世界大战后，中国与泰国签订了《中暹友好条约》，中泰关系得到改善，华文教育开始复苏。在泰国华侨的努力下，第二次世界大战被查封的华文学校纷纷恢复办学，并且还新创办了一些华文学校。

1949 年后，由于政治因素，泰国政府在汉语师资和课时等方面对华文学校进行控制，华文学校在严峻的现实情况下步履维艰，逐渐衰微，这导致第三代华人子女丧失了自己的母语。

1970 年后，中文专业在泰国高等学府出现预示着华文教育开始进入新的发展阶段。泰国头等学府朱拉隆功大学（以下简称朱大）是最先设有中文专业的大学。1973 年 6 月朱大开设汉语选修课，1977 年发展为辅修专业，1981 年正式开设本科专业。后来又有一些大学陆续开展华文教学，如宋卡大学、法政大学、商会大学、曼谷大学等。

虽然大学里开始进行汉语教学，但泰国政府对汉语教学事业的发展并不支持。1975 年 7 月 1 日，泰国和新中国正式建立了外交关系，此后，泰国政府的华文教育政策才有所松动，但泰国的华文教育仍然困难重重。直到 20 世纪 80 年代后期，随着中国经济的繁荣发展，中泰投资合作日益增多，汉语人才在泰国一时成为紧俏人才，在世界各国纷纷学习中文、掀起汉语热的大背景下，泰国华人充分认识到华文

① ［泰］杨作为：《泰国汉语教育的过去、现在和将来》，《东南亚研究》2003 年第 5 期。

教育的重要性，大力提倡华文教育，在泰华社会共同努力下，80 年代末，泰国社会形成了一场声势浩大的复兴华文教育运动。1992 年，泰国政府通过"关于放宽华文教育政策"的提案，规定华文学校可将小学年限扩展到 6 年，并可增设幼儿园和中学，各夜校亦可自由教授华文，允许部分中学将华文列为必修课程，举办各地区华文师资研讨会等。于是，东方文化书院、华侨崇圣大学、中华语文中心以及各种华文学校应运而生，有力地推动了泰国的华文教育快速发展。值得一提的是，泰国诗琳通公主对华文十分感兴趣，公主积极学习汉语的态度引起了国民对汉语的关注，尤其是公主在 1994 年发表在《人民日报》的文章《中国在我心中》，给泰华教育界带来了震动，公主此举也促进了政府和社会对华文教育的重视程度，由此，泰国华文教育发展提升到一个更高阶段。

具有历史性的一幕是，1992 年 2 月 4 日，泰国国家总理阿南·班雅拉春在内阁会议上通过了教育部呈请的外语学习自由的决议——各个学校可以自由选择教授任何一种外语，这也是现当代泰国中小学汉语教学事业得到全面发展的标志。因为这样一来，汉语首次与英语、日语、法语、德语等外语具有同等地位。

1994 年，泰国华文界与中方签订协议，中国将捐赠整套的汉语教学用书包括学生课本、练习册以及教师参考用书，为泰国的汉语教学解决了教材难题。1995 年年初，泰国东方文化书院和几所大学成立了"泰国汉语水平考试实施委员会"，将汉语水平考试（HSK）制度引入国内，并于同年 5 月开始由东方文化书院承办第一届汉语水平考试。1999 年，泰国政府将中文列入大专联考外语的选考科目。2003 年，泰国教育部进一步调整政策，规定华文民校的校长和教师可以享受一般公务员同等的福利待遇，使得华校的发展更加迅速。2005 年，教育部规定汉语成为泰国最重要的外语之一，还加强了学校的汉语教学，2006 年，泰国教授汉语的中小学总数达 353 所。

经过多年的发展，泰国的汉语教学规模日益扩大。目前，泰国承担汉语授课任务的学校主要有三类：第一类是政府开办的大学（如朱拉隆功大学、法政大学等）；第二类是教育部批准的公立和私立学校（如曼谷商业学校、曼谷易三仓商业学院、东方文化书院等），至2008年，泰国所有中学基本上都开设了汉语课程；第三类是民办学校，由泰国教育部开办，其经费由华侨或华侨社团负担。目前，泰国华文民校100余所，分布在曼谷以及各府，其中曼谷地区约占20%。泰国的汉语培训机构也是遍布全国。汉语学习者的数量之多，达到数以万计的空前规模。另外，北京语言大学在曼谷设有分校，为泰国汉语人才和本土教师的培养做出了重要的贡献。

在汉语教学呈现如此空前活跃发展的难得历史时机下，中泰两国高校和有关部门顺应时代的发展趋势，在泰国皇室、政府和中国国家汉办的大力支持下，积极合作，孔子学院和孔子课堂的开办成为中泰合作的直接表现。目前泰国境内有14所孔子学院和11个孔子课堂，孔子学院和孔子课堂数量位居东盟各国之首。孔子学院和孔子课堂在泰国各地的建立，大力推动了汉语教育事业在泰国的广泛推广。

第三节　汉语教学的环境和对象

一　中小学的汉语教学

近年来，中国经济崛起，对外辐射能力加强，"汉语热"悄然在世界各地出现。泰国也不例外，为了积极推行汉语教学工作在泰国的展开，泰国当局也制定了一些针对汉语教学的政策。这些教育政策对泰国汉语教学的影响主要表现在指明了泰国汉语教学的基本目标和原则，明确了泰国汉语教学的主要组织形式、管理方式、基本内容、培养方向等。相关政策中强调地方教育机构在教学中的主导地位，促进了泰国汉语教学的多样化发展，提升了泰国汉语教学在国际汉语传播中的地位。对于汉语课程的影响主要表现在为泰国中小学汉语课程的制定确定了规范，同时决定了以课时为基础的泰国中小学汉语课程大纲的制定原则。如《2008 年基础教育核心课程》里将泰国基础教育中小学一年级至三年级的汉语课程课时设定为每学年 40 课时，小学四年级至六年级为每学年 80 课时，初中一年级至三年级每学年 80 课时，高中汉语课为每学年 80 课时，高中文科汉语班为每学年 240 课时。① 有了政府政策的支持，泰国汉语教学发展迅速，目前泰国中小学已有许多学校都开设了汉语课堂，力争做到汉语学习从娃娃抓起。

　　清迈府中小学汉语教学在全泰国算是起步较早的，也是泰国汉语教学开展较好的地区之一。本节选择对该地区的汉语教学情况做简要介绍。

　　清迈府境内的高校较早地开设了汉语专业，尤其是清迈皇家大学，至今已有二十几届汉语专业毕业生，不少毕业生留在清迈地区任教，这就大大促进了清迈中小学的汉语教学。

　　清迈府汉语教学类型主要有四种：一是高中阶段开设的文科汉语班，各校汉语课的周学时各不相同，在高一和高二阶段分别有每周 4 学时、6 学时或 8 学时（校领导对汉语的重视程度和汉语教师人数直接影响汉语课的周学时），到了高三则增加 2 个学时，为每周 6 学时、8 学时或 10 学时；二是汉语必修课，通常设在私立学校小学和初中阶段里，每周 2 学时；三是汉语选修课，通常在公立学校的初中阶段开设，每周 2 学时；四是俱乐部汉语②，几乎所有开展汉语教学的学校都设有俱乐部汉语③。以上四种教学类型的教学对象都是从零起点开始学汉语的。此外，由于汉语课周学时太少，学校又不能减少其他科目的课时来增加汉语课的课时，所以有一些私立学校还在校内开设汉

---

① ［泰］潘素英：《泰国中小学汉语课程大纲研究》，博士学位论文，中央民族大学，2011 年。

② 俱乐部汉语一般不分小学和中学，除非人数太多的学校会将其分为小学俱乐部汉语和中学俱乐部汉语两个班。俱乐部汉语的学习方式主要是以各种轻松的活动为主，如书法练习、唱中文歌、中国舞蹈等，所以俱乐部的名称各不相同，如书法俱乐部、中国歌俱乐部等。

③ ［泰］冯忠芳、吴应辉：《泰国清迈府中小学汉语教学调查研究》，《云南师范大学学报》（对外汉语教学与研究版）2009 年第 4 期。

语补习班，要求相关班级的学生必须参加，学习时间为放学后或周末。清迈府中小学阶段学汉语的学生人数日益增加，尤其是近年来的增长速度不断加快。

虽然泰国已经揭起了汉语学习的热潮，政府也相应地给予了大力支持，可是汉语教育进行的过程和结果不甚令人满意。在泰国中小学汉语教学中有些问题还是比较突出的。泰国学生基本没有学习、工作、生活等社会压力，家长对他们也没有过高的期望和要求，这些因素导致学生学习不够努力。泰国中小学生普遍存在学习态度不太积极，学习不够刻苦，缺乏自律性等问题，纪律观念比较淡薄，缺课、迟到现象时有发生，上课时与同伴闲聊、做小动作、吃零食的现象也比较常见。很多学生愿意学习汉语知识，但不重视汉语技能训练；不执行预习和复习的任务，不能顺利完成课后作业；不愿反复朗读课文和抄写汉字。

汉语教师在面对这情况时，要发挥自己的智慧积极寻找对应的办法加以解决，例如有些中国汉语教师会通过让自己的泰国学生教自己泰语绕口令，以取得"笑果"来提升学生的兴趣，有些老师通过教学生中国儿歌来增加学生的汉语词汇量，有些老师把图像记忆法加入汉语教学工作中，用图片带领学生对汉语词汇、句子多加练习。老师引导学生练习书写汉字的方法有临摹、描红、临写、抄写、拼音写汉字、汉字组词等。有些学校还会积极举办有趣的汉语活动来带领学生了解中国文化，激发学生的兴趣使其积极主动学习中国文化。

二　大学里的汉语教学

泰国高校的汉语教学与其他东南亚国家相比创建较晚，但发展势头迅猛。自1973年朱拉隆功大学开始汉语教学后，许多高校陆续开设了汉语课程。近年来，泰国掀起了汉语学习热潮，上至皇室成员下至普通百姓汉语学习的热情都十分高涨。很多大学都竞相开设了汉语专业，报考人数也逐年增加，并且在课程设置上越来越科学化，教学内容越来越丰富，师资力量越来越强大，和中国的学习交流也越来越多。

本节通过概述泰国知名度较高且开设汉语专业本科课程较早的清迈皇家大学的汉语教学课程设置，并且与其他一些泰国高校的汉语教学进行对比，找出目前泰国高校汉语教学的一些共性和差异①，让大家对泰国高校的汉语教学有一个概括的了解。

清迈皇家大学是泰国北部的一所公立大学，成立于 1924 年，成立初期是一所农业教师培训学院。清迈皇家大学于 1994 年设立了汉语系，是清迈地区最早开设汉语专业本科课程的高校。汉语系隶属于人文与社科学院，下设汉语教育专业和汉语人文专业，汉语教育专业五年制，汉语人文专业四年制。

汉语教育专业主要培养泰国中小学汉语教师，汉语人文专业主要培养旅游、经贸、服务业等方面的汉语人才。清迈皇家大学汉语系还注重与中国高校的校际交流与合作。通过与北京外国语大学、四川外国语大学进行校际交流合作，每年从中接受若干名汉语教师志愿者前来任教，保障汉语教学与研究质量；并通过与四川外国语大学、广西民族大学、云南师范大学的校际交流项目，每年互派学生进行交流访学，让汉语系的学生在大四上学期有机会到中国高校学习汉语。

汉语系的教学目标是："让学生完成汉语系的所有课程，修满学分，培养学生的汉语听说读写技能，学习汉语文化知识，同时也通过让学生参加汉语课外文化活动来锻炼学生的能力，为学生将来从事汉语方面的工作打下良好的基础。"② 据了解，清迈皇家大学汉语系自开设以来就有稳定的生源，近年来人数更是递增，这和汉语专业在泰国越来越热门，汉语系也受到了更多的重视密切相关。大一和大二年级汉语教育专业分为两个班，汉语人文专业一个班。大三和大四汉语教育专业和汉语人文专业都各分为一个班，且每个班级人数相当。但是班级内学生的汉语水平却参差不齐。大多数学生在中学期间学过一年

---

① 刘顺芬：《泰国清迈大学汉语专业总体设计调查研究》，硕士学位论文，山东大学，2010 年。
② 王帅：《泰国清迈皇家大学汉语系汉语教学现状调查报告》，硕士学位论文，北京外国语大学，2015 年。

至四年汉语，有一点汉语基础，但学习方法比较单一，只是在上课时按部就班地跟着老师学习汉语，课下基本不说汉语，也不采取自学方式。有些学生汉语基础较好，他们对汉语和中国文化有着浓厚的兴趣，也希望毕业后利用汉语找到一份好工作，具有比较强的学习动机。他们上课时会努力听老师讲课，课下还会通过阅读中文书籍、观看中文电影节目、与中国朋友聊天、做中文兼职等方式来学习汉语。还有一少部分学生，中学没有学过汉语，汉语基础为零，他们上课时基本上听不懂老师的指示，也不理解老师讲课的内容。这样的学生多是迫于家里的要求选择了汉语专业，但由于基础太差，上课时跟不上老师的节奏，加上自身学习动机较弱，因此学习汉语很吃力，成绩也不好。每个班级，由于学生的汉语水平参差不齐，对教师的教学产生了一定的影响。对教师的教学方式和方法也提出了一定的要求和挑战，如何根据学生的具体特点因材施教是教师需要思考的问题。

清迈皇家大学里的本土汉语教师都是在清迈皇家大学汉语系本科毕业后直接留校任教的，之后再到中国高校留学深造，在中国高校获得了硕士或博士学位。目前有 4 名博士、2 名硕士，都具有中国语言学或文学的专业知识背景。由此可见，本土汉语师资力量还是比较强的。本土教师都有 5—10 年的汉语教学经历，驾驭课堂和管理学生的经验比较丰富，且他们都懂泰语，能很好地与学生进行沟通和交流。但不足之处在于，本土教师毕竟不是汉语母语者，难免会存在汉语发音不够标准，汉语表达方式不够地道的问题，这些问题多少会给学生带来一些误导。且本土教师的年龄都在 40 岁左右，他们由于家庭琐事和个人事务繁忙，从而影响到教学积极性，疏于采取多样化的教学方法。中国籍汉语教师多是每年通过校际交流项目或国家汉办选派的，大多为高校对外汉语专业在读研究生或教师，任期通常为一年。中国籍汉语教师也都具有硕士以上学历，且学科背景为对外汉语相关专业，接受过对外汉语学科知识和教育理论知识的训练，对前沿的对外汉语理论和教学方法了解得比较多，在教学过程中也注重运用多样化的教学方法。但中国籍老师大多不懂泰语，没有办法很好地与学生进行沟通，且中国籍汉语教师都是在读研究生或刚毕业的新手教师，缺乏汉语教学实践经验，对课堂的驾驭能力和掌控能力稍显不足。且因中国籍汉语教师的任期只有一年，流动性比较大。

清迈皇家大学汉语系的课程包括语言技能课、语言综合课、语言知识课、文化知识和实用课。其中，语言技能课占总课程数的 48%，语言综合课占 12%，语言知识课占 12%，文化知识课占 16%，实用课占 12%。语言技能课的课时数较多，学分也比较高，文化知识课和实用课课时较少，学分也比较低。由此可见，清迈皇家大学汉语系比较重视语言技能课。学生在刚入学的初级阶段，主要学习汉语拼音、语法等语言知识课、初级语言综合课和技能课，到了中高级阶段，则开始集中学习中高级语言综合课、技能课和中国文化知识课、实用课。

清迈皇家大学在汉语教育方面虽已较为完善，但仍然存在诸多不足之处，泰国清迈皇家大学汉语系的不足之处是交际性课程偏少，据了解很多即将毕业的学生在交际能力方面仍然存在较大问题，很难流畅地用汉语与人进行日常交流，这与汉语系交际性课程的课时和内容存在很大的关系。由于缺少目的语环境，泰国学生交际能力的提高就更受限制，因此应在课程设置上想办法弥补。在具体内容上，清迈皇家大学汉语系的听说课和会话课还是沿用综合课的内容和程序来进行的，并没有突出对学生交际技能的训练。交际性课程的量不足，质也欠佳，就会影响到学生的学习效果。

交际性课程的不足主要原因是清迈皇家大学前身是一所师范院校，以培养师资为主，其汉语专业的课程设置也多是为了满足培养汉语师资这一目的，在专业性方面较为侧重。与其他高校相比，清迈皇家大学汉语系实用性课程偏少。实用性课程方面，清迈皇家大学汉语系只开设了实习指导课、旅游汉语、经贸写作等课程，而中国的高校针对留学生的汉语专业和泰国其他高校汉语专业都非常重视实用性课程的开设。北京语言大学汉语学院增设特色性和现实性较强的新课，拓宽选修课范围，倡导学生个性化发展，每学期有计划地开设 4—6 门新课、实验课，逐项打造精品课程。① 又如在实用性课程设置上，邻近的清迈大学汉语专业设置了"中国研究"和"联合教育"的专业方向，前者主要是学术研究方向或者是为以后继续学习打基础，"中国研究"方向开设了中国研究和哲学选读等课程；而后者主要是职业方向的，学校和相关的公司企业联合进行培养，"联合教育"方向开设了商务汉语、旅游汉语、汉语演讲等课程。② 这与清迈大学汉语专业的课程目标是密切相关的。清迈大学汉语专业的课程目标是让本科生具备汉语、中国文学、中国研究方面的相关知识，培养个人良好的社会心理意识，以及研究经济、社会、政治和国际关系的能力。由于清迈大学是泰国综合排名前五的综合性大学，因此其汉语专业主要培养的是研究经济、社会、政治和国际关系方面的综合性人才，其课程设置也体现了综合性的特点。而清迈皇家大学前身是一所师范院校，主要以培养师资为主，其汉语专业的课程设置更多的是为了满足培养汉语师资，专业性比较强。所以与其他高校相比，清迈皇家大学汉语系实用性课程偏少的问题就凸显出来了。

清迈皇家大学汉语系课程设置存在的一些不足之处是泰国高校汉语专业课程设置问题的共性。总体来说，泰国高校汉语专业课程设置还存在基础课课时设置不足、语法课开课顺序不合理、汉字课程设置不足等问题。

三　孔子学院的汉语教学③

泰国作为中国东南亚地区的友好邻邦，有着悠久的华文教育历史，进入 21 世纪以来，中泰两国的合作进一步加强，两国政府为促进中泰两国加强合作，共同致力于推进汉语教育在泰国的进一步展开，在泰

---

① 郭鹏：《与改革开放同步伐，育三千弟子遍天下——北京语言大学留学生汉语本科学历教育 30 年》，《北京教育·高校》2008 年第 10 期。

② 刘顺芬：《泰国清迈大学汉语专业总体设计调查研究》，硕士学位论文，山东大学，2010 年。

③ 孔子学院总部/国家汉办网站：http://www.hanban.org/，2016 年 10 月 21 日。

国开办了多所孔子学院和多个孔子课堂，截至目前，泰国共开设 14 所孔子学院，11 个孔子课堂。14 所孔子学院分别是：泰国孔敬大学（Khon Kaen University）孔子学院，泰国境内最早成立的孔子学院，中方合作院校为西南大学，2006 年 8 月 3 日揭牌成立；皇太后大学（Mae Fah Luang University）孔子学院，中方合作院校为厦门大学，2006 年 11 月 4 日揭牌成立；清迈大学（Chiang Mai University）孔子学院，中方合作院校为云南师范大学，2006 年 12 月 18 日揭牌成立；曼松德昭帕亚皇家师范大学（Manson de Shopaa Royal Normal University）孔子学院，中方合作院校为天津师范大学，2006 年 12 月 19 日揭牌成立；宋卡王子大学（Prince of Songkla University）孔子学院，中方合作院校为广西师范大学，2006 年 12 月 29 日揭牌成立；宋卡王子大学（Prince of Songkla University）普吉孔子学院，由泰国宋卡王子大学普吉分校与中国上海大学合作共建，2006 年 12 月 24 日揭牌成立；玛哈沙拉坎大学（Mahal salad Kan University）孔子学院，中方合作院校为广西民族大学，2006 年 12 月 25 日揭牌成立；川登喜皇家大学（Suan Dusit University）素攀孔子学院，中方合作院校为广西大学，于 2006 年 12 月 27 日揭牌成立；勿洞市孔子学院，由泰国勿洞市市政局与中国重庆大学合作共建，2006 年 12 月 28 日揭牌成立；泰国农业大学（Kasetsart University）孔子学院，中方合作院校为华侨大学，2008 年 7 月 7 日揭牌成立；朱拉隆功大学（Chulalongkorn University）孔子学院，中方合作院校为北京大学，2007 年 3 月 26 日揭牌成立；东方大学（Burapha University）孔子学院，中方合作院校为温州医学院、温州大学，2006 年 9 月 15 日揭牌成立，是泰国首家在推广汉语言文化基础上引入中华医学文化为主要载体的孔子学院；海上丝绸之路（海上丝路）孔子学院，由泰国 27 家教育机构联合申办，2015 年 6 月 24 日在泰国博仁大学揭牌成立；泰国易三仓大学（Assumption University of Thailand）孔子学院，中方合作院校为天津科技大学，2015 年 9 月 12 日揭牌成立。

　　孔子学院和孔子课堂在泰国的开设为中国文化在泰国的传播和中泰文化交流做出了积极贡献。本节将会选取具有代表性的孔子学院和孔子课堂进行介绍。孔子学院选取两次获得"先进孔子学院"称号的曼松德昭帕亚皇家师范大学孔子学院和唯一由泰国地方政府和中国大学合作的勿洞市孔子学院，孔子课堂选取泰国宋卡府合艾市国光学校孔子课堂进行介绍。

1. 曼松德昭帕亚皇家师范大学孔子学院

　　曼松德昭帕亚皇家师范大学是泰国一所国立高等学校，该校在泰国曼谷市中心，建校于 1896 年 3 月 17 日。建校 120 年来，学校各项事业都得到了较快的发展。

　　曼松德昭帕亚皇家师范大学孔子学院（以下简称曼松德孔子学院）现有办公场地 1100 平方米，位于曼松德昭帕亚皇家师范大学 6 号楼 8 层和 13 层，设有办公室、多媒体教室、会议室、来宾接待室、中国文化特色展室、中国图书阅览室等。从 2006 年 12 月 19 日揭牌至今，在中泰两所合作院校、孔子学院领导与工作人员的努力下，取得了很大的成就。例如，举办"走进中国感受中国文化"中国文化周系列活动，活动中安排了中国电影播放、中国歌曲学唱、汉语角活动、中国图片展、中国文化讲座等内容；承担曼松德昭帕亚皇家师范大学教学计划内各类汉语课程的教学；为满足泰国社会各界学习汉语的需求，开设汉语培训班等。该孔子学院秉承了双方合作院校"教师教育"的特色，长年开设本土汉语教师培训班，其培训的规模和影响在全球孔子学院中首屈一指，培训数量占全泰孔子学院培训总数的近一半。培训效果显著，得到了社会各界的高度关注和赞赏，建立了品牌效应。

　　曼松德孔子学院还协助曼松德昭帕亚皇家师范大学设立了"中文专业"学历教育并进入泰国教育体系，帮助曼松德昭帕亚皇家师范大学附属中学高中组建中文特长班，帮助曼松德昭帕亚皇家师范大学幼儿园首开中文课。2007 年，经泰国教育部批准，曼松德昭帕亚皇家师范大学设立了"中文师范专业"。仅 2009 年孔子学院就承担了基础汉语、高级汉语、汉语听说、古代汉语和汉语写作等 20 余门本科生汉语课程，学生人数 1747 人，总学时达 1474 课时。

曼松德孔子学院借鉴了教师教育领域的课程一体化理论，率先将其运用到语言学习领域，创设泰国大学生中文专业课程一体化项目将汉语教学和文化活动相结合。曼松德孔子学院课程一体化顺应泰国汉语教育特点，结合泰国大学生性格特点和学习状况与风格，是紧密围绕中文专业课堂教学与文化活动相结合的实践，旨在改变枯燥的课堂教学，使文化活动与课堂教学相互联系、相互渗透、相互融合。泰国大学生汉语教学活动中文化活动课程一体化展现的形式有很多，针对不同课型及学生汉语水平的不同，展现的形式也不尽相同，注重从听、说、读、写等不同方面锻炼了学生的能力。曼德松孔子学院积极举办多样化的活动，数量之多，形式之丰富在全国乃至全世界的孔子学院中皆具有领先水平，下面将选取其中部分活动进行简单介绍。

2012 年 9 月 26 日，曼松德孔子学院举办了曼松德昭帕亚皇家师范大学中文系文化体验活动，带领中文系学生参观"龙的传人之中国历史博物馆"让中文系学生亲身体验中国历史文化。活动进行前教师就明确提出活动任务如记录在参观中印象最深刻的中国历史故事等心得体会，或让华裔学生寻找自己的姓氏，解释姓氏来源。学生带着问题进行参观，参观结束后教师还通过聊天、作业的方式检验学生是否有所收获。

2013 年 2 月 8 日，曼松德孔子学院举办了迎接癸巳蛇年的新春联欢会的活动，让泰国学生了解了有关中国春节的历史文化内容。

2013 年 10 月 3 日，曼松德孔子学院举办了主题为"我心中的中国"手抄报大赛，该活动发扬了泰国学生善于手工的优点，深受师生好评。

2013 年 10 月 3 日，曼松德孔子学院举办了"中华龙文化"寻根活动，活动吸引了众多泰国华裔学生积极参与，进一步激发了学生了解中国学习汉语的热情。

2014 年 2 月 3 日，曼松德孔子学院举办了京剧文化体验活动，该活动为传播中华戏剧文化起到了积极作用，有趣的体验课形式让学生记忆深刻。

2014 年 2 月 28 日，曼松德孔子学院举办了中文歌曲比赛，以游戏竞赛形式吸引了学生积极参与其中，让学生在游戏般的活动中了解中国歌曲和歌词中所蕴含的文化，深受师生好评。

2014 年 5 月 11 日，曼松德孔子学院举办了汉字书法比赛活动。活动吸引了多个年级的学生积极参与其中，同学们在活动中纷纷踊跃尝试，教师则在一旁进行指导，该活动的举办加强了学生对汉字构成及笔画的认识，对汉字正确书写方法的教学具有十分积极的作用。

2015 年 11 月 3 日，曼松德孔子学院举办了"民族大派对"泰国学生文化秀活动，教师在课上简单介绍了中国的一些民族，学生分组选择自己感兴趣的民族，并课下从穿着、饮食、风俗习惯等方面进行准备，制作 PPT。每个学生负责讲解 PPT 的一个部分，讲解结束后进入展示、表演环节，包括该民族的舞蹈、歌曲、服装等，制作并展示该民族的一些手工制品等。该活动采取任务型教学法，给学生布置任务，培养学生自主学习和小组协作能力。另外，活动涉及的舞蹈、歌曲等展示和表演环节，利用泰国大学生活泼的个性及在舞蹈、音乐方面的天赋，使学出在展现自我的同时将知识通过自己所理解的方式表达出来，是知识消化后的再运用，巩固了所学知识。很多学生还通过这样的活动形式初步掌握了一种中华文化才艺，促进了泰国学生对中国民族多样化的了解和中国文化博大精深的认识，强化了学生对汉语的自由掌握。

2015 年 12 月 8 日，曼松德孔子学院举行了"熊猫爱竹子"水墨团扇大赛，吸引了 30 余位曼谷市教育局本土汉语教师参赛。为使参赛选手在比赛中有最好的发挥，孔子学院教师对报名者做了"熊猫爱竹子"水墨团扇文化内涵和绘画技法的专题培训，讲述了水墨画画法以及"熊猫"与"竹子"的象征意义。通过此次活动，受训者了解了历史源远流长的中国画，加深了对中国传统意象"熊猫"与"竹子"内涵的理解。

2016 年 9 月 7 日，曼松德孔子学院举办"印象中国"主题系列活动，曼谷及周边地区的 30 余名本土汉语教师参与其中。孔子教师从"衣、食、住、行"四个方面讲述了不同时代背景下，中国人的日常生活及其发展变化，并探讨总结出中泰生活方式的诸多差异之处。①

（二）勿洞市孔子学院②

勿洞市孔子学院作为泰国唯一一家由泰国市政局和中国一所大学合作创办的孔子学院，面向社会多层面进行汉语教学和中华文化推广。

现有汉语教师和志愿者 11 名，外聘教师 4 名，拥有 1 幢设施齐全的独立办公大楼（1692 平方米）及新增位于国际教育中心的场地（400 平方米）。勿洞市孔子学院以"中国武术培训推广项目"和"边防警察汉语培训"为特色培训项目。

勿洞市孔子学院是一个独立的社区型孔子学院，其主要特征是主要面向勿洞市广大市民开展多层次的汉语教学。勿洞市孔子学院学员呈现出民族多样化、年龄多层次、职业多元化的特征。学员中有华人、泰族人，马来族人，华人占绝大多数。年龄是多层次的，小至 7 岁的幼儿长至七十几岁的耄耋老人，以 30—60 岁的中老年人为主，初级阶段的学员则以年轻人为主。学员的职业各不相同，有来自市政局、军队、法院、海关、银行、医院、学校、移民局的公务人员，也有教师、胶农、商人、工人、学生和市民等汉语爱好者。③

勿洞市孔子学院的课程主要包括两大类，一类是汉语文化类，另一类是中华才艺类。汉语文化类课程是勿洞市孔子学院的主要课程，教授汉语作为第二语言的知识。根据学员的水平差异，设置汉语拼音入门，汉语初、中级视听说，汉语初、中级阅读写作，以及中国文化常识基础等课程。中国文化常识基础班是针对汉语水平较高并喜爱中国文化的学员开展的，主要从历史、地理、戏剧、民俗等中国文化元

---

① 孔子学院总部/国家汉办网站：http：//www.hanban.edu.cn，2016 年 10 月 21 日。

② 同上。

③ 冯小玲：《浅析泰国勿洞市孔子学院的汉语教学》，《文学界》（理论版）2012 年第 6 期。

素方面入手，满足学员对中国文化了解的需要并不断提高学员的中国文化知识素养。文化的载体是语言，各类中华才艺课程承载了汉语才能充分体现的文化内涵，中华才艺课的设置对汉语的学习起到了相得益彰的作用。中华才艺类课程主要包括汉语朗诵与演讲、中文电脑操作、葫芦丝演奏、巴乌演奏、中国书法、中国画（工笔和写意画）、中华太极武术、中国民族舞蹈、中国剪纸、中国结等。很多人正是通过对中华才艺课的学习了解到中国博大精深的民族文化，从而逐渐提高了学习汉语的兴趣，进而报名参加汉语课程的学习。

勿洞市孔子学院根据学生为非住校生且年龄和职业具有多层性的特点采取灵活的授课时间：每周一、三、五晚上的 7 点至 9 点教授汉语，周二、四晚 7 点至 9 点开设中华才艺课。针对有些家住在偏远村落的学员不便晚上上课的情况，勿洞市孔子学院对课程采取了人性化的设置，一些上午不便来上课的学员所选的课程就安排在下午授课，如第十三期中华太极武术课就安排在每周二、四下午的 4 点至 6 点；勿洞市孔子学院还承诺，只要一门课程报名人数超过 10 人，就可安排教师上门授课，这样的做法给学员选课和学习带来了极大的方便。勿洞市孔子学院一般每年举办 3 期培训班，每期 2 个月左右。汉语课每期每门 50 课时，中华才艺课为 40 课时。每期培训的时间不定，具体要综合学员报名情况和孔子学院师资情况而定。

自 2010 年 10 月勿洞市孔子学院被国家汉办批准成为汉语水平考试（HSK）海外考点以来，勿洞市孔子学院为了帮助考生了解新 HSK 考试的题型及考试流程，提高应试能力，专门开办了新 HSK 一级至六级考前辅导班。针对新 HSK 各级考试大纲的内容，孔子学院教师在词汇、语法、阅读及应试技巧等方面分别对考生进行两周的强化训练。①

勿洞市孔子学院自成立以来举办了多次文化活动，在当地取得了汉语推广和中华文化宣传的显著效果。例如与勿洞市侨团联合举办的"2011 年祭孔大典""大中学生长城汉语夏令营""青少年快乐汉语夏

---

① 国家汉办驻泰国代表处网站（http://www.hanbanthai.org），2016 年 10 月 21 日。

营""中国图书巡展"等活动，极大地提升了学院的影响力和品牌效益。

（三）合艾市国光学校孔子课堂①

合艾国光学校（Srinakorn School）办学历史悠久，是南部最有名的华校。合艾国光中学孔子课堂是南部最大的孔子课堂，也是汉办的优秀课堂示范点，汉语教学及各类中华文化活动在泰国华校的中小学教育界具有示范意义。

2008 年 11 月 21 日，中国驻泰国使馆教育组代表孔子学院总部与泰国合艾国光中学签署了合作建设孔子课堂协议，标志国光中学孔子课堂正式成立。国光中学孔子课堂设在此处具有得天独厚的综合条件。（1）地理上：合艾市位于泰国南部宋卡府，是泰南十四府经济、商贸、文化、交通和教育的中心，素有"泰南心脏"之称；（2）人口上：泰国南部也是泰国华人的聚集地之一，合艾市居民中泰籍华人占多数，共有 21 个华人社团组织，同乡会及各姓氏宗亲会 60 多个，主要以潮州人和客家人为主；（3）文化上：自古以来合艾受浓厚的中国信仰和生活风俗的影响，合艾华人非常注重教育，十分重视自己的语言文化和传统，包括汉语在内具有悠久历史的中华传统文化对旅泰华人以及广大泰国人民具有强大的认同感和吸引力；（4）汉语教育历史方面：合艾市汉语教育历史悠久，自 1923 年合艾埠就开始教授华文，汉语教育在这里已经有近百年的历史。合艾国光中学有毗邻马来西亚的独特地理优势，立足泰南，辐射泰马，具有特色的国际化汉语教学与中国文化推广基地，是泰国南部建校最早、规模最大、最有名望、汉语师资力量最雄厚的华文民校。孔子课堂开设在此可谓具备充分的历史、地理和文化等条件。之所以在南部众多学校中选择合艾国光中学，也是看重了其在泰南汉语教育事业上做出的巨大贡献，希望在这里把传播推广汉语的优良传统传承下去。

在许许多多对外汉语开拓者多年的不懈努力下，合艾市国光学校

---

① 孔子学院总部/国家汉办网站：http://www.hanban.edu.cn、王蒙：《泰国宋卡府合艾市国光学校孔子课堂汉语教学总体设计调查与研究》，硕士学位论文，广西师范大学，2014 年。

孔子课堂已经成为当地著名的汉语教学中心和师资培训基地，带动了周边地区的汉语教学发展，加深了中泰两国人民的了解，更肩负着中泰友谊桥梁的重大使命。国光中学孔子课堂在教材、教学用品方面给国光学校提供了极大的便利，在教师方面每年输送的公派汉语教师和志愿者教师数量都要比其他地方相对较多，极大地缓解了当地汉语教师严重缺乏的状态。国光中学因地制宜，发挥其优势，形成独具特色的办学模式，成为学生和当地居民学习汉语言文化、了解中国的窗口和桥梁，受到政府和民间的极大欢迎。以国光中学孔子课堂为基础的服务平台作为泰南汉语教育的重要组成部分，其运营与发展能更好地为泰南华人教育服务。

合艾国光学中学孔子课堂设有多媒体电脑机房一个，拥有台式电脑台，可移动宽屏电脑、复印机、打印机、投影仪、摄像机、相机各一台，书法练习室一间，舞蹈室、琴房各一间，有电子钢琴、古琴、琵琶、大鼓小鼓以及各式演出服，中文图书册，中文教学音像制品盒，中华文化类音像制品盒等。据了解，学生对学校汉语教学资源条件整体还是比较满意的，认为学校的汉语教学环境以及汉语文化氛围浓厚，学生参加学校的举行汉语文化活动的兴趣也比较浓厚。

国光中学经过多年的发展，学校的汉语师资力量逐渐壮大，如今已有 25 名汉语教师，主要由泰国本土教师、汉办教师和侨办教师组成。平均每人每周一课时，基本能完成学校汉语课程的教学任务，教师在整个教学运行中起主导作用。

国光中学的泰国本土教师（6 名），多为宋卡王子大学中文系的本科毕业生，都有或长或短的赴中国留学的经历。每年也会有宋卡王子大学的一名到两名中文系学生来国光中学实习。国光中学的中文教师志愿者（14 名）由中国汉办选派，其中包括 11 名大学本科毕业生和 2 名汉语国际教育专业的研究生，还有 1 名高资历的管理教师，负责泰南地区汉语志愿者教师的管理和中国文化推广宣传工作。汉办选派的教师是学校汉语教学的骨干力量。另外还有 5 名山东省侨办选派的教师，包括 1 名专业汉语教师、1 名舞蹈教师、1 名美术教师和 2 名幼师。国光中学汉语教师专业组成的多样性，特别是音乐美术专业的教师对学生中华才艺的培养很有帮助。三类教师具有各自的优势与劣势：泰国本土教师本科都是汉语专业，专业知识扎实，有着泰国文化背景，兼具泰语和汉语两方面优势，教学上语言沟通顺畅，但大部分都是刚毕业的大学生，教学经验不足，执教能力不高；汉办选派的教师经过了层层严格遴选，能力和学历都相当优秀，年轻有活力，工作热情高，但大多汉办志愿者并非汉语言或教育类专业毕业，赴泰任教前只接受了短期的专业培训，知识水平与授课能力都较为欠缺，第二语言教学方法和理论方面的积累较少，没有专业的理论为指导，加之对赴任国语言和文化的生疏使得与学生的沟通有碍，教学不够系统化；山东省侨办选派的教师大多数为国内任教多年的中小学教师，教学经验丰富，但缺少对外汉语教学的专业培训，在跨文化交流上经验不足。中国教师和泰国教师授课各有利弊，泰国老师授课运用母语较多，能与学生很好地交流沟通；中国教师日常交流障碍多，但更能创造出第二语言环境，可以锻炼学生的口语和听力。

　　该校学生学习汉语的动机不同。有学生学习汉语并不清楚未来能否用到，仅仅因为汉语为必修课内容。而对汉语很感兴趣的学生，喜欢汉语并且对中国感兴趣，希望通过汉语了解中国文化，自己积极主动学习汉语，这样的学生往往会积极主动学习汉语，并且对孔子课堂举办的活动表现出极大的兴趣。不少学生的学习动机受到外界的影响，例如很多华裔学生家长认为海外华人需要保留自己母语国的语言文化，孩子既然拥有中国血统就必须要掌握好汉语。

　　受学习动机的影响，学生对待汉语的态度也不尽相同。大部分的学生对汉语学习很感兴趣，学生对汉语学习中的难易点认识不同，书写、听力、口语和阅读都分别有学生认为是汉语学习中最难的部分。学生普遍认为泰语和汉语一样也属于汉藏语系，都有声调，语音的学习并不是很困难。但泰语是拼音文字，汉语和泰语之间又有语序的差异，所以大部分学生反映汉字书写困难，也不愿意写汉语作业。一些学生在汉语学习过程中比较被动，主要问题是畏惧汉字的书写和识记。

国光中学孔子课堂根据学生汉语基础和年龄分布的不同积极举办丰富多彩的汉语教学活动。国光中学的学生汉语水平普遍较高，在各种中文比赛上屡次取得优异的成绩。孔子课堂也就此经常组织校内或校际比赛，培养汉语优秀的学生参加比赛。学校里汉语水平突出或是爱好汉语的学生都有机会得到汉语教师的专业培训去参加比赛。而且学校为避免参赛学生人选固定，覆盖面窄的问题，在参赛者的选择上更加注重普遍性和公平性，利用课余时间给各个年级学生补习中文和中华才艺。经常开展出国文化交流活动也是国光学校办学的特色，每个学期学校都会给汉语较好的学生和泰国本土教师免费提供去中国交流学习的机会。让学生有机会进一步了解中国，接触真实的汉语和中国文化环境，提高泰国本土教师的汉语能力和教学经验。国光中学每个月都会开展不同的中文主题活动，例如"汉语桥"地区选拔赛、"国光杯"汉语比赛、汉语营、汉语教师交流培训等相关汉语活动，还有端午节、中秋节、春节等一系列丰富多彩的民俗活动。学校对这样的活动十分重视，一般提前很早就开始策划准备。国光学校对中国传统文化的尊重，也为学生营造了良好的文化环境，让其有更多的机会去接触中国优秀的文化。课堂活动的开展中，能够寓教于乐，通过开展丰富的第二课堂帮助增强学生学习汉语的兴趣和信心。

如 2011 年 6 月 6 日端午节当天，合艾国光中学孔子课堂在国光中学慧如大礼堂举办了"端午粽香——情满四方"端午节文化宣传日活动。为了使学生能更好地了解和感受这个节日、理解其丰富的内涵和分享中华传统民俗文化，节前一周，孔子课堂的汉语教师志愿者已经在"华语每日一句""中文小广播"及课堂教学中对端午节进行了全方位的知识普及。当天的宣传日活动丰富多彩，孔子课堂安排了"端午民俗宣传片讲解""包粽子""茶艺展示""端午儿歌大家唱"和"知识抢答"等一系列生动有趣的欣赏、体验和学习活动。现场氛围热烈，洋溢着浓厚的中华传统文化气息。听着"粽子香，香厨房；艾叶香，香满堂"的端午儿歌，看着美丽的龙舟、可爱的粽子、漂亮的五彩线，感受着屈原的爱国情怀，学生们深切体会到了这一节日的习俗与渊源。老师们还在现场演示包粽子，并热情邀请、鼓励泰国学生一起参与。包粽子的过程中，学生们还学习了"花生""大枣"和"糯米"等粽子组成原料的汉语词汇。短短二十分钟的时间里，一个个"稚嫩"的粽子新鲜出炉，品尝着自己亲手包的粽子，孩子们脸上洋溢着成功的喜悦。茶艺体验环节，一名名身穿旗袍的泰国学生在志愿者老师陈俊池的示范下优雅、熟练地沏、闻、斟和品。老师们还就有关端午节相关小常识，在现场进行了抢答游戏，学生们争先恐后，踊跃参与。

2012 年 6 月 1 日，国光中学孔子课堂走进附属幼儿园，与 500 余名小朋友"幸福手牵手、欢庆儿童节"。孔子课堂通过中国文化体验、民族乐器和幼儿汉语图书展、汉语小知识问答和亲子小游戏等活动把泰国幼儿园小朋友及家长带入"中国语言文化体验第二课堂"，度过了一个欢乐难忘的儿童节。活动共分为四大部分，中国文化体验这一环节，小朋友在专业老师的指导下，模仿中国功夫动作、学唱中国儿歌等，小朋友们都非常感兴趣，很多家长也积极参与进来；传统乐器、图书展示环节，多才多艺的汉语教师志愿者现场演奏琵琶、古筝、葫芦丝等，吸引了家长和学生驻足观赏，同时他们还饶有兴趣地翻阅了汉办最新开发的泰国本土汉语教材；视频汉语小知识抢答环节，小朋友们都争先恐后地举起小手，用"北京""熊猫"等简单的词汇正确说出答案。最后是亲子游戏环节，抛绣球、夹乒乓球和踢毽子等亲子小游戏增进了家庭成员间的情感，同时也让家长了解了孩子们的汉语水平。

2012 年 9 月 10 日，国光中学孔子课堂在该校慧如大礼堂举办汉语日活动，向全校师生展示学年度孔子课堂汉语言文化成果，并以此庆祝中国教师节。合艾市侨团联合会主席兼国光中学孔子课堂泰方主席方志雄、国光中学经理方木基、国光中学校董会副主席谢海秋和国光中学校长苏潘妮以及 1200 余名师生参加了本次活动。汉语日活动在舞蹈《舞彩球》中开始，欢快的音乐、优美的舞姿、独特的服装，为大家呈现了一幅无忧无虑的童真画面；笛子合奏《菊花台》、古筝独奏《沧海一声笑》为大家展示了中国传统乐器的魅力，赢得了现场观众的阵阵掌声。四年级学生查焕琴讲的故事《猴子掰玉米》，语气生动活泼，动作惟妙惟肖，逗得大家哈哈大笑；初二学生自编自演的小品《包青天》，笑中带泪，引人深思；孔子课堂的志愿者李蕾等演唱的《中国话》旋律优美，表达了泰国"汉语热"的主题。

2014 年 8 月 16 日，为庆祝全球孔子学院成立 10 周年，国光中学孔子课堂举办了第四届"汉语桥·心连心"校际汉语文化体验营。沙墩府穆斯林教育基金会、北大年府穆斯林和平学校的 60 余名汉语优秀生参加了当天的活动。此届汉语文化体验营将汉语文化课与体验项目有机结合，内容涵盖汉语实践购物、精品书法、太极鼓、智勇冲关、民族民间舞蹈和中文歌曲等。营员们兴致勃勃、获益良多，穆斯林学校营员代表说，中国老师亲切可爱，教会我们很多中国传统文化知识，希望以后能有机会再来参加。

当天的活动上，国光中学孔子课堂中方负责人蒋艾纯介绍，国光中学孔子课堂将不断开拓创新汉语体验模式，促进泰南地区孔子课堂合作学校项目的开展，丰富汉语教学"第二课堂"的内容和形式，创办泰国校际汉语文化营品牌项目。

2015 年 5 月 29 日，国光中学孔子课堂举行了主题为"我爱汉语"的六一儿童节文艺演出及游园活动，附属幼儿园的师生和家长代表等 500 余人参加了此次活动。游园会以学生舞蹈"健康歌"为开场节目，包括了文艺表演、互动游戏和颁奖等多个环节，其中十余名小朋友的"T 台秀"将游园会推向高潮。在教师和家长的带领下，孩子们分组进行了"画脸谱""夹球跑""大脚踩小脚"和"抛绣球"等特色游戏，现场不时传来阵阵欢笑声。

2015 年 12 月 20 日，以"五年发展、续创辉煌"为主题的第五届"汉语桥—国光杯"泰国南部中小学生汉语文化技能大赛和颁奖典礼暨泰南华文教育研讨会在合艾市举办。此次大赛由中国驻宋卡总领事馆主办、国光中学孔子课堂和泰南华文民校联谊会承办。泰南边疆五府基础教育局局长 Nopporn Makkonggaew、中国驻宋卡总领事张晋雄、国光中学孔子课堂理事会主席兼泰南华校联谊会主席方志雄、泰国 6 所孔子学院的院长和 3 所孔子课堂的中方负责人等当地政要和各界人士 2000 余人出席了颁奖典礼。此次大赛分为文化知识、演讲、小品、唱歌、书写、听写和中华传统体育七大项，泰南 11 府（省）近 70 所学校的 1500 余名汉语优秀生代表获得参赛资格，各项目主评委由泰国 6 所孔子学院的院长和 3 所孔子课堂的中方负责人担任。

第四节　汉语师资发展概况

受历史政治等因素的影响，泰国汉语教师的构成和数量在不同时期有着较大的变动。20 世纪初中期，由于政治原因，汉语教育一度在泰国受到打压，很多汉语教师被驱逐出泰国国境，留下的大都是刚毕业的年轻教师。中国改革开放以来，随着经济的持续快速发展，泰中政治经贸交往的日益频繁，汉语教学的发展被提升到了泰国提高国家竞争力的战略高度来认识，成为国家战略之一。提高汉语教师素质，培养优秀本土化教师，也早已列入泰国教育部的重要日程。

1992 年外语学习自由化之后的最初几年，泰国汉语教师人数很少。大部分教师为当地华校毕业的华裔，仅有小学汉语水平的教师占据多数，教师年龄普遍高龄化，教学方法单一，总体来看，无论是教学规模还是教学质量都不容乐观。在全球汉语日趋升温的环境下，汉语学习成为一种新的潮流，泰国许多学校都需要增设汉语课，开设汉语课甚至成为有些学校展示本校实力的手段。汉语教学的蓬勃发展，也带动了汉语教师队伍的快速发展。泰国政府开始重视本土汉语教师的培养，中国政府也采取了多种方式向泰国输入汉语教师。因此，泰国的汉语教师队伍迅速壮大，1992 年至今，无论从数量上、汉语能力上、教学技能上还是综合素质上，泰国的汉语教师队伍均较前期有了质的飞跃。

纵观泰国汉语师资的发展过程，其实就是泰国汉语师资本土化的过程。泰国中小学汉语教师的发展方向已经明确，那就是师资的科学本土化之路。但师资本土化并不意味不再需要甚至拒绝输入式教师的帮助，泰国也注重引进中国汉语老师，目的是要开创出适合泰国的一套本土汉语师资队伍建设之路，与来自中国的汉语教师携手合作、取长补短，共同推进泰国汉语教学发展。近年来，泰国的汉语师资队伍无论在质量上还是在数量上都得到了很大改善。

从性质来看，泰国汉语教师主要分为五类，分别为公务员教师、政府雇员教师、协议教师、在职教师和特聘教师。从来源上看，泰国汉语教师主要由"本土教师"和"输入式教师"两大类构成。本节将对泰国汉语教师的本土队伍和外来队伍状况做简单介绍。

一　本土汉语教师队伍状况

随着教育体制的完善，泰国政府关于教师标准方面的规定也日趋系统、严密。在泰国要成为一名合格教师首先必须具备以下两个条件：（1）获得教师资格证；（2）符合泰国"教师委员会"颁布的"教师职业和道德标准"里关于职业经验和知识标准的规定。

对于泰国汉语教师而言，取得教师资格证的主要途径为接受高等教育，取得本科学历。汉语教育专业自 2004 年开始从 4 年制教育改为 5 年制教育，毕业后可直接获得教师证。非教育系的汉语专业为 4 年制教育，毕业后需要参加为期一年的教师资格培训，通过考试后才可担任汉语教师。

泰国政府对汉语师资短缺、素质偏低的问题非常重视，因此在 2006 年颁布的《泰国促进汉语教学、提高国家竞争力战略规划》里提出了关于提高汉语教师能力的战略性建议，具体内容如下：1. 制定汉语教师标准（包括教师在汉语资格证方面的标准以及建立每年举行一次的考核制度等）；2. 培养汉语教师，为新一代汉语教师提供有吸引力的条件（包括鼓励大学开设汉语本科专业、给优秀学生提供奖学金到中国学习汉语，以及对从事汉语教师工作一年到两年后，经评审合格可为其提供奖学金继续攻读硕士和博士学位的条件等）；3. 提高在职泰籍汉语教师的教学能力（包括通过调查了解各学校每位汉语教师的教学能力，并建立教师培训数据库，作为安排培训项目的依据。向诗琳通基金会申请资助，挑选优秀教师以"培训培训者"的形式到中国接受培训，接受过培训的教师可帮助其他教师提高业务水平。建立"朋友帮朋友"的机制，让能力强的教师和督学到各个学校巡视汉语教师的教学情况，提出建议并提供帮助等）；4. 促进教师队伍内部汉语教学经验的交流。

中国国家汉办的大力支持为泰国本土教师的培养做出了重要贡献，从 2008 年 9 月开始，泰国教育部每年选派 100 名大学汉语本科毕业生来华攻读一学年汉语教育课程，由中国国家汉办提供在华学习奖学金。该项目连续开展了三年。

另外，在泰国教育部的支持下，泰国各高校、各孔子学院和孔子课堂、各府或某个教育区域定期和不定期地举行本土汉语教师培训，例如 2011 年泰国暑假期间（3 月至 4 月），各教育机构就针对本土汉语教师展开了以下培训活动：（1）泰国教育部与清迈大学孔子学院合作举办"泰国汉语教师教学技能提高培训班"，于 2011 年 3 月 29 日开班，培训为期两周，接受培训的有 60 人；（2）玛哈沙拉坎大学孔子学院举办泰国本土汉语教师培训班，于 2011 年 3 月 25 日开班，有 60 人参加培训；（3）2011 年 3 月 10 日泰国孔敬大学孔子学院与泰国明满学校孔子课堂，联合举办"泰国中东部本土汉语教师培训暨示范课交流大会"，参加人数 87 人。[1]

有了政府在政治上和经济上的支持，泰国本土汉语教师队伍得以良性快速发展。不仅在数量上飞涨，在专业能力和综合素质方面也呈突飞猛进之势。

二 外来汉语教师队伍状况

除了加大本土汉教师的培养外，泰国还积极加强同中国政府的合作以引进中国汉语教师在泰国进行汉语教学。在泰国任教的非本土汉语教师有来自中国大陆、中国台湾、马来西亚、缅甸等地的外籍教师，其中，绝大多数教师都来自中国大陆，所以在此只对来自中国大陆的教师进行介绍。21 世纪初，为了满足国际上对汉语教师的需求，中国启动了国际汉语教师志愿者项目，向国外输送了大量的汉语教师志愿者。2001 年国家汉办委托云南师范大学向泰国试派了中国第一名汉语教师志愿者，2003 年国家汉办正式向泰国派出了中国第一批 23 名汉语教师志愿者。[2] 此后每年大幅度增加。仅 2003 年到 2011 年的九年里被派往泰国的中国汉语教师志愿者累计数量就多达 5685 名。详情见下表[3]：

2003—2011 年中国往泰国派汉语教师数量统计表

年度	2003	2004	2005	2006	2007	2008	2009	2010	2011
人数	23	73	130	470	650	895	1028	1214	1202

除了汉语教师志愿者，泰国的输入式汉语教师还有中国国家公派教师，但数量不多，且大部分是在孔子学院或孔子课堂任教。以 2011 年为例，泰国在任公派教师共有 49 名。其中孔子学院和孔子课堂公派教师就

① ［泰］冯忠芳：《泰国中小学本土汉语教师发展的历时考察与标准研究》，博士学位论文，中央民族大学，2011 年。
② 吴应辉、杨吉春：《泰国汉语快速传播模式研究》，《世界汉语教学》2008 年第 4 期。
③ ［泰］冯忠芳：《泰国中小学本土汉语教师发展的历时考察与标准研究》，博士学位论文，中央民族大学，2011 年。

有 39 名。可见国家公派教师数量远远少于汉语教师志愿者。

第五节　汉语教材的选用和开发

目前泰国使用汉语教材的情况，有以下几个特点。

（一）以中国大陆编写的教材为主。泰国使用的汉语教材可谓种类繁多，按编写出版来源不同分为：中国大陆编写教材、中国台湾编写教材、泰国编写教材、学校或教师自编教材（校本教材）以及中泰合编教材。就目前而言泰国教育部及汉语教育相关部门并没有对汉语教材做出严格统一的规定，泰国汉语教育界目前以使用中国大陆编写的教材为主。

（二）教材媒介语主要是英文和泰文。泰国通行的汉语教材主要有全中文版、中泰文版、中英文版、中英泰文版。比较通行的是中英文双语教材，中泰双语教材位居第二。大学汉语教材中中英双语教材一枝独秀，中小学汉语教材则是中英双语教材和中泰双语教材并驾齐驱。

（三）教材汉字有"弃繁从简"的发展趋势。汉语的繁简之争在泰国也存在。在解禁之前以及解禁之初，泰国的华文教学以繁体字为主。随着中国经济的发展和中国国务院侨办、国家汉办对泰国汉语教育的大力支持，越来越多的泰国学校转学简体字。简体字成为泰国汉语教育的主流。目前，泰国大部分学校采用简体字教学，小部分学校采用繁体字（如侨德中学），亦有部分学校坚持繁简都学（如爱博大学和农业大学甘烹盛校区）。①

汉语教材是泰国汉语教学的薄弱环节，主要表现在：一是教材的断层现象呈现出"亚平衡"状态，缺乏统一规划和系统性：初级基础汉语教材的需求量极大，中高级汉语教材较少，部分汉语教材只有单一的难度等级，不能满足系统学习的需要；二是现有教材的编写质量、速度与学习者数量的增长不成正比，教材质量参差不齐、教材种类不够齐

---

① 陈艳艺：《泰国汉语教材现状及发展研究》，《东南亚研究》2014 年第 9 期。

备，难以满足多元学习的需求；三是各级各类学校选择教材的随意性较大；四是汉语教材标准的缺失导致现在泰国的汉语教材发展缓慢，不具规模，难成系统；五是输入性汉语教材在质量和数量上超过本土编写的汉语教材，针对泰国本土化汉语教材编写的相关理论研究还十分薄弱，专业的本土化汉语教材编写团队尚未形成，与教材配套的师资和教学法也并未到位，这些因素都严重影响着汉语教材从宏观规划到微观设计的整体突破。①

下面简单介绍一下泰国常见的一些汉语教材。

一　泰国编写出版的教材

（一）《基础汉语》，徐文雅专门为泰国汉语初学者编写，得到了泰国国家图书馆的支持，2004 年泰国 Srimuang 出版社出版发行。

（二）《汉语启蒙》，Nipon Pissanukup Hinmanee 编写的泰国高中生汉语教材，涉及日常汉语和一些道德内容，泰国 MAC 出版社出版发行，全书包括课本和练习各 12 册。

（三）《快乐学中文》，由郭少梅编著，这是一部针对泰国中小学生综合性的对外汉语教材，由课本、练习册、教师手册、光碟等配套而成，全套共 12 册，2009 年泰国南美出版社出版发行。

（四）《汉语应用》，Surachai Pattamapadungsak 专为中专学生编写的，其目的是使学生能使用汉语进行交际及工作，2009 年泰国 MAC 出版社出版发行。

（五）《儿童汉语》，卢慧雯、邓玉琼编著，立足于培养儿童对汉语的兴趣，寓教于乐，通过在听、说、读、写等方面（听说领先，读写跟上）的训练，逐步提高学生的汉语基本技能。全套共六册，各册均配有练习册，2003 年泰国 OKLS 出版社出版发行。

（六）《汉语入门》，任景文编著，是专门为泰国少年儿童编写的一套系统性教材，可供泰国中小学使用，也适用于一般初学者。全套共分六

---

① 吴峰：《泰国汉语教材研究》，博士学位论文，中央民族大学，2012 年。

册，每册均配有练习册，2008 年泰国 S. Asia Press Company 出版发行。

（七）《初级汉语》，任景文编著，泰国 HN. GROUP. Company 出版发行。

二 中泰合编的汉语教材

（一）《泰国人学汉语》，徐霄鹰、周小兵主编，是国家对外汉语教学领导小组办公室规划教材，作为北大版新一代对外汉语教材国别汉语教程系列之一，由中国中山大学与泰国华侨崇圣大学合作编写，2006 年北京大学出版社出版发行。全书共 4 册，每册有平行的练习用书。教材专为大学生和成人编写。

（二）《体验汉语》，是在中国国家汉办和泰国教育部基础教育委员会的合作与帮助下，由"国际语言研究与发展中心"专门为泰国中小学编写的系列汉语教材，2006 年高等教育出版社出版发行。全套共 18 册，小学、初中、高中各 6 册，并配有教师用书和练习手册。

（三）《实用汉语教程》，该教材得到泰国卫星远程教育基金会、泰国中华总商会和中华人民共和国驻泰国大使馆和中国教育部的全力支持，由北京语言文化大学的杜厚文主编，2002 年出版，包括配套的《汉字练习本》和《教师手册》。全书共 6 册，供高中一年级至三年级学生使用，也可以作为一般社会人士通过泰国卫星远程教育电视台的转播来学习汉语的教材。

（四）《创智汉语》，该教材是在中国国家汉办、泰国教育部的支持下，云南师范大学和泰方教师共同编写的一套专供泰国中学生使用的综合性汉语教材，教材包括学生用书、教师用书和练习册，各分为 12 册。2009 年由泰国贸易组织出版社出版发行。

（五）《汉语短期教程》，简启贤、吉娜编著，是专门为母语为泰语的人编写的初级、短期汉语教材，2003 年泰国出版社 Book Point 出版发行。

（六）《中文》，该教材的编写得到中国驻泰国大使馆和国家汉办的支持，由泰国圣卡比利安慈善基金会成立的"中国语言和文化中心"的专家和北京语言大学的李润新和程相文合作编写的，这是一套 12 年制的系列教材。

三　中国人编写的汉语教材

（一）《汉语教程》，杨寄洲主编，2003 年北京语言大学出版社出版发行，是为初学汉语的外国人新编的一套初级教材，供一学年使用。全书共三册，第一、二册第一学期用，第三册第二学期用。

（二）《汉语乐园》，由国家汉办为泰国小学生主持编写，刘富华、王窥、周荷安、李冬梅编著，泰国 6—12 岁汉语初学者为适用对象。2009 年北京语言大学出版社出版发行。

总之，泰国汉语教材种类较为丰富，但专门针对泰国学生编写的高质量教材尚有不足，中泰两国汉语教育界应加强交流合作，进一步进行教材研发，推动面向泰国学习者的国别性教材质量的不断提升。

本章主要参考文献

陈红升：《泰国：2012—2013 年回顾与展望》，《东南亚纵横》2013 年第 4 期。

陈艳艺：《泰国汉语教材现状及发展研究》，《东南亚研究》2014 年第 9 期。

冯小玲：《浅析泰国勿洞市孔子学院的汉语教学》，《文学界》（理论版）2012 年第 6 期。

[泰] 冯忠芳：《泰国中小学本土汉语教师发展的历时考察与标准研究》，博士学位论文，中央民族大学，2011 年。

[泰] 冯忠芳、吴应辉：《泰国清迈府中小学汉语教学调查研究》，《云南师范大学学报》（对外汉语教学与研究版）2009 年第 4 期。

关梦婉：《泰国汉语教师专业发展的现状及对策研究——以曼松德昭帕亚皇家师范大学为例》，硕士学位论文，重庆大学，2011 年。

郭鹏：《与改革开放同步伐，育三千弟子遍天下——北京语言大学留学生汉语本科学历教育 30 年》，《北京教育·高校》2008 年第 10 期。

刘顺芬：《泰国清迈大学汉语专业总体设计调查研究》，硕士学位论文，山东大学，2010 年。

[泰] 潘素英：《泰国中小学汉语课程大纲研究》，博士学位论文，中央民族大学，

2011 年。

王蒙：《泰国宋卡府合艾市国光学校孔子课堂汉语教学总体设计调查与研究》，硕士学位论文，广西师范大学，2014 年。

王帅：《泰国清迈皇家大学汉语系汉语教学现状调查报告》，硕士学位论文，北京外国语大学，2015 年。

吴峰：《泰国汉语教材研究》，博士学位论文，中央民族大学，2012 年。

吴应辉、杨吉春：《泰国汉语快速传播模式研究》，《世界汉语教学》2008 年第 4 期。

［泰］杨作为：《泰国汉语教育的过去、现在和将来》，《东南亚研究》2003 年第 5 期。

［泰］易青媛：《泰国南部汉语教学历史与现状》，硕士学位论文，云南大学，2012 年。

第十二章　越南的汉语教学

第一节　国家概况

一　自然地理

越南，全称为越南社会主义共和国（英语：Socialist Republic of Vietnam，越南语：Cộng hòa Xã hội Chủnghĩa Việt Nam）。位于东南亚中南半岛东部，濒临泰国湾、北部湾和南海，北部与中国广西壮族自治区、云南省接壤，西与老挝、柬埔寨交界，东部和南部紧邻南海，越南的海岸线长达 3260 公里（不包括岛屿）。国土狭长，呈 S 形，面积为 331688 平方公里，南北距离长达 1650 公里，但是东西最狭窄处只有 50 公里宽。① 越南主要地形包括红河三角洲、高地和湄公河三角洲。越南属于热带季风气候，年平均湿度达到 84%，与当地的雨季或夏季相比，大部分地区的冬季较为干燥。越南各地的年降雨量从 1200 毫米到 3000 毫米不等，夏季降水量约占总降水量的 90%。不同纬度地区的气候也稍有不同，越南北半部四季分明，南半部则只分为雨季和旱季。越南拥有纵横交错的无数河流（10 公里长以上的江河约有

---

① http://politics.people.com.cn/n/2013/1007/c1001-23114605.html，2016 年 10 月 24 日。

2360 条），河流流向为西北—东南的两个主要方向。主要河流有红河、湄公河。

二 历史政治

越南历史悠久，在旧石器时期就已出现人类活动。到中石器时期及新石器时期，北部地区出现过数种文化遗址，如"和平文化"（在和平省）、"北山文化"（在谅山省北山）等。[①] 约公元前 600 年出现"东山文化"，居于越南北部的民族有雒越（又称骆越）人。[②] 19 世纪初始称"越南"。在封建时代各朝统治者采用中国式的制度治国，文化方面融合了儒、佛、道三教。

19 世纪中晚期，法国渐次吞并越南，进行殖民统治。1904 年起，越南的资产阶级民族主义革命家潘佩珠流亡海外成立维新会，此团体成员曾先后潜回越南发动武装起义，试图推翻法国殖民政权，却因仓促的行动和装备的落后而遭遇失败。到了 1930 年，胡志明组建了越南共产党，并开始在北越领导对抗殖民政权的运动。1945 年，越南共产党发动"八月革命"，成立越南民主共和国，统治了北方，形成南北分裂的局面。1976 年 7 月，全国统一，定国名为越南社会主义共和国。截至目前，越南共颁布了 4 部宪法即 1946 年宪法、1959 年宪法、1980 年宪法和 1992 年宪法，现行宪法规定越南共产党是领导国家和社会的力量，国家一切权力属于人民，实行人民代表制度。国会是越南的国家最高权力机关，也是全国唯一的立法机构，任期 5 年，通常每年举行两次例会。国会代表以普选制投票产生。

2016 年 7 月 21 日，越南第十四届国会第一次会议的国会代表在首都河内进行投票，会议持续到 7 月 29 日，选举出国会主席、副主席及国会常委会成员。陈大光当选越南国家主席，任期 5 年，国家主席

① 张利敏：《越南北部红河下游地区史前文化研究》，硕士学位论文，广西师范大学，2013 年。
② 戴可来：《越南历史述略》，《印支研究》1983 年第 1 期。

是越南国家元首，政府首脑。阮氏金银当选第十四届国会主席，任期5 年，阮春福为新一任政府总理。①

三　人口经济

越南是一个多民族的国家。1979 年，越南政府正式划分并公布了《越南各民族成分名称》确定全国共有 54 个民族。据统计，2016 年越南全国人口数量约 9270 万。②

越南属发展中国家，是传统农业大国，农业人口占总人口的 70%，耕地及林地占总面积的 60%。矿产资源丰富，种类多样，森林资源约1000 万公顷。越南旅游资源丰富，下龙湾等多处风景名胜被联合国教科文组织列为世界自然和文化遗产，近年来旅游业增长迅速，经济效益显著。③

1986 年实行革新开放以来，越南经济保持较快增长，经济总量不断增加，三产结构趋向协调，对外开放水平不断提高，基本形成了以国有经济为主导、多种经济成分共同发展的格局。

四　语言政策

国家统一后，越南政府实施了全国统一的语言政策。越南全国有54 个民族、66 种语言和 26 种文字。官方语言是越南语（Tiếng Việt），又称京语，属于南亚语系，是占越南全国人口约 90% 的越族的母语，也是越南侨民的通用语。华族是越南人口最多的少数民族，使用汉语方言，其他少数民族多数拥有自己的方言。语言种类有越南语、泰语、傣语、芒语、高棉语、赫蒙语（苗语）、瑶语、拉格来语、墨农语、土语、哈尼语、兴门语、西拉语、罗曼语等。越南语具有北部、中部

---

① http：//www.chinanews.com/gj/2016/07－22/7948747.shtml，2016 年 10 月 24 日。

② http：//hochiminh.mofcom.gov.cn/article/ztdy/201609/20160901393430.shtml，2016 年 10 月 24 日。

③ http：//www.fmprc.gov.cn/web/gjhdq_676201/gj_676203/yz_676205/1206_677292/1206x0_677294/，2016 年 10 月 24 日。

和南部三种方言。① 越南语最初并无文字而只有口头语言,当时越南人多借用汉字作为书面语,历史上越南曾经使用汉字、喃字、国语字3种文字。越南语在形成过程中也较多出现从汉语、法语和英语中借词的现象。②

1994 年,总理颁布了关于政府公务员外语培训的"422 – TTG 指示"。在越南现行的公务员考试中,外语(主要是英语,部分是汉语)是必考科目。1998 年,教育法里提出"越南语是学校使用的正式语言"。目前,越南汉语教学已纳入初中、高中、本科和研究生层次的教育中。其中,汉语本科专业的发展最为突出。③

第二节　汉语教学简史

历史上,汉语在越南曾经非常盛行,汉语教学在越南也有着十分悠久的历史,越南的汉语教育最早在公元 2 世纪就开始萌芽。④ 汉语在越南历史上的盛行程度,可以从中国学者林明华的《汉语与越南语言文化》(上)⑤ 和越南学者武氏春蓉的《略论汉语对越南语的影响》⑥ 中得到一定程度的认识。

林明华《汉语与越南语言文化》(上)一文指出:"在与日本、朝鲜等国并称为'汉文化圈国家'之一的越南,汉语言文字的影响是全方位的和极其深刻的。越南文化的各个层面,包括精英文化和通俗文

---

① 刘上扶:《东盟各国语言纵横谈》,广西教育出版社 2009 年版,第 323 页。
② 尹少君、邹长虹:《越南语言政策及其对中国外语教育政策的启示》,《社会科学家》2016 年第 6 期。
③ [越南]陈灵芝:《汉语国际推广背景下的越南汉语教学现状》,《汉语国际传播研究》2014 年第 1 辑。
④ [越南]杜氏香兰:《越南〈汉语教程〉课文教学方法初探》,硕士学位论文,广西大学,2015 年。
⑤ 林明华:《汉语与越南语言文化》(上),《现代外语》1997 年第 2 期。
⑥ [越南]武氏春蓉:《略论汉语对越南语的影响》,《济南大学学报》2001 年第 5 期。

化层面、制度文化和心理文化等层面，都深深浸润于汉文化的影响之中，这早已是不争的事实。翻开越南文化发展史，第一种书写符号以及越南封建国家建立后使用的正式文字始终是汉字，第一篇文学作品、第一部历史著作乃至许多文化典籍均以汉字写就，历代科举皆以汉字为工具、以儒家经典为科试内容……设若没有汉语汉字，越南文化史势必重写而呈现出另外一种风貌。"

武氏春蓉《略论汉语对越南语的影响》一文指出："在越中两国长达两千余年的交往中，汉语对越南语产生了全方位的影响。汉字被越南人尊称为'圣贤之字'，越南人以汉字为基础，创造了自己的民族文字'喃字'。现代越南语中，有 60% 以上的汉语借词。借助于越南化了的汉语词素创造新词，仍是越南语最为重要的造词手段。"

越南汉语的教学可以 1945 年越南民主共和国成立为界分为两个时期。①

一　1945 年以前汉语教学的发展

秦朝时期，越南人就已经开始学习汉语。在七八世纪始越阶段，越南统治者使用的语言是汉语，而平民百姓使用的则是越南语，文字使用的是汉字。到公元 938 年越南独立，交趾（后称交州、安南）地区的郡县官吏都由历代中国封建王朝派遣。这些官吏大力推行汉文化教育，推动交趾地区从愚昧走向"通诗书，习礼乐"的封建社会。②

西汉末年至东汉初年，交趾、九真两地太守在当地大力推广中国的先进生产技术和汉文化，建立学校，传授礼仪文化，再加上一些由于战乱原因迁移到交州的文人名士在当地传授知识，著书立说，开办各种学术活动，使汉文化在当地的影响不断加深，民众的文化认知水

---

① ［越南］武决战：《越南高校古代汉语教学的调查与研究》，硕士学位论文，广西大学，2011 年。

② 吴士连等：《大越史记全书》，东京大学东洋文化研究所 1979 年版，第 133 页。

平也得到了较大的提高。

公元 679 年，唐朝在越南设置安南都护府，发展教育，推行科举制度，当地出现了一批精通汉语的人才。安南地区的一些士大夫还前往中国参加科举考试，可见此时汉文化在越南的传播范围之广、程度之深。

公元 939 年，吴权击退中国南汉军队，据有交州之地（即今越南北部），于 939 年建政称王，结束了北属时期，建立了独立自主的封建国家，当朝统治者照搬中国的各项制度，在教育方面主张推行汉文化教学，汉字仍是全国通用的文字。公私文牍都依照中国文体。汉文化的影响在越南不但没有被削弱，而且在历代统治者的提倡和鼓励下得到了较大发展。

11 世纪起，为选拔人才，维护统治，越南仿效中国的科举制，创建了本国的科举制度，培养了将近 3000 名汉学进士，汉语教学在越南古代一度成为"国学教育"。1075 年，第一次开设科举考试，为国家选拔人才。李朝统治时期，为巩固统治，培养人才，1076 年建立了第一所国学高校——国子监，国子监是封建社会官学教育的中心，是传播以儒家文化为核心的汉文化的载体。①

13 世纪越南的"喃字"开始被采用。"喃字"又称"字喃"，狭义指的是越南主体民族京族曾经使用过的文字，也泛指越南国内出现汉字形体的文字。越南在长期使用汉字的同时，就假借汉字和仿效汉字结构原理和方法，依据京语的读音，创造了这种文字。这是一种在汉字基础上，运用形声、会意、假借等方式形成的复合体方块字。每一个字由一个或几个表音或表意的汉字组成。比如汉字中的"年"字，喃字为"秊"，左面表音，右面表意。在喃字使用后，汉字并没有被取消，而是喃字和汉字一起被使用。法国入侵之后出现拼音文字，不过法国统治期间，"法越学校"的教学大纲仍没有放弃汉语学习，虽然是以法语为正统的语言，但是在当时，越南语每周有三个学时，

---

① ［越南］阮光兴：《越南高校汉语教学现状调查与研究》，博士学位论文，苏州大学，2015 年。

而汉语也有一个学时。①

1945 年革命胜利，越南民主共和国成立后，汉字才最终退出历史舞台，代替它的是拼音文字，越南语中称这种新的拼音文字为"国语字"。

二　1945 年至今汉语教学的发展

1945 年越南开始使用国语字，但学习和使用汉语的人数还是较多。当时在越南北方工作和生活的华人约 2 万，南方是 10 万左右②，而且南方有华侨区，他们设有自己的学校，传授汉语和越南国语字。

1946—1975 年越南国内战争期间，为了培养革命人才，更好地建设国家，越南政府曾选派大批优秀学生到中国各地学习。

1951 年，越南迫切要培养出大批干部，并为战争胜利后重建国家储备大批具有较高科学文化知识的人才，中越双方成立了"广西南宁育才学校"。1952 年，首批越南留学生到北京大学参加"外语留学生中国语文专修班"。

1953 年，中国正式开始接收越南留学生，257 名学生被派到南宁育才学校附属中文学校和桂林语文专科学校，其中，不少人后来成为越南国家高级领导和汉学专家。南宁育才学校在 7 年的办学期间，先后为越南培养了近 7000 名的教师和干部，大量的毕业生调入了部队工作。从中国和苏联等社会主义国家的高等院校毕业的越南年轻技术干部，为越南军事技术学院的创立和前期建设做出了很大贡献；后来，不少的学生成了越南最为杰出的政治家、外交家、经济学家、科学家、汉学家、诗人以及音乐家等，如曾任越南副总理的武宽、曾任越南党中央政治部委员的陈庭欢、曾任越南国会对外委员会主任的武卯、曾任越南国家主席助理的范国英等。其中接近 2000 名学员也成了越南教育战线上的骨干力量。在这期间的越南外语学院（现在是越南河内国

---

① ［越南］杜渊天庄：《越南的汉字教学与汉字习得调查研究》，硕士学位论文，北京语言大学，2009 年。

② ［越南］阮黎琼花：《越南河内高校汉语教学现状调查》，硕士学位论文，湖南师范大学，2012 年。

家大学下属外国语大学）中文系以及许多中文系也开始相继成立，进行汉语言文化的教育。同时还有一些汉语培训机构相继成立。当时汉语教师中的一些代表人物开始显现，出现一些很有名的教师，如李光林、谢士凡、郑忠孝、张婷嫒等。①

1954 年以后，越南正式把汉语列为主要外语之一，地位与俄语相等，高于英语、法语。② 此时，不仅在高等院校设有中文系，而且在高中汉语也被视为重要的必修课。1959 年，越南河内外语大学即当今的越南河内大学也正式成立了中文系。

1975 年后越南汉语教学的发展一度中断。自 1991 年起，越中关系逐渐正常化，汉语教学随之兴起。由于经济发展的需要，学习和研究汉语的人变得越来越多，汉语在越南逐渐成了一门热门外语。中国再度接收越南留学生，到 1998 年，中国共接收了 5636 名享受中国政府奖学金的越南留学生。

2002 年 4 月，中越两国教育部签署了《2001—2004 年教育合作协议》。协议中规定，中国将会继续向越南提供奖学金，并且接收越南大学生、研究生、进修生到中国各大学学习。

2004 年，越南开设中文系或中文专业的大学共有数十所（仅河内市就有十余所），在校的中文专业学生有 1 万多人。③

2008—2014 年，越南政府将国内优秀人才派送到 23 个不同的国家进行学习，其中有中国、澳大利亚、英国、法国、德国、日本、加拿大、匈牙利、美国等国家。④ 其中，公派留学中国的学生数量最多。

为了适应人民学习和研究汉语的需要，1989 年越南的胡志明市师范大学成立了中文系，1991 年越南顺化外语大学开设了中文系，1994

---

① ［越南］阮黎琼花：《越南河内高校汉语教学现状调查》，硕士学位论文，湖南师范大学，2012 年。
② ［越南］潘其南：《越南汉语教学概况》，《世界汉语教学》1998 年第 3 期。
③ ［越南］阮光武：《汉语教材在越南的编写和使用情况考察分析》，硕士学位论文，北京外国语大学，2014 年。
④ ［越南］阮光兴：《越南高校汉语教学现状调查与研究》，博士学位论文，苏州大学，2015 年。

年岘港外语大学成立了汉语系，1998 年胡志明市人文与社会科学大学成立了汉语系，2004 年海防大学成立了汉语系。

截至 2013 年，按照由越南教育部发行的《2013 年高考招生指南》，越南全国已有 40 所高等院校开设了汉语专业以及汉语相关专业，每所高校每年有汉语专业本科名额从 30 个到 200 个不等，共有 3000 多个招生名额。这些院校主要集中在河内和胡志明市两大城市。① 办学层次主要为本科和硕士研究生，具有中文专业硕士学位授予权的学校有河内大学、越南国家大学下属外国语大学和胡志明市师范大学，越南国家大学下属外国语大学和胡志明市国家大学还开设有中文专业博士学位课程。没有开设中文专业的高等院校一般也都开设了汉语选修课。还有很多民办大学也都开设了汉语课程。越南小学阶段目前尚未开展汉语教学。此外，在越南南部胡志明市，华文教育近年来发展良好，据统计，胡志明市现有华文学校 35 所。②

2014 年 12 月 27 日，中国广西师范大学与越南河内大学合作共建的河内大学孔子学院正式挂牌成立，这是中越两国共同建立的第一所孔子学院，也是中越两国教育文化交流合作的重要成果。③

2015 年，越南有 482 所高校，其中有 39 所高校开设汉语专业，占全国 482 所高校的 8.1%。这 39 所开设汉语专业的高校中有 32 所大学（占 82.1%）和 7 所大专（占 17.9%）。在 32 所大学中有 4 所高校同时开设本科汉语专业和大专汉语专业，占 12.5%，分别是胡志明市外语与信息大学、阮必成大学、富春民立大学和潘珠祯大学；另外有 2 所高校，虽然是大学，但仅开设大专汉语专业，分别是首都大学和广平大学，占 6.3%。目前越南，有 30 所大学开设了 37 个本科汉语专业点，2 所大学和 7 所大专开设了 13 个大专汉语专业点。

① ［越南］阮光武：《汉语教材在越南的编写和使用情况考察分析》，硕士学位论文，北京外国语大学，2014 年。
② 教育部网站（http://www.moe.edu.cn）和国家留学基金管理委员会网站（http://www.csc.edu.cn），2016 年 10 月 25 日。
③ http://www.gxedu.gov.cn/Item/9018.aspx，2016 年 10 月 25 日。

第三节　汉语教学的环境和对象

由于中越两国文化交流历史悠久，越南的汉语教学在经过相当长的一段时间发展后，已经覆盖了初中、高中、大学及研究生阶段。越南的汉语教学环境主要包括高校汉语教学、普通中小学汉语教学、华文中心、外语培训中心汉语教学、佛教学校汉语教学、孔子学院汉语教学等。越南基础教育中的普通中学汉语教学可以说是十分薄弱。越南高校的汉语教学比较活跃。越南的汉语学习者，大致可以分为两类：一类是华裔青少年，从小就在华文中心或华文学校以民族语言的形式学习汉语；另一类是非华裔人士（包括少数华人子弟），在高等学校以第二语言的形式学习汉语。①

一　大学里的汉语教学

越南高校汉语教学发展速度最快，教学类型最丰富。由于中越两国经贸往来和旅游业合作的加强，越南对汉语人才的需求急剧增长，越来越多的越南人也开始将兴趣投向中文专业。

越南高校汉语教学的机构，主要有四种类型：一是公办大学的中文系或中文专业。这是越南高校汉语教学的主体。主要有北部的越南国家大学下属外国语大学、河内大学、军事大学、太原大学、海防大学，中部的岘港大学下属外语大学、顺化大学下属外语大学，南部的胡志明市师范大学、孙德胜大学、胡志明市国家大学下属人文与社会科学大学等。这类学校的中文系或中文专业，有专门为汉语专业学生（汉语专业课程约 90 学分）开设的汉语作为第一外语教学的课程，也有为其他专业学生开设的汉语作为第二外语教学的课程。此外，有些高校虽然未设立汉语相关专业但已开设了汉语选修课。二是民办或半

---

① 　曾小燕：《越南汉语教学发展的现状及问题探讨》，《东南亚纵横》2015 年第 5 期。

公办大学的中文系或中文专业。民办或半公大学的中文系或中文专业是越南汉语教学的重要组成部分，主要有北部的东方民办大学、河内经营与工艺大学、升龙大学，中部的富春民立大学、潘珠祯大学，南部的胡志明市外语与信息大学、骆鸿大学、九龙大学等。这些学校经国家教育培训部批准，大多由退休的公立大学领导、政府官员创办，实行校董事会管理体制。三是在职教育（成人教育）的中文专业。在职教育的中文专业有大专学历，也有本科学历。四是普通高校的汉喃专业或中国学专业及外语补习中心汉语教学。这类学校主要有河内国家大学下属人文与社会科学大学、胡志明市国家大学下属人文与社会科学大学、胡志明市外语与信息大学等。汉喃专业主要教授古代汉语，而中国学专业主要传授现代汉语及中国国情。公办、民办大学的汉语培训中心是越南汉语教学民间性机构之一。①

高校汉语教学可以分为以下几个小类。

（1）专业性汉语教学：教学对象以中文系或外语系的学生为主，专业方向是以汉语为第一外语的语言学或师范方向，往往是本科学历教育。课程一般分为两个阶段，前两年是语言技能阶段，包括综合课、听力、阅读、写作、口语等课程；后两年是专业知识阶段，包括语言理论、翻译理论、文化理论、古代汉语、商务汉语等课程。对学生的要求较高，毕业生需达到中高级汉语水平，除了汉语技能还需要掌握汉语本体、中国文化、语言学等基本知识。②

2015 年，越南全国高校设立了 54 个汉语专业点，包括博士点 1 个（占 1.8%）、硕士点 3 个（占 5.5%）、本科点 37 个（占 68.5%）和大专点 13 个（占 24.1%）；每年招收约 3389 名学生，包括博士 4 名（占 0.1%）、硕士 50 名（占 10.5%）、本科 2355 名（占 69.5%）、大专 980 名（占 28.9%）。③

---

① ［越南］陈灵芝：《汉语国际推广背景下的越南汉语教学现状》，《汉语国际传播研究》2014 年第 1 辑。

② 同上。

③ 阮文清、曾小燕：《越南高校汉语师资现状分析》，《华文教学与研究》2016 年第 3 期。

（2）非专业性汉语教学：教学对象以中文系或外语系的学生为主。这些教学对象主要来自外交大学、国贸大学等非语言或师范学校，专业方向是以汉语为第一语言的非语言学或非师范方向。课程主要以语言技能课为主，即综合、听力、阅读、写作、口语等课程，加上与专业有关的汉语课程如商贸汉语、旅游汉语、中国概况等课程。毕业生需达到中级以上汉语水平，并能掌握其他专业的汉语表达方式。

（3）汉语作为第二外语教学：教学对象是非汉语专业的外语专业学生。该类教学对象以汉语为第二外语选修课。课程主要以综合课为主。此类型一般由学校有开设汉语专业的院系负责（中文系或外语系）。要求学生完成课程后能够掌握汉语的基本知识并达到初级以上的汉语水平。

（4）普通高校的汉喃专业及中国学、东方学等专业的汉语教学：教学对象是非汉语专业的学生。汉喃专业课程主要注重读写，特别是汉字，此外还有古代汉语等有关知识。中国学主要讲授现代汉语、与中国相关的文化和社会知识，对学生的汉语水平要求不太高，达到初级以上水平即可。

（5）在职教育（成人教育）的汉语教学：教学对象是在职教育系中文或翻译专业的学生。本类型开课时间一般是晚上或周末，上课地点有的是校外开课。课程设置与专业性汉语教学相似，但要求不太高，学生基本达到中级汉语水平即可。

（6）国际合作汉语教学：教学对象是国际合作项目的学生。学生在校学习汉语两年后继续到中国留学两年攻读各种不同的专业（项目）。另外还有"1+3""3+1""2+1"等类似项目。课程设置与专业性汉语教学相似，另有针对其他专业的汉语课程如商务汉语、医学汉语、体育汉语等，对学生的汉语水平要求较高，完成课程后需要达到中高级水平并通过新汉语水平考试五级以上。

（7）汉语作为选修课教学：教学对象是普通高校的非汉语专业学生，以汉语为选修课。课程主要以综合课为主，要求学生完成课程后达到初级汉语水平。

下面简要介绍几所高校的汉语教学情况。

（一）胡志明市国家大学下属人文与社会科学大学的汉语教学①

越南胡志明市国家大学下属人文与社会科学大学（University of Social Science and Humannities-Vietnam National University Ho Chi Minh City），简称人文社科大学。该校的前身为成立于 1957 年 3 月 1 日的西贡大学院所属文科大学。1976—1996 年，该校并入胡志明市综合大学作为其人文及科学专业的一部分。1996 年 3 月 30 日，该校从胡志明市综合大学独立出来，定名为胡志明市国家大学下属人文与社会科学大学。胡志明市国家大学由胡志明市的 6 家大学合并而成，人文社科大学是其中之一。胡志明市国家大学是越南两家最大规模的大学之一，教学水平较高，在推动越南大学教育事业中起到了重要的作用。

1997 年，该校语文及传播系的中国语文专业与东方学系的中国学专业合并，在此基础上，成立了"中国语文专业"。1999 年 4 月，正式更名为"中国语文系"，简称"中文系"。该系从 1998 年 9 月正式开始招生，每年招生名额为 120—200 个学生。截至 2016 年中文系已经招收了 19 届学生。

该校为学生开设两类课程：概论知识课程和汉语专业知识课程。获得毕业证书需满足三项要求：修满 140 个课程学分（修业时间不超过 6 年），获得第二外语证书并完成实习报告。

概论知识课程包括马克思哲学、胡主席思想、环境与发展、越南文化基础、语言学引论、世界文明历史、社会学大纲、法律学大纲、宗教学大纲、政治学大纲、心理学大纲、逻辑学大纲、政治学大纲、科学研究方法、体育、人学大纲等课程。

汉语专业知识课程包括翻译、翻译技能、编译技能、口语、写作、试听、语法、阅读、语音、听力、文字、中国文化、中国历史概略、

---

① ［越南］陈皇宝珠：《越南中级汉语综合课语法教学模式个案研究》，硕士学位论文，中央民族大学，2015 年。

中国人文地理、冲国报刊、中国文学、商务汉语、旅游汉语、汉语语法偏误分析等课程。

中文系学生毕业后往往进入社会文化机关、外交部、经济组织等越南国内外政府组织与非政府组织工作，也有不少人在高等院校、培训中心从事汉语教学，另外一些人会继续攻读硕士、博士学位。

（二）河内大学的汉语教学

河内大学的前身是河内外语大学。河内外语大学成立于 1959 年，是一所以外语教学和外语研究为主的著名大学。2006 年，河内外语大学更名为河内大学。河内大学在 1959 年建校之初就设立了中文系，后一度中断，1987 年恢复招生。2012 年，全校教师约 500 人，大部分的教师都在国外取得了博士或硕士学历。全校有 2 万多名学生，其中中国留学生大约 160 人。学校设有近 20 个系科，包括汉、英、德、日、俄、法、意大利等几种外语，主要培养高级翻译人才和外语教师。经过几十年的发展，河内大学的中文系在课程设置方面已形成了自己的特色。

河内大学中文系的教学目标主要有以下几个方面①：①学生要掌握社会、文化、政治和基本的科学知识；②学生要掌握汉语各方面的基本知识（如语音、语法、语义等）、汉语应用知识、专业语言知识、中国文化等；③培养学生听、说、读、写、译五种技能，让他们在实际交际中熟练地使用；④培养学生组织教学的能力和"分析—发现—解决"问题的能力以及教师的职业素养和专业思维能力；⑤培养学生自学自研的能力、传授知识的能力以及辩论的能力。

河内大学中文系的课程设置共 43 门，课程门类基本齐全，层次也比较分明。河内大学中文系在一年级、二年级主要开设语言技能课，对学习者进行各项语言技能训练，总学分为 72 学分。特别要说明的是，语言技能课每个学分要学 20 课时，而其他学校语言技能课每学分只有 15 课时，这说明河内大学对语言技能课程比较重视。

---

① http://web. hanu. vn/cn/login/index. php，2016 年 10 月 26 日。

一、二年级还开设了研究方法类课程"学习和研究方法"以及语言学课程"语言学对比"等。三年级开设了语音、文字、词汇、语法等汉语理论知识课。四年级注重讲授师范专业知识，包括外语教学法、教育理论专题等教育专业理论知识。① 目前在读全日制学生 1000余人，"快乐学汉语"为该系一年一度的大型汉语才艺会演，2016 年已是第十届。长期以来，该系的教学和文化活动得到了河内大学孔子学院的大力支持。②

（三）雄王大学的汉语教学

雄王大学成立于 2003 年 4 月 29 日，前身是成立于 1978 年的永福师范高等学校，位于越南富寿省越池市。越南雄王大学有两个校区，一个在越南越池市富寿县富寿社，一个在越南越池市农庄社。该校于 2007 年在富寿社校区设置了汉语专业，2011 年越池市校区也设置了汉语专业，汉语为该校最重要的外语专业之一。

该校中文系只设汉语这一个专业，设立之初招收一个班，15名学生，完全是小班式教学，至今学生的人数在不断增加，2014年大一 19 人，大二 32 人，大三 19 人，大四 38 人。③ 设立之初只有 3 位汉语老师，2010 年聘请第一位中国老师，2014 年聘请第二位中国老师。雄王大学中文专业教师梁凤接受采访时称，2015 年该校中文专业共有 4 个年级，有 110 名学生、7 名教师和 1 名中国汉语志愿者。④

雄王大学汉语课的设置分为两种，一是中文系学生的汉语课，二是非中文专业的汉语课。汉语在雄王大学属于外语类必修课，由学校统一安排，中文系的学生大一到大四都要学习汉语，非中文系的学生

---

① ［越南］阮氏玉征：《越南高校汉语课程设置的分析和思考》，硕士学位论文，中央民族大学，2012 年。

② http://www.hanban.edu.cn/article/2016 - 05/19/content_ 642448. htm，2016 年 10 月 27 日。

③ ［越南］阮氏秋恒：《越南雄王大学中文专业汉语教学现状调查》，硕士学位论文，云南大学，2015 年。

④ http://www.chinanews.com/gn/2015/11 - 05/7606967. shtml，2016 年 10 月 27 日。

只需要大一、大二学习汉语，修满规定的学分才能拿到毕业证。学校
设有汉语俱乐部和汉语课外活动课（中文系和非中文系的学生都可以
参加），还有专门的汉语协会组织对汉语感兴趣的同学一起背诵、朗
读汉语，每学期都会有汉语演讲比赛，第一、二、三名有丰厚的奖励。
大三的时候，中文系的同学要到中国云南红河学院实习两个月（只有
中文系的学生才可以去实习）。

越南雄王大学中文系的汉语必修课程

学期	课程	学分	学期	课程	学分
第一学期	听力一	3	第五学期	语音—文字	2
第一学期	口语一	3	第五学期	翻译理论	2
第一学期	阅读一	3	第五学期	翻译（一）	4
第一学期	写作一	3	第五学期	现代汉语词汇	2
第二学期	听力二	2	第五学期	旅游汉语	2
第二学期	口语二	2	第五学期	研究科学方法	2
第二学期	阅读二	2	第六学期	笔译（一）	4
第二学期	写作二	2	第六学期	商务汉语	2
第三学期	听力技能一	2	第六学期	中国国学	2
第三学期	口语技能一	2	第七学期	翻译（二）	4
第三学期	阅读技能一	2	第七学期	语言对照	2
第三学期	写作技能一	2	第七学期	翻译见习（一）	3
第四学期	听力技能二	2	第七学期	翻译见习（二）	5
第四学期	口语技能二	2	第八学期	古代汉语	3
第四学期	阅读技能二	2	第八学期	中国文化提高	2
第四学期	写作技能二	2	第八学期	笔译（二）	4
第四学期	语法	2	第八学期	语法提高	2
第四学期	中国概况	2	第八学期	中国概况	2

　　由上表可知，雄王大学中文系的课程安排较为合理，大一主要进
行听力、口语、阅读、写作的教学，大二课程主要是在大一课程的基
础上进行技能方面的训练，以及对中国概况的教学，大三主要教学语
音—文字、翻译、现代汉语词汇、旅游汉语、研究科学方法、笔译、

商务英语、中国国学等课程，大四主要教学翻译、语言对照、古代汉语、中国文化提高、语法提高等课程。大一、大二多为基础课程，只有在打好基础的情况下，才能学好大三、大四的课程。

选修课的内容以中国文化为主，有中国书法、中国国画、中国歌曲、中国资料影片欣赏、中国剪纸、中越文化对比等，内容丰富，有利于开拓学生视野。选修课程有人数限制，有大班、小班之分，超过人数限制可以申请加课。①

2015 年 10 月，雄王大学和中国驻越南大使馆共同设立了中国语言文化研习室。成立当天，雄王大学校长高文参加揭牌。中国语言文化研习室的电脑和中文教学资料都是由中国民间和有关部门捐赠的。

尽管雄王大学中文专业成立时间不长，但毕业生就业情况一直不错。"大部分毕业生都在河内、北宁、永福、北江等周边省市的中资企业工作，还有一些学生去中国攻读硕士和博士。"雄王大学已成为越南西北地区重要的汉语人才培养基地。②

二 中小学的汉语教学

按越南教育部的规定，外语是中学的必修科目，是小学的选修课，要使用全国统编教材。越南普通中学的汉语教学统一使用由越南教育培训部出版社出版的《汉语教科书》。开设汉语课的小学主要集中在胡志明市，胡志明市是越南华人最多的地方。③

普通中小学汉语教学又可以分为两个小类：一是华人子弟汉语教学，二是普通中小学汉语教学。

（一）华人子弟汉语教学：以"在学好越南语的基础上学习华语"的政策为出发点，胡志明市很多华人居民区的中小学都开设了汉语课，

① ［越南］阮氏秋恒：《越南雄王大学中文专业汉语教学现状调查》，硕士学位论文，云南大学，2015 年。

② http://www.chinaqw.com/hwjy/2015/11-05/69399.shtml，2016 年 10 月 26 日。

③ ［越南］阮黎琼花：《越南河内高校汉语教学现状调查》，硕士学位论文，湖南师范大学，2012 年。

学习对象是越南华人的子弟。教学机构有两种：一是由华人社团合作创办的华文学校。这类学校多采用双语教学，部分普通课程也用汉语讲授，有的学校也教授计算机课。汉语课每周 5 节课左右（每节课45分钟）。此类学校目前在胡志明市有 15 所，2000 多名学生。二是直属普通中小学的汉语中心，中心的教学活动独立于学校的课程，主要教授汉语、中国文化、音乐、体育等课程。汉语课每周上 10—15 节课。这两种类型的学校都是小学和初中，没有高中。

（二）普通中小学汉语教学：目前汉语在越南已经成为"第二大外语"，位置仅低于英语，高于法、日、韩、德等其他外语。随着汉语热的升温，许多普通中小学，特别是高中都已开设了汉语课作为选修课。其中，部分外语大学附属中学和一些外国语学校也已开设了汉语班（汉语作为第一外语学习）或把汉语作为二外必修课。汉语班中，学生每周上 5—6 节汉语课，主要为综合课和语法、阅读等课程，缺少口语、听力课程。同样，汉语作为选修课也较看重语法、词汇，主要是因为考试形式只有笔试。此类学校集中在大城市（河内市、胡志明市）、华人较多地区（胡志明市、同奈省）或越中边境地区（老街省、高平省、凉山省），据统计 2014 年全国共有 35 所初高中学校开设了汉语课。①

三　外语培训中心的汉语教学

除了较为正规的汉语教学系统以外，为了满足社会不同阶层的汉语学习需求，越南有上百个外语培训中心开设了汉语课。这些外语培训中心主要以开设 2—3 个月的汉语短期培训班为主，教学内容及教学形式丰富，但系统性较差。这种类型的汉语教学的存在，在不同程度上满足了越南社会各层次汉语学习者的需求。这就使越南的汉语教学呈现出人口数量多、结构多层次、类型多样化的特征。按组织形式分

① ［越南］阮光武：《汉语教材在越南的编写和使用情况考察分析》，硕士学位论文，北京外国语大学，2014 年。

类，外语培训中心可分为如下几类①。

（一）附属各高校的外语培训中心：由各外语学校、具有汉语系的高等院校开设的外语培训中心。一般是多语言培训，并利用学校自有的教师力量，有些学校还利用学校教室和设备作为授课地点与工具。汉语教师都是来自所附属学校的外语系、中文系，因此具有一定的教学经验，课堂设置具有科学性，教学质量能够得到保证，很受学习者的信任。

（二）民办汉语学校：一种独立的教育机构，以学校形式来运营的外语培训中心，仅授汉语课程。教师、教室、教材由中心自己负责和管理，其中教师队伍可由中心自己培养或从其他学校、中心邀请来授课。此类型一般集中在胡志明市等南部几省。

（三）民办汉语培训班：这是由私人开办的具有一定规模的汉语培训班。教师队伍不稳定，除了部分"正规教师"外，有些汉语教师没有教学经验，甚至有些教师为汉语专业的学生，汉语水平仅达到中级。此类培训班大部分教学质量较低，仅能满足小区域的汉语爱好者的需求。

（四）由私人开办的多语种培训中心：这种机构会不定期按照学习者不同的学习目的和需求开设不同的汉语培训班。最常见的几种班有综合技能班、口语班、速成班、考前辅导班、特殊班等。

四 佛教学校的汉语教学②

佛教是越南的一大宗教，至 2013 年，全国已有 28 所中等佛学院、3 所大专佛学院、3 所本科佛学院，其中，胡志明市佛教大学有 1300 余位僧尼生。佛教学校的僧尼除了学习普通课程（统称外典课）以外，还需要学习佛教协会规定的佛学课内典的经书、佛法（均为汉语

---

① ［越南］阮光武：《汉语教材在越南的编写和使用情况考察分析》，硕士学位论文，北京外国语大学，2014 年。

② 同上。

书写），僧尼如要读懂佛经，必须首先学习汉语。此外，每年有不少僧尼被派到中国大陆、台湾等地交流或留学。因此，佛教学校内，汉语也是一门非常重要的课程，特别是汉字和古代汉语。佛教学校所开的汉语课主要偏汉喃专业方向，即课程设置与高校的汉喃专业相似，注重汉字和古代汉语的学习。僧尼学汉字时是用汉越音念汉字，而不是现代汉语的读音。汉语综合课仅作为选修课，但由于国际交流及公派学习需求越来越高，选修汉语课的僧尼也越来越多。

除了校内课程以外，有些佛教学校与一些寺庙合作开设汉喃、汉字、书法等课程，供佛门弟子参加学习。这些课堂一般由寺庙提供上课地点，教师为佛教学校或各高校汉喃专业、东方学专业的教师负责授课。课程免费，主要讲书面汉语而非现代汉语口语或综合课程。

五　国际学校的汉语教学

本节以胡志明市 ABC 国际学校和胡志明市美国国际学校的汉语教学情况为例，来说明越南国际学校汉语教学的基本情况。

胡志明市 ABC 国际学校的外语教学语种包括汉语、法语。汉语、法语这些课在胡志明市 ABC 国际学校都属于选修课，从一年级开始，学生可以学汉语。从七年级起，学生可以选择继续学汉语或者开始学法语。从一年级到十三年级，全校只有三位老师负责汉语教学，其中一位是越南华人，两位是中国人。三位老师都有多年的汉语教学经验，但两位中国老师原来的专业是经济，和汉语教学无关。

胡志明市美国国际学校的外语教学语种包括汉语、西班牙语。汉语、西班牙语这些课在胡志明市美国国际学校高中阶段属于选修课，初中阶段汉语属于必修课，从六年级开始学生可以学汉语。从九年级起，学生可以选择继续学汉语或者开始学西班牙语。从六年级到八年级，初中部有三位老师负责汉语教学，其中两位是越南华人，一位是中国人。三位老师都有多年的汉语教学经验。

这两所国际学校的教学设备比较完备，所有教室皆配备各种教学设施与设备，使学生能够更加有效地学习。如所有教室设有屏幕与投影机，促进互动教学；都配备有空气净化设施，提供清新的教学环境。学校还设有计算机室。

<h2 style="text-align:center">六　河内大学孔子学院的汉语教学①</h2>

2013 年 10 月 13 日，孔子学院总部总干事、中国国家汉办主任许琳与越南河内大学校长阮庭论在越南河内主席府由中越两国总理共同见证，签署了双方《关于合作设立河内大学孔子学院的框架协议》。

根据协议，河内大学孔子学院的中方合作院校为广西师范大学，越南驻华大使馆对广西师范大学与河内大学合作共建孔子学院工作一直予以高度关注和积极支持。12 月 6 日，越南驻华大使阮文诗在越南驻华大使馆会见了广西师范大学校长梁宏、副校长蔡昌卓和河内大学校长阮庭论一行，表示越南政府非常支持两校共建孔子学院的工作，这是中越文化教育交流的成果，必将促进中越传统友谊的发展。

在广西师范大学与河内大学就两校合作共建孔子学院的具体事宜经过多次积极磋商并达成共识的基础上，2013 年 12 月 8 日在北京孔子学院总部，在许琳和越南驻华大使馆公使黄玉荣的共同见证下，广西师范大学校长梁宏和河内大学校长阮庭论分别代表两校签署了《越南河内大学与广西师范大学合作共建孔子学院执行协议》。广西师范大学与河内大学合作共建孔子学院执行协议的签订，标志着越南首家孔子学院将进入实质性的筹备工作。

2014 年 12 月 27 日上午，在中共中央政治局常委、全国政协主席俞正声和越南祖国阵线中央委员会主席阮善仁的共同见证下，中国外交部副部长刘正民、越南教育培训部副部长裴文歌、广西师范大学校长梁宏和河内大学校长阮庭论在越南河内大学校园内共同为河内大学孔子学院揭牌。②

---

① http：//www. hanban. org/article/2013 – 10/18/content_ 511253. htm，2016 年 10 月 27 日。
② http：//www. hanban. edu. cn/article/2014 – 12/29/content_ 568522. htm，2016 年 10 月 27 日。

　　中越双方表示要加强沟通与合作，竭尽所能把孔子学院办成推动中越两国教育文化交流的重要基地，为增进中越两国人民的相互理解、为传承和发展中越人民的传统友谊做出新的更大的贡献。①

　　河内大学孔子学院建成后，积极开展汉语言文化教学和交流活动，取得了很多成绩。例如，2015 年 9 月 25 日，河内大学孔子学院举办了"喜迎中秋文艺晚会暨中国文化周"系列活动。中国驻越南大使洪小勇同部分馆员、河内大学师生、中越友好人士共同欣赏了表演。晚会上由中越两国师生带来的《天路》《青花瓷》《同一首歌》等歌曲将文化周气氛推向了高潮。被中越誉为"两国将军"阮山洪水之女阮青霞还为部分学生颁发了"阮山洪水奖学金"。此次文化周是河内大学孔子学院挂牌以来首次举办的重大活动，旨在进一步增进中越两国文化交流，为中越两国青年搭建一个沟通平台，让更多的越南师生了解中国文化。② 2016 年 4 月 27 日晚，河内大学孔子学院应邀参加了河内大学中文系举办的第十届"快乐学汉语"文艺晚会。③ 2016 年 5 月 25 日上午，河内大学孔子学院承办的第十五届"汉语桥"世界大学生中文比赛越南北部赛区预赛成功举行，来自越南北部 11 所高校的 15 名选手参加了本次角逐。④ 2016 年 6 月 9 日，正值端午节，河内大学孔子学院举办了"中越端午节文化交流会"。2016 年 6 月 13 日至 7 月 13 日，利用暑假时间，河内大学孔子学院为河内大学教职工子弟开办了汉语学习班，受到了教职工家长和孩子们的欢迎。学习班每周一、三、五上课，每次两个小时。共有 26 名教职工子弟报名参加学习，他们都是中小学校的学生，年龄最大的 15 岁，最小的 7 岁。教授的内容有汉语拼音、日常会话及汉字的书写，并穿插了折纸、唱儿歌、做游戏等活动。

---

① http：//www. gxedu. gov. cn/Item/9018. aspx，2016 年 10 月 27 日。

② 中国经济网（http：//www. ce. cn/），2016 年 10 月 27 日。

③ http：//www. hanban. edu. cn/article/2016 – 05/19/content_ 642448. htm，2016 年 10 月 27 日。

④ http：//www. hanban. org/article/2016 – 06/03/content_ 645886. htm，2016 年 10 月 27 日。

第四节　汉语教材的选用和开发

一　越南国内出版的汉语教材

越南汉语教学历史悠久，学习者日益增多，目前所使用的教材质量参差不齐，据统计，越南市场上由越南出版社出版发行的汉语教材有 300 多种，这些汉语教材有些是越南学者编写的，有些是中国学者编写的，有些则是中越双方合作编写的。从来源上可以分为四种：一是引进由中国人编写的对外汉语教材版权；二是引进由欧美人编写的汉语教材的版权；三是采用由中国人编写的英语教材的汉语部分；四是由越南人自编的汉语教材。[①]

阮光武在《汉语教材在越南的编写和使用情况考察分析》中介绍了越南三大网上书店（分别是：vinabook. com，vnnetbook. com，sahara-vn. com）售卖的汉语教材的基本情况：[②]

第一，新出版的教材不多。许多教材版本较旧，内容已过时，新出版的教材不多。网上书店售卖的 2010 年至 2014 年出版的教材有 48 种，占 19.5%。2004 年至 2009 年出版的教材最多，占 58.3%。

第二，教材类别多样但分布不均。教材类别包括综合、口语、语法、听力、汉字等。口语教材占较大的比例（67.6%），其中大部分为自学教材。其他技能或知识的教材如听力、语音、词汇、语法、写作、阅读等非常少。综合教材虽然数量在 40 种左右，但《汉语教程》和《汉语会话 301 句》不同的版本已占大半。如不包括重复出版的版本，只有不到 10 种综合教材。用于特殊目的的教材虽然多样，包括商务、旅游、留学、办公室等汉语，但数量较少。此外还有广东话、温

---

① ［越南］刘汉武：《越南汉语教材的现状及编写建议》，《现代语文》（语言研究版）2011 年第 9 期。
② ［越南］阮光武：《汉语教材在越南的编写和使用情况考察分析》，硕士学位论文，北京外国语大学，2014 年。

州话等非普通话教材。

第三，越南国内的教材编写者数量不多。编者主要以陈氏清廉、张文界与黎克乔录、嘉灵、青霞以及 Saigonbook、The Windy、The Zhishi 编辑组等为主。其中，嘉灵、青霞等编者主要进行编译工作而非编写新教材。由此可以看出，越南国内的汉语教材编写队伍还是比较薄弱的，有经验的编写者数量很少。

第四，教材版本重复较多，存在"一书多版"现象。有些教材存在由不同学者主编的多个版本，如《汉语教程》有陈氏清廉、张文界与黎克乔录主编的两个版本，《汉语会话 301 句》至少有六种不同编者主编的版本。据研究，这些版本的主要内容与原版的《汉语教程》（原为杨寄洲主编，北京语言文化大学出版社 1999 年版）和《汉语会话 301 句》（原为康玉华、来思平主编，北京语言大学出版社 2003 年版）基本一致，仅补充了越南语注释或在练习部分增加了一些习题。此外，有些教材在同一年，由同一个学者主编但不同的出版社出版。如陈氏清廉主编的《汉语教程》，2011 年有河内国家大学出版社和百科辞典出版社等四个版本。

第五，原版为中国学者编写的教材较多。许多教材越南学者不是编写，而只是对中国出版的一些教材进行编译，即没有对教材内容进行任何修改，如由青霞、嘉灵、阮氏明红等编译的教材。出版次数最多的《汉语教程》和《汉语会话 301 句》也都是由中国学者编写的通用教材。越南学者编写的教材主要为自学、口语类的，内容粗略、形式单调、科学性不高，未得到使用者的信任。

二　中国出版的汉语教材

越南书籍市场上由中国出版的汉语教材数量极少。由中国出版的、在世界各地广泛使用的汉语教材，如《汉语口语》（陈建民主编，北京出版社 1984 年版）、《发展汉语》（容继华主编，北京语言大学出版社 2011 年版）、《快乐汉语》（李晓琪主编，人民教育出版社 2010 年版)、《新实用汉语课本》（刘珣主编，北京语言大学出版社 2009 年版）等几乎没有。其中，《每日汉语》（《每日汉语》编写组主编，中国国际广播出版社 2009 年版）、《快乐汉语》等都有越南语版，但没能在越南广泛发行。《博雅汉语》（徐晶凝、任雪梅主编，北京大学出版社 2005 年版）、《汉语口语速成》等教材很难找到。使用《博雅汉语》为主导教材的河内师范大学也缺少教材，大部分学生要用复印版。出现该现象的主要原因是这些教材在越南没有某个出版社或发行商拥有出版权，导致推广工作遇到困难。此外，北京语言大学出版社出版的《汉语教程》、《汉语口语教程》（戴悉心、王静主编，北京语言文化大学出版社 2001 年版）、《汉语听力教程》（胡波、杨雪梅主编，北京语言大学出版社 1999 年版）等教材仅限各高校内部流行。这些教材只有通过越南各高校与中国各教育单位合作才能得到，数量有限，未能满足学校本身的需求。

三　汉语教材使用情况

越南汉语教材市场现有的教材类型可分为综合教材和口语教材。许多学者的研究中表明，目前越南的教学机构除了使用自己国家出版的汉语教材之外，在高校中常用的教材是北京语言大学出版社出版的《汉语教程》。近年来，许多学校和外语培训中心也开始使用由北京大学出版社出版的《博雅汉语》。此外，《汉语会话 301 句》、《桥梁》（陈灼主编，北京语言大学出版社 2000 年版）、《汉语口语速成》、《路——外国人汉语会话课本》（赵金铭主编，北京语言文化大学出版社 2002 年版）等中国出版的教材也有一些教学机构使用。下面对几大类主要汉语学习者所使用的教材做简单介绍。

（一）高等院校汉语教材使用情况[①]

如上所述，高校汉语教学有专业性汉语教学、非专业性汉语教学、

---

① ［越南］阮光武：《汉语教材在越南的编写和使用情况考察分析》，硕士学位论文，北京外国语大学，2014 年。

汉语作为第二外语教学、在职教育汉语教学、国际合作汉语教学，以及汉语作为选修课汉语教学几种教学类型，每种教学类型要选用不同的教材。高等院校汉语教学是构成越南汉语教学体系中最大的组成部分，高等院校汉语教学类型丰富多样，每个教学类型选用的教材也不同。每所大学开设中文专业的院校会自己编写制作该校的课程大纲后上交教育与培训部审批，各个大学的课程大纲不同，所以教材也不统一。

虽然不同教学类型有不同教学目标，但均有语言技能的要求。因此，大部分高校在第一学期都设置了语言技能课程，其中很多学校都设置了综合课，用的教材是越南版的《汉语教程》（2004 年版），共 3 册，每册分上、下两本。《汉语教程》原由北京语言大学出版社出版，除了六本语言技能类教材，《汉语教程》还有其他配套的分技能教材，包括《汉语口语教程》、《汉语阅读教程》（彭志平主编，北京语言大学出版社 2009 年版）、《汉语听力教程》以及《看图说话》、《新闻听力教程》（刘士勤、彭瑞情主编，北京语言大学出版社 2002 年版）、《报刊阅读教程》、《古代汉语》等。由于整体性较强，该教材在越南很受欢迎，被各外语学校广泛使用，被称为"汉语教学基地"的河内大学、越南国家大学下属外国语大学、河内师范大学以及胡志明市师范大学、胡志明市国家大学下属人文与社会科学大学等都在使用该教材作为综合课的正式教材。此外，据相关研究统计，有超过 80% 公立高校也在使用该教材。

近几年，《博雅汉语》被部分外语高校综合课选中作为教材。与《汉语教程》相比，《博雅汉语》在教学内容、编写思维、外在形式上都有较大的改进。但同时它也存在很多问题，如语音教学部分过于简单，每课生词数量过多，还没有越南语版等。

除了《汉语教程》和《博雅汉语》以外，部分高校在汉语综合课教学中也使用其他教材，如《新实用汉语课本》、《新汉语教程》（李晓琪等编，北京大学出版社 1999 年版）、《发展汉语》（荣继华主编，北京语言大学出版社 2011 年版）等，但使用这些教材的高校数量不多。还有个别学校使用单本《汉语会话 301 句》作为综合课的教材。

　　高校非语言技能课程所使用的教材大部分是由本校中文系的汉语教师自编或合作编写和出版的。例如，越南国家大学下属外国语大学的古代汉语课程使用的由本校教师范玉含博士主编的《古代汉语》，供学校内部使用，未经正式出版，课本为复印版。河内师范大学的教育科学课程的教材也是由本校中文系自编的教材，课本形式也是复印版。使用自编教材的比例较高，一般为 20%—30%，在河内大学竟达到55%，只有商贸汉语和中国概况课程是有统编教材的。

　　高等院校汉语教学还选用中国香港、台湾地区的汉语教材。此外，还有部分课程因为没有适当的教材或者学校要求，由任课教师自编或者从不同教材中摘选出适当的内容编成校内使用的教材。①

　　（二）中小学汉语教材使用情况

　　针对中小学汉语教学越南教育与培训部研发了一些汉语教材，如小学教材《华语》（阮国超主编，越南教育出版社）10 册，2000 年第一次印刷 10000 套，至今已经过 14 次重印，中学汉语教材《中国语》（2006 年第一次印刷）7 册，分别用于初一至高三。

　　除了教育与培训部研发外，部分学校还使用其他教材，如 2009 年同奈出版社出版的《儿童汉语》3 册（马成才主编）、越南教育与培训部与云南大学出版社合作编写出版的《小学汉语》8 册和配套练习册等。

　　（三）成年人汉语教材使用情况②

　　成年人汉语教材是指汉语培训中心使用和成年人自学的教材。据我们考察，目前汉语培训中心的教师主要来自当地大学的中文系，某个课程大学里使用什么教材他们就用同样的教材，使用最多的教材有《汉语教程》《桥梁》《发展汉语》《汉语会话 301 句》《博雅汉语》。

---

① 　［越南］陈传俊：《越南本土汉语教材研究》，博士学位论文，中央民族大学，2016 年。
② 　同上。

　　部分培训中心还开设了旅游专业汉语、商务汉语等，这些特殊班级的教材都由教师来选用，他们一般使用《外贸口语 30 课》（张静贤主编，北京语言大学出版社 1991 年版）、《商务汉语》（黄为之主编，华语教学出版社 2002 年版）、《新丝路》系列的速成商务汉语教材（李晓琪主编，北京大学出版社 2009 年版）等。

　　另外，汉语培训短期班教学形式一般是学习 3—6 个月，此类教学对象主要是外企员工、想出国打工的人员等，需要教师在很短的时间内能使学生口语交际能力有所提高，教师普遍选择《汉语口语速成》《汉语会话 301 句》作为教材，该教材包括听、说、读、写等技能，非常适合短期培训班。

　　考前培训班是为参加本科汉语专业考试、汉语水平考试或汉语水平口语考试前需要提高现有汉语水平的学员开设的。考前培训班的教师一般选择《新汉语水平考试真题集 HSK》（国家汉办主编，商务印书馆 2012 年版）、《新汉语水平考试大纲》（孔子学院总部主编，商务印书馆 2009 年版）或者《汉语水平口语考试 HSKK 应试指南》（刘芳主编，北京语言大学出版社 2013 年版）作为教材，另外有个别教师收集往年汉语考试真题、越南汉语高考真题等作为培训的教材。

　　目前不少人因工作需求、对汉语感兴趣有意学习汉语，但是他们没有条件参加汉语培训班，这类群体只好自己找教材来自学。顺应潮流，越南的汉语学者们已经编写出各种各样汉语自学教材，如《司机汉语日常会话》《今日汉语》等几十种，供这类群体使用。

第五节　汉语师资状况

　　目前，在全球"汉语热"的大背景下，专业汉语教师的缺乏已成为国际汉语教育界面临的大问题。越南是国际汉语教学的一个较为重要的地区,汉语教学质量不断提高,教学模式不断创新,规模不断扩大,汉语教师缺口也随之扩大,越南目前的汉语本土师资队伍处于"量少质薄"状态。

一 高校汉语师资现状①

为了解越南高校汉语师资的情况,阮文清、曾小燕在《越南高校汉语师资现状分析》中对教师的基本信息、高校相关政策制度和教育部对高校开设汉语专业点的相关政策三个方面进行了调查,调查对象为越南比较具有代表性的 9 所大学,分别为越南国家大学下属外国语大学、河内首都大学、河静大学、胡志明市外语与信息大学、顺化大学下属外语大学、太原大学、外贸大学、岘港大学下属外语大学和雄王大学。

(一)高校汉语教师的基本信息

a. 汉语教师的年龄

2015 年越南高校汉语教师年龄分布情况

学校名称	30 岁以下		30—50 岁		50 岁以上	
	人数	比例(%)	人数	比例(%)	人数	比例(%)
越南国家大学下属外语大学	12	21.8	39	70.9%	4	7.3
河内首都大学	4	50	4	50	0	0
河静大学	3	60	2	40	0	0
胡志明市外语与信息大学	1	10	9	90	0	0
顺化大学下属外语大学	5	31.3	10	62.5	1	6.2
太原大学	10	35.7	17	60.7	1	3.6
外贸大学	0	0	15	100	0	0
岘港大学下属外语大学	3	15	17	85	0	0
雄王大学	0	0	8	100	0	0
总计	38	23	121	73.3	6	3.7

---

① 阮文清、曾小燕:《越南高校汉语师资现状分析》,《华文教学与研究》2016 年第 3 期。

从上表可以看出，越南高校汉语教师的年龄大都分布在 30 岁的年龄阶段，小部分分布在 30 以下的年龄阶段，最少的是 50 岁以上的年龄阶段。其中，外贸大学和雄王大学没有 30 岁以下的青年汉语教师，这样会影响学校的长远发展，所以学校应适当调整汉语教师的年龄结构。

b. 汉语教师的性别结构

2015 年越南高校汉语教师性别分布情况

学校名称	男教师		女教师	
	人数	比例（%）	人数	比例（%）
越南国家大学下属外语大学	7	12.7	48	87.3
河内首都大学	1	12.5	7	87.5
河静大学	2	40.0	3	60.0
胡志明市外语与信息大学	2	20.0	8	80.0
顺化大学下属外语大学	3	18.8	13	81.2
太原大学	3	10.7	25	89.3
外贸大学	2	13.3	13	86.7
岘港大学下属外语大学	3	15.0	17	85.0
雄王大学	0	0.0	8	100
总计	23	13.9	142	86.1

越南高校汉语教师大部分是女教师，比例占 60% 以上，男教师占的比例特别小。雄王大学的汉语教师甚至全都是女教师。显然，越南高校汉语教师的性别差异较大，缺少男性汉语教师。汉语教师性别结构分布不平衡是越南高校普遍存在的问题。

c. 汉语教师的学位层次及其数量分布

据 39 所开设汉语专业的高校官网公布的数据统计可知，截至 2015 年 8 月，越南一共有 552 位汉语教师，其中取得学士学位的汉语教师共有 99 位（占 18.33%），取得硕士学位的汉语教师共有 317 位（占 58.70%），取得博士学位的汉语教师共有 124 位（占 22.96%）。越南高校中只有学士学位的汉语教师最少，且各校之间数量分布比较均衡。越南政府总理于 2010 年 9 月 22 日颁布公文 58/2010/QD—TTG 号①，其中第 24 条第 2 项指出："大学教师必须具备本科以上毕业证和教师证，大学培养方案中教理论课的教师必须是硕士以上学历，博士、硕士培养方案中承担课题、论文等指导工作的教师必须具有博士毕业证书。"据上述公文可知，教师必须取得硕士以上学位才能教本科的理论课，本科毕业的老师是不能教本科生的理论课的。

有硕士学位的汉语教师数量较多，且分布相对均衡。其中取得硕士学位教师最多的是越南国家大学下属外国语大学，有 24 位（占全国 7.4%），太原大学有 21 位（占全国 6.5%），胡志明市国家大学下属人文与社会科学大学有 19 位（占全国 5.9%），河内大学和军事技术科学学院都有 15 位（各占全国 4.6%），顺化大学下属外语大学有 14 位（占全国 4.3%）和岘港大学下属外语大学有 11 位（占全国 3.4%），最少的是芽庄大专学校只有 1 位。

越南高校有博士学位的汉语教师人数有所增加，但数量分布很不均衡。这些高校中拥有博士学位汉语教师较多的是越南国家大学下属外国语大学，有 30 位（占全 24.0%），河内大学有 19 位（占全国 15.2%），胡志明市国家大学下属人文与社会科学大学有 9 位（占全国 7.2%），外贸大学有 8 位（占全国 6.4%），胡志明市师范大学有 7 位（占全国 5.6%），这 5 所高校的总和占全国的 58.4%。另外，在调查的高校中，没有博士学位汉语教师的有 9 所，约占 1/4。1998 年，潘其南曾指出越南当时没有一个汉语教师获得汉语专业博士学位。②1998 年至今经过 17 年的发展，越南汉语教师中的博士人数已约有 124 人，有较大的突破。

总之，越南的汉语师资不仅在学位层次上有所提高，而且在数量上也有所增加。虽然越南高校的汉语师资发展已经取得了明显的成效，但

① 越南教育部，http://www.moet.gov.vn/? page = 6.10&view = 595&opt = brp-age. 01 – 29, 2016 年 10 月 28 日。
② ［越南］潘其南:《越南汉语教学概况》，《世界汉语教学》1998 年第 3 期。

是现有的高校汉语师资力量仍不能满足越南高校汉语教学发展的需求。

（二）高校的相关政策和制度

a. 工作时间

按照越南教育部 2014 年 12 月 31 日的 47/2014/TT—BGDDT 通知①，高校教师的工作与科研时间是每周 40 小时，每年 1760 小时（不包含假期的工作时间），其中 900 小时为教学时间。高校教师每个学年教学时间必须达到 270 个教学标准时间（简称：标准时），其中上课标准时必须占 50% 以上。

b. 高校教师的薪酬待遇

越南政府一般根据教师的教学经验、教师的学历来计算工资，根据教师工作的效率来发奖金、补贴。越南高校汉语教师的工作压力大，而且待遇不高。

越南高校教师的薪酬一般由基本工资、职称工资、系数、特殊补贴组成。2015 年越南人均国内生产总值约 4800 万越币（约 13716 元人民币），人均月收入约 400 万越币（约 1143 元人民币）。以一名本科学历的汉语教师为例，按照系数、基本工资和特殊补贴来计算，月收入 300—350 万越币（857—1000 元人民币）。显然，教师的薪酬待遇低于越南人均国内生产总值，不能维持教师的基本生活开支。因此，为了维持日常生活，大部分教师都会到社会上寻找兼职工作。

（三）教育部对高校开设汉语专业点的相关政策

越南教育部 2011 年 2 月 17 日的 08/2011/TT—BGDDT 号通知②，规定具有本科学历的汉语教师可以教授专科生的汉语专业理论课，但不能教授汉语本科生的专业理论课，只能做助教，部分高校要求具有本科学历的教师在 5 年内必须取得硕士学位，10 年内必须取得博士学位。

---

① 越南教育部，http：//www. moet. gov. vn/？ page = 6. 10&view = 595&opt = brp-age. 01 – 29，2016 年 10 月 28 日。
② 越南教育部 2011 通知规定大学、大专开设培训专业，停止招生，收回开设培训专业的决定。http//www. moet. gov. vn/？ page =6. 10&vie｝ 3206. 02 –20，2016 年 10 月 28 日。

（四）越南高校汉语教师来源

越南高校汉语教师来源途径主要有四种：第一，部分教师毕业于中国的大陆、台湾和香港等地区的高校；第二，部分教师毕业于越南本国高校；第三，部分汉语教师是由中国的大陆、台湾派遣的志愿者；第四，部分教师是由跨国联合培养的。

（五）越南高校汉语师资方面存在的问题

第一，高校汉语教师年龄和性别结构不合理。越南女汉语教师的人数远多于男汉语教师，可能不利于汉语教学活动的长远规划。

第二，高校师生数量比例不合理。据越南教育部于 2015 年 12 月 16 日颁布的关于确定高校招生指标的 32/2015/TT—BGDDT 通知①，人文社会类的专业，师生比例不能超过 1：25，但大部分学校的实际情况不符合教育部的规定。

第三，汉语教师待遇偏低。薪酬偏低会直接影响教师的日常生活、工作效率和职业幸福感。

第四，高校缺乏高水平的本土汉语教师。越南本国高校主要培养本科学历教师，硕士和博士研究生学历教师大部分由国外培养。由于目前越南汉语教师中只有一位教授、两位副教授，取得博士学位的教师很少，开设汉语专业硕士点、博士点的院校也特别少，且招生名额十分有限，想申请攻读硕士或博士学位的越南学生，大多只能选择出国深造。②

二　华文学校的师资现状

越南华文学校的主要培养对象为青少年。杨业凤对越南三所华文学校（新平华文暨讯息学校、清平民立华文暨讯息学校、光正学校）的 24 位汉语教师（新平华文暨讯息学校共 12 位教师，有 11 位教师参加了调查；清平民立华文暨讯息学校共 8 位教师，有 7 位教师参加了调查；光

---

① 越南教育部 2015 高校招生指标规定，http：//www. moet. gov. vn/？ page = 1. 19&vie｝ 1098. 12 – 21，2016 年 10 月 28 日。
② 阮文清、曾小燕：《越南高校汉语师资现状分析》，《华文教学与研究》2016 年第 3 期。

正学校 7 位教师，有 6 位教师参加了调查）进行调查，得出以下信息①：

（一）教师的性别结构

师资性别结构表

性别	人数	在总数中所占比例（％）
男	9	37.5
女	15	62.5

调查显示，在 24 位教师中，男教师一共是 9 位，其余的 15 人都是女教师，男女性别比为 3：5。

（二）教师年龄

教师年龄表

年龄（岁）	人数	在总数中所占比例（％）
20—29	6	25
30—39	11	45.83
40—49	4	16.66
50—49	2	8.33
60 以上	1	4.16

教师的年龄结构可分为四个等级，即年轻教师（20—29 岁）有 6 位，中年教师（30—39 岁）有 11 位，中老年教师（40—49 岁）有 4 位，年长教师（50 岁以上）有 3 位。其中年轻与中年汉语教师人数占总人数的比例较高，中老年以上的汉语教师占总人数的比例较低。

（三）教师民族

教师民族

教师民族	人数	在总数中所占比例（％）
越南京族	1	4.16
越南华人	23	95.83
其他	0	0

---

① 杨业凤：《越南华文学校的汉语教学现状分析》，硕士学位论文，上海师范大学，2013 年。

从民族成分来看，越南华人占较大比例，占 95.83% 。越南本地人仅占 4.16% 。可见，华人汉语教师已成为越南华人学校汉语教师的主力军。

（四）教师汉语水平

教师汉语水平

参加汉语水平考试情况	人数	在总数中所占比例（%）
参加过	18	75
没参加过	6	25

根据调查数据，参加过汉语水平考试的教师占总数的 75%，其中有 13 位教师通过了 HSK6 级考试，达到了汉语高级水平；5 位教师通过了 HSK5 级考试，达到了汉语中级水平。由于各华文学校对汉语教师的汉语水平没有硬性要求，只是鼓励各位教师参加汉语水平考试而已，所以还有 25% 的汉语教师没参加过 HSK 考试。

（五）汉语教师参加培训的情况

参与调查的每位汉语教师都参加过汉语教师培训，培训时间较短，大多为期一周。培训地点多在越南，也有在中国和其他地区。培训内容有语音、词汇、语法、汉字书写、教学技巧等。

总之，随着越南汉语教学的发展，汉语教师的需求量逐渐扩大，对汉语教师的要求也越来越高，越南汉语师资建设虽然取得了一定的成绩，但也存在诸多问题，今后应注意调整汉语教师的年龄和性别结构，改善汉语教师待遇，加大对本土高水平汉语教师的培养力度，增加师资数量，提升师资质量，储备汉语教师后备力量，同时积极接受来自中国的汉语教师志愿者。

本章主要参考文献

［越南］陈传俊：《越南本土汉语教材研究》，博士学位论文，中央民族大学，2016 年。

［越南］陈皇宝珠：《越南中级汉语综合课语法教学模式个案研究》，硕士学位论文，中央民族大学，2015 年。

［越南］陈灵芝：《汉语国际推广背景下的越南汉语教学现状》，《汉语国际传播研究》2014 年第 1 辑。

戴可来:《越南历史述略》,《印支研究》1983 年第 1 期。

[越南] 杜氏香兰:《越南〈汉语教程〉课文教学方法初探》,硕士学位论文,广西大
　　学,2015 年。

[越南] 杜渊天庄:《越南的汉字教学与汉字习得调查研究》,硕士学位论文,北京
　　语言大学,2009 年。

林明华:《汉语与越南语言文化》(上),《现代外语》1997 年第 2 期。

[越南] 刘汉武:《越南汉语教材的现状及编写建议》,《现代语文》(语言研究版)
　　2011 年第 9 期。

刘上扶:《东盟各国语言纵横谈》,广西教育出版社 2009 年版。

[越南] 潘其南:《越南汉语教学概况》,《世界汉语教学》1998 年第 3 期。

[越南] 阮光武:《汉语教材在越南的编写和使用情况考察分析》,硕士学位论文,北
　　京外国语大学,2014 年。

[越南] 阮光兴:《越南高校汉语教学现状调查与研究》,博士学位论文,苏州大学,
　　2015 年。

[越南] 阮黎琼花:《越南河内高校汉语教学现状调查》,硕士学位论文,湖南师范大
　　学,2012 年。

[越南] 阮氏秋恒:《越南雄王大学中文专业汉语教学现状调查》,硕士学位论文,
　　云南大学,2015 年。

[越南] 阮氏玉征:《越南高校汉语课程设置的分析和思考》,硕士学位论文,中央
　　民族大学,2012 年。

阮文清、曾小燕:《越南高校汉语师资现状分析》,《华文教学与研究》2016 年第 3 期。

吴士连等:《大越史记全书》,东京大学东洋文化研究所 1979 年版。

[越南] 武决战:《越南高校古代汉语教学的调查与研究》,硕士学位论文,广西大
　　学,2011 年。

[越南] 武氏春蓉:《略论汉语对越南语的影响》,《济南大学学报》2001 年第 5 期。

杨业凤:《越南华文学校的汉语教学现状分析》,硕士学位论文,上海师范大学,2013 年。

尹少君、邹长虹:《越南语言政策及其对中国外语教育政策的启示》,《社会科学家》
　　2016 年第 6 期。

曾小燕:《越南汉语教学发展的现状及问题探讨》,《东南亚纵横》2015 年第 5 期。

张利敏:《越南北部红河下游地区史前文化研究》,硕士学位论文,广西师范大学,
　　2013 年。

第十三章　文莱的汉语教学

第一节　国家概况

一　自然地理

文莱，全名文莱达鲁萨兰国，又称为文莱伊斯兰教君主国（马来语：Negara brunei darussaiam，英语：Brunei），是一个君主专制国家。文莱位于加里曼丹岛西北部，北濒南中国海，东、南、西三面与马来西亚的砂拉越州接壤，并被砂拉越州的林梦分隔成不相连的东西两部分。国土面积为5765平方公里，东部地势较高，西部多沼泽地。海岸线长约162公里，有33个岛屿，沿海为平原，内地多山地。属热带雨林气候，终年炎热多雨，年均气温28℃。①

二　历史政治

公元8世纪，文莱就开始有人定居。直到1993年为止，文莱王朝是亚洲王朝中除日本菊花王朝外国祚最长的现存王朝。其国王麻那惹加那乃曾于1408年访问中国，后逝世安葬于南京，留有渤泥国王墓。

---

① http：//www. fmprc. gov. cn/web/gjhdq_ 676201/gj_ 676203/yz_ 676205/1206_ 677004/1206x0_ 677006/，2016年10月28日。

14 世纪末，文莱被爪哇的麻喏巴歇帝国占领，成为其附属国，不久便从爪哇的控制下摆脱出来。15 世纪初，马六甲王国兴起，文莱曾依附于该王国，后又恢复独立。15 世纪伊斯兰教的传入，使得文莱国王皈依伊斯兰教，建立苏丹国。14 世纪至 16 世纪一度强盛，国土包括菲律宾南部以及砂拉越和沙巴。16 世纪中叶，葡萄牙、西班牙、荷兰、英国等相继入侵这个国家，欧洲人的影响使得这个国家的政权走上末路。1888 年，文莱沦为英国的殖民地。根据 1888 年 9 月 17 日签订的《英国文莱条约》，英国握有文莱王位继承决定权和外交权，并规定未经英国同意，文莱不得将国土割让给他国。1906 年，文莱又签订补充协定，英国派驻扎官掌管文莱的一切政务。从此文莱的一切内政、外交和国防大权都落入英国人手中。名义上文莱是一个苏丹国，但实质上已成为英国的殖民地。1941 年，文莱被日本占领。1946 年英国恢复对文莱的控制。1959 年，在民族民主运动的压力下，英国被迫同意颁布宪法，撤销驻扎官，实行部分内部自治和行政改革，建立地方议会和立法议会，规定国防、治安和外交事务由英国管理，其他事物由文莱苏丹政府管理。1962 年开始议会选举，人民党获得绝大多数议席。这时，马来亚联邦在英国支持下，正积极推行包括文莱在内的马来西亚计划，文莱人民坚决反对加入马来西亚。以此为契机，同年 12 月 8 日，在人民党领导下，文莱人民掀起大规模武装起义，遭到了英国出兵镇压，起义以失败告终。1971 年，文莱与英国重新签约，规定除外交事务和部分国防事务外，文莱恢复行使其他所有内部自治权。1978 年，文莱苏丹赴伦敦就主权独立问题同英国政府谈判，并缔结了友好合作条约。根据条约，英国于 1984 年 1 月 1 日放弃了其掌握的文莱外交和国防权力，文莱宣布完全独立。1984 年 1 月 7 日，文莱正式加入东南亚国家联盟，9 月加入联合国，成为第 159 个会员国。

　　文莱的政体是君主专制政体。文莱的政治制度基于两大支柱：成文宪法与马来伊斯兰教君主制度。① 1956 年 9 月 29 日颁布第一部宪

---

① https：//www. brunei. gov. bn/bm/SitePages/Home-Government. aspx，2016 年 10 月 28 日。

法。苏丹在文莱独立时宣告文莱是一个享有主权、民主和独立的马来伊斯兰君主制国家。独立后该部宪法的基本条款继续有效，1971 年和 1984 年曾进行重要修改。宪法规定，苏丹为国家元首，拥有全部最高行政权力和颁布法律的权力，同时也是宗教领袖。设宗教、枢密、内阁、立法和世袭 5 个委员会，协助苏丹理政。文莱立法院由 33 人组成。1962 年曾进行选举。1970 年取消选举，议员改由苏丹任命。1984 年 2 月，苏丹宣布终止立法会，立法以苏丹圣训方式颁布。2004 年 7 月，苏丹宣布重开立法会。9 月，立法会恢复运作。2005 年 9 月，苏丹解散立法会，重新任命议长和议员。2011 年 2 月，苏丹任命伊萨为立法会新任议长，6 月任命新一届立法会议员。2015 年 2 月，苏丹任命拉赫曼为立法会新任议长。[①]

三 人口经济

截至 2013 年底，文莱总人口为 39.3 万。其中马来人占 66.4%，华人占 9%，其他民族占 22.6%。伊斯兰教为国教。其他还有佛教、基督教、道教等。[②]

文莱是东南亚主要产油国和世界主要液化天然气生产国。石油和天然气的生产是国民经济的支柱，约占国内生产总值的 67% 和出口总收入的 96%。近年来侧重油气下游产品的开发和港口扩建等基础设施建设，积极吸引外资，促进经济向多元化发展。经过多年努力，文莱非油气产业占 GDP 的比重逐渐上升，特别是建筑业发展较快，成为仅次于油气工业的重要产业。服装业亦有较大发展，已成为继油气业之后的第二大出口收入来源。

随着 20 世纪 70 年代油气和公共服务业的发展，很多人弃农转业，传统农业受到冲击，现仅种植少量水稻、橡胶、胡椒和椰子、

---

① http：//www.fmprc.gov.cn/web/gjhdq_ 676201/gj_ 676203/yz_ 676205/1206_ 677004/1206x0_ 677006/，2016 年 10 月 28 日。

② 同上。

木瓜等热带水果，农业在国民生产总值中仅占 1% 左右。近年来，文莱大力扶持以养鸡业为主的家禽饲养业，鸡肉已能 90% 自给，鸡蛋实现完全自给。

旅游业是文莱近年来除油气业外大力发展的又一产业。文莱政府采取多项鼓励措施吸引海外游客赴文旅游。2013 年，入境文莱的旅客达 26.8 万人次。①

为加快经济发展，文莱政府逐步对一些一贯由国家垄断的行业如电力等部门实行开放，引进私人竞争，在较长时间内（2001—2020 年）将电力服务局公司化，通过推动私有化经济的发展，实现文莱经济朝着由政府主导转向以民间为主导的方向发展。②

四　语言政策

纵观文莱这样一个面积不大、人口不多的国家，其语言却极为复杂。马来语为国语，属马来—波利尼亚语系，原用加威文（用阿拉伯文书写的马来文），现许多场合如个人签名、公共建筑物上等仍在使用。自从 19 世纪英国人进入后，书写开始采用拉丁字母，英语得到了很大的发展与传播，即便是在其被殖民统治结束后，英语在文莱的日常生活中仍然被频繁使用。在文莱，马来语和英语均为通用语言。③

文莱的学校教育从小学到大学都开设有英语课，文莱很多公民都在英国受过高等教育，英语水平相当高。在社交活动中，除了一些老者和下层妇女，一般都能说英语，尤其在商界与商务往来中普遍使用英语。而在文莱的华人中，相互之间多数人讲的是闽南语，少数人讲广东话，外出时则都能讲马来语或英语。双语教育的政策影响到了英语在文莱的地位，但这个国家的人们追求的并不是如英语本民族人那

---

① http：//www. fmprc. gov. cn/web/gjhdq_ 676201/gj_ 676203/yz_ 676205/1206_ 677004/1206x0_ 677006/，2016 年 10 月 28 日。
② 宫占奎：《亚太经济发展报告——1999 年》，南开大学出版社 1999 年版，第 139 页。
③ 钱伟：《试论东南亚五国的 "一国多语" 现象及语言政策的历史演变》，《东南亚纵横》2015 年第 3 期。

样的语音，人们是"无计划地使用英语""划定英语使用的区域"，马来语和英语都有双重的语言交流，即语言之间进行语码转换，并相互渗透影响。英语作为文莱的通用语言之一，在句法、语音、拼写等方面已经形成了具有自身特点的英语变体。①

第二节　汉语教学简史

中国与文莱同为亚洲的文明古国，近现代研究文莱历史的学者大多都认为中国史籍中记述的南洋古国婆利、渤泥、勃泥、孛泥、佛泥和婆罗等均为文莱国名"Brunei"的译名。公元 5 世纪中叶（南北朝时期），中国史书开始出现有关婆利国的记载。南北朝《高僧传》卷七《慧严传》中有婆利国派遣使者来中国访问的记载。《宋书》卷九本纪也有类似记载："元徽元年三月丙申（公元 473 年 5 月 2 日）婆利国遣使献方物。"由此可见，公元 5 世纪中叶，文莱就已经正式与中国有了官方交往。

18 世纪，已有为数不少的中国人在文莱定居，从事造船和胡椒种植。据西方学者估计，当时在文莱从事胡椒种植业的华人有 3 万余人，几乎垄断了文莱的胡椒贸易。19 世纪中叶，由于西方殖民主义国家的侵略瓜分，昔日的文莱王朝不复存在，华人也开始锐减。据文莱第一次人口调查显示，20 世纪初，居住在文莱的华人只有 700 多人，后来随着文莱石油资源的发现和采油业的发展，华人再次来到文莱谋生，于是文莱华人的人数与日俱增，直至今天的规模。数百年来，文莱的华人或言传身教，或设帐授徒，以各种方式传承着中华文化和汉族的语言，特别是 1918 年文莱第一所华文学校诞生之后，文莱汉语教学的历史由此揭开了崭新的一页。②

---

① 吴俊、邹长虹：《文莱英语变体的分析》，《湖北成人教育学院学报》2009 年第 4 期。
② 郑通涛、蒋有经、陈荣岚：《东南亚汉语教学年度报告之三》，《海外华文教育》2014 年第 3 期。

　　19 世纪末 20 世纪初，许多沿海的中国人下南洋谋生，华人逐渐增多，亟须解决子女的教育问题。1918 年，居住在首都斯里巴加湾市的华人为了中华文化的传承和子女母语的学习，由创办人甲必丹、王文帮等人发起，筹资建校，建立起了第一所华文学校，校名为育才学校。起初是租用教室，沿用私塾的形式授课，学生也只有 22 人。后来学生人数不断增加，学校规模也不断扩大，1922 年更名为文莱中华学校，该校是文莱华校中历史最悠久、学生人数最多的华文学校，这标志着文莱近代华文教育的开始。1926 年，该校建立小学教育体制；1954 年开始招收初中学生，同时更名为文莱中华中学（也称婆罗乃中华中学）；1958 年创办高中部，当时学生接近一千人。①

　　1931 年，居住在马来奕一带的华人开始创办马来奕中华学校，创办这所学校一方面原因是受斯里巴加湾市文莱中华学校的影响，另一方面是马来奕河口这个小埠头由于诗里亚油田的发现而华人大增。该校创始之初只有 42 人，到 1957 年时成立初中部，1982 年开始招收高中的学生，现在已经成为文莱很有名气的一所华校。马来奕中华学校开办不久，1937 年都东区的都东中华学校成立；1938 年，随着诗里亚油田的开发，诗里亚华社创办诗里亚中正学校。该校开初只有小学部，到了 50 年代，先后设立了幼儿园和初中部，1957 年设立高中部，这是文莱当时率先开设高中部的华校。

　　第二次世界大战后，文莱的华人不断增多，其华文教育也已初具规模。20 世纪 50 年代，文莱的华文教育发展到鼎盛时期，其他地方的一些华文学校在 20 世纪 50 年代前后也相继开办，它们分别是马来奕区那威中华学校（1946 年）、淡布廊县的淡布廊培育学校（1950 年）、九汀中华学校（1951 年）、双溪岭中岭学校（1955 年）等，这一时期华文学校以华语为教育语言。②

---

① 彭运锋：《文莱教育简介》，《基础教育研究》2008 年第 7 期。
② 孙德安：《文莱华教之现状》，《暨南大学华文学院学报》2003 年第 4 期。

目前比较有名的华文学校共有 8 所，其中中学有 3 所，小学有 5 所。3 所中学分别是文莱中华中学，诗里亚中正中学和马来奕中华中学；5 所华文小学分别是都东中华中学、双溪岭中岭学校、九汀中华学校、那威中华学校和淡布廊培育小学。①

值得一提的是，文莱政府虽然实行免费教育，并资助留学费用，但华文学校的费用由私人承担。尽管如此，华文学校因其合法地位不断得到发展，到了 80 年代，已经形成了从幼儿园到小学、初中、高中较完整的华文教育体系。

从这些情况我们可以看出，与东南亚其他国家相比，文莱汉语教学的历史（主要是华校的历史）中最显著的特点是华文学校的发展一直都比较平稳。究其原因，是文莱历史上从未出现过大规模的排华事件，所以文莱的华校自创办以来基本上是以平稳的趋势发展，中间虽有一点点波折，但没有像东南亚一些国家那样中途被迫停办。这种平稳的发展，对文莱华校教学质量的提升，有着举足轻重的作用。②

第三节　汉语教学的环境和对象

到目前为止，文莱的汉语教学已经有 90 多年的历史。整体上来说，文莱的汉语教学还是集中在华文学校。汉语教学的对象主要是华裔及华裔的后代，主要开展的是中小学汉语教学。沿袭历史，文莱至今保持着 8 所私立学校性质的华文学校，其中 5 所华文小学为都东中华学校、双溪岭中岭学校、九汀中华学校、那威中华学校及淡武廊培育小学。3 所华文中学提供从幼儿园至中学的教育，为文莱中华中学、诗里亚中正中学和马来奕中华中学。另外，文莱大学语言中心也设有

---

① 郑通涛、蒋有经、陈荣岚：《东南亚汉语教学年度报告之三》，《海外华文教育》2014 年第 3 期。

② 同上。

汉语课程，为传承和发扬中华文化做出了巨大的贡献。

文莱的华文学校除经费完全自主外，课程设置、教学语言、教师聘请直至学费收取的额度都受教育部的管辖。各阶段的毕业考试和政府办的国民学校一样，学生们都必须参加教育部门统一组织的会考，小学毕业班参加 P. C. E 小学会考，中学生则参加 B. J. C. E 初级中学会考或 G. C. E 中学会考。华校学生参加这些会考，都有不俗的表现，较之其他源流的学校，毫不逊色。

在学制方面，早期华校为两学期制，每星期上六天课。现在分三个学期上课，而且除周日外，星期五为了方便信奉伊斯兰教的师生朝拜也不上课，实际上是每周上五天课。在管理上，一些华校还有政府委派的校长，帮助董事会进行业务和行政管理。① 下面简要介绍几个教学机构开展汉语教学活动的基本情况。

一　文莱中华中学的汉语教学

在文莱华文学校中，特别值得一提的是文莱中华中学。设立于首都斯里巴加湾市的文莱中华中学，不仅历史最悠久、规模最大、师生人数最多，而且在汉语教学和中华文化的传承方面也很有特色，值得其他华校借鉴。该校在学生培养上一直实行"三语并重，五育兼修"的方式，除教学汉语、马来语、英语外，还让学生在德育、智育、群育、体育和美育方面全面发展，塑造符合现代社会需要的、具有良好学识和道德修养的人才。该校共开设了 100 多个班，设有幼儿园、小学、初中、高中和大学先修班。为了进一步提高学生对汉语学习的兴趣，学校经常会开展一些活动，如汉语歌曲比赛、书法比赛、汉语作文比赛、中国舞蹈比赛，包括猜谜语、对对联等；学校会经常借助多媒体设备向学生介绍中华文化，加深学生对中华文化的了解，提高他们的学习兴趣；还经常组织舞狮、功夫、民乐等传承中华文化的传统

---

① 郑通涛、蒋有经、陈荣岚：《东南亚汉语教学年度报告之三》，《海外华文教育》2014 年第 3 期。

活动，以此来增加华族学生的族群认同感。① 文莱中华中学的这些努力和成就，已经得到了包括华人在内文莱社会各界的认可，其学历也获得了文莱政府的承认。

2005 年 6 月 27 日，中国驻文莱大使杨燕怡作为主宾应邀出席了文莱中华中学 2005 年"华文周嘉年华"开幕式。"华文周"是文莱中华中学自 1996 年以来举办的年度活动，旨在鼓励学生学好华文，传承中华文化。该活动每年都有不同的主题，通过举行诗歌朗诵、演讲比赛、华语歌唱等一系列活动来展现文莱中华中学学生的华文学习成果。②

2006 年 9 月 5 日，文莱中华中学举行了设立中国汉语水平考试（HSK）考点签约仪式，文莱中华中学董事长洪瑞泉代表学校与驻文莱中国大使馆签署了协议书。2010 年，该校开始将汉语水平考试（HSK）列为该校小六、八年级和中五基础班学生的必考科目，HSK 成绩优秀的学生，可以获得奖学金，赴华参加文化活动，进一步了解中华传统文化。2011 年成立了汉语水平考试筹委会，以布置和安排汉语水平考试的宣传、报名等准备工作。

2012 年 6 月 24 日，文莱中华中学承办了由中国国务院侨务办公室和中国海外交流协会主办的首届"海外华裔青少年中华文化大赛"，文莱 4 所华校 334 名学生报名参加笔试选拔赛，比赛学生分别来自文莱中华中学、马来奕中华中学、诗里亚中正中学及九汀中华学校。

2012 年 11 月 24 日，文莱中华中学与北京燕京文化专科学校缔结为姐妹学校，致力于共促友谊，扩大交流与合作，探索和改进汉语教学。两校不定期互派师生，加强经验和人员交流，在汉语远程教学、教材、师资等多方面开展合作，大力推广汉语教育，提高汉语教学水平，以加深双方师生对两国国情、文化及汉语学习方法的了解。③

2014 年 2 月 15 日，中国驻文莱大使郑祥林应邀出席了文莱中华

① 彭运锋：《文莱教育简介》，《基础教育研究》2008 年第 7 期。
② http：//www.fmprc.gov.cn/web/，2016 年 10 月 28 日。
③ http：//www.hwjyw.com/info/content/2012/11/26/26382.shtml，2016 年 10 月 28 日。

中学新春团拜活动，与来宾们共同观看了文莱中华中学学生呈现的精彩节目和舞龙舞狮表演，并称赞了文莱中华中学近年来在推广华文教育领域取得的杰出成就，表示中国政府将对华文教育给予一如既往的大力支持，希望文莱中华中学继续为推广中华文化、促进两国友谊做出贡献。①

同年，由云南师范大学承办的"孔子学院总部/国家汉办 2014 汉语桥文莱中学生夏令营"活动于 7 月 30 日顺利结束。此次夏令营自 7 月 18 日开始，共历时 14 天。参加这次夏令营活动的 14 名营员为文莱中华中学高一年级学生及领队教师，双方在各种文化交流活动中，深入了解了文莱和中国的不同文化风俗，进行了融洽的学习互动，加深了文莱学生与中国学生的感情。②

2016 年 8 月 7 日，欢动北京"第五届国际青少年文化艺术交流周"在鸟巢文化中心落下帷幕。文莱中华中学的学生，在交流周的闭幕式大联欢中，表演了精彩的舞蹈《Kesuburan》。③

二 马来奕中华中学的汉语教学

马来奕中华中学是文莱第二大华校，该校建于 1931 年，创始之初只有学生 42 人，至 1962 年成为一所拥有幼儿班、小学和初中的中小学校，学生约有 1000 人，教师约有 80 人，定名中华中学，1982 年增设高中班。

2013 年 7 月 2 日，文莱马来奕中华中学与中国南京师范大学附属中学缔结为姐妹学校，双方代表于 6 月 13 日在马来奕中华中学董事部会议室举行了签约仪式。中国南京师范大学附属中学与文莱马来奕中华中学本着发展中、文两国文化，促进双方合作与交流的精神，大力发展华文教育工作，加强双方师生的友好文化交流。

---

① http://www.fmprc.gov.cn/ce/cebn/chn/sgxss/t1128946.htm，2016 年 10 月 28 日。
② http://sics.ynnu.edu.cn/articleview.aspx? id=705，2016 年 10 月 28 日。
③ http://fashion.163.com/16/0808/16/BTV7HU9N00267VBU.html#，2016 年 10 月 28 日。

2013 年 8 月 1 日，驻文莱使馆临时代办房新文赴马来奕中华中学，代表国务院侨务办公室向该校转赠 38 箱共计 1500 册中小学汉语教科书。

2014 年 9 月 29 日晚，驻文莱大使馆举行了国庆 65 周年招待会，庆祝中华人民共和国成立 65 周年。招待会上，文莱马来奕中华中学的学生表演了民族舞、武术等节目，赢得了现场观众的阵阵掌声，现场气氛十分热烈。

"2016 年中华文化乐园——文莱营" 3 月 18 日上午在斯里巴加湾马来奕中华中学大礼堂隆重举行开营式。暨南大学教师团和马来奕中华中学全体教师及 260 多名营员参加了开营典礼。在这次 "中华文化大乐园" 活动中，暨南大学共派出 14 位专业教师负担授课任务，马来奕中华中学共有 260 余名同学，分上、下午班参加学习活动。课程设置主要有中国传统文化、书画、手工、音乐、龙狮、草编、剪纸等十多个项目，进一步加深了文莱华裔青少年对中华文化博大精深的理解，提高了他们学习中国语言和文化的兴趣，意义重大，影响深远。①

三　文莱大学语言中心的汉语教学②

文莱大学全称 "文莱达鲁萨兰大学" （University Brunei Darussalam），是文莱最大的一所综合性大学，是文莱高等教育和科学研究中心。文莱大学位于首都斯里巴加湾 （Bandar Seri Begawan） 以北 10 公里，紧邻南中国海。文莱大学有六个学院和一个外语中心，六个学院分别是：商务、经济和公共政策研究学院、社会科学学院、科学学院、医学研究院、伊斯兰研究学院和文莱研究学院。其学士课程是四年制，硕士学制则是一年到两年。每年两学期，每周周五和周日放假两天，之所以不是周六放假而是周五，是因为穆斯林周五要前往教堂集体朝

---

① 中国华文教育网：http://www.hwjyw.com，2016 年 10 月 28 日。
② 中国新闻网：http://www.chinanews.com/；央视新闻网：http://www.chinanews.com/；中国外交部网站：http://www.fmprc.gov.cn/web/，2016 年 10 月 28 日。

拜。文莱大学同样实行学分制，与中国不同的是每门课都会加一门辅导课，主要是学生自己准备讲义，上台讲解 。

文莱大学语言中心（University Brunei Darussalam Language Centre）成立于 2001 年，位于文莱大学的北端，远眺南中国海。中心成立伊始，只开设英语课程，随后因配合相关使馆的人才培养计划，开设了韩语和日语、阿拉伯语课程，并取得了巨大成效。为满足社会需求和学生的学习兴趣，目前语言中心开设多种语言课程，包括马来语、汉语、法语、菲律宾语、德语和泰语等语言课程。语言中心开设的课程深受学生欢迎，因此很多学生因课程名额有限无法选上。

目前，语言中心共有 16 名在职讲师，大多为外国籍教师。所开设的课程一般分为 6 个水平，一级水平选修名额为 90 人，二级水平 60 人，三级水平 30 人，其他水平不设上限，因为学生很多专业课与选修课课程冲突，很多学生只选修到三级水平。如果有学生能从一级选修到六级，就可以拿到语言的辅修证书，即毕业时可以拿到双学位。另外，语言中心为学生提供了受欢迎的汉语和工程课程，可以使他们有机会到中国留学。①

文莱大学语言中心还经常开展一些汉语言文化活动。如 2008 年 4 月，由文莱大学语言中心和中国驻文莱大使馆共同主办了首届"中国语言与文化周"活动。约 500 人参加了活动开幕式，分别来自文莱政府、驻文使团、华人社团以及马来、阿拉伯和华文学校。该活动旨在为文莱公众提供一个了解历史悠久、博大精深的中国文化的机会，进一步加深两国以及两国人民的相互了解和友谊。语言中心每年都会开展相关的语言文化节，促进文化交流。文莱不少大学生对中国兴趣浓厚，选择汉语作为拓展课目。近年来，文莱大学与北京外国语大学、暨南大学、贵州大学、海南大学等多所中国高校开展了学术交流和学生交换等活动，并举办了中国语言文化周。

为促进中国、文莱民间文化交流，增进两国人民的友谊，在中国

---

① http：//blog. sina. com. cn/s/blog_ bf62b5510101lhzl. html，2016 年 10 月 28 日。

驻文莱大使馆的大力支持下，中国青年志愿者首批援文莱服务队以文莱大学为依托，联合文莱国家武术队、文莱书法协会、围棋协会等文莱华人组织，于 2013 年 10 月 30 日在文莱大学举办了以"弘扬中华文化，传承历史精华"为主题的"2013 文莱大学中国文化节"活动。

2016 年 3 月在文莱大学语言中心举办的语言文化周活动中，语言中心的学生在学习汉语的同时准备了许多有关中国文化的展览品并开展了丰富多彩的活动，其中包括筷子的使用及比赛，书法展览、毛笔画和中国的茶文化介绍、太极拳表演等。学生们还学习怎样用毛笔画出中国的"国宝"——熊猫，这对中华文化的弘扬和两国的文化交流起到了重要的作用。①

第四节 汉语师资和教材

早期文莱华校多使用中国台湾、马来西亚的汉语教材，从 80 年代以后逐渐采用新加坡的简体字版本的教材，90 年代后随着中国文莱两国关系的不断加强，文莱华校逐渐认同中国大使馆所提供的有关教育文化方面的支持，在汉语教材上也开始使用中国大陆的简体版汉语教材，但整体上依然主要使用新加坡汉语课本，以便于学生参加新加坡的"O"level 考试。

随着中国文莱两国交流合作的增多，中方对文莱华文教育方面的认识也逐渐加深，为了解决文莱汉语教学存在的诸多问题，中国驻文莱大使馆做出了多方面的努力，不仅向文莱的华校免费赠送华文教材，还多次举办汉语学习和中国文化活动，国家汉办以及一些地方性学校也逐渐与文莱的华校结成姊妹学校，共同推进华文教育的发展。

2014 年 1 月 10 日，据马来西亚《诗华日报》报道，1 月 6 日下午，文莱中华中学举办了由全体华文老师参加的新课程培训，由北京

---

① 文莱大学语言中心网站：http://www.ubd.edu.bn/lc/showchinese.html，2016 年 10 月 28 日。

燕京文化专科学校的雷萍老师做了高小新课程培训讲座。文莱中华中学实行了课程改革，启用了新教材，新教材是由中国华文教育基金会组织各方专家历时一年多专门为文莱中华中学编写的，倾注了中国华文教育基金会、北京燕京文化专科学校和文莱中华中学董事会及老师们的心血。这是一次有益的尝试，为编写高质量的本土化海外华文教材探索了新途径。文莱中华中学校长许月兰表示，涉及新课程的工作体系运作均按照新课程实施标准执行，为文莱中华中学汉语教学的可持续发展奠定了良好的基础。①

在文莱汉语教学发展过程中，汉语师资缺乏一直是一个较大的障碍，为了帮助文莱汉语教学的发展，我国近些年多次派遣教师或志愿者到当地进行汉语教学。不过本土教师更受当地学生的欢迎，在语言沟通和思维模式方面更适合本国学生，为此，我国加大了派出专家到文莱培训汉语教师的规模和数量，并组织更多的文莱教师到我国接受汉语教学的培训。

2008 年 10 月 22 日，中国国侨办组派师资讲学团一行五人飞抵文莱，为文莱八所华校华文老师进行了为期二十天的师资培训。此次师资培训活动由文莱中华中学主导，共有 52 名教师参与，培训地点为文莱中华中学、马来奕中华中学和诗里亚中正中学，培训内容为课堂备课及教案设计、汉语基础指导、作文与阅读数学、汉语水平考试内容等。②

据暨南大学华文学院网站消息，2013 年 12 月 10 日，由中国海外交流协会主办、暨南大学华文学院承办的"2013 年东南亚华文教师普通话培训与测试班"开学典礼在华文学院第一会议室隆重举行。文莱双溪岭中岭学校黄汉华老师代表全体学员发言，他对中国海外交流协会提供宝贵的培训机会，对华文学院悉心组织安排、培训班工作人员的热情接待及周到服务表示衷心感谢，并引用了《论语》中"博学

---

① 中国新闻网：http：//www.chinanews.com，2016 年 10 月 28 日。

② http：//www.chinaqw.com/hwjy/hjxw/200810/21/134568.shtml，2016 年 10 月 28 日。

之、审问之、慎思之、明辨之、笃行之"一句与全体学员共勉，希望大家能认真学习普通话，提升普通话水平，回国后更好地进行汉语教学工作。①

本章主要参考文献

崔晓霞、彭妍玲：《东盟国家汉语教学概况及汉语推广战略》，《云南师范大学学报》（对外汉语教学与研究版）2011 年第 1 期。

宫占奎：《亚太经济发展报告——1999 年》，南开大学出版社 1999 年版。

彭运锋：《文莱教育简介》，《基础教育研究》2008 年第 7 期。

钱伟：《试论东南亚五国的"一国多语"现象及语言政策的历史演变》，《东南亚纵横》2015 年第 3 期。

孙德安：《文莱华教之现状》，《暨南大学华文学院学报》2003 年第 4 期。

吴俊、邹长虹：《文莱英语变体的分析》，《湖北成人教育学院学报》2009 年第 4 期。

郑通涛、蒋有经、陈荣岚：《东南亚汉语教学年度报告之三》，《海外华文教育》2014 年第 3 期。

---

① 崔晓霞、彭妍玲：《东盟国家汉语教学概况及汉语推广战略》，《云南师范大学学报》（对外汉语教学与研究版）2011 年第 1 期。

第十四章　老挝的汉语教学

第一节　国家概况

一　自然地理

老挝人民民主共和国（老挝文：ສາທາລະນະລັດ ປະຊາທິປະໄຕ ປະຊາຊົນລາວ，拉丁化：Sathalanalat Paxathipatai Paxaxon Lao，英语：Lao People's Democratic Republic），简称老挝（老挝文：ເມືອງລາວ，中国台湾、马来西亚和新加坡称寮国）。国土面积为 23.68 万平方公里，是中南半岛上的一个内陆国家。北邻中国，南接柬埔寨，东接越南，西北达缅甸，西南毗连泰国。境内 80% 为山地和高原，且多被森林覆盖。地势北高南低，北部与中国云南的滇西高原接壤，东部老、越边境为长山山脉构成的高原，西部是湄公河谷地和湄公河及其支流沿岸的盆地和小块平原。全国自北向南分为上寮、中寮和下寮，上寮地势最高，川圹高原海拔 2000—2800 米，最高峰普比亚山海拔 2820 米。热带、亚热带季风气候，5 月至 10 月为雨季，11 月至次年 4 月为旱季，年平均气温约 26℃，全境雨量充沛，年降水量最少年份为 1250

毫米，最大年降水量达 3750 毫米，一般年份降水量约为 2000 毫米。①

二 历史政治

老挝历史悠久。根据古籍记载，老挝在公元 1 世纪至 7 世纪末叶，隶属于扶南国。后来又隶属于真腊国。公元 1353 年建立澜沧王国，为老挝历史鼎盛时期，曾是东南亚最繁荣的国家之一。1707—1713 年先后经历了琅勃拉邦王朝、万象王朝和占巴塞王朝。后受暹罗和越南入侵，再遭法国入侵，1893 年沦为法国殖民地。1940 年被日本占领。1945 年 8 月老挝人民举行武装起义，成立了伊沙拉阵线，同年 10 月 12 日老挝宣布独立，成立了伊沙拉政府。1946 年法国卷土重来，伊沙拉政府解体。1950 年爱国力量重建伊沙拉阵线，成立了以苏发努冯亲王为总理的寮国抗战政府。1954 年 7 月法国被迫签署日内瓦协议，从老挝撤军。此后美国入侵，1962 年美国又被迫签订关于老挝问题的日内瓦协议。老挝成立以富马亲王为首相、苏发努冯亲王为副首相的联合政府。1964 年美国支持亲美势力破坏联合政府，进攻解放区。老挝军民在爱国阵线领导下进行了英勇的抗美救国战争。1973 年 2 月老挝各方签署了关于在老挝恢复和平和实现民族和睦的协定。1975 年废除君主制成立共和国。老挝是东南亚国家联盟成员国，也是最不发达国家之一，于 1997 年 7 月加入东盟。

老挝是东南亚地区中仅有的两个社会主义国家之一，老挝人民革命党是老挝唯一政党。其宗旨是：领导全国人民进行革新事业，建设和发展人民民主制度，建设和平、独立、民主、统一和繁荣的老挝，为逐步走上社会主义创造条件。主要的政要有朱马里·赛雅颂，老挝人民革命党中央总书记、国家主席；通邢·塔马冯，老挝政府总理。巴妮·雅陶都（女），老挝国会主席。②

---

① http://www.fmprc.gov.cn/web/gjhdq_676201/gj_676203/yz_676205/1206_676644/1206x0_676646/，2016 年 10 月 28 日。

② 同上。

三 人口经济

老挝人口 677.6 万（2013 年的人口普查结果），分为 49 个民族，主要民族有老龙族、老听族、老松族。佛教被尊为国教，居民多信奉佛教，其他信仰还有原始拜物教、天主教和基督教（新教）。华侨华人 3 万多人。①

老挝以农业为主，工业基础薄弱。以锯木、碾米为主的轻工业和以锡为主的采矿业是最重要的工业部门。自 1986 年起推行革新开放，调整经济结构，即农林业、工业和服务业相结合，优先发展农林业；取消高度集中的经济管理体制，转入经营核算制，实行多种所有制形式并存的经济政策，逐步完善市场经济机制，努力把自然和半自然经济转为商品经济；1997 年后，老挝经济受亚洲金融危机严重冲击。老挝政府采取加强宏观调控、整顿金融秩序、扩大农业生产等措施，基本保持了社会安定和经济稳定。2001 年至 2006 年，老挝经济年均增长 6.8%。2006 年至 2010 年，老挝经济年均增长 7.9%。② 2013 年，老挝 GDP 达 101.9 亿美元，同比增长 8%，人均 GDP 达 1534 美元。③

四 语言政策

老挝境内的语言大致可以分为以下几个语族：1. 老—泰语族；2. 孟—高棉语族；3. 越—芒语族；4. 苗—瑶语族；5. 藏—缅语族；6. 汉语族。④ 老挝的民族语言相当丰富。即使一个民族内部的语言还存在方言的差异，比如老挝拉祜族的白祜族、黄祜族、拉祜松 3 个支系就有着语言上的差别。老泰族群的老族、泰央族、普泰族、润族、蠻克族、

---

① http：//www.fmprc.gov.cn/web/gjhdq_676201/gj_676203/yz_676205/1206_676644/1206x0_676646/，2016 年 10 月 28 日。

② 同上。

③ http：//www.ccpit.org/Contents/Channel_3422/2015/0522/462831/content_462831.htm，2016 年 10 月 28 日。

④ 吴德盛、张文生、李道勇：《老挝的多语现象与语言政策》，《民族译丛》1981 年第 1 期。

泰渤族、泰讷族、泰族 8 个民族的语言差异不大，彼此可互相交流，但民族语言的特征非常明显。老挝语属汉藏语系壮侗语族壮泰语支，使用人口约 2000 万，其中在老挝约 400 万。老挝语分为上寮、中寮、下寮 3 个方言区，以中寮的万象话为老挝语的标准语。老挝语南北方言差别较大，与泰语相近。1975 年 12 月，老挝人民民主共和国成立。12 月 2 日，老挝第一届全国人民代表大会作出决议，将老龙族语言和改革后的老龙族文字规定为老挝人民民主共和国的普通话（官方标准老挝语）和官方文字。学校使用标准老挝语教学，标准老挝语正在日益成为老挝各民族的共同语。在官方老挝语标准化的过程中，各种外语依旧存在。法语是官方与外国进行交流的语言，很多学校仍教授法语。老挝人民民主共和国成立后，政府接受了英美的大量援助，作为偿还，老挝必须实行一系列的有利于推行英语的政策。老挝实行改革开放政策以后，英语成了老挝和世界联系的主要交际语言，而东盟其他国家也以英语为媒体语言。因此，老挝政府规定学校初中和高中教育中英语作为第二门外语，取代了法语的一统局面。此外，成立了国家英语培训中心，培养了一大批英语教师，在大学、技术学校，英语是必修课程。2010 年，老挝教育部将把英语和法语正式列入小学课程，从三年级开始教学英语或法语。老挝建国后，俄语和越南语很受老挝人欢迎，很多学校都讲授。但 20 世纪 80 年代以来，由于老挝不再仅仅与越南、苏联（俄罗斯）交往，俄语和越南语从而受到一定程度的冷落。各种外语中，在老挝使用范围最广、影响最深的是泰语，虽然老挝官方并不承认这一点。最近的一个调查表明，90% 以上的万象人懂得泰语，30% 以上的人会说和写泰语。

　　汉语在老挝日趋重要。华文教育规模不大，但发展比其他东南亚国家平稳，政治环境宽松。5 所华文学校实行华文和老挝文并重的双语教育，几乎完全使用从中国边境购入的中国中小学教材。国家规定华校也要教授老挝中小学的全部必修课程。①

---

①　温科秋：《老挝的多语现象与语言政策》，《东南亚纵横》2010 年第 1 期。

第二节　汉语教学简史

　　中老两国山水相依，湄公河将其紧密相连，早在 15 世纪初，便有了使节往来，到了 19 世纪末，中国的侨商从其他国家移居老挝，让中国的语言和文化在这里植根。老挝语中有很多汉语借词，广东话、潮州话、海南话的影响清晰可辨。

　　老挝的汉语教学，始于 20 世纪初。老挝华侨华文学校最早以私塾形式出现。30 年代以后，老挝开始出现规范的华文学校，到 60 年代末发展到 20 余所。比较著名的有：首都万象市的寮都公学，60 年代末学生人数一度达 5 万人；中部沙湾拿吉省坎他武里市的崇德学校，60 年代末学生达 1000 多人；北部琅勃拉邦省琅勃拉邦市的新华学校，60 年代末学生达 500 多人；占巴色省巴色市的华侨公学，60 年代末学生达 2000 多人。1975—1986 年，老挝当局在越南政府排华政策的影响下，基本上铲除了华人赖以存在的经贸根基，大部分华人离开了老挝。由于很多华人往其他国家迁徙，华人数量逐渐减少，华文学校的经济来源和生源大为减少，导致华文学校规模缩小，有的甚至关闭。随着中国综合国力的提升，中老双方经济文化交往日益密切，汉语在老挝的使用范围不断扩大，老挝政府和民间也越来越重视汉语教学。华文学校也在老挝政府、教育部及有关部门、中国驻老挝大使馆、中国国务院侨办、老挝华人社团以及社会各界的校友们的大力支持和帮助下慢慢地恢复。① 如今，老挝万象、巴色、他曲、沙湾拿吉、琅勃拉邦等地均建有华文学校。华文学校一般开展的是中小学双语教育，比较知名的有寮都公学、沙湾拿吉崇德学校、琅勃拉邦新华公学、巴色华侨公学、甘蒙省他曲华侨学校等。这些华文学校，都是全日制学校。其中属寮都公学办学规模最大，也最知名。寮都公学于 1937 年由万象

① 　胡月云：《老挝汉语教学状况述要》，硕士学位论文，苏州大学，2011 年。

中华理事会创办，目前已是正式注册的政府学校，也是老挝最大的完全学校。该校现开办从幼儿园到高中部，以华语和标准老挝语进行双语教学，颁发政府认可的毕业文凭。学校从 2001 年起获老挝教育部批准开办高中部，每届都有毕业生到中国留学，就读于暨南大学与华侨大学。从 1991 年开始，受中国国务院侨办的大力支持，学校一方面派年轻的老师到中国学习，另一方面中国国务院侨办派专家亲临学校上课。使用的华文教材基本上是中国大陆版教材。[①]

2003 年，老挝国立大学在老挝教育部和中国驻老挝大使馆的支持下建立了中文系。由中国汉办派教师进行教学，2008 年学制由原来的五年改为四年。课程设置由中文系中国老师在老挝国立大学语言学院规定的框架下，自行设置。使用的教材由中国提供，基本上与中国国内的对外汉语教材一致。

2004 年，万象警察高等专科学校创办了汉语专业，学员都是来自全国各地的在职警察，年龄从 20 岁到 36 岁不等，学制三年，毕业后颁发高等专科学校毕业文凭，开设的课程有汉语精读、泛读、书法、汉语听说、汉语语法、汉语写作等。

2009 年 8 月，经老挝教育部和老挝国防部批准，国防学院设立了四年制汉语专业，开始汉语学历教育。

2010 年 3 月，老挝国立大学孔子学院成立，中方合作院校为广西民族大学，为老挝的汉语教学和中华文化推广增添了新的力量。

2011 年 7 月，苏州大学与老挝中资企业合作在老挝首都万象创办了老挝苏州大学。老挝苏州大学是经老、中两国政府批准的中国在海外创建的第一所高等学府，开创了中国高校赴国外办学之先河。作为一所综合性高等学府，老挝苏州大学承担着大学的教学、科研和社会服务三大职能，已成功获得国际经济与贸易、国际金融、中文、计算机科学与技术四个本科专业的招生资格。除了承办本科专业，老挝苏州大学还大力开展全方位的汉语言培训，旨在为老挝及中南半岛汉语

[①] 朱芳华：《老挝汉语推广的对策初探》，《海外华文教育》2010 年第 1 期。

学习者提供便捷、优良的学习条件，培养具有国际化视野、专业知识扎实的精英人才。另外，老挝苏州大学还是汉办指定的 HSK 海外考点之一，每年都在当地组织两场考试并开展相关辅导。[①]

随着"汉语热"的持续升温，老挝境内的其他大学，如凯山峰威汉国防学院等也都开设了汉语专业。另外，随着中国的经济发展，中国经济已打入老挝市场，许多中国商业老板前往老挝投资，需要大量的翻译人才，人们意识到了学习汉语的重要性，很多职员都参加了汉语补习班。随之，汉语补习班日益增加。许多学校开设了汉语夜班，甚至有的学校加了汉语课程作为选修课。也有一些从中国留学回国的人，看到汉语教育有很大的发展空间，就开设了私人汉语补习班。目前汉语补习班可分为以下几类：儿童汉语补习班、青少年汉语补习班、成人汉语补习班等。

第三节　汉语教学的环境和对象

现阶段老挝国内汉语教学可分为四个层次：一是中小学汉语教学，主要由华人学校承担；二是较高层次的汉语教学，主要由综合性大学和其他高等学校承担；三是各级各类的汉语培训机构和零星的汉语教学[②]；四是老挝国立大学孔子学院的教学。四个层次的教学，在教学内容和教学对象都有不同，下面分别对四个层次的教学概况做一简介，并选择一些汉语教学成绩比较突出的教学机构加以介绍。

一　中小学的汉语教学[③]

老挝的中小学汉语教学，主要是在华人出资兴办的华校里进行的。

---

① 王建军、吉旭：《当下海外汉语教学实习的两种类型：教学型与服务型》，《国际汉语教育》2014 年第 2 辑。
② 蒋重母等：《老挝汉语教学现状研究》，《东南亚研究》2010 年第 6 期。
③ 彭运锋：《老挝基础教育现况简介》，《基础教育研究》2008 年第 4 期。

老挝的华校始于 20 世纪二三十年代，当时华人总数有五六万人，华人在极其困难的条件下，相继建立起 5 所华校，全部为汉语教育，止于小学阶段。老挝人民民主共和国成立初期，由于两国关系出现曲折，华校一度停办。80 年代，随着老挝对外开放程度的加深和与中国关系的改善，华校陆续复课，并逐渐壮大，发展成为具备从幼儿园到小学、初中、高中的全阶段教育体制的学校。老挝教育部规定：华校还应该进行老挝语教育，完成老挝教育部规定的中小学必修课程，所以老挝的华校都是双语教育。老挝的华校由当地华人注资办学，由当地中华理事会管属，学校设立董事会，由校董负责学校日常事务，校长由理事会会长或副会长担任。在老挝，由于华校的办学条件好，教学质量高，华校成为当地首屈一指的学校。华校不仅深受华侨子弟的欢迎，也深受老挝本族人的追捧。老挝的华校不称"小学"或"中学"，而称"公学"或"学校"。老挝国内比较重要的华人公学有 5 所，主要分布在老挝的几个大城市，这些学校为老挝的汉语教学做出了重要贡献。多年来为老挝国内培养了大批汉语实用人才，也为各级各类高等院校输送了优秀的学生。①

随着汉语在老挝的地位的提升，老挝华校的教学对象已不仅仅是华人，已有越来越多的非华裔进入华校接受汉语教学。

下面简单介绍一下老挝国内比较重要的 5 所华校的汉语教学情况。

（一）寮都公学

万象寮都公学创建于 1937 年，是老挝乃至东南亚最大的华侨学校之一，这所以汉语教育为主的全日制中小学，包括幼儿班、小学、初中、高中，高中部创办于 2001 年。

目前，该校各个年级都开设汉语课，每周 16—18 节，有听说、写字、作文、传统语文等课程，小学阶段采用中国国家汉办编写的《快乐汉语》作教材，初中和高中阶段的汉语教材采用中国国内中学语文教材（人民教育出版社中学语文教材）。寮都公学高中部的毕业生，

---

① 邓海霞：《老挝中小学汉语教学现状》，《世界汉语教学通讯》2011 年第 1 期。

有的考入国立大学继续学习，有的留校做教师，教授小学生汉语，有的去中国或其他国家留学。

（二）百细公学

老挝最早的华人汉语学校，建于老挝南部的百细（又称"巴塞"）。百细公学兴办于 1929 年，主要招收华侨华人学生和老挝当地学生，从幼儿班到初中都开设汉语课，每周上 16—21 节汉语课（2006年创办了高中部）。百细公学现有 14 名中文教师，其中 8 名为中国外派教师，其余为本校初中毕业后留校经过培训的本地教师。①

（三）崇德学校

崇德学校位于沙湾拿吉省会沙湾拿吉市，创建于 1931 年，2007年 8 月开始创办高中部。

（四）寮东公学

寮东公学位于老挝中部的他曲。1945 年建校，是一所小学，老挝的小学实行五年制，所以最高年级就是五年级。该校学生小学毕业后想继续学汉语就去百细、崇德、寮都这些有中学部的华人学校。

（五）琅勃拉邦新华学校

新华学校位于老挝北部的琅勃拉邦，琅勃拉邦是老挝的古都，现在为老挝的第二大城市。新华学校是一所小学，其前身是中正学校，建于 1946 年，最初由中国台湾派教师任教，1978 年改名为新华学校。新华学校每周开设老挝语 20 节、汉语 15 节、英语 10 节。教师是去中国留学归来的老挝学生和本地华人中学毕业后经过培训的毕业生。

不仅仅华校中小学开设汉语课，万象法国中学也开设了汉语课。万象法国中学的学生主要是居留当地的法国人及法国侨民子女，还有少量其他国籍学生。教学语言是法语，招生要求是学生必须具有一定的法语基础。从 2006 年 9 月开始，该校将汉语作为第二外语让学生选修，每周开设 4—7 个课时的汉语课。

---

① 蒋重母等：《老挝汉语教学现状研究》，《东南亚研究》2010 年第 6 期。

二　大学里的汉语教学

老挝高等学校汉语教学主要由老挝国立大学中文系扮演主角，另外，老挝国防学院、老挝警察高等专科学校等也分别有汉语专业专科班。

（一）老挝国立大学

老挝国立大学是全国唯一的一所国立综合性大学，位于首都万象南 7 公里处的东都，占地面积为 2500 公顷，建于 1996 年。建校 10 周年时，这所大学现已拥有语言、经济、政法、农林、医学、师范等 11 个学院，7 个中心，1 个学部，在校生达 3 万人左右，教师 1500 名左右。自 1996 年开始，老挝国立大学建立了基础部，学生入学后学习一年基础课程，为以后入系做准备。其间可参加去国外留学的文化考试，合格者即可去国外留学。中国教育部自 1996 年开始派教师来这所大学的基础部汉语科教授汉语，当时基础部有两个赴华留学生预备班，60多名学生。这些学生要参加基础课和汉语课的考试，每年有 25 名学生考取赴中国留学的全额奖学金，到中国学习各种本科专业。2005 年，中国教育部改革了到中国留学的考试科目，来中国留学的学生只考基础课，不再考汉语，解决语言问题的方法是到中国后先在语言班学习两年，然后进入各专业学习，这样，为赴中国留学而设的汉语基础培训部完成了使命，宣告解散。

2003 年老挝国立大学成立了中文系，开始招收汉语专业本科生，学制五年。第一年在基础部，每周除了上基础课，加上三次汉语课，目的是为二年级进入中文系做准备，生源一部分是通过全国高考录取的，一部分是自费学习者，还有一部分是政府各部门选派来进修的在职人员。老挝国立大学规定，在华人公学学习过汉语的和去中国自费留学回国的学生可以做插班生，即通过考试视其水平插入相应的年级自费学习。自 2007 年起学校取消了基础部。中文系是目前老挝语言学院除英语系外的第二大系。[①]

---

① 蒋重母等：《老挝汉语教学现状研究》，《东南亚研究》2010 年第 6 期。

（二）老挝国防学院

国防学院是以招收军队学员为主的军事院校，学员主要来自各个兵种的军官和士兵，主要是为中国对老挝在军事方面的援助和合作、兵器维修等项目培养应用型人才，同时为到中国进一步学习的学员提供汉语培训。国防学院汉语教学的发展分为两个阶段，前期主要开展非学历汉语教学，主要负责为即将去中国留学的学员进行汉语培训，以适应在中国的军用车辆维修、军事器材维护等专业学习。2009 年 8 月，经老挝教育部和老挝国防部批准，国防学院设立四年制汉语专业，开始了汉语学历教育。首届招收了 25 名学员，前两年在老挝学习，后两年到中国相关院校留学，学员毕业后获得专科学历，授中尉军衔，这一制度极大地提高了军队学员的学习积极性。国防学院目前选用的汉语教材是北京语言大学出版社出版的对外汉语本科系列教材，开设的课程有汉语精读、汉语口语、听力和军事汉语等，采用传统的从听说入手、带动读写的方法进行教学。①

（三）万象警察高等专科学校

由于老挝警察分布在各个领域，如边检口岸、移民局、旅游局、交通管理等多种行业需要与国际人士交流，作为老挝国内唯一的一所警察学校，万象警察高等专科学校于 2004 年创办了汉语专业，学员都是来自全国各地的在职警察，年龄从 20 岁到 36 岁不等，学制三年，毕业后颁发高等专科学校毕业文凭。开设的课程有汉语精读、泛读、书法、汉语听说、汉语语法、汉语写作等。②

（四）老挝苏州大学③

老挝苏州大学的汉语教学大致分为两类：一类是以在读本科生为授课对象的汉语强化班，另一类是以社会大众为授课对象的汉语短训班（分为晚班和周末班）。

---

① 蒋重母等：《老挝汉语教学现状研究》，《东南亚研究》2010 年第 6 期。
② 同上。
③ 王建军、吉旭：《当下海外汉语教学实习的两种类型：教学型与服务型》，《国际汉语教育》2014 年第 2 辑。

　　强化班学生都是经过老挝本国的高考而招录的应届高中毕业生。由于汉语能力未列入高考测试内容，同一班学生的汉语水平参差不齐。少部分出自当地华校（如寮都公学）的学生汉语水平较高，有的已经通过 HSK 四级考试；大部分非华校的毕业生则汉语水平较差，接近零起点。强化班的汉语授课时间为每周三次，每次三学时，每学时 50 分钟。教学进程从入门到起步循序渐进，但进度较快。

　　短训班学生则是通过自主报名方式招收，不设任何入学门槛。学生年龄差距较大，从学龄前儿童到中年在职人员，跨度很大。这些学生入学时的汉语水平普遍较低，仅个别人能够简单会话，大部分都是"汉语盲"。根据入学后的汉语水平测试结果，他们分别被编入入门班和起步班，接受每周六个学时的汉语培训。在经过每期约 100 个学时的培训后，学校会组织相应的汉语水平测试，成绩合格者晋升到高一级的培训阶段，成绩欠佳者则建议重修或复读。

　　老挝苏州大学在汉语培训方面用的教材是北京语言大学出版社推出的"进阶式对外汉语系列教材"《成功之路》。该系列教材分为八篇二十册，包括初级、中级和高级三个阶段。老挝苏州大学汉语教学中涉及的教材仅为其中的入门篇和起步篇。这套教材以赴北京留学的欧美日韩学生为教授对象，一律用英语加注，并不大适合英语水平欠佳的老挝学生。值得一提的是，2009 年以来，老挝国立大学的部分汉语教师曾合作编写了几套中老文对照的教材，如《旅游汉语》《商务汉语》等，但仅限于本校使用，并未得到正式推广。

三　孔子学院的汉语教学

　　老挝国立大学和广西民族大学具有得天独厚的地缘优势，两校多年来建立了深厚的合作关系，老挝国立大学中文系和广西民族大学老挝语系互派学生到对方学校学习一年，广西民族大学还是老挝国立大学中文系学生毕业留学攻读硕士学位的主要接收学校。在已有扎实的合作基础上，2010 年 3 月广西民族大学与老挝国立大学合作共建了老挝首家，也是目前唯一的一家孔子学院。

老挝国立大学孔子学院成立时，在老挝国立大学内建有一栋平层建筑，拥有多媒体教室数间，大型活动室多间。孔子学院在老挝国立大学内主要开展汉语的培训和推广活动。教学对象主要是老挝国立大学的学生、汉语爱好者和社会在职青年，以及华侨子女、寺庙和尚等，根据学生的汉语水平分为零起点班、中级班和高级班。下面简单列举一些老挝国立大学孔子学院成立以来举办的汉语培训和文化推广活动。[①]

2011 年 7 月 1 日，为庆祝中国和老挝建交 50 周年，增强中老文化艺术交流，加深中老友谊，老挝国立大学孔子学院和中国驻老挝大使馆共同举办了以"中老友谊，汉字美，书法美"为主题的"庆祝中老建交 50 周年叶剑锋书法展"。让更多的老挝朋友了解从而喜欢上了书法艺术。

2011 年 12 月 9 日，老挝国立大学孔子学院举办的"万象省、万象市中学汉语教师培训班"举行了开班典礼，首批学员有 20 名，有的是万象市内的中学老师，有的则来自万象省万荣市，他们本身的专业各不相同，但都选择利用周末两天的课余时间报名参加了这次为期 5 个月的汉语教师培训班。

2012 年 8 月 23 日，老挝国立大学孔子学院举办了剪纸活动，为满足各时段学生的学习需求，此次剪纸活动按照教学实际实行多时段分批次授课，孔子学院近 800 名学生都体验到了中国剪纸的艺术魅力。此次剪纸艺术活动拉开了老挝国立大学孔子学院文化活动月的序幕。

老挝大学孔子学院将汉语引入了老挝国立大学附属中学和万象市中学，2012 年 10 月 24 日下午，孔子学院院长卫彦雄向老挝国立大学附属中学赠送了《快乐汉语》学生学习用书。老挝国立大学附属中学从 2012—2013 学年第一学期开始在该校的高一年级的一个班（66 名学生）开设汉语课，万象市中学将于 2012 年 11 月在该校的初一年级

---

① 孔子学院总部/国家汉办网站：www. hanban. org，2016 年 10 月 30 日。

的三个班（每班40名学生）开设汉语课程。从此，汉语将与英语一样，共同作为两校学生的外语必修课程。

老挝国立大学孔子学院在2012年里开展了多次有声有色、反响热烈的文化活动，并固定在每月底开展一次中国文化培训课，涉及中国文化习俗、中国功夫、剪纸、中国结、舞蹈等多方面，这些活动和课程吸引了众多学员的参与，得到了来自学员和社会各界的赞扬。2013年新年伊始，为了让更多的老挝学生领略和体验中华文化的悠久历史和博大精深，老挝国立大学孔子学院在本学期专门开设了舞蹈、合唱、剪纸、中国结共四个中国文化兴趣班，免费向孔子学院全体学员开放，吸引了近200名学生参加。

老挝国立大学孔子学院继2012成功开办中小学汉语本土教师培训班之后，2013年4月2日，又面向老挝国立大学全体教师开办了首期大学教师汉语培训班，将汉语、汉文化进一步推广到老挝高校，为大学社团服务。此次大学教师汉语培训班的开办，得到了老挝国立大学教师们的热烈回应，从3月中报名开始，短短两个星期，便有67名教师报名参加培训，其中不但有老挝国立大学的普通教师、外籍教师，还有一些副教授、教授，值得一提的是社科学院几乎全院老师都报名参加了此次培训。原定招收30名学员，仅开一个班的培训课程，后不得不增开一个班。

2013年9月25日16时，老挝国立大学孔子学院第七届汉语培训班招生工作全部结束，共招收学员967人，其中新生568人，老生399人。967名学员将按照不同的汉语水平划分为三个级别，共27个班。其中，初级班为第一学期、第二学期的学生，共19个班。中级班为第三学期至第六学期的学生，共7个班。高级班一个，主修汉老互译及中国文化等课程。另外，从本学期开始，孔子学院与老挝国立大学下设的二级学院——社科学院建立了合作关系。该学院将汉语作为他们的第二外语，该院学生将到孔子学院学习汉语。此外，在老挝万象市中学和老挝国立大学附属中学，老挝国立大学孔子学院也开设了8个班的汉语课程，大概有370名学生。其中在万象市中学初一和初二各开设3个汉语课程班，在国立大学附属中学高一和高二各开设 1 个汉语课程班。

2014 年 7 月 14 日，老挝国立大学孔子学院暑期汉语培训班正式开课，共有 260 名学员参加此次培训。根据学员的汉语基础和不同需求，孔子学院将学员分为八个班进行授课，时间为 38 天，共 150 个学时。培训班为学员开设了汉语基础、听力及口语、书写、阅读等课程。此次暑期培训班的特点是参加培训的学员来源广泛，学员中既包括万象市本土汉语教师 17 人、老挝北部八省本土汉语教师 20 人，又有来自老挝国立大学的大学生和周边学校的中学生 160 人，还有 HSK 考前辅导班的 62 人。本次培训班的学员人数也比去年同期有大幅度增加。

2016 年 5 月 6 日，老挝国立大学孔子学院在老挝万荣民族中学举行了中老太极文化交流活动。

2016 年 11 月 3 日，"老挝国立大学成立二十周年成果展"在学校教育学院展区举行了剪彩仪式。老挝总理通伦·西苏里携教育体育部部长森德昂·拉占塔本、新闻文化旅游部部长波森坎·翁达拉、科技部部长波万坎·翁达拉等嘉宾参加了剪彩仪式，并参观了老挝国立大学孔子学院为本次展览特别设置的老挝国立大学孔子学院发展历程图片展和中国文化体验展台。中国文化体验展台包括中国茶艺表演、学编中国结、体验中国剪纸和画京剧脸谱等项目，通伦·西苏里首先品尝了中国著名的普洱茶，对其赞不绝口。接着他来到学画中国京剧脸谱桌前，拿起笔，蘸上颜料，专注地画了起来，陪同的森德昂·拉占塔本、波森坎·翁达拉以及国立大学校长宋熹·诺潘赛也兴致勃勃地动手描绘脸谱。他们对中国文化的热衷和亲身体验的行动，感染了周围的师生，全场报以热烈的掌声。此次成果展充分展现了中国传统文化的魅力，不仅为参观者了解中国打开了一扇窗户，也让他们亲身体验了中国文化的魅力。

另外，老挝国立大学孔子学院还多次承办汉语水平考试和"汉语桥"中文比赛、举办汉字听写大赛、中文诗歌朗诵比赛、中文歌曲比赛、中国电影周、中秋灯展等活动。

四　语言培训机构的汉语教学①

由于老挝华人众多，中资机构和企业纷纷进入老挝，给老挝人民就业创造了很多机会，但老挝人进入中资企业和机构就业的第一道门槛就是汉语关，因此，很多私人机构就瞄准了这个巨大的市场，也有些中方企业为了工作和业务沟通的需要，举办一些短期的汉语培训活动。

（一）老挝共青团中央汉语培训班

老挝共青团中央为了提高青年团员的文化水平，从 2003 年开始举办短期汉语学习班，教师主要是来自上海市的志愿者。2003 年上海市青年志愿者协会派出了 13 名志愿者赴老挝，志愿者中有医生、体育教练、计算机工作者，以及汉语、英语教师，汉语教师在老挝团中央举办的短期汉语学习班里教授中文，学员是由团中央各单位选派来的，每期报名时有 50 人，但由于种种原因，最后坚持下来的只有 30 多人。该班到 2009 年底已经办了 7 期，有 160 多人次参加了学习班。

（二）寮都公学和崇德学校的成人汉语培训班

老挝最大的华人学校——寮都公学于 2005 年 10 月开办了第一期成人汉语培训班，以夜校补习的形式向社会招生，学员都是汉语零起点的老挝人。每周三次课，每次两小时，主要开设口语和汉字两门课，目的是不仅使学员在短时间内具备用汉语进行交际的能力，而且在教学过程中培养学生对中国文化的兴趣。这是老挝华人公学首次开办汉语速成班。速成班分 A、B 两个班，每个班 15 人。教学任务由中国国务院侨办公派的几位广西老师承担，现在已经逐步由老挝教师承担。多年的教学实践证明，学习班效果良好，为寮都公学长期开展这项活动打下了坚实的基础。2009 年 9 月，第 5 期学习班开班，人数增至 50 人，两个初级班、一个中级班，这无疑是老挝华人公学举办面向社会的汉语培训班的一个良好开端。沙湾拿吉崇德学校也设有成人汉语培训班，办学模式类似于寮都公学。

---

① 蒋重母等：《老挝汉语教学现状研究》，《东南亚研究》2010 年第 6 期。

（三）琅勃拉邦新华学校举办的业余汉语培训班

琅勃拉邦的新华学校是一所小学，学生小学毕业后在本地不能继续学习汉语。为了弥补这个不足，同时也为了满足社会上各界人士学习汉语的热切愿望，新华学校于 2006 年 10 月开办了汉语进修班，一直坚持到现在。学员有的是本校小学毕业生，有的是社会上的成年人。

（四）私人开办的汉语培训班

随着华人在老挝的增多，华人所从事的职业也从单一的经商向多元化发展，有的办起了家庭汉语学习班，在街上偶尔可以看到培训汉语的招牌，这种学习班规模很小，一般只有几个人。担任教师的一般是由中国国内到老挝找工作的华人，或者是在中国留过学的老挝人，高校汉语专业的学生，甚至还有印尼或其他国家的华侨华人。学员们有的只是想学习一些简单的汉语，跟中国人做生意，有的是为去中国留学而进行的语言学习。

（五）假期汉语夏令营

利用假期，组织学生到中国游览学习，是学习汉语的另一种形式。2008 年暑假，中国国务院侨办和云南西双版纳侨办邀请寮都公学的学生参加了中国旅游的夏令营活动。40 多名学生分两个小队，一队去西双版纳，另一队去北京。这种活动不仅加深了他们对中国的感情，也提高了他们的口语水平和学习汉语的兴趣。随后，这种学习汉语的形式便时常开展。

第四节　汉语师资和教材

虽然在世界大环境的影响下，老挝的汉语学习出现了蒸蒸日上的形势，但由于受老挝经济、文化、民族习惯、教育制度等多方面因素的影响，汉语教学还存在不少问题。主要是师资不足、缺少本地教师、满足本地汉语教学需求的教材不足等。

一 师资状况

老挝的汉语师资中有很大一部分是来自中国的。中国教育部派教师去老挝教授汉语可追溯到 20 世纪 60 年代，1967 年有两位中国教师受教育部委托前往老挝川圹省康开市老中友谊学校任教，当时的老中友谊学校由老挝佛教学会主办，学生是一群来自全国各地的青年和尚。① 自 1996 年老挝国立大学成立留学中国汉语基础部开始，中国教育部每年派一名汉语教师前来任教，在此期间的汉语教学任务都是由中国教师承担的。2003 年老挝国立大学设立汉语专业后，中国教育部在 2004 年加派一名志愿者，这样就有两名中国教师，其中志愿者担负基础部和中文系一年级的课程。2004 年 9 月，中国政府派给老挝国立大学两名汉语教师和一名志愿者，负责中文系的本科教育工作。这一年老挝国立大学还没有老挝本国教师能够教汉语课。在中国驻老挝大使馆的关照下，老挝国立大学语言学院 2006 年派了一名教师去中国北京语言大学学习汉语，2007 年 7 月回国任教，2008 年老挝国立大学汉语专业首届毕业生中有一人留校任教。从 2007 年开始，中国国家汉办每年派出 2 名中国汉语教师到老挝国立大学中文系任教。②

中国政府和中国驻老挝大使馆对老挝汉语师资缺乏和质量不高等问题很重视，每年暑假都帮助华人公学派出本地骨干教师去中国进修学习。比如，2003 年暑假，中国政府将老挝各个华校的 20 名本地汉语教师安排到暨南大学华文学院免费培训；同时还有寮都公学的 4 名本地教师去广西民族大学、5 名去暨南大学参加培训。2005 年，中国国务院侨办考虑到老挝华校的实际情况，从国内派 5 名专家来老挝就地开展为期 20 天的教师培训，讲授小学汉语教学法、口语教学法、多媒体教学法和音乐舞蹈教学四门课程。这些都是当地华人公学的教师迫切需要的理论知识。根据寮都公学教务处教学效果跟踪记录，参加

---

① 马树德：《中外文化交流史》，北京语言文化大学出版社 2000 年版，第 193 页。
② 胡月云：《老挝汉语教学状况述要》，硕士学位论文，苏州大学，2011 年。

学习的汉语教师的教学水平有了很大提高，教学效果显著。①

二　教材状况

老挝人口较少，能编著、翻译、注释教材的人才奇缺，在相当长的一段时间里老挝使用的是中国国内中小学的语文教材，那是母语为汉语的全日制中国学生使用的，对把汉语作为外语学习，还要兼学很多老挝本国课程的学生来说，内容明显太艰深。教师教和学生学都非常困难，只好高中使用初中的教材，而初中则使用小学高年级的教材。② 随着中国对外汉语教学的发展，对外汉语教材也越来越多，老挝汉语教学界也开始逐渐采用中国出版的一些对外汉语教材。

但由于经济状况不够好，很多教学机构还无力从中国大批量地采购教材，华人公学里使用的教材大都是中国国务院侨办和其他单位赠送的，只够教师使用，学生用的教材往往是借教师的教材复印的。据不完全统计，国内的新华书店在 2003 年就向老挝寮都公学、百细公学提供了 2003 年秋季教材和 2004 年教材 2 万册，教材内容涉及小学、初中、高中的语文、数学、英语、自然、音乐、美术、物理、化学、历史等科目。老挝的他曲寮东公学、沙湾拿吉崇德公学等华人公学也通过寮都公学向州新华书店订购教材。遗憾的是这些教材要不就是全中文的，要不就是英文翻译的，对学生的学习和教师的教学造成很多困难。面对大量的学习者，没有一套为老挝人编写的汉语教材，甚至也没有用老语注释的汉语教材，除了华校因为学生从小到大都学汉语，问题还少一点，其他学校使用目前的教材问题就很多了。③

从采用中国出版的中小学语文教材发展到采用中国出版的对外汉语教材，老挝汉语教学在教材的使用上有了重大的进步，但从教材的针对性的角度来看，还需要进一步开发面向老挝汉语学习者的专门教材。但

---

① 蒋重母等：《老挝汉语教学现状研究》，《东南亚研究》2010 年第 6 期。
② 朱芳华：《关于国别化教材之老挝〈汉语教程〉的编写》，《海外华文教育》2010 年第 1 期。
③ 同上。

是在很长的一段时间里，在任教师即使想编写适合老挝学生的教材，也因各种因素的制约而不能如愿，课本尚无老挝语注释的，参考书就更无从说起。首先，作为本土教师，因本身汉语水平和教学水平的限制，独立编写教材的能力还不完全具备。其次，中国教师的任期往往只有一年，老挝学校又常常因为各种原因放假，实际教学时间短，对学生的情况来不及熟悉，教师就将离任。老挝国立大学的中国教师虽然任期两学年，但短时间内要编出一套适合老挝国情的教材，仍然十分困难。

　　虽然有诸多的困难，但是老挝国立大学 2006 年还是启动了汉语教材的编写工作，但正是基于以上原因，其间停停写写，历时整整三年。最终编写出了老挝第一部本地化汉语教材——《汉语教程》，这是老挝国立大学的中国教师和本土教师通力合作的结果。这为本地化汉语教材的开发开了一个好头，也给了当地汉语教师信心，随后又陆续编写出了《汉老对照本中国文化概论》《汉老对照本商务汉语》《汉老对照本旅游汉语》《汉老对照本简明现代汉语语法》等，面向老挝汉语学习者的本土化教材的开发稳步向前发展。

本章主要参考文献

邓海霞：《老挝中小学汉语教学现状》，《世界汉语教学通讯》2011 年第 1 期。

胡月云：《老挝汉语教学状况述要》，硕士学位论文，苏州大学，2011 年。

蒋重母等：《老挝汉语教学现状研究》，《东南亚研究》2010 年第 6 期。

马树德：《中外文化交流史》，北京语言文化大学出版社 2000 年版。

彭运锋：《老挝基础教育现况简介》，《基础教育研究》2008 年第 4 期。

王建军、吉旭：《当下海外汉语教学实习的两种类型：教学型与服务型》，《国际汉语教育》2014 年第 2 辑。

温科秋：《老挝的多语现象与语言政策》，《东南亚纵横》2010 年第 1 期。

吴德盛、张文生、李道勇：《老挝的多语现象与语言政策》，《民族译丛》1981 年第 1 期。

朱芳华：《老挝汉语推广的对策初探》，《海外华文教育》2010 年第 1 期。

朱芳华：《关于国别化教材之老挝〈汉语教程〉的编写》，《国际汉语学报》2010 年第 1 辑。

第十五章　马来西亚的汉语教学

第一节　国家概况

一　自然地理

马来西亚，全称马来西亚联邦（英文名：Federation of Malaysia，前身马来亚），简称大马。马来西亚位于东南亚，由马来半岛南部的马来亚和位于加里曼丹岛北部的砂拉越、沙巴组成。地处北纬1°—7°，东经97°—120°。位于太平洋和印度洋之间。全境被南中国海分成东马来西亚和西马来西亚两部分。西马来西亚为马来亚地区，位于马来半岛南部，北与泰国接壤，西濒马六甲海峡，东临南中国海，南濒柔佛海峡与新加坡毗邻，并建有两条长堤相通。东马来西亚包括砂拉越地区和沙巴地区，位于加里曼丹岛（婆罗洲）北部，文莱则夹于沙巴州和砂拉越州之间。马来西亚国土面积330257平方公里。海岸线长4192公里。①

---

① http：//www.fmprc.gov.cn/web/gjhdq_ 676201/gj_ 676203/yz_ 676205/1206_ 676716/1206x0_ 676718/，2016 年 11 月 4 日。

二　历史政治

早年的印度文明支配着马来西亚。从印度输入的印度教和佛教文化，主导了早期马来西亚的历史。公元初马来半岛建立了羯荼、狼牙修、古柔佛等古国。从 7 世纪到 14 世纪，在苏门答腊的三佛齐文明达到高峰，其影响力延伸至苏门答腊、爪哇、马来半岛和婆罗洲的大部分地区。15 世纪初，以马六甲为中心的满刺加王国统一了马来半岛的大部分，并发展成当时东南亚主要国际贸易中心。

伊斯兰教早在 10 世纪传至马来西亚，但直到 14 世纪和 15 世纪，三佛齐覆灭后不久，伊斯兰教才在马来半岛奠定根基。伊斯兰文化对马来人产生了深远影响，但是同时它也受到马来民族的影响。

1942 年至 1945 年马来亚被日本占领。1957 年多民族的马来亚联邦宣告独立。1963 年 8 月 31 日，英属的新加坡和北婆罗洲（沙巴）宣告独立，1963 年 7 月 22 日，砂拉越宣告独立，并与马来亚联邦以同等伙伴身份（即国家身份）于 9 月 16 日组成马来西亚联邦。但由于马来西亚与新加坡之间的矛盾，1965 年 8 月 9 日，新加坡宣布退出马来西亚独立建国。①

马来西亚实行君主立宪制（君主立宪制又分为二元君主制和议会君主制，马来西亚属于议会君主制）。因历史原因，砂拉越州和沙巴州拥有较大自治权。

马来西亚最高元首为马来西亚国家元首、伊斯兰教领袖兼武装部队统帅，由统治者会议从 9 个世袭苏丹中依照参加竞选最高元首的苏丹的年龄和就任年代拟出的名单中，选出一位资历最高的苏丹担任国家元首，任期五年。现任最高元首为阿卜杜勒·哈利姆·穆阿扎姆·沙阿（Abdul Halim Mu'adzam Shah），1970 年 9 月至 1975 年 9 月任马第五任最高元首。2011 年 12 月再次出任马最高元首。

政府由国会下议院最大党或联盟组成，领袖称首相。其政治体制

---

① http：//malaysia. xutour. com/renwen/201010551309_ 12617. htm，2016 年 11 月 4 日。

是沿袭自英国的西敏寺制度。现任首相为纳吉布·敦·拉扎克（Dato'
Sri Mohd Najib bin Tun Haji Abdul Razak），2009 年 4 月 3 日，宣誓就任
马来西亚第六位首相，同时兼任财政部长。

三　人口经济

马来西亚是一个多民族国家，根据世界人口网的信息，2015 年，
马来西亚总人口 30333124。其中马来人 55%，华人 24%，印度人
7.3%，其他种族 0.7%。伊斯兰教为国教，其他宗教有佛教、印度教
和基督教等。[①]

20 世纪 70 年代前，马来西亚经济以农业为主，依赖初级产品出
口。70 年代以来不断调整产业结构，大力推行出口导向型经济，电子
业、制造业、建筑业和服务业发展迅速。

自 1987 年起，经济连续 10 年保持 8% 以上的高速增长。1998 年
受亚洲金融危机的冲击，经济出现负增长。之后，政府采取稳定汇率、
重组银行企业债务、扩大内需和出口等政策，经济逐步恢复并保持中
速增长。2008 年下半年以来，受国际金融危机影响，马国内经济增长
放缓，出口下降，马政府为应对危机相继推出 70 亿令吉和 600 亿令吉
刺激经济措施。2009 年纳吉布总理就任后，采取了多项刺激马经济和
内需增长的措施。目前，马经济逐步摆脱了金融危机影响，回升势头
明显。2010 年，马公布了以"经济繁荣与社会公平"为主题的第十个
五年计划，并出台了"新经济模式"，继续推进经济转型。[②]

四　语言政策

马来西亚的官方语言为马来语。英语在过去较长的一段时间，曾
经是实际上的官方语言，殖民时期的语言政策是马来语与英语并重，

---

① http：//www. renkou. org. cn/countries/malaixiya/2016/4951. html，2016 年 11 月 4 日。
② http：//www. fmprc. gov. cn/web/gjhdq　676201/gj　676203/yz　676205/1206　676716/
1206x0，2016 年 11 月 4 日。

早期独立时期（1957—1969 年）语言政策上英语是一种考试用语。虽然在 1969 年种族骚乱后，马来语成为主要语言，但在马来西亚社会的许多领域，英语依然是一种活跃的第二语言。马来西亚民间使用的英语是大马式英语（Manglish），这是一种口语化的英语形式，带有很重的马来语、华语方言及泰米尔语的影响。政府不鼓励错误使用马来语，并对那些混合马来语和英语的公共标示牌处以罚款。①

第二节　汉语教学简史

从明朝郑和下西洋开始，华人到马来西亚谋生，华文教育也就从这个时期开始了。直到 19 世纪初叶，马来西亚华文教育一直处于缓慢的发展中，规模很小。教学形式以私塾为主，教材是"四书五经"一类的古籍。1819 年在槟城建立了第一间私塾——五福书院。② 19 世纪中期，马来亚各地开始出现较为有名的私塾，有 1854 年福建人陈金声创办的"萃英书院"，1888 年闽粤两省人士共同设立的槟榔屿南华义学。同时，各个方言社团也都先后办起私塾。此种私塾以方言为教学用语，大多附设在庙堂、会馆、社团或私人住宅内，大姓巨族办的私塾通常就设在其宗祠里面。私塾的教师有科举落第的读书人，也有江湖郎中或算命先生，只要有粗浅的汉语知识，能读能写即可任教。教授的不外乎是《三字经》《四书》《五经》《尺牍》《珠算》等功课。总的来说，处于私塾阶段的课本、师资、校舍均没有严格的规定和限制。③

1904 年，槟城中华学堂的创办，为马来西亚近代华文学校的开端。当时学习的课程主要为修身、读经、华文、英文、历史、地理、算术、物理和体操等。之后，相继有吉隆坡尊孔学堂、坤成女校等华

---

① http：//news. asean168. com/a/20150902/24870. html，2016 年 11 月 4 日。
② 郭健：《马来西亚与新加坡华文教育发展历程比较研究》，硕士学位论文，福建师范大学，2011 年。
③ 王小燕：《马来西亚华人教育》，《东南亚》1984 年第 2 期。

校创办。总之，1904—1920 年，由于殖民政府对华文教育基本上持放任态度，再加上中国革命思潮，尤其是辛亥革命、五四运动对马来半岛的影响，华侨华人掀起了极大的办学热情。尤其是自 1913 年起，在新加坡成立的"华侨学务总会"的倡导下，华界兴办华文学校已蔚然成风，不论大小埠头，都有华校，且已重视女子教育和师范教育，槟城华侨中学也于 1919 年设立。据统计，从 1904 年到 1918 年，新、马的华校已经达到 300 多所。这一时期，华侨华人受五四运动的影响，与中国的关系进一步密切，华文教育也逐步由文言文向白话文转化，教学媒介语也由普通话（时称国语）代替了本地方言。① 截至 1920 年，马来西亚共有华校 494 所。②

自 1920 年后，殖民政府因中国掀起抵制日货运动，触怒"英日同盟"等多种因素，开始加强对华文学校的管制，于 1920 年 10 月颁布实施了"学校注册法令"，反对法令的庄希泉等人被驱逐出境，华侨学务总会被迫解散。殖民政府除规定教师、董事及学校必须注册外，还对华校的课本和课程作了一些规定，列英文为华校的必修课之一，并对华校使用的教科书严加审查与限制，一旦发现有政治色彩，就列为禁书，仅以 1935 年为例，殖民政府就禁止了 16 家出版社的 84 种教科书与教学参考书。③ 之后，殖民政府还采取通过向被管制的华文学校发放补助金的办法加强对华校的监控（主要指对课程和教科书的监控），但因当时绝大部分的华文学校，既有来自中国的经济资助，又有当地华族社区财力上的支持，故多未接受殖民地政府有附加条件的资助，如 1931 年马来亚地区共有 881 所华文学校，其中只有 153 所接受殖民地政府的经济资助。因此，截至 1942 年日本占领马来西亚前夕，先后有 315 所华文学校以各种理由被取消注册，但是总体来说，华文教育仍呈现出发展趋势，有一组统计数字可以说明：1937 年，马

---

① 耿红卫：《马来西亚华文教育史简论》，《船山学刊》2002 年第 2 期。
② 李开慧：《简论马来西亚华文教育的发展》，《西南民族大学学报》2005 年第 10 期。
③ ［马来西亚］郑良树：《马来西亚、新加坡华文教育史论丛》（第 2 卷），新加坡南洋学会 1986 年版，第 114 页。

来学校学生为 90436 人，而华文学校的人数近于马来学校数字，达 86289 人。这一时期，华文教育持续发展是多方面的，既有华人认同中国的原因，也有华文学校收费低等原因。①

1941 年底，太平洋战争爆发。日军南侵占领新加坡，马来亚各地先后沦陷。占领军强迫当地居民开展学习日语运动，学校停止教英文，代之日文课。其总的教育政策是只允许马来人及印度人的方言学校继续存在，而取消所有华校，华人儿童必须进日本人办的学校，接受奴化教育。在日军占领三年多的时间里，华校遭到空前浩劫，绝大多数校园被毁被占，大批教师学生被无辜杀戮，华文教育遭到严重摧残。②

1945—1947 年，各地华校纷纷复办、扩建，华文教育大有发展。然而，第二次世界大战后到 1957 年马来亚联邦获得独立这一时期，华文教育面临英国殖民主义和马来土族民族主义的双重打击，致使华文教育处境艰难，马来华人奋起而捍卫，"战后马来西亚华文教育的历史，也就是华人为争取母语教育权利不懈抗争的历史"③。斗争的领导者主要是董教总（马来西亚华校教师会总会和马来西亚华校董事会联合会总会的合称）。④ 马来西亚华校教师会总会（简称教总）成立于 1951 年 12 月 25 日，马来西亚华校董事联合会总会（简称董总）成立于 1954 年 8 月 22 日。董总成立后，与教总紧密配合，并肩作战，联手争取民族权益，成为马来西亚华教的领导机构，并被合称为"董教总"。董教总本着各族公民权利与义务一律平等及接受母语教育是基本人权的信念，争取华、印文与英、马来文并列为官方语文，主张各族母语、母文教育一律平等，要求华文教育被承认为国家教育之一，为民族语文与教育的生存与发展展开了不懈的斗争。⑤ 经过马来华人团体的不懈努力，这一期间华文教育得以顽强地快速发展。从当时华

① 耿红卫：《马来西亚华文教育史简论》，《船山学刊》2002 年第 2 期。
② 王小燕：《马来西亚华人教育》，《东南亚》1984 年第 2 期。
③ 周聿峨：《东南亚华文教育》，暨南大学出版社 1995 年版，第 135 页。
④ 耿红卫：《马来西亚华文教育史简论》，《船山学刊》2002 年第 2 期。
⑤ 李开慧：《简论马来西亚华文教育的发展》，《西南民族大学学报》2005 年第 10 期。

校的统计来看，战后新建的华校数量有了大幅度增长。从 1946 年到
1950 年，学校数目由 1105 所增至 1319 所，学生人数由 172102 人增至
216465 人，教职员人数由 4513 人增至 6245 人。特别是华小遍及全国
乡村，比之其他学校分布得更为广泛。1956 年马来西亚教育部在全马
学龄儿童中的调查结果表明有 95% 以上的华人儿童进入华校就读，形
成战后马来西亚华人教育的黄金时代。①

　　马来西亚独立（1957 年 8 月，马来亚联合邦独立）后到 20 世纪
80 年代末期，华人继续同马来西亚政府抗争，开创华文教育独立发展
的新局面。主要表现在四个方面②。

　　一是反对 1961 年教育法令。马来西亚政府采纳了 1955 年的"拉
萨报告书"和 1960 年的"达立报告书"的建议③，颁布了 1961 年教
育法令。法令重申，马来语为国语，享受政府全面津贴的学校为"国
民小学"（马来语为教学语言）和"国民型小学"（马来语和英语为
教学语言），改制为"国民型学校"的中学才能获得全面资助，而不
愿改制的华文独立中学则不享受补贴。该法令的实行对华文教育的打
击甚为严重。为了诱导华文中学改制，马来西亚内政部还剥夺了教总
成员林连玉的公民权和教师资格证。

　　二是维护华小不变质。1961 年教育法令颁布后，政府一直试图将华
文小学改制为国民小学。为了确保华校不变质，1977 年董教总成立了全
国发展华文小学工作委员会，其任务的第一项就是协助争取保存以华语
为华小的教学媒介语。多年来华人维护华校不变质的斗争是卓有成效
的。据资料统计，1977—1981 年，历年华校一年级新生数约占全国一年
级学生总数的 30%，以人口的比例估计，在半岛各州有 75%—85% 的华
族一年级学生在华校就读。④另据资料显示，到 20 世纪 90 年代初，马

---

①　王小燕：《马来西亚华人教育》，《东南亚》1984 年第 2 期。
②　耿红卫：《马来西亚华文教育史简论》，《船山学刊》2002 年第 2 期。
③　古鸿挺：《教育与认同：马来西亚华文中学教育之研究（1945—2000）》，厦门大学出版社
　　2003 年版，第 63—66 页。
④　周聿峨：《东南亚华文教育》，暨南大学出版社 1995 年版，第 157 页。

来西亚华校共有 1283 所，学生总数约为 68 万人，其中 22000 余人为非华裔学生（马来族为 16400 人，印度族为 6000 人），华族子弟在华校就读的人数占全体就读人数的 85%—87%，华小师资人数为 25146 人，其中临时教师为 4229 人，占全体华小师资人数的 16.82%。①

三是建立华文独立中学。1961 年教育法令规定，不接受改制为"国民型学校"的华校变成为"独立中学"，政府不给予补贴。可见，独立中学是指被排斥于政府教育体制以外的、由华人社会自筹资金、自行管理的华文中学。由于独立中学学生升学无出路、中学生源较差，加上缺乏经费等原因，致使独立中学数目较少，到了 20 世纪 60 年代中期仅有 60 所，而且之后的数目也无大的变化。20 世纪 70 年代，董教总通过组建全国发展华文独中工作委员会（1973 年）、抵制新的教育政策（马来西亚政府规定 1971 年起各类国民型学校、高等院校陆续采用马来语作为教学媒介语）、扩大生源等措施，促使华文独中于 20 世纪 70 年代得以复兴。到了 20 世纪 80 年代以后，华文独中采取了三语教学（以华语为主体，兼学英语、马来语）、多渠道筹措经费、拓宽毕业生就业门路等措施，从而使华文独中得以稳定发展。有两组数字可以说明独中的发展现状。1976 年，全国共 60 所独中，其中西马 37 所，东马 23 所，学生为 33395 人，1982 年学生数发展到 44486 人，到了 1992 年，学生数目则达到 58212 人。教师人数 1976 年为 1473 人，1992 年为 2411 人。独中生人数 20 年当中增长了 2 万多，前 10 年增长 26.7%，后十年增长 30.8%。②

四是申办独立大学。1967 年，董教总提出创办独立大学（以华语为教学媒介语的大学）的计划。目的是"设立一所民办大学，为那些无法进入本地大学的学生提供高等教育的机会"，尤其是为独中学生的就业开辟更广阔的出路。当时的马华公会认为董教总的申请不可能成功，便与之抗衡，率先于 1968 年提出创办拉曼学院的建议，很快得

①　陈仁雅：《马来西亚华文教育的现状与展望》，《海外华文教育》1993 年第 3 期。
②　同上。

到了政府的批准。1969 年拉曼学院正式成立。"拉曼学院"属于半官方性质的学校，招收华人学生，但教学媒介语为马来语和英语，不承担华文独中学生的升学任务。而董教总在 1977 年正式提交创办的独立大学的请愿书，却遭到政府的拒绝，理由是：（1）独立大学将采用华文为教学媒介语，违反教育政策；（2）只招收独中学生；（3）它是由私人机构建立的。之后，独立大学理事会再三起诉、上诉，还是以失败而告终。1986 年，宽柔中学董事会正式向教育部申请于宽柔专科部的基础上成立一所民办学院。在华社人士的坚持和极力争取之下，终于在 1990 年获教育部批准创办南方学院，在授课中，华语为行政语文，教学媒介语为华、英、马来三种语言。南方学院的创办，为独中学生升学提供了更加广阔的机会，同时也进一步完善了马来西亚的华文教育体系，并且为独中的发展提供了更加充足的师资保证。

20 世纪 90 年代以来，马来西亚政府对华文教育的政策和态度有了很大的变化，华文教育也呈现出较好的发展态势。表现在以下几个方面。

（1）发展经济带动教育观念的转变。马来西亚政府为促进经济发展，早日建成一个先进的工业国，开始加强同中国的交流与合作，经济的因素也带动了教育观念和体制的变化。不仅领导做出表率在公开场合讲华语，如 1992 年马来西亚教育部副部长冯镇安在出席一个联欢晚宴上说，政府已经承认华人教育问题是国家的问题，而不再是敏感问题，并宣布政府同意废除 1961 年教育法令修正法案的 21（2）条，接受华校永远成为马来西亚教育主流的一部分，鼓励独中继续发展。而且，还扩大华文的学习范围，如 1995 年政府批准拉曼学院开办大众传播系，设置华文班。马来亚大学、马来西亚农业大学（1997 年更名为布特拉大学）也开设了华文班。1996 年，国民型中学开设了 2268 个华文班，有学生 105138 名；国民中学开设了 6226 个华文班，有学生 193296 名学生。①

---

① 高玛莉：《马来西亚华文教育的发展》，《八桂侨史》1996 年第 2 期。

（2）1996 年以来，华文教育实现了四个突破。具体而言，第一，1997 年 6 月 20 日，马来西亚与中国政府正式签署教育合作谅解备忘录。在互相讲学、互相学术交流、互相到对方高校学习深造等方面作出了明确的规定。第二，1997 年 5 月 28 日，马来西亚教育部批准马来西亚董教总申办新世纪学院的报告。1998 年 3 月 1 日，新世纪学院开始招生，设华文等四科，教学媒介语为华语和马来语、英语。第三，1997 年 3 月 17 日，马来西亚教育部批准南方学院开办中文系，为独中的学生升学深造创设了良好的条件。① 2012 年，南方学院被批准升格为大学，更名为"南方大学学院"。第四，1999 年 3 月 1 日，韩江学院成立（由原韩江中学扩建而成），设有华文等四科。②。

总之，由于中国国际地位的提升、经济的迅猛崛起及与世界各国的各种交流日益频繁，华语经济价值也日益凸显，许多国家政府都支持和鼓励华文教育。为了适应这种全球化的趋势，马来西亚政府对华文教育的态度也由排挤、打压转变为较温和的有限干预。不过，需要指出的是，马来西亚对汉语教育的政策不断趋于宽松，这并不代表马来西亚政府已放弃了单元化教育的思想，这些放松充其量只是政府的一种战略调整，其主导思想还是"马来化"的马来民族中心主义。

虽然受到种种限制，但在以董教总为首的当地华人的抗争和努力下，汉语教育仍保持着旺盛的发展势头。在小学阶段，华文小学基本上仍维持着华文教育的传统，教学质量在不断地提升，普遍受到社会的好评。与此同时，学校的规模也在不断地扩大，据中国新闻网报道，2011 年马来西亚的华文小学有 1290 多所，在读学生 64 万余人；华文独中也突破了政府的种种限制，办学水平不断提高，办学规模也不断扩大，尽管学校数量一直被控制在 60 所，但在校生在 2009 年就达到了 6 万多人；③ 在高等教育方面，继第一所华人自己创办的、以华语

①　林去病：《马来西亚华文教育三个突破的意义及其发展的前景》，《华侨华人历史研究》1998 年第 2 期。

②　耿红卫：《马来西亚华文教育史简论》，《船山学刊》2002 年第 2 期。

③　周聿峨：《冷战后马来西亚华文教育发展状况探析》，《东南亚纵横》2009 年第 12 期。

为一种教学媒介语的南方学院成立之后，又创办了新纪元学学院和韩江学院两所民办华文高等教育院校，2012 年南方学院又升格为大学。这种由小学到中学直至大学的华文教育，在华人社会中形成了浓郁的母语氛围，促使马来西亚成为目前海外华文教育最为发达的国家。①

而且，悄然兴起的"汉语热"在马来西亚已不再局限在华人圈内了，越来越多的非华裔家长也把小孩送进华小。2009 年在各地华小就读的非华裔学生就接近 7 万，多数华小非华裔学生占 10%—20%，在北马的玻璃市、吉打和横滨，东马沙巴和砂拉越的一些规模不大的华小，非华裔学生甚至超过华族学生；同时，国民学校教学媒介语是马来语，原规定学生中华人或印度人有足够人数，才可以开设母语课，现在却鼓励国民学校学生学习华文，把华文课列入国民学校的正课，作为第二语言来学习；各高等学校学习华文也成了风气，除有中文系的大学外，相当一部分大学都开设了华文选修课。以玛拉工艺大学为例，差不多每个学期都有 8000 多名学生选修华文。此外，在马来西亚还有形形色色的各种语言中心、培训机构或国际学校，它们承担着不分族群的华文教育培训，目前，这一类培训机构的数量在不断增加。②2012 年 10 月 20 日，马来亚大学孔子学院的启动运行，2015 年 11 月 23 日，世新大学孔子学院的揭牌运行，为马来西亚人民学习汉语和了解中国文化提供了新的重要平台，必将为推动中马人文交流与合作，巩固和发展两国人民的友谊做出新的贡献。③

在马来西亚，各种华文报刊、电视及网站等媒体对开展华文教育起了积极的推动作用。据统计，马来西亚有华文报纸 18 种，居海外各国之首，比如《星洲日报》《南洋商报》《光华日报》《华侨日报》等，构成了庞大的华文报业媒介网络，成了维护华文、拓展华文空间的重要手段，在马来西亚有很大的影响。同时，华文电视业还扮演着

---

① 吴建平、蒋有经：《新时期马来西亚华文教育的回顾与展望》，《泉州师范学院学报》2012 年第 5 期。

② 同上。

③ 孔子学院总部/国家汉办网站：http://www.hanban.org，2016 年 11 月 10 日。

"拉近全球华人距离"的角色；互联网也为马来西亚华文教育提供了更为广阔的空间，在将华文信息、娱乐、教育融为一体的同时，更高效地传播着华语和中华文明。[①]

第三节　汉语教学的环境和对象

马来西亚的华文教育起源较早，历史悠久，虽在近代的发展受到种种限制，但一直在压力下努力发展。进入20世纪80年代后，随着我国与马来西亚友好交往和其政府对华文教育政策的重大调整，我国经济迅速崛起及全球性"汉语热"的兴起，马来西亚华文教育又迎来了新的发展机遇，更加生机勃勃、欣欣向荣。[②] 马来西亚由小学到中学直至大学的华文教育，我们在上节介绍马来西亚汉语教学史时做了简单的介绍，本节主要补充介绍马来西亚两所孔子学院的汉语教学和文化推广活动。

一　马来亚大学孔子学院的汉语教学[③]

马来亚大学孔子学院2009年10月20日启动运行，中方合作院校是北京外国语大学。马来亚大学孔子学院在开展汉语培训之外，同时也积极弘扬中华文化，致力于成为中马两国文化交流的桥梁。

马来亚大学孔子学院自2009年成立以来，已接收超过3000名学生，除开设综合汉语课程外，还开设了中国书法体验课，以及围棋、太极课程，帮助学生们更好地了解中华文化。除此之外，学院开设了专门针对外交、翻译及孵化留学等目标的课程，以满足不同学生的不

---

① 吴建平、蒋有经：《新时期马来西亚华文教育的回顾与展望》，《泉州师范学院学报》2012年第5期。
② 张本钰：《马来西亚华文教育现状及发展前景》，《福建论坛》（人文社会科学版）2007年增刊。
③ 孔子学院总部/国家汉办网站：http：//www.hanban.org，2016年11月10日。

同需求。①

2011 年 9 月，马来亚大学孔子学院在马来西亚外交学院为马来西亚政府公务员开设汉语课程，6 个班共计学员 180 名。2011 年 10 月 7 日，由马来亚大学孔子学院和马来西亚蕉赖警察学院联合举办的蕉赖警察学院汉语班第一期开班典礼在吉隆坡蕉赖警察学院礼堂举行。此次警察班第一期课程共有 60 名警官学员自愿报名参加。这些课程的成功开办，表明马来西亚官方高度重视马中教育文化合作交流，重视汉语作为交际媒介的重要性，强调了通过汉语学习增强相互了解和认同的重要意义。

2011 年 10 月 16 日晚 8 点，在马来亚大学学生综合活动礼堂举办了一场盛况空前的"中国文化之夜"活动。来自世界各地的 800 多名师生齐聚一堂，整个会场座无虚席。活动以文艺演出、书法和剪纸作品的图片展览、汉服和乐器的实物展现等多种形式，为活动参加者提供了一个难得的、近距离了解中国文化，加强各国学生交流互动的机会。

2011 年 12 月 1 日，马来亚大学孔子学院吉兰丹校区汉语班开班典礼在学生礼堂隆重举行。马来亚大学吉兰丹校区位于马来西亚北部，属于大学预科学校，吉兰丹是马来族相对集中的地区，伊斯兰宗教文化是当地的主要特色。该校主要开设伊斯兰教课程外，同时开设科学技术、语言文化等课程。此次开设的汉语课程，是该校继开设阿拉伯语、英语、乌尔都语之后，开设的一门新的语言课程，首次开设汉语课程，选课人数就达到了 197 名，分为 6 个教学班，每个班每周学时为 4 课时。

2012 年 4 月 4 日，马来亚大学孔子学院太极拳培训班在马来亚大学校园正式开课，共 80 多名来自马来亚大学的教师和学生参加了本期培训课程。

2013 年 9 月 24 日，马来亚大学孔子学院举办了以"马来西亚汉

---

① http://www.rcgus.com/jianguoyishu/985714.html, 2016 年 11 月 10 日。

语教学"为主题的交流研讨会。会议邀请了马来西亚精英大学、伊斯兰大学、博特拉大学、新纪元学院、马来西亚全球汉语中心、Language Tree 汉语培训中心、EDU 语言培训学校等当地知名高校和语言培训机构的负责人和汉语教学工作者 26 人参加，马来亚大学孔子学院的汉语教师也参与了讨论。会议主要围绕汉字教学、常用教学法、中高级阶段学生流失、教材选择、测试评估五个议题进行。

2013 年 11 月 7—9 日，马来亚大学孔子学院和北京外国语大学联合主办了"马来西亚本土汉语教师培训讲座会"。来自北京外国语大学中文学院专家团一行 7 人，分别在吉隆坡、吉打州和槟榔屿州举办了多场汉语教师培训讲座会。培训的内容包括对外汉语语言要素教学、对外汉语教学法、中国文化概要和精品教材选择等。参加吉隆坡站讲座会的 50 多位本土汉语教师分别来自吉隆坡、雪兰莪州和关丹州多所学校和语言培训机构。

2014 年 1 月 21 日，受马来西亚 UCSI 国际学校邀请，马来亚大学孔子学院在该校举办了一次精彩的中国文化公开示范课（太极拳示范课和围棋示范课）。该校全体师生 300 多人参加了此次活动。

2014 年 6 月 3 日到 5 日，马来亚大学孔子学院为该校非华裔教职工子弟开办了为期三天的汉语语言营。此次语言营招收的学生年龄从 10 岁到 15 岁，近 20 位学员都是汉语零基础。马来亚大学孔子学院针对其自身的特点，为此次语言营量身打造了一系列汉语语言及中华文化课程，具体包括中国及中华文化介绍、入门生活汉语、入门校园汉语、中国国画课等课程，充分调动了学员们对汉语及中国文化的好奇心。

2014 年 6 月 28 日，马来亚大学孔子学院与彭亨大学汉语文化中心及彭亨州教育厅等多家单位联合主办的彭亨州本土汉语教师培训在彭亨大学落下帷幕，237 位来自马彭亨州的本土汉语教师参加了培训。

2014 年 10 月 29 日至 10 月 30 日，马来亚大学孔子学院与马来亚大学中国研究所联合举办了题为"21 世纪的马来西亚、中国及亚太地区"的国际研讨会，此次研讨会邀请了曾担任马来亚大学文学院院长、香港大学校长和新加坡国立大学东亚研究所所长的王赓武教授担任主讲嘉宾,同时其他来自中国、马来西亚、新加坡、韩国、澳大利亚、印度尼西亚、泰国、越南和日本等亚太地区的学者、专家共 23 人参与了此次研讨会。

2015 年 8 月 8 日至 9 日,马来亚大学孔子学院主办的本土汉语教师培训班分别在吉打州首府亚罗士打和吉隆坡举行。来自马来西亚师范院校的师生,大中小学的授课教师以及私人培训机构的教师共 200 余人参加此次培训。

2015 年 10 月 22 日,马来亚大学孔子学院与马来亚大学伊斯兰研究院联合举办了"中国伊斯兰教发展现状"国际研讨会。此次研讨会共有 7 名来自中国、马来西亚的学者发言,200 多名学者、师生参加了此次研讨会。

2016 年 8 月 10 日,由马来亚大学孔子学院为玛拉集团量身打造的汉语教师培训圆满落幕,为期三天的培训吸引了来自马来西亚 6 所玛拉专艺学院的 35 名汉语教师参加。

2016 年 8 月 27 日至 28 日,由马来西亚马来亚大学孔子学院主办、砂拉越州美里和林梦省华校教师工会承办的马来西亚本土汉语教师培训在美里市和民都鲁市顺利举办,吸引了 335 名本土汉语教师参加。

2016 年 10 月 8 日至 9 日,马来亚大学孔子学院、马来亚大学中文系共同举办了"2016 年中国—东盟:跨文化传播国际学术研讨会"。马来西亚前交通部长、马来亚大学中文系客席教授丹斯里陈广才、马来亚大学孔子学院外方院长阿扎拉尔拿督和中方院长陈忠,马来亚大学中文系主任潘碧华博士、马来亚大学马来西亚华人研究中心主任黄子坚教授、武汉大学教授王兆鹏等 35 位学者专家,以及 200 余名师生参加了此次会议。

2016 年 11 月 6 日,马来亚大学孔子学院主办"2016 年马来西亚汉语作为第二语言教学国际研讨会"落下帷幕。此次研讨会为期一天半,共有来自全马 30 多所大学的 40 余名老师提交了论文,并用汉语发表了演讲。近百名教师及研究人员参加了此次研讨会。

此外，马来亚大学孔子学院还举办了"零距离接触中国""中国文化之夜""马来学生中文讲故事和汉字书写比赛""中文歌曲比赛""YCT 考试""HSK 考试""中国电影节"及各种中国节日庆祝活动和棋类比赛，并承办"汉语桥"比赛等。

二　世纪大学孔子学院的汉语教学①

世纪大学孔子学院成立于 2015 年 11 月 23 日，是马来西亚两所孔子学院的另一所，中方合作院校是海南师范大学。世纪大学孔子学院是海南省第一家在东南亚"一带一路"文化纽带下建设的孔子学院，对推动海南省国际教育交流与海南本土文化传播起着重要作用，对海南乡土文化在马来西亚的交流提供了国际平台。②

2016 年 2 月 15—19 日，世纪大学孔子学院"金猴闹春——喜迎元宵"春节文化体验活动分别在哥打白沙罗校区、吉隆坡校区和梳邦校区举行，吸引近 4000 名观众参加。

2016 年 5 月 26 日，世纪大学孔子学院举办了一场丰富多彩的中国民间文化剪纸活动。世纪大学教职工和孔院学员参加了此次活动。

2016 年 6 月 27 日，世纪大学孔子学院邀请马来西亚吉隆坡茶艺协会的林庆雄先生举办了两场茶文化活动，让学员体验到了中国茶的韵味。林庆雄讲解了茶叶的起源以及中国茶的六大基本类别，邀请学员共同鉴赏不同品种的茶。在耐心解答学员的疑问之后，他还邀请大家一起参与猜茶色、猜茶叶年限、猜茶叶价格等游戏活动，并向正确回答问题的学员赠送了珍藏的茶叶，整个品茶会现场气氛十分活跃。

此外，世纪大学孔子学院还多次举办汉语文化营活动，派送学生前往海南进行汉语学习和文化体验。

---

① 孔子学院总部/国家汉办网站：http：//www. hanban. org，2016 年 11 月 10 日。
② http：//news. 163. com/15/1201/08/B9O3B4HL00014Q4P. html，2016 年 11 月 10 日。

第四节 汉语教材的选用和开发

马来西亚开展华文教育的历史比较长，历史上选用和开发的教材也比较多，相关的文献也做了一定程度的介绍，我们在此就不再详细介绍马来西亚汉语教材的发展史，仅仅对马来西亚目前汉语教材的选用和开发情况做简单介绍。

一 幼儿汉语教材

张江元在《马来西亚幼儿华文教材编排体例分析》中介绍了马来西亚出版的一部幼儿汉语教材，下面从中摘录一些信息，以对马来西亚的幼儿汉语教材有个简单的了解。[①]

2008 年，马来西亚彩虹出版公司出版了一套幼儿汉语教材《乐乐语文列车》，共有《华文课本》1—4 册和《华文作业》1—4 册，针对4—6 岁儿童使用。课本和作业的开本和尺寸都相同。课本的封面、封底、内页均为彩色印刷，开本为长方形，横向水平排版，左侧装订。开本较大，容易翻阅，每册尺寸相同，长边约 26 厘米，短边约 18 厘米。纸张较厚有柔韧性，不易撕破，不易看到背面的图画、文字。页面光滑洁白，便于书写和涂画等。

教材的内页每册固定为 32 页，采用大多数幼儿华文教材的方式编排，即以主题方式分单元呈现教学内容。每册有 4—6 个主题单元，每个单元搭配与主题相关的标题。教材单元标题大致分以下几种情形。

第一，单元以更高一级的抽象概念为标题，比如"认识自己""彩色世界""我的家庭""大自然"等，以身体部位、色彩种类、家人称谓、自然界常见的各种事物来组织单元学习内容，训练与该主题相关的语言表达，条理清晰。

---

① 张江元：《马来西亚幼儿华文教材编排体例分析》，《海外华文教育》2014 年第 2 期。

第二，以学习内容的简单集合概念为标题，比如"动作、表情"等，内容丰富，信息量大。

第三，以具体环境地点为标题，比如"在家里""在花园里""在课室里"等，以此为主，引导学生掌握在这些空间里常出现的概念，比如大小、多少、上下，常见的学习用品、生活用品，花、草、动植等。概括性较强，内容丰富，训练的范围广。

第四，以与幼儿生活有密切关系的话题为标题，比如"上学了!""我们去玩"等。引导学生认识这些话题里出现的事物、人物、活动等，易于激发幼儿学习兴趣，增长见识，开阔视野。

涉及最基础知识的单元（第1册较集中），每单元有6—7篇课文。随着学习内容难度加大，每个单元只安排4—5篇课文（均不包含复习课）。这样设计有助于减轻学生学习压力，有利于保障学习的有效性。教材以重视复习的方式来巩固以往的知识和技能。同一单元中有多少不同种类的知识内容就有几次复习，比如"动作、表情"单元有两次复习紧随相应内容之后。教材的复习设计灵活，不仅针对全册、每个单元，也针对不同的学习内容。

值得关注的还有组成单元的每篇课文的内容设计。在字词认读方面，不仅有拼音和笔画要求，还要引导学生认识图片、象形文字、简体汉字三者之间的关系。此外，围绕重点字词或句子，课文选编一些儿歌、儿童诗、谜语、歌曲（提供歌词，后面提示适用的曲调名称），引导学生在读一读、唱一唱这种极有韵律感的活动中学习，便于理解记忆。用谜语写出谜底显见的特征，不仅能引导学生更好地把握理解内容，而且能启发思考，训练其思维能力。有的韵文甚至搭配生动有趣的形体动作（手势）等，简单易行，一边读一边做，颇有趣味，增强了学习兴趣。课文还设计了综合性较强的活动"看图说话""看一看、做一做"等，目的就是把所学运用于"说"和"做"的实践。教材的内容设计和活动设计都突出体现了学生主体地位，有利于学生在多样综合的活动中进行学习，提高效率，同时也有助于教师课堂教学环节的设计，以及教学中师生的互动合作。

从整体上看，这套教材的特点是：（1）教材突出"幼儿化"特征；（2）教材设计具有"生活化"取向；（3）教材设计注重"文化特色"。

二　中小学使用的汉语教材

马来西亚无论是小学还是中学的华文教材，都是由教育部统一编写，并免费提供给全国各中小学学生使用，但独立中学则除外。独中的华文教材是由董教总全国华文独中工委会学务处课程局编写并统一发放于全国独中使用。

小学和国中改制中学华文教材各一套。由于华文小学、国中改制中学和国民小学各年级华语教材都由不同出版社所出版，很难以出版社来进行区分；独中华文教材由统一的出版社即董总出版社出版，因此其教材只有一种版本。[①]

（一）华文小学使用的汉语教材[②]

华文小学共使用八册汉语教材，一、四、五、六年级各一册，二、三年各两册。具体信息如下表。

序号	作者	教材名称	出版社	出版年份（年）
1	郑辉龙、王塞梅	一年级华文课本	Hypersurf Corporatio Sdn. Bhd.	2003
2	黄雪玲、何贵强	二年级华文课本上册 二年级华文课本下册	Eliteguh Industries Sdn. Bhd.	2003
3	谢慧敏、郑淑玲、叶莲丝	三年级华文课本上册 三年级华文课本上册	Penerbit Bangi Sdn. Bhd.	2004
4	黄慧羚、孙秀青、周锦聪	四年级华文课本	The Malaya Press Sdn. Bhd.	2005
5	陈素媚、王月香、林俐伶	五年级华文课本	Penerbitan Pelangi Sdn. Bhd.	2006
6	黄慧羚、孙秀青、周锦聪	六年级华文课本	The Malaya Press Sdn. Bhd.	2007

---

① ［马来西亚］叶俊杰：《马来西亚华文教学研究》，博士学位论文，中央民族大学，2012 年。
② 同上。

（二）国民小学使用的汉语教材

2003 年，马来西亚教育部出版了《交际华语》（共 6 册），这是由政府组织编写的最早的一套用于国民小学的汉语教材。2007 年教育部出版了《国小华语》，用其替代了《交际华语》，但只出版到五年级。2010 年，教育部又推出了《国小华文》系列教材。[①]

（三）国民中学、国民型中学使用的汉语教材

国民中学和国民型中学虽然华文课时不同，但是必须按照政府的规定，使用统一课本。现用的《华文》是按照马来西亚教育部课程发展中心于 2000 年所颁布的修订版《中学华文课程大纲》的"教材范围"编制而成。[②] 具体信息如下表。[③]

序号	作者	教材名称	出版社	出版年份（年）
1	永乐多斯	预备班华文课本	Odonata Publishing Sdn. Bhd.	2004
2	蔡永祥、陈毓媚、郑文添	中一华文课本	Hypersurf Corporatio Sdn. Bhd.	2002
3	温金玉、陈钦财、苏美桂	中二华文课本	The Malaya Press Sdn. Bhd.	2003
4	永乐多斯、许友彬、林臣顺	中三华文课本	Odonata Publishing Sdn. Bhd.	2004
5	永乐多斯、许友彬	中四华文课本	The Malaya Press Sdn. Bhd.	2002
6	谢礼赞、陈润卿、廖国平	中五华文课本	The Malaya Press Sdn. Bhd.	2003

（四）华文独立中学使用的汉语教材

华文独立中学的华文教材是由董总全国华文独中工委会学务处课

---

① ［马来西亚］叶晓萍：《对马来西亚国民小学教材〈国小华语〉的调查与思考》，《国际汉语教育》2013 年第 1 辑。

② ［马来西亚］贝宥霓：《马来西亚高中〈华文〉教材研究》，硕士学位论文，苏州大学，2015 年。

③ ［马来西亚］叶俊杰：《马来西亚华文教学研究》，博士学位论文，中央民族大学，2012 年。

程局（董总课程局）负责编写出版，以《初中华文课程纲要》和《高中华文课程纲要》中"教学内容——课文"为依据。

2004—2007 年陆续出版了初一到初三的《华文》，每年级教材分上下册，共 6 册。① 高中《华文》第一版的出版年份是 1988—1996 年；第二版本是 1997—2011 年；最新版本自 2012 年起编写，2014 年完成高中的整套教材出版，每年级教材分上下册，共 6 册。②

三　国立大学使用的汉语教材③

目前，马来西亚有 20 所国立大学，都开办了华语/华文班。国立大学的华语课程教材大致上可分成四大类：（1）使用中国编写的对外汉语课本；（2）使用本地编写的华语课本；（3）根据中国对外汉语课本和本地华语教学课本改编的教材；（4）自编的教材。使用中国课本的国立大学华语班，教学重点随着中国教材内容的转变，从早期比较注重口语的操练，慢慢地转向注重语法点的教学。大部分的国立大学华语课程在使用具有本地色彩的国别化华语教材，并努力地把课程教材逐渐本土化。

马来西亚比较老牌的大学如马来亚大学、理科大学和布特拉大学等都选用了《汉语教程》作为课程的教材，而年轻的大学则是较多使用《长城汉语》和《汉语会话 301 句》等教材。下面就对马来西亚国立大学华语课程的教材类别进行简单的介绍。

（一）使用中国编写的对外汉语课本

有 7 所大学使用中国课本教学。分别是马来亚大学、理科大学、布特拉大学、苏丹再纳阿比丁大学、国防大学、沙巴大学和工艺大学吉隆坡分院。马来亚大学语言学院和中文系用的是《快乐汉语》第一

① ［马来西亚］叶俊杰：《马来西亚华文教学研究》，博士学位论文，中央民族大学，2012 年。
② ［马来西亚］贝宥霓：《马来西亚高中〈华文〉教材研究》，硕士学位论文，苏州大学，2015 年。
③ ［马来西亚］何富腾：《马来西亚国立大学华语课程教材的研究》，《海外华文教育》2014 年第 1 期。

和第二册、东亚系用的是《体验汉语》和《汉语教程》，理科大学 LAC 和 LTC 华语选修班用的是《新实用汉语》和《汉语教程》，布特拉大学用是《汉语教程》，苏丹再纳阿比丁大学 3 个课程用的是《长城汉语》，国防大学用的是《汉语会话 301 句》，沙巴大学初级班用的是《问和答：速成汉语口语》（陈晓桦、朱匡侯编，北京大学出版社 2006 年版）及副修班用的是《快乐汉语》第二册和工艺大学吉隆坡分院用的是《汉语快车》（刘洪敏编著，北京语言大学出版社 2006 年版）。使用《汉语教程》的是历史较悠久的 3 所大学，而年轻的大学则是使用《长城汉语》和《汉语会话 301 句》。

（二）使用本地编写的华语课本

北方大学使用由玛拉工艺大学讲师编联营出版社出版的《基础汉语》第 1—3 册课本。吉兰丹大学和登嘉楼大学则是使用玛拉工艺大学的《华语》第 1—3 册课本，由学而出版社出版。这些大学会使用玛拉工艺大学的课本是与执教的教师有关，有的大学聘请玛拉工艺大学的讲师做兼职讲师，有的大学开办华语班时聘请玛拉工艺大学的讲师帮助筹备，所以从玛拉工艺大学带过去的课本沿用至今。

（三）根据中国对外汉语课本和本地华语教学课本改编的教材

20 所大学 38 种不同的华语课程教材中有 10 种华语课程教材是参考了中国对外汉语教材和本地华语教材后改编的。这些大学是砂拉越大学、苏丹依德利斯师范大学、敦胡先翁大学、马六甲技术大学、玻璃市大学、理科回教大学和马来西亚国际伊斯兰教大学。砂拉越大学的课本是参考了 INTAN 的华语课本和中国课本后编辑而成。马来西亚国际伊斯兰教大学的课本是参考了中国香港课本《学说中国话》和本地课本编辑而成。敦胡先翁大学、理科回教大学和马六甲技术大学的课本都是参考了布特拉大学讲师们编的华语课本和中国课本后编辑而成。为什么是使用/参考了布特拉大学的华语课本？相信是与这些讲师毕业自布特拉大学有关。苏丹依德利斯师范大学和玻璃市大学的课本是参考了本地编的华语课本和中国课本后编辑而成，是参考了哪些本地华语课本则无从得知。

（四）自编的教材

在这个组别有 7 所大学 11 个华语课程的课本是自编的。这些大学分别是玛拉工艺大学、国民大学、理科大学华语副修班、彭亨大学、玻璃市大学、回教理科大学和工艺大学柔佛总院。虽说自编，但私底下必有所据，不可能是凭空想象而来的。

总体来看，马来西亚国立大学有 36.8% 的华语课程（即 38 个中的 14 个华语课程）教学使用中国课本，而 63.2% 的华语课程教学使用的是具有本地色彩的国别化华语教材，并向教材本土化方向发展。

第五节　汉语师资状况

20 世纪以前，马来亚地区的华文教育主要通过两种渠道进行。一种是一些地区华侨社团或华侨利用当地的一些华人宗祠、庙宇等开设的蒙馆或私塾；另一种是一些移居或流寓于各地的受过一些封建私塾教育的旧式文人为了生存而开设的私塾。[1] 落地儒生等成为华文塾师的重要组成部分。不过，不是所有落地儒生都可以做塾师，华文塾师需要具备一定的资格标准。保留至今的《南华义学条议十五条》对塾师在人品、学问、嗜好、健康、工作态度、专业精神及惩罚责任等方面都做出了严格的规定和要求。凡是不符合者，一概不得聘定。[2] 如第二条中要求教师必须品学兼优，其规定"义学首在择师，心求品学兼优，精神充足，方可聘请，凡有沉湎于酒，嗜吸洋烟及事务纷繁者，不得聘定，例先将馆内规条送阅，愿受聘者方送关书"[3]。第十一条中规定"义学之师，非只教书，并教礼仪揖让拜跪动

---

① 王焕芝：《抗争与坚守——马来西亚华文教师队伍历史演进研究》，博士学位论文，福建师范大学，2013 年。

② 同上。

③ 吴凤斌：《东南亚华侨通史》，福建人民教育出版社 1993 年版，第 832—833 页。

静应付，要循规蹈矩，倘不遵教训，即为警责，使小子知所畏惧，异日方能成材"①。

二战以前，根据赵敦伟的分析，华校师资来源共有五种：（1）由学校当局从中国聘请过来执教；（2）在中国师范毕业，亲自到马来半岛谋职；（3）因清党而逃亡到马来半岛谋职；（4）向往南洋美好的生活，南来任商店财副，后来转行当教师；（5）华侨子弟由中国学校毕业回来后当教师。总之，新式华文学校的师资主要来源于中国。② 不过，实际上马来西亚本地也开办过师资训练班，培养了一些华文教师。如 1906 年，槟城平章会馆首创开办师范班，共办了两期，开创了马来西亚华校师范教育的先河。此后，更多的华校开办师范班。鉴于《1920 年学校注册法令》规定教师本土化，英殖民地政府也资助一些华校开设师资训练班，协助华校克服本土师资短缺的问题。华社的教育团体也为新式华校开设师范班。③

二战以后，马来西亚华文教师逐步本土化。由于英殖民地政府的反共立场以及中国政局的变动，促使居留在马来亚地区的华人开始在政治认同上做出抉择。新马地区的自治和独立加速了华人政治认同的转变。随着这种认同的转变，华人开始产生将华文教育纳入居住国教育体制内的强烈愿望。华文教育本土化的发展要求以及中国政局的变动等因素导致马来亚地区的华文教育不再依附"原乡中国"的师资以及原乡中国为华文中小学毕业生提供的升学管道。此外，由于英殖民地政府为防共开始拒绝给中国移民签发入境证，造成马来亚地区华文中小学师资严重缺乏。这些成为 20 世纪 50 年代华文学校师资培养和培训走上本土化道路的合力。④

---

① 吴凤斌：《东南亚华侨通史》，福建人民教育出版社 1993 年版，第 832—833 页。
② ［马来西亚］赵敦伟：《教师的审择和待遇》，载《马六甲育民学校十周年纪念特刊》，马来西亚马六甲育民学校 1993 年编印，第 21—25 页。
③ 郭健：《马来西亚与新加坡华文教育发展历程比较研究》，硕士学位论文，福建师范大学，2011 年。
④ 王焕芝：《抗争与坚守——马来西亚华文教师队伍历史演进研究》，博士学位论文，福建师范大学，2013 年。

　　马来西亚的华文教师本土化主要采取以下措施:① (1) 通过 "华校教师简易师训班" 培训华校师资,但是 "简师" 只举办了两届(1946 年及 1947 年),殖民地政府就将其关闭了。1947 年简师学员共计 207 名。② (2) 创办槟城青草巷官立师范学院,这是马来西亚第一家,也是唯一一家完全用华文进行训练的师资学院,其成为 20 世纪 40 年代官方培养华校师资的摇篮。(3) 开设 "日间师训学院" 培训各语文源流教师。

　　20 世纪 50 年代至 70 年代,马来西亚的华文教师队伍进入了国民化的时代。20 世纪 60 年代的《拉曼达立报告书》标志着华文教育国民化的开端。1961 年,联盟政府按照《拉曼达立报告书》的建议,制定了《1961 年教育法令》,在法令通过后,有 54 所华文中学不得不接受改制,最后只有 16 所放弃津贴,成为华文独立中学。《1961 年教育法令》对华文教育的生存与发展影响深远,它把华文中学教育排挤出国家教育体系之外,当时的华文中学被迫一分为二,成为政府津贴的国民型中学和华文独立中学两个不同的学校体制。接受改制的国民型中学,除了每周有 5 节的华文语文科之外,其他普通科目皆用英文为教学媒介语上课。不接受改制的华文独立中学的教学媒介语皆采用华文,由董事部负责筹款发展学校,包括聘请学校教职员。《1961 年教育法令》也给华文小学套上了紧箍咒,政府掌握着华小的生杀大权。这也是 20 世纪 60 年代华文教育式微的一个重要原因。今天的独立中学与国民型中学采用相似的课程,唯一不同的是它继续保留华文作为教学媒介语,英文和马来文仅被列为选修课。但是它的离校文凭和 1975 年开始的统一考试文凭始终没有受到马来西亚政府的承认。③

---

① 王焕芝:《抗争与坚守——马来西亚华文教师队伍历史演进研究》,博士学位论文,福建师范大学,2013 年。
② [马来西亚] 郑良树:《马来西亚华文教育发展史》(第三分册),马来西亚华校教师会总会(教总) 2001 年编印,第 252 页。
③ 王焕芝:《抗争与坚守——马来西亚华文教师队伍历史演进研究》,博士学位论文,福建师范大学,2013 年。

该时期可谓是马来西亚华文教育生死攸关的关键时刻，为了拯救华文教育，以沈慕羽为代表的华文教育界进行了一系列的抗争：（1）发起华文列入官方语文运动；（2）华校教师抗议《1967 年国语法案》；（3）继续寻求以中国台湾为主的海外援助。这些抗争为华文教育的复兴奠定了坚实的基础，也使得华文教育的国民化流于形式。受到政府各种政策、法案的限制，这一时期华校在聘用教师时，首先要录取有剑桥或马来西亚教育文凭的人，其次接受有高中离校文凭的人，最后才录取高中毕业生。这种规定等于无形中让华校去录取懂得英文或马来文的教师，而不录取精通华文的高中生。另外，政府的师训华文组，在全马只开两个华文师资培训班，最多招生 60 多个，这导致华校严重的师资荒。每年各州华校都要聘请大量的临时教师，全马共计 1000 多人。在建立各种不同教学媒介语的师训班问题上，政府依旧没有采取公平、公正的态度。[①]

进入 21 世纪，随着马来西亚国内华语教学环境的逐步改善，马来西亚华文教师队伍逐渐走向专业化。随着我国"一带一路"外交方略的实施以及国家汉办与马来西亚相关教育部门的深度合作，马来西亚华文教师队伍的培训工作也逐步开展。马来西亚的华文教师短缺的问题也在逐渐得到解决。不但马来西亚的一些高校开设了汉语师范专业课程，而且马来西亚境内的两所孔子学院自创办以来开办多期汉语师资培训班和汉语教学研讨会，这些都为马来西亚汉语师资队伍建设，提供了大力的支持。

本章主要参考文献

[马来西亚] 贝宥霓：《马来西亚高中〈华文〉教材研究》，硕士学位论文，苏州大学，2015 年。

陈仁雅：《马来西亚华文教育的现状与展望》，《海外华文教育》1993 年第 3 期。

---

① 王焕芝：《抗争与坚守——马来西亚华文教师队伍历史演进研究》，博士学位论文，福建师范大学，2013 年。

高玛莉：《马来西亚华文教育的发展》，《八桂侨史》1996 年第 2 期。

耿红卫：《马来西亚华文教育史简论》，《船山学刊》2002 年第 2 期。

古鸿挺：《教育与认同：马来西亚华文中学教育之研究（1945—2000）》，厦门大学出版社 2003 年版。

郭健：《马来西亚与新加坡华文教育发展历程比较研究》，硕士学位论文，福建师范大学，2011 年。

［马来西亚］何富腾：《马来西亚国立大学华语课程教材的研究》，《海外华文教育》2014 年第 1 期。

李开慧：《简论马来西亚华文教育的发展》，《西南民族大学学报》2005 年第 10 期。

林去病：《马来西亚华文教育三个突破的意义及其发展的前景》，《华侨华人历史研究》1998 年第 2 期。

王焕芝：《抗争与坚守——马来西亚华文教师队伍历史演进研究》，博士学位论文，福建师范大学，2013 年。

王小燕：《马来西亚华人教育》，《东南亚》1984 年第 2 期。

吴凤斌：《东南亚华侨通史》，福建人民教育出版社 1993 年版。

吴建平、蒋有经：《新时期马来西亚华文教育的回顾与展望》，《泉州师范学院学报》2012 年第 5 期。

［马来西亚］叶俊杰：《马来西亚华文教学研究》，博士学位论文，中央民族大学，2012 年。

［马来西亚］叶晓萍：《对马来西亚国民小学教材〈国小华语〉的调查与思考》，《国际汉语教育》2013 年第 1 辑。

张本钰：《马来西亚华文教育现状及发展前景》，《福建论坛》（人文社会科学版）2007 年增刊。

张江元：《马来西亚幼儿华文教材编排体例分析》，《海外华文教育》2014 年第 2 期。

［马来西亚］赵敦伟：《教师的审择和待遇》，载《马六甲育民学校十周年纪念特刊》，马来西亚马六甲育民学校 1993 年编印。

［马来西亚］郑良树：《马来西亚、新加坡华文教育史论丛》（第 2 卷），新加坡南洋学会 1986 年版。

［马来西亚］郑良树：《马来西亚华文教育发展史》（第三分册），马来西亚华校教师会总会（教总）2001 年编印。

周聿峨：《东南亚华文教育》，暨南大学出版社 1995 年版。

周聿峨：《冷战后马来西亚华文教育发展状况探析》，《东南亚纵横》2009 年第 12 期。

第十六章　印度尼西亚的汉语教学

第一节　国家概况

一　自然地理

印度尼西亚共和国（印尼语：Republik Indonesia，英语：The Republic of Indonesia），简称印度尼西亚或印尼，是东南亚国家，首都雅加达。印度尼西亚位于亚洲东南部，地跨赤道，与巴布亚新几内亚、东帝汶、马来西亚接壤，与泰国、新加坡、菲律宾、澳大利亚等国隔海相望。印尼俗称"千岛之国"，约有17508个大小岛屿，是世界上拥有岛屿最多、面积最大的群岛国家。陆地面积约190.4万平方千米，海洋面积约316.6万平方千米（不包括专属经济区）。其岛屿分布较为分散，主要有加里曼丹岛、苏门答腊岛、伊里安岛、苏拉威西岛和爪哇岛。各岛内部多崎岖山地和丘陵，仅沿海有狭窄平原，并有浅海和珊瑚环绕。印尼属典型的热带雨林气候，年平均气温25—27℃，无四季分别。北部受北半球季风影响，7—9月降水量丰富；南部受南半球季风影响，12月、1月、2月降水量丰富，年降水量1600—

2200 毫米。[①]

二 历史政治

3—7 世纪，印尼区域上建立了一些分散的封建王国。有记载的朝代包括信奉佛教的室利佛逝（7 世纪中叶至 1293 年）[②]，后被麻喏巴歇征服；控制马六甲海峡的新柯沙里王国（1222—1292 年）[③]，引发了元爪战争，之后王室借助元朝军队在爪哇建立了印尼历史上最强大的麻喏巴歇封建帝国（1293—1478 年）。15 世纪，葡萄牙、西班牙和英国先后侵入。1596 年荷兰侵入，1602 年成立具有政府职权的"东印度公司"，1799 年底改设殖民政府。1942 年日本占领印尼，1945 年日本投降后，印尼爆发八月革命，1945 年 8 月 17 日宣布独立，成立印度尼西亚共和国。

自 1945 年 8 月 17 日独立后，先后武装抵抗英国、荷兰的入侵，其间曾被迫改为印度尼西亚联邦共和国并加入荷印联邦。1950 年 8 月重新恢复为印度尼西亚共和国，1954 年 8 月脱离荷印联邦。

1997 年亚洲金融危机对印尼造成全面冲击，引起局势动荡。1998 年 5 月，执政长达 32 年的苏哈托总统辞职，副总统哈比比接任总统。1999 年 10 月，印尼人民协商会议（简称人协）选举瓦希德为总统，梅加瓦蒂为副总统。2001 年 7 月 23 日，人协特别会议以渎职罪罢免瓦希德总统职务，梅加瓦蒂接任总统，哈姆扎·哈兹任副总统。2004 年 7 月，印尼举行历史上首次总统直选，原政治安全统筹部长苏希洛和人民福利统筹部长尤素夫·卡拉通过两轮直选胜出，10 月 20 日宣誓就任总统和副总统。2009 年 7 月，印尼举行第二次总统直选，苏希洛和原央行行长布迪约诺竞选搭档首轮胜出，任期至 2014 年 10 月。2014 年 7 月 9 日，印尼举行第三次总统直选，雅加达省长佐科·维多多和前副总

[①] http://www.fmprc.gov.cn/web/gjhdq_ 676201/gj_ 676203/yz_ 676205/1206_ 677244/1206x0_ 677246/，2016 年 11 月 12 日。

[②] http://fo.ifeng.com/a/20150916/41475820_ 0.shtml，2016 年 11 月 12 日。

[③] http://www.asean168.com/a/20140714/5920.html，2016 年 11 月 12 日。

统尤素夫·卡拉搭档参选，战胜前陆军战略后备部队司令普拉博沃和前经济统筹部长哈达组合，于 10 月 20 日宣誓就任新一届正副总统。

印尼现行宪法为《"四五"宪法》。该宪法于 1945 年 8 月 18 日颁布实施，曾于 1949 年 12 月和 1950 年 8 月被《印尼联邦共和国宪法》和《印尼共和国临时宪法》替代，1957 年 7 月 5 日恢复实行。1999 年 10 月至 2002 年 8 月先后进行过四次修改。宪法规定，印尼为单一的共和制国家，"信仰神道、人道主义、民族主义、民主主义、社会公正"是建国五项基本原则（简称"潘查希拉"）。实行总统制，总统为国家元首、行政首脑和武装部队最高统帅。自 2004 年起，总统和副总统不再由人民协商会议选举产生，改由全民直选；每任五年，只能连任一次。总统任命内阁，内阁对总统负责。[①]

三　人口经济

印尼是东南亚人口最多的国家，是世界第四人口大国。根据印尼国家统计局 2015 年数据显示，2015 年印尼总人口达 2.555 亿，其中爪哇族人口占 45%，巽他族 14%，马都拉族 7.5%，马来族 7.5%，其他 26%。约 87% 的人口信奉伊斯兰教，是世界上穆斯林人口最多的国家。6.1% 的人口信奉基督教，3.6% 信奉天主教，其余信奉印度教、佛教和原始拜物教等。[②]

印尼是东盟最大的经济体。农业、工业、服务业均在国民经济中发挥重要作用。1950—1965 年 GDP 年均增长仅 2%。60 年代后期调整经济结构，经济开始提速，1970—1996 年 GDP 年均增长 6%，跻身中等收入国家。1997 年受亚洲金融危机重创，经济严重衰退，货币大幅贬值。1999 年底开始缓慢复苏，GDP 年均增长 3%—4%。2003 年底按计划结束国际货币基金组织（IMF）的经济监管。苏希洛总统 2004

---

① http：//www.fmprc.gov.cn/web/gjhdq_ 676201/gj_ 676203/yz_ 676205/1206_ 677244/1206x0_ 677246/，2016 年 11 月 12 日。

② 同上。

年执政后，积极采取措施吸引外资、发展基础设施建设、整顿金融体系、扶持中小企业发展，取得积极成效，经济增长一直保持在5%以上。2008年以来，面对国际金融危机，印尼政府应对得当，经济仍保持较快增长。2014年以来，受全球经济不景气和美联储调整货币政策等影响，印尼盾快速贬值，2015年首季度印尼经济增长率首次低于5%，经济增长压力明显加大。①

四　语言政策②

印尼是一个多民族多语言的国家，其民族语言有200多种，官方语言为印度尼西亚语，简称印尼语，使用人口2亿多。英语为第二语言，英语普及率很高，不过口音很重。此外还有其他民族语。华人间大部分使用粤语和闽南语等。

印尼的主要外国语包括荷兰语、阿拉伯语、英语、德语、法语和日语等。其中一些已经被使用数百年。荷兰殖民时期，许多印尼的精英开始讲荷兰语，然而，在印尼独立后，只有为数不多的人能够使用荷兰语，因此，荷兰语的使用率连同它的声望都下降了。印尼在取得独立不久之后，英语便作为更利于广泛交流的语言而被官方选择。从那时起，英语成为公立学校课程中唯一的外国语必修课，其他外国语在中学只作为选修课或在大学里讲授。进入21世纪以来，在改革开放的时代，印尼学术界对语言及语言政策问题给予了更多的关注。印尼政府对华文教育采取了开明的措施，印尼政府不再限制教学，随着中印两国政治互信和经济联系的加强，印尼政府已把推广汉语、支持华文教育作为加强发展国家经济需要的国策，也把汉语作为第二外语纳入国民教育系列。华人又可以开办华文学校了。印尼作为华侨华人数量最多的国家，其华文政策经历了放任、限制、禁止、开放的曲折道

---

① http：//www.fmprc.gov.cn/web/gjhdq_ 676201/gj_ 676203/yz_ 676205/1206_ 677244/1206x0_ 677246/，2016年11月12日。

② 邹长虹、胡静芳：《简论印度尼西亚语言政策》，《湖北函授大学学报》2012年第10期。

路。目前，华文教育出现了前所未有的活跃局面。

总之，印尼语言政策的演变受到国家政治经济和民族等众多因素的影响，是执政者应时而动的举措。印尼语言政策动态表明华文在该国的地位有所提高。

第二节　汉语教学简史

印尼的汉语教学长期以来都是面向华裔子弟开展的，所以在印尼国内通常称作华文教学，其发展主要经历了七个时期，即华文教育的兴办期、快速发展期、受挫期、兴盛期、衰落期、低谷期、政策松动期。[①]

一　华文教育的兴办期

据资料记载，印尼的华文教育开始于 1690 年创办的名盛书院，截至 19 世纪末，是印尼私塾（义学）教育的兴盛时期。"1899 年，仅在爪哇和马都拉地区就有义学 217 间，有学生 4452 人；其他地区有义学 152 所，学生 2170 人。许多出生于 19 世纪 80 年代至 90 年代的土生华人领袖，都曾受过义学教育。"[②]

1901 年，巴城中华会馆中华学校的创办，是印尼近代学校的开端。当时，一些思想守旧的老华侨认为中华学校不符合中国的教育传统，荷印政府也不支持，引发了一场持久的义学之争，结果，通过举办 1902 年的学生会考，显示出中华学校的优越性。之后，华侨华人团体或个人大力支持创办华文学校，有力地推动了印尼华文教育事业的发展。据统计，1908 年，全印尼的华校已达到 44 所；到 1911 年，更达 100 多所。[③]

---

① 耿红卫：《印度尼西亚华文教育的历史沿革与现状》，《云南师范大学学报》（对外汉语教学与研究版）2007 年第 3 期。

② 周聿峨：《东南亚华文教育》，暨南大学出版社 1995 年版，第 309 页。

③ 乐天：《东印度华侨国民教育概论》，《新报》1935 年二十五年周年纪念刊。

二 华文教育的快速发展期

1911 年至 20 世纪 20 年代末，是印尼华文教育的快速发展时期，也是华文教育的分化期。中国辛亥革命的成功、海外大移民（这期间有 607763 名中国人移居印尼）及中国国民政府指派官员到印尼扶持华文教育等多种因素，促使华文教育有了较大的发展。在推动华文教育发展方面最值得一提的是，1911 年，华侨华人成立了荷印华侨学务总会，它是全印尼华校的领导协调机构。但由于荷印教育与华文教育之争，华侨教育界分化，该机构最终于 1927 年停止运作。不过，学务总会注重加强华侨之间的团结与交流，提高华校的教学质量，协助解决师资、经费及设备等问题，还出版有《教育月报》会刊等，为印尼华校的兴办及华文教育事业的发展做出了突出贡献。据报载，总会属下的华校，1912 年爪哇有 65 所，学生 5451 人；到了 1926 年爪哇岛华校发展到 173 所，学生 17440 人。同时，外岛的华校也有了较大的发展。1914 年，外岛有华校 65 所，学生 3916 人；到了 1926 年发展到 140 所，学生达 14001 人。另外，在这一时期，荷印政府也开始加强对华校的控制。1905 年，荷印政府将华文教育纳入其教育轨道，并倡导建立利于政府控制的荷华学校（鼓励华人办学，华侨子女入学，该校用荷兰语教学，不教授中文和中华文化）。自 1908 年荷印政府在巴城建立第一间荷华学校起到 1928 年荷华学校已发展到 100 多所，形成了与华校并存发展的格局 。[①]这一时期，荷印政府对华侨不是采取打击的政策，而是采取同化华人的政策，通过支持荷印学校的发展来抑制华校的发展。

三 华文教育的受挫期

20 世纪 30 年代初至 1942 年日本占领印尼之前，这一时期主要是荷印政府开始打击华文教育时期。1927 年以后中国国民党政府加紧对海外华文教育的控制，并于 1928 年在中华民国大学院内特设华侨教育

---

① 周聿峨：《东南亚华文教育》，暨南大学出版社 1995 年版，第 313—330 页。

委员会，专门管理华侨教育事宜，并制定了华侨学校立案条例、华侨小学暂行条例、华侨补习学校暂行条例等条款，加紧对华侨学校的管理和控制。结果，国民政府的政治化的条文规定招致了荷印政府对华校的极为不满和警惕。并于 1932 年，颁布了《取缔私立学校条例》，规定："其学校之经费全部或一部分非当地政府补助或津贴者，概认为私立学校。"华校教员必须"向所在地的行政长官索取教员准字"。这些规定致使一些华文学校被关闭，华文教师被取消任教资格。此外，殖民政府还加大对华文教科书的审查力度。仅 1935 年，政府就禁止 12 类 600 多种书籍进入印尼，华校使用的语文、历史、地理、常识等教科书均在禁止之列。①这一时期，华文教育受到当地政府的打击，华校数目与 20 世纪 30 年代之前相比有所减少，但可喜的是中学华文教育有了发展。然而这一时期令人担忧的是华文教育工作者始终未处理好华文教育当地化的问题，以至于土生华人（印尼出生的华人）分化现象十分严重，愿意接受西化、荷化教育的华人增多，到 1936 年，接受荷语教育的华人已达 4 万人。

四 华文教育的兴盛期

1942—1945 年，日本占领印尼，华文教育遭到破坏。从 1945 年独立到 1957 年，印尼华文教育迎来了黄金发展时期。华文教育复兴的原因有三个：一是印尼于 1950 年与新中国建立邦交关系，为华文教育带来了新的发展契机。二是印尼新政府对华侨教育实行较为宽松的政策。比如，1950 年印尼政府开始停止资助华文学校，但仍然允许华裔印尼籍学生在华文学校就读。1952 年颁布《外侨学校监督条例》，规定华文学校必须在文教部登记，从三年级起每周至少开设 4 小时的印尼语课，但对华文学校的教科书、师资及学生没有监督。三是有更多的工商界人士资助办华文教育，更多的华文教育工作者以更高的热情致力于华文教育的复兴。1952—1953 年，在印尼文教部登记的华文学校有

①　姚浪笙：《荷属东印度华侨教育目前的危机及其补救办法》，《新亚细亚》1935 年第 5 期。

1371 所，学生 254730 人。① 而到了 1957 年，"华侨办的各类学校（包括幼稚园、小学和中学）高达约 1800 所，学生 40 余万人，在东南亚诸国中与马来亚华侨教育事业可谓并驾齐驱"②。

五 华文教育的衰弱期

不过，到了 1957 年 11 月以后，印尼华文教育开始由兴盛转入衰弱期。主要表现在 1957 年 11 月 6 日印尼政府颁布第 989 号军事条例，即《监督外侨教育条例》。其中有限制华文教育发展的条例："从 1958 年起，所有外侨学校禁止招收印尼籍学生就读，限制外侨教育的进一步发展，缩减现有的外侨学校，加强监督外侨学校的活动。"③ 另外，还规定所使用的教科书也必须经文教部批准等。政府还将 1100 所华校改为印尼国民学校，学校课程的设置与政府办的学校相同，汉语可以作为一个科目来讲授，并由印尼国际协商会接管改制学校，专门招收印尼籍华人学生。这样，就将华人从华侨中分离出来，致使华人子女迅速当地化。这些规定和举措，使华文学校数量大减。过去，华侨华人可在 750 处办学，此时减少到 158 处。1958 年 10 月，印尼政府接管了 200 所亲台湾华校。到 1959 年 1 月，华侨学校只剩 510 所。外侨学生（多为华侨学生）减至 12.5 万。华校继续实行中国教育制度。④ 1959 年 9 月，印尼各地出现排华事件，仅一年时间，就有 72% 的华校被迫停办。不过，随着印尼和中国关系的改善，对倾向新中国的华校仍采取宽容的政策，华文教育事业一时又呈现复苏之势，在 1965—1966 学年度，华校从 1958 年的 510 所回升到 629 所，华侨学生有 27 万余人，华侨教师队伍维持在 6000 人以上。⑤

---

① 黄皇宗：《港台文化与海外华文教育》，中山大学出版社 1992 年版，第 152 页。
② 温广益：《1967 年以来印尼华文教育的沉浮》，《华侨华人历史研究》1997 年第 3 期。
③ ［印度尼西亚］黄昆章：《印尼华文教育的回顾与展望》，《八桂侨史》1998 年第 2 期。
④ 同上。
⑤ 温广益：《1967 年以来印尼华文教育的沉浮》，《华侨华人历史研究》1997 年第 3 期。

六　华文教育的低谷期

自 1965 年"九三〇"事件发生到 20 世纪 80 年代末，印尼华文教育进入了低谷期。1965 年印尼发生"九三〇"事件，政局发生了巨大的变化，华文教育事业在受到压力和打击后，变得岌岌可危。1967 年 6 月，以苏哈托为首的新政府颁布了第 37 条法令，其中第 7 条规定："除了外国使节为他们的家庭成员所办的学校，一概不得有外国学校。"① 并随即关闭了印尼尚存的所有华校，许多华人仍不愿意放弃汉语学习，便聘请家庭教师为子女补习汉语。出于稳定政局和经济秩序的需要，1968 年 1 月，政府颁布了总统第 B12 号法令，允许私人团体在华人社会办"特种计划国民学校"，它规定此类学校基金会的负责人必须有 60% 的印尼籍人士，外侨学生不得超过 40%，开设的课程与国民学校相同，也使用印尼文授课，只不过特殊之处在于每周设有若干小时的华语课程。出乎当局的意料，此类学校的开办受到华侨的欢迎。自 1969 年 3 月 12 日第一所特种计划国民学校——大多中小学在雅加达开办以来，到 1973 年年底，仅苏门答腊就有此类学校 35 所，全印尼约有 50 所，学生 5 万多人。特种学校的发展引起当局的关注，认为任其发展不利于对华人的同化，便以苏门答腊特种民族学校以华语为教学媒介等缘由，于 1974 年 3 月予以取缔，并将其改制为普通的印尼学校。另外，印尼政府还试图消灭中华文化，从 1966 年起，当局采取禁止在公共场所讲华语、禁止进口合法性中文期刊、提倡华人改名改姓等一系列措施，华人同化为当地居民的步伐加快，从而使华文教育在印尼彻底衰落了。

七　华文教育政策的松动期

到了 20 世纪 90 年代，随着中国改革开放和经济建设的成功，华文的经济价值也逐渐提升。印尼在同中国加强经济和贸易往来的基础

① 周聿峨：《东南亚华文教育》，暨南大学出版社 1995 年版，第 345 页。

上，于 1990 年 8 月 8 日同中国恢复了断绝 23 年的外交关系，同中国进行经济、文化等方面的友好往来，也促使了印尼政府对当地华文教育政策的松动。主要表现为：

（一）开始尊重华人的人权。长期以来，华人受到歧视，被剥夺了公民权和一些政治权利。20 世纪 90 年代以来，华人争取合法的政治权利的呼声高涨，引起了当局的重视。比如，1998 年 6 月，印尼雅加达特别行政区机关秘书助理杜尔山迪·阿拉威宣布："华裔身份证的特殊记号'0'和身份证上的特殊间隔将被废除。"2001 年初，印尼总统瓦希德在庆祝华人新年时发表演讲说："那些被迫更改华人姓名的人，现在可以恢复他们原来的名字。"①

（二）将华文纳入国民教育体系。1994 年以来，印尼政府主要做了以下几点工作：（1）指定国立印度尼西亚大学和私立珀尔沙达大学的汉语系开设汉语必修课程，培养汉语高级人才；（2）在雅加达的特立刹迪大学、泗水的伯特拉基督教大学等多所高等院校开设汉语系和汉语专业，以适应新形势下对汉语人才的需要；（3）获印尼政府批准的各地旅游院校可以开设汉语选修课程。在西加里曼丹、廖内、苏北、巨港、巴厘等地区华文将列为中、小学的主要选修课程，而在雅加达华人开办的圣光学校及其他地方华人学校都将华文列为必修课程；②（4）在雅加达、泗水、棉兰、万隆四地举办首次汉语水平考试（2001 年 10 月 27—28 日），为推动华文教学开创了新的里程碑；（5）鼓励华人举办各级各类华文补习班，该类班人数多，规模大，发展较快；（6）举办各类华文培训班，如师资、商业、贸易、旅游、银行、酒店等专业培训班，由于缺乏师资和教材，发展较慢，但影响较大。

（三）支持华人文化的发展。20 世纪 90 年代以来，印尼政府对华人社区的文化也给予较为宽松的政策。比如，印尼总统瓦希德在 1999

---

① 颜天惠：《印尼华文教育的新发展》，《东南亚研究》2001 年第 4 期。
② ［印度尼西亚］黄昆章、陈维国：《关于印尼发展华文教育的几点思考》，《东南亚纵横》2001 年第 12 期。

年 2 月接受《亚洲周刊》专访时指出："全球华人必须效忠他们所出生或成为公民的国家，但绝对不能放弃中华文化。"还于 2001 年春节前夕颁布了 2000（6）号法令，"撤销行之 30 多年限制华人文化与宗教生活的第 14 号政令，华人自此可以自由过春节①。"对于中文报纸、杂志、新闻媒体、华文书店的开办也给以支持的态度。仅中文报纸、杂志在印尼就有《指南针报》《和平日报》《国际日报》《群岛月刊》《拓荒月刊》等数十种，遍布印尼各地，而且均属于国家正式合法刊物。另外，还有华、印双语，华、印、英三语的报纸、杂志多种。目前读华文书报的华人日益增多，尤其是年轻一代认识汉字不多、华文水平低的华人阅读华文书报，无疑会受到中华文化的熏陶，有利于提高他们的华文水平。

第三节　汉语教学的环境和对象②

印尼作为华侨华人数量最多的国家，其华文政策经历了放任、限制、禁止、开放的曲折道路。印尼语言政策也动态表明华文在该国的地位有所提高。目前，印尼不但华族子弟有学习汉语的意愿，而且友族人士也对汉语表现出很大的热情，华文教育出现了前所未有的活跃局面。

一　汉语教学的对象

在印尼学习华文的主要有三类人。

（1）少年儿童。他们主要是华人子弟，根据父母的意愿学习华文，多在补习班或华校读书。由于印尼中学、大学实行半天学习制，孩子们有很多时间补习华文。这些孩子已经是老华校生的第三代。即

---

① 蔡仁龙：《印尼华文教育刍议》（下），《海外华文教育》2001 年第 1 期。

② 宗世海、李静：《印尼华文教育的现状、问题及对策》，《暨南大学华文学院学报》2004 年第 3 期。

使有些孩子的父母会华文,但由于忙于生意(他们唯一的职业多是经商或者开办工厂),孩子都交给原住民佣人带,所以孩子完全不会华文。苏门答腊岛、加里曼丹岛等外岛例外,几乎所有的孩子都可以讲一种汉语方言,或闽南语,或潮州话,或客家话。在这些地方,汉语教学在过去几十年中并没有中断。

(2)青年学生、待业青年及职业青年。其中又分两类:一类是正规中小学(教会学校及华人办的学校)的学生。因为功课紧,华文仅属选修,加之课时少(一般是每周1—3节,最多4节),所以学习效果较差;另一类是在校大学生或待业青年、职业青年。他们多数主动进华文学校或补习班,或请家教学习华文,为的是便于就业、升迁或转行。据印尼华人称,懂华文的青年比不懂华文的薪水可能高30%。所以这部分中原住民不少。

(3)有志于华文教育的专业人士。多数是20世纪五六十年代老华校毕业的初中生、高中生或师范生,语言知识参差不齐,教学理论和经验多寡悬殊。他们以女性居多,很多人过去都只是家庭妇女,华文热开始后纷纷加入家教或正规补习班、正规学校教师的行列。作为华文学习者,他们既在补习汉语基础知识及语言知识,又在为提高教学技艺而修习教育法、心理学等课程。

二 汉语教学的环境

随着这几年新政府对华文教育逐渐放松控制,印尼华人领袖和华文教育协调机构对华文教育也是大力支持,中国大陆部分高校对印尼华文教育的推动(如招收印尼留学生、对从事华文师资培训、赴印尼从事师资培训、与印尼高校合作办学等),汉语的使用环境更趋良好。当然华文媒体以及开展华文教育的情况和孔子学院举办的汉语推广活动,对于汉语教学环境的改善也都起到了很大的作用。

据统计,目前印尼至少有22所大学已经或即将开设汉语课,其中办有中系的有:印度尼西亚大学、达尔马·贝萨塔大学、万隆的

Maranatha 大学、日惹的 Muhama Diya 大学、棉兰的苏北大学等。雅加达的印度尼西亚大学、达尔马·贝萨塔大学、万隆的 Maranatha 大学、棉兰的苏北大学是以中文系的形式全面教授汉语言文学，培养中义高级专门人才；泗水的智星大学、雅加达的 Sekolah Tinggi Pariwisata Trisakti 大学和 AtmaJaya 大学，泗水的比得拉大学等则主要开设应用汉语专业，培养商贸、会计、翻译人才。

这些学校的共同特点是其汉语教师多数是印尼族人士，有较高的学历，不少都曾在中国大陆或者中国台湾地区留学、进修，汉语发音比较准确；但是教师所掌握的汉语深度是有限的。私立学校一般会请年轻而有学位的华人任教，其师资华文水准较高，听、说、读、写都不成问题。下面对几个影响较大的汉语教学机构的汉语言文化教学活动进行简要介绍。

1. 印度尼西亚大学

1950 年成立，其中文系的前身是荷兰统治时期的汉语教学研究中心。该系是为了满足印尼国家部门、机构对汉语翻译与中国学研究人才的需求而开设的。因此，在 1966—1998 年华文教育禁锢时期，它是全印尼唯一一个允许进行汉语教学的官方办学机构。目前，印尼大学中文系仍以培养汉学人才为主要目标，侧重培养学生的汉语阅读能力和对中国文化的理解能力。该系有 200 多名学生，以印尼本族人为主，约占学生总数的 70%，1998 年之前，印尼大学中文系每年招收名额为 30—35 个。1998 年后，印尼大学中文系扩大招生名额，增至 60 个左右。在课程设置上主要有现代汉语、中国历史、中国文化、古代汉语、中国哲学、报刊阅读、翻译等课程。初级阶段现代汉语共 8 个学分，其中阅读 3 个学分，听说 3 个学分。

2. 达尔玛·博修达大学

1986 年创办，是印尼最早开设中文系的私立大学，该校中文系目前大概有 100 人，多数是印尼本族人，占学生总人数的 80%。该校成立之初正值印尼华文教育的禁锢时期，因此它的开设目的、培养目标和教材使用与印尼大学几乎一致。目前该校的课程中，中国历史、普通语言学、中国文学等还是占据着较大的比重。初级阶段的语言教学主要是听力、阅读、口语和语法，各占 2 个学分。与印尼大学相比，达尔玛大学在汉语课程的设置上，增加了汉语听说课的比重。1999 年达尔玛大学还编写出版了一套综合汉语教材《初级汉语课本》，该书使用简体字，并且用印尼文注释。

（三）印尼苏北大学

印尼苏北大学（USU）中文系创建于 2007 年 6 月，是由印尼苏北烟草贸易公司（STTC）牵头，提供资金保障，由中国暨南大学协助、派遣汉语教师，印尼苏北大学才正式创建，着手招收攻读中文专业的学生。第一届招生 39 名，第二届 39 名，第三届招生 34 名，截至 2010 年 6 月，共招生三届学生 112 名。苏北大学中文系的成立和发展，是印尼与中国有关各方合作的产物。

按照培养方案，学生在中文系学习汉语类课程，修满额定 148 个学分，用印尼文或汉文撰写有关中国语言文学的毕业论文，答辩成功后获得汉语专业学位。由此，苏北大学中文系成为印尼第五家颁发汉语专业学位的国立大学。

除了教学硬件条件相当简陋，苏北大学的汉语师资也不足，再加上课的种类和总量也很多，对于每个专职教师来讲，每个学期至少要上五门课程 20 个课时。当然，这不仅对于教师来讲是一个挑战，对于学生而言也是一个极大的挑战。

苏北大学中文系汉语专业课程设置

一年级	汉语拼音、基础汉语Ⅰ、汉语听说Ⅰ、初级汉字Ⅰ、基础汉语Ⅱ、初级汉字Ⅱ、汉语听说Ⅱ
二年级	中级汉语Ⅰ、汉语精读Ⅰ、汉语听力Ⅰ、汉语会话Ⅰ、中级汉语Ⅱ、汉语精读Ⅱ、现代汉语语法概要、汉语听力Ⅱ、汉语会话Ⅱ、HSK 辅导课
三年级	高级汉语Ⅰ、报刊阅读Ⅰ、新闻听力Ⅰ、当代中国、中国现当代文学、基础写作Ⅰ、高级汉语Ⅱ、报刊阅读Ⅱ、基础写作Ⅱ、中国古代文学Ⅰ、语言学概论、中国历史
四年级	汉语交际Ⅰ、汉语视听说、应用写作Ⅰ、翻译、汉语修辞学、文学概论、中国古代文学Ⅱ、汉语交际Ⅱ、应用写作Ⅱ、中国文学作品欣赏、中国文化、论文

中文系的课程体系是仿照暨南大学华文学院的汉语专业设立的，从中不难发现，课程的种类较多、总量很大。

（四）建国大学

该校华裔学生占绝大多数。该校于 2002 年 9 月成立中文系，目前该校学生为 400 名左右，是全印尼最大的中文系。其中华人学生占总数的80%。每年的新生入学人数从 90 人到 120 人不等，学生汉语水平亦是参差不齐。该校中文系在新生入学前都会有一个分班考试，根据学生的汉语水平分成 3—4 个班级，每个班级在教学进度上保持一致，但教学法有所侧重，同时针对汉语水平较弱的班级还特地开设了辅导班。

（五）基督教大学

基督教大学中文系成立于 2003 年，学生有 50 万人左右，其中华人占 20% 左右。在初级阶段的课程安排上有初级汉语听力、初级汉语读写、口语、现代汉语语法和汉字知识介绍等，其中综合课、听力课、读写课、口语课这些汉语主干课程各占 3 个学分，为提高学生汉语水平，该学校中文系与中国福建师范大学签订了"3 + 1"合作项目。

随着汉语热在全球范围内迅速升温，印尼国内汉语学习的热情也持续高温，经汉办批准，先后有 5 所孔子学院分别在印尼的不同地区正式成立。

印尼孔子学院一览表①

学校名称	揭牌时间	中方合作院校
丹戎布拉大学孔子学院	2011. 11. 26	广西民族大学
阿拉扎大学孔子学院	2010. 11. 9	福建师范大学
玛琅国立大学孔子学院	2011. 3. 14	广西师范大学
玛拉拿达基督教大学孔子学院	2011. 1. 18	河北师范大学
泗水国立大学孔子学院	2011. 5. 19	华中师范大学
哈山努丁大学孔子学院	2011. 2. 22	南昌大学

其中一些孔子学院举办的部分活动如下：

---

① http：//www. hanban. org/confuciousinstitutes/node_ 10961. htm，2016 年 11 月 15 日。

2016 年 8 月 8 日至 9 日，印尼丹戎布拉大学孔子学院一行 7 人应邀赴西加里曼丹省山口洋福律新生华文学校开展了为期两天的"中华文化大乐园"培训。来自当地及周边地区 5 所华文学校的 130 多名师生参加了国画、书法、葫芦丝、武术四项培训活动。①

2016 年 5 月 13—15 日，2016 年第十五届"汉语桥"世界大学生中文比赛暨第九届"汉语桥"世界中学生中文比赛印尼赛区总决赛在雅加达圆满落幕，来自印尼各省的 33 名中学生和 33 名大学生分别参加了中学生组和大学生组比赛。

在才艺展示环节，选手们各显其能，武术、京剧唱段和变脸、太极、书法、中国画、舞蹈、歌曲、古筝表演等轮番亮相，给观众带来精彩纷呈的视听享受。

本次比赛由中国孔子学院总部、中国驻印尼大使馆主办，印尼阿拉扎孔子学院协办。印尼教育与文化部总司长代表颇比女士和中国驻印尼大使馆孙维德公参及当地民众共 300 多人参加了闭幕式与颁奖典礼。②

2016 年 5 月 28 日至 29 日，由印尼高等院校中文系协会主办、布拉维查亚大学承办、玛琅国立大学孔子学院协办的印尼高等院校中文系协会首届全国大会暨印尼高等教育汉语本科教学大纲研讨会顺利举办，来自印尼 22 所大学中文系的系主任和中文教师共 100 余人参加了此次会议。印尼驻中国使馆文化教育参赞韦伯沃（Priyanto Wibowo）、印尼教育部官员古斯瓦狄（Son Kuswadi）、迪加詹多（Lutfi Djajanto）、中国驻印尼使馆文化教育参赞金洪跃等嘉宾应邀出席。③

2016 年 6 月 11 日，印尼玛拉拿达基督教大学孔子学院与西爪哇省象棋协会联合举办了万隆市青少年象棋友谊赛，来自万隆习经院、万隆国际外语学院等学校的 200 余名学生参加了比赛。

2014 年 8 月 28 日上午，中国驻印尼泗水总领馆于红总领事及于

---

① http：//www. hanban. org/article/2016 – 05/16/content_ 644252. htm，2016 年 11 月 15 日。

② 同上。

③ http：//www. hanban. org/article/2016 – 06/03/content_ 645937. htm，2016 年 11 月 15 日。

杰领事一行访问泗水国立大学。

2016 年 8 月 11 日，印尼哈山努丁大学孔子学院举办了孔院顾问何灿濂个人自传《命运交响曲》（印尼文版）的新书发布会。孔院外方院长 Burhan 与哈山努丁大学校长、文化促进会代表、锡江华人社团成员等出席了此次活动。

第四节　汉语教材的选用和开发

因为汉语刚进入正规学校不久，学生接触汉语课的起始时间不一，有的学生从幼儿园开始接触汉语课，有的高中才开始接受汉语课。而且汉语课在各个学校的地位不同，每个学校的课时量不同，这些差异造成教材使用的混乱。华文教育没有统一的系统的华文课程大纲，没有完整的教学规划，各个华文学校的教材选择各自为政，相对比较自由。目前，在印尼的汉语教育领域，还没有一套符合印尼国情的汉语教材，现有的华文教材比较混杂。当前印尼的华文教材主要来自三个方面：一种是中国的对外汉语教材，一种是新加坡的华文教材，还有一种是本地的华文教材，但是用得极少。中国出版的教材主要有《中文》《汉语》《对外汉语》《儿童汉语》《汉语会话 301》《问与答》《说话课》《汉语初步教程》《标准中文》《生活的智慧》《华人实用汉语课本》。中国台湾出版的教材主要有《印尼版新编华语课本》《一千字说华语》《国语》。新加坡出版的教材主要有《好儿童学华文》《好学生华文》《小学华文》。印尼自己编写的教材有《育苗》《好学生》《实用汉语课本》。①

中国的对外汉语教材在印尼的华文教育中用得十分广泛，由于不同政治思想的影响，中国大陆的对外汉语教材分为大陆的教材和中国台湾的教材，例如由暨南大学出版社出版的《汉语》和由台湾师范大

---

① 蔡丽：《印尼正规小学华文教材使用及本土华文教材编写现状研究》，《华文教学与研究》2011 年第 3 期。

学及高雄师范大学编写的《一千字说华语》。①

印尼华文教材非常缺乏，各补习机构、个人所选的教材五花八门，多不合用。其中中国台湾免费赠送的教材全是注音字母和繁体字，中国台湾和马来西亚合编的教材也是如此。反映最强烈的是希望能给每一所补习班赠送一套正版《中文》，以及配套光盘（有的学员说至少我们来中国培训的老师能每人送一套，欧美经济比较发达，我们经济欠发达，我们比他们更需要免费赠送）。②

第五节 汉语师资状况

总体来看印尼汉语师资有很多不令人满意的地方：（1）年龄结构不合理，老龄化严重。由于对汉语教学进行 30 多年的封锁，印尼汉语教师严重缺乏，目前大多数汉语教师是 1966 年华校关闭前的华人、华侨，这些人年龄大都在 50 岁以上，而年轻一代的汉语教师以 20—30 岁居多，汉语教师梯队出现严重断层。③（2）学历层次低，专业结构欠合理。印尼中老年汉语教师多数仅拥有高中学历，青年汉语教师多接受过较正规的汉语培训，学历相对较高。

已取得的成果及未来发展趋势：（1）从汉语师资培养方面考虑，中印政府加强了沟通合作。印尼方面积极培养非华族汉语教师并派遣他们到中国进行汉语培训和进修。从 2001 年起中国政府曾先后几次派遣汉语专家团赴印尼进行汉语教师培训；（2）国家汉办 2001—2002 年资助了 180 名印尼汉语教师来华培训；（3）2004 年至今，国家汉办每年向印尼派遣汉语志愿者，支援印尼的汉语教学工作；（4）2011 年在

---

① 何悦恒：《印尼华文教材发展概况、问题及建议》，《海外华文教育》2014 年第 3 期。
② 宗世海、李静：《印尼华文教育的现状、问题及对策》，《暨南大学华文学院学报》2004 年第 3 期。
③ 连榕、潘贤权：《印尼华文教师主观幸福感、职业倦怠、职业承诺的现状及其关系的研究》，《教育探究》2009 年第 9 期。

印尼成立了 6 所孔子学院；（5）除了在印尼建立的孔子学院外，国家汉办还将立足国内高校建设的"对外汉语教学基地""汉语国际推广基地""东南亚汉语国际推广师资培训基地"等实体，积极开展针对印尼本土汉语教师的汉语教学及教材培训。可见未来中印两国在汉语师资方面将会呈现双向互动以及多元发展的趋势。[①]

本章主要参考文献

蔡丽：《印尼正规小学华文教材使用及本土华文教材编写现状研究》，《华文教学与研究》2011 年第 3 期。

蔡仁龙：《印尼华文教育刍议》（下），《海外华文教育》2001 年第 1 期。

耿红卫：《印度尼西亚华文教育的历史沿革与现状》，《云南师范大学学报》（对外汉语教学与研究版）2007 年第 3 期。

何悦恒：《印尼华文教材发展概况、问题及建议》，《海外华文教育》2014 年第 3 期。

黄皇宗：《港台文化与海外华文教育》，中山大学出版社 1992 年版。

［印尼］黄昆章：《印尼华文教育的回顾与展望》，《八桂侨史》1998 年第 2 期。

［印尼］黄昆章、陈维国：《关于印尼发展华文教育的几点思考》，《东南亚纵横》2001 年第 12 期。

乐天：《东印度华侨国民教育概论》，《新报》1935 年二十五年周年纪念刊。

连榕、潘贤权：《印尼华文教师主观幸福感、职业倦怠、职业承诺的现状及其关系的研究》，《教育探究》2009 年第 9 期。

温广益：《1967 年以来印尼华文教育的沉浮》，《华侨华人历史研究》1997 年第 3 期。

辛慧：《印度尼西亚汉语教学概观》，《焦作师范高等专科学校学报》2014 年第 3 期。

颜天惠：《印尼华文教育的新发展》，《东南亚研究》2001 年第 4 期。

姚浪笙：《荷属东印度华侨教育目前的危机及其补救办法》，《新亚细亚》1935 年第 5 期。

周聿峨：《东南亚华文教育》，暨南大学出版社 1995 年版。

宗世海、李静：《印尼华文教育的现状、问题及对策》，《暨南大学华文学院学报》2004 年第 3 期。

邹长虹、胡静芳：《简论印度尼西亚语言政策》，《湖北函授大学学报》2012 年第 10 期。

---

① 辛慧：《印度尼西亚汉语教学概观》，《焦作师范高等专科学校学报》2014 年第 3 期。

第十七章　菲律宾的汉语教学

第一节　国家概况

一　自然地理

菲律宾共和国（他加禄语：Republika ng Pilipinas，英语：Republic of the Philippines），简称菲律宾，位于西太平洋，是东南亚的一个群岛国家。北隔巴士海峡与中国台湾省遥遥相对，南和西南隔苏拉威西海、巴拉巴克海峡与印度尼西亚、马来西亚相望，西濒南中国海，东临太平洋。国土面积 29.97 万平方公里，共有大小岛屿 7000 多个，其中吕宋岛、棉兰老岛、萨马岛等 11 个主要岛屿占全国总面积的 96%。海岸线长约 18533 公里。属季风型热带雨林气候，高温多雨，湿度大，台风多。年均气温 27℃，年降水量 2000—3000 毫米。菲律宾境内野生动物以哺乳类为主，多达 200 种，大部分为翼手目与食虫目；鸟类约有 750 多种。主要有野水牛、眼镜猴、鼠鹿、刺猬、老鼠、食猴鹰等。菲律宾境内矿产资源主要有铜、金、银、铁、铬、镍等 20 余种。铜蕴藏量约 48 亿吨、镍 10.9 亿吨、金 1.36 亿吨。地热资源预计有 20.9

亿桶原油标准能源。巴拉望岛西北部海域有石油储量约 3.5 亿桶。①

二　历史政治

14 世纪前后，菲律宾出现了由土著部落和马来族移民构成的一些割据王国，其中最著名的是 14 世纪 70 年代兴起的苏禄王国。1521 年，麦哲伦率领西班牙远征队到达菲律宾群岛。此后，西班牙逐步侵占菲律宾，并统治长达 300 多年。1898 年 6 月 12 日，菲律宾宣告独立，成立菲律宾共和国。同年，美国依据对西班牙战争后签订的《巴黎条约》占领菲律宾。1942 年，菲律宾被日本占领。第二次世界大战结束后，菲律宾再次沦为美国殖民地。1946 年 7 月 4 日，美国同意菲律宾独立。菲独立后，自由党和国民党轮流执政。

菲律宾实行总统制。总统是国家元首、政府首脑兼武装部队总司令。菲律宾独立后，共颁布过三部宪法。第三部宪法，于 1987 年 2 月生效。该宪法规定：实行行政、立法、司法三权分立政体；总统拥有行政权，由选民直接选举产生，任期 6 年，不得连选连任；总统无权实施戒严法，无权解散国会，不得任意拘捕反对派；禁止军人干预政治；保障人权，取缔个人独裁统治；进行土地改革。2016 年 6 月 30 日，罗德里戈·杜特尔特（Rodrigo Du Tedi）宣誓就职成为菲律宾共和国第 16 任总统。

三　人口经济

菲律宾总人口 1.01 亿（2015 年 7 月的统计数据）。马来族占全国人口的 85% 以上，包括他加禄人、伊洛戈人、邦班牙人、维萨亚人和比科尔人等；少数民族及外来后裔有华人、阿拉伯人、印度人、西班牙人和美国人；还有为数不多的原住民。国民约 85% 信奉天主教，4.9% 信奉伊斯兰教，少数人信奉独立教和基督教新教，华人多信奉佛

---

① http：//www.fmprc.gov.cn/web/gjhdq_ 676201/gj_ 676203/yz_ 676205/1206_ 676308/1206x0_ 676310/，2016 年 11 月 15 日。

教，原住民多信奉原始宗教。出口导向型经济。第三产业在国民经济
中地位突出，农业和制造业也占相当比重。20世纪60年代后期采取
开放政策，积极吸引外资，经济发展取得显著成效。80年代后，受
西方经济衰退和自身政局动荡影响，经济发展明显放缓。90年代初，
拉莫斯政府采取一系列振兴经济的措施，经济开始全面复苏，并保
持较高增长速度。1997年爆发的亚洲金融危机对菲冲击不大，但其
经济增速再度放缓。阿基诺（Benigno S. Aquino Ⅲ，2010年6月30
日—2016年6月30日任菲律宾第15任总统）执政后，增收节支，
加大对农业和基础设施建设的投入，扩大内需和出口，国际收支得
到改善，经济保持较快增长。

四 语言政策

菲律宾境内有70多种语言。国语是以他加禄语为基础的菲律宾
语，英语为官方语言。在菲律宾语的发展过程当中，由于语言接触，
它从其他语言当中吸收了不少语汇，比如说西班牙语、中国福建话、
英语、马来语、梵文、阿拉伯语，以及在菲律宾吕宋岛所使用的卡片
片甘语（英译Kapampangan），都对菲律宾语词汇的形成有相当程度的
影响力。虽然菲律宾语受到不少外来语的影响，使用菲律宾语的人，
主要是分布在吕宋岛的中部和南部，包括菲律宾首都马尼拉以北的5
个省份，以及马尼拉大区以南的6个省份。此外，位于吕宋岛南部的
鹿邦岛（英译Lubang）、马林杜克岛（英译Marinduque）以及民都洛
岛（英译Mindoro）的北部和东部，也都有菲律宾语的使用人口。
1935年，菲律宾语当选该年成立的菲律宾自治政府（未独立）所谓的
"临时国语"，当时的总督奎松（Manuel L. Quezon）在菲律宾宪法第
14条第3项中加上了所谓的"国语条款"。在经过一番研究以后，8种
使用人口在100万人以上的主要语言成为菲律宾正式国家语言的候选
对象。后来，只剩下2种语言成为最后的竞争者，一种是宿雾语（Ce-
buano），另一种则是现今的菲律宾语。宿雾语是当时菲律宾使用人口

最多的本土语言，主要使用于维萨亚群岛。菲律宾语虽然在使用人数上占第二位，却是首府大马尼拉地区的主要语言。后来该委员会选择了菲律宾语，将其当成菲律宾国家语言的基础。1937 年，奎松总督宣布菲律宾语为菲律宾的国语。1940 年，菲律宾语相继开始在菲律宾所有的学校中传授。1946 年 7 月 4 日，菲律宾正式宣布独立，菲律宾语也才正式成为菲律宾的国语。[①]

第二节　汉语教学简史

菲律宾的汉语教学主要分成两个部分，一个是由华人创办、管理的华校华文教育，已经有一百多年的历史。但是随着华校的菲化，汉语教育逐渐由母语教学向第二语言教学转变，在很多华校，华文成为学校教育中的一门选修课。另一个是菲律宾主流学校的汉语教育，可以说，针对主流学校的汉语教育，才是真正意义上的国际汉语推广。

早在西班牙的征服者们登上菲律宾海岸之前的数十年，中国的商人就已经驾驶着他们的风帆来到菲律宾的巴拉望、宿务和马尼拉等地的港湾和口岸，汉语也随之来到了菲律宾。但是，由于当时大多数漂洋过海来菲律宾的商人仅是为了谋求生计，因此在那时候的华人社会还不存在子女华语教育的问题。[②] 当地华人第二代出生后，子女教育问题成为现实，虽无太多史料记载，但可想而知随后应该开展了私塾性质的教育。

1899 年 4 月，第一所新式华侨学校小吕宋华侨中西学校创建，创建者是陈刚先生，时任中国驻菲律宾领事，小吕宋华侨中西学校现更名为菲律宾中西学院。可以说，该所学校的创办开创了菲律宾华裔子女接受正规学校华文教育的先河。在华文教育的发展时期，由于美国

---

① http://news.xinhuanet.com/local/2015–03/20/c_127600655.htm，2016 年 11 月 15 日。
② 许璐：《菲律宾主流学校汉语教学现状调查研究》，硕士学位论文，福建师范大学，2012 年。

的殖民统治的进一步扩张，统治者为了建立新的统治制度，改变了当时菲律宾的教育模式，大力推行英语取代西班牙语。因此，此时菲律宾的华文教育迫于外界压力，不得不加大力度，华侨办学从而得到了迅速发展。"教育会实施华侨教育附捐的措施，使得汉语教育的经费从当地华人社团、华侨，以及热心人士的基金捐助经费中得以保证。"①

"到 1946 年菲律宾独立，并于次年与中国（民国政府）签订了《中菲友好条约》。条约规定允许中国人在菲开设学校，奠定了菲律宾侨校的合法地位。"② 汉语教育在有力的政策支持下得到了蓬勃的发展，至 1956 年，菲律宾共有侨校 150 所，在校学生 4.8 万人，其规模盛况空前。除了办学规模上的发展，华侨师范专科学校于 1955 年创办，开创了本土化的汉语师资培养模式，该校成为唯一的一所菲律宾侨校教师的摇篮。③

1956 年后，菲律宾的汉语教育一度进入了低潮时期，政府对华侨教育的政策由原先宽松的鼓励政策转为严厉的压制政策。菲律宾政府开始采取相应行动，对汉语学校开始了全面地督察，不仅在中英文课时比例上进行限制，小学至中学的汉语课程教授时间明显削减，"汉语学校进入了以英文、菲文为主的'双学制'，教学中心转移到英文和菲文课程，汉语课程被次要化"④。

20 世纪 70 年代初，在菲律宾政府的要求下，全部侨校实行了菲化，菲律宾汉语教育的性质从"华侨教育转变为华人教育，教育目标从培养具有科学文化知识，既能适应华侨社会、中国社会，又能适应菲律宾社会的中国公民转变为培养具有中华文化素质的菲律宾公民"⑤。马科斯（Ferdinand Marcos）执政后，在 1973 年的菲律宾新宪

---

① 周聿峨：《全球化对海外华文教育的影响》，《暨南学报》2001 年第 3 期。
② ［菲律宾］邵建寅：《菲律宾华文教育的过去、现在及未来》，《华文世界》（台湾东南亚华人教育专刊）1994 年第 72 期。
③ 许璐：《菲律宾主流学校汉语教学现状调查研究》，硕士学位论文，福建师范大学，2012 年。
④ 李嘉郁：《论华文教育的定义及发展趋势》，《华人华侨历史研究》2004 年第 4 期。
⑤ 戴家毅：《菲律宾华文教育发展研究》，硕士学位论文，广西师范大学，2010 年。

法明确了办学资本的来源应以本国为主，学校控制及行政应属于菲律宾人，学校中的外侨学生不得大于 1/3。1975 年，菲政府逐渐放宽了外侨入菲籍的条件，因此，当时有大量的华侨及华侨子女加入了菲律宾国籍。华侨学校的董事、行政主管、学生的国籍问题也迎刃而解。1976 年，菲律宾政府颁布了相关的法令规定，规定中表示汉语学校以菲、英文课程为主，汉语只能作为学生的外国语课程在学校内教授，禁止其他场合提供汉语教学。从幼儿园到大学，汉语课每天不能超过 100 分钟。中学汉语课程学时改为四年制。汉语考试成绩不再是升学的必要条件。汉语课本只能用当地编的课本，汉语教师也只能在当地聘请。①

　　进入 20 世纪 90 年代，菲律宾政府对于华文教育的态度有了明显的改变，有专家称这是菲律宾的华文教育"柳暗花明又一村"。因为中国国力的不断发展和世界影响力的增强，让菲律宾政府看到了汉语的使用价值正在水涨船高。菲律宾政府对华文教育也采取了相比以前较为宽松的政策。尤其是在菲律宾总统于 2001 年 6 月宣布了允许菲律宾大专院校开设华文课程后，华文教育在菲律宾国内的发展更加迅速，汉语的地位也大大提升了。2011 年，菲律宾政府正式将汉语纳入教育部"特别语言项目"（Special Program of Foreign Language），并开始在几所公立中学开办汉语课程，这无疑是菲律宾华文教育政策的又一次重大改变。目前数据显示，自 20 世纪 90 年代后，在有志于推动菲律宾华文教育人士的努力下，菲律宾华文学校的总数达到了历史新高，有 200 多所，在校学生 20 万余人，华文教师数量接近万人。幼儿园、小学、初中、高中甚至到大学都有华文课程。

　　中菲建交的前后，菲律宾华文教育的模式是不同的。1991 年，菲律宾华文教育研究中心在菲律宾华商联合总会和各华校教育人士的推动下正式成立。在成立之后，华文教育研究中心常常举行各种学术交流会议，并编辑出版各种教育研究刊物和教材，如新教材《菲律宾中

---

① 许璐：《菲律宾主流学校汉语教学现状调查研究》，硕士学位论文，福建师范大学，2012 年。

小学十年制中学课本》等，对菲律宾当地华文教师组织了集体培训，以提高菲律宾当地华文教师的教学能力。迄今为止，该中心提出的许多新的教育理论，教育改革试验和华文教育改革举措，得到了当地的华人、华侨的拥护和支持，取得了辉煌的成果。菲律宾华文教育研究中心的正式成立标志着华文教育质的飞跃，为推进华文教学改革的进一步深入发展，做出了重要贡献。[①]

除此之外，近些年，中国国家汉办志愿者项目向菲律宾输送了大批优秀的汉语教师，同时，也有菲律宾当地的学校和中国的一部分学校签订了交换生协议，孔子学院的建设也取得了突出的成绩。2006 年 10 月 3 日，菲律宾第一所孔子学院——亚典耀大学（Ateneo University）孔子学院正式成立，随后又在 2009 年 2 月 28 日、2009 年 11 月 10 日和 2015 年 10 月 12 日分别成立了布拉卡国立大学（Bulacan State University）孔子学院、红溪礼示大学（Angeles University Foundatio）孔子学院和菲律宾大学（University of the Philippines）孔子学院，前三所孔子学院都已经正常运行，菲律宾大学孔子学院揭牌后目前还在筹备运行之中。在经过中菲两国教育部门多次磋商后，国家汉办派出的汉语教师和志愿者可以携带由汉办提供的汉语教材，而且，华文学校和开设有华文课程的院校可以开展一些有关中国文化的活动。这使得菲律宾的华文教育事业有了新的发展局面，不仅仅是菲律宾当地的教师可以和中国的志愿者教师进行教学上的交流，而且让菲律宾的学生有机会到中国了解地地道道的中国文化，感受中国在 21 世纪发展的新局面。

第三节　汉语教学的环境和对象

1899 年，菲律宾第一所华侨学校——小吕宋华侨中西学校（今菲

---

① 夏雯君：《菲律宾华文教育现状调查分析——以怡朗市四所华校中小学生为例》，硕士学位论文，广西师范大学，2015 年。

尔律中西学院）诞生，在这个千岛之国响起了华文教育的第一声学钟。从菲律宾第一所华校创办至今，华文教育在菲律宾已走过了 110 多年的发展历史。随着中国经济的迅速增长及世界华侨华人经济的发展，菲国政府也开始认识到华文的重要性而逐渐重视和支持华文教育。中国政府近年来不断加大汉语国际推广的力度，积极支持菲律宾的华文教育改革和教育事业的发展。因而进入 20 世纪 90 年代以后，菲律宾华文教育逐渐走出低谷，进入新的发展时期。目前，开展汉语教学的机构主要是中小学、一些高校和孔子学院，而中小学又分为三类，一类是华人社团兴办的华校，另一类是政府主办的所谓的主流中小学，此外还有一些华文教学中心、补习班等。从幼儿到耄耋老人都有学习汉语的。

一　菲律宾中小学的汉语教学①

目前菲律宾的华校中小学 203 所，都开设汉语课；而开设汉语课的主流中小学则不超过 50 所。

（一）师资力量

华校的中小学校开设汉语课的历史比较悠久，而从 2006 年亚典耀大学孔子学院建立之后，汉语才开始走进菲律宾主流中小学，也就是说开设汉语课时间最长的也不过 10 年而已。除了享誉全菲的光启学校，华校中小学校的学生人数普遍少于开设汉语课的主流中小学的学生人数，教师人数却多于主流中小学。这是由于主流中小学的汉语教学才起步不久，校方领导和孔子学院对于菲律宾学生的汉语教学模式还处在摸索中，对于所需师资和教学强度设定等问题还不确定。但从教师人数变化趋势上看，华校和主流中小学校都意识到了师资力量在汉语教学中的重要性。华校中，每个教师只负责两个到三个班级的教学任务，而主流中小学校中课程最少的汉语教师也要负责 10 个班级的教学任务。而且，主流学校平均班级人数又远远高出华校。教师每周

① 刘畔：《关于菲律宾汉语教学现状的调查报告》，硕士学位论文，吉林大学，2014 年。

的课时数方面，华校和主流学校基本相差不大，保持在平均 15 节课左右。每节课的时长从 40 分钟到 60 分钟不等。汉语教师的人均每周的课时量为 500 分钟到 900 分钟，大多数为 700 分钟到 800 分钟，这个数据和国内相比是偏高的。可见菲律宾中小学的汉语教师的教学任务并不轻松。另外，教师来源的构成上，华校中小学的汉语教师来源广泛，既有中国国家汉办、侨办派送的志愿者教师，又有本土教师，存在师资文化背景各异，教学水平参差不齐的问题，尤其是本土的汉语教师，多为当地久居的华人或者新移民华人，大多只拥有专科甚至高中文凭，总体教学水平不高。而主流中小学中的教师基本上都是来自中国国家汉办的汉语志愿者教师，志愿者教师具有文化素养高，且便于统一管理的特点，但志愿者教师在菲律宾工作时间短，往往是一年到两年，存在对菲律宾学生不够了解等问题。

（二）教师管理

由于华校和主流学校的教师来源不同，所以导致教师们的管理机构也不同。华校的管理机构主要是菲律宾最高华人领导社团——菲律宾菲华商联总会（简称商总）和校方，而主流中小学汉语教师的管理机构主要是孔子学院。这是教师来源多样化造成的。菲律宾汉语教师来源主要有三种，国家汉办派出的汉语志愿者教师和公派教师，侨办外派教师及本土教师。有少数学校还有从中国台湾引进的汉语教师。菲律宾的汉语教师志愿者们均由国家汉办派出，但当他们到达菲律宾被分配到华校之后，志愿者们的管理问题便移交给商总，而被分配到孔子学院的志愿者们，也就是负责菲律宾主流学校汉语教学任务的志愿者们的管理问题又移交给所属孔子学院负责。侨办派出的公派教师均被派到菲律宾各华校，与华校的志愿者们一同归属商总管理。本土菲律宾教师的工作生活问题全部归所工作的菲方学校管理。在汉语教学方面，各位汉语老师必须要听从学校的安排。无论是商总还是孔子学院只负责将汉语教师派到当地的学校，并不对教学效果负责。教师培训方面，平均每位教师每年接受一两次培训，但无相应的措施保证培训效果。在教学监管上，华校对汉语教学的重视程度远远高于主流中小学。主流中小学往往只负责申请开设汉语课程，引进汉语教师，而对教学成果的监管力度不够。

（三）课程设置

华校学生除了幼儿园的学生汉语零基础外，从小学一年级开始开设汉语课程，随着学龄的增长学生的汉语水平也随之提高，而主流中小学学生汉语基础普遍较差。同时，华校学生以掌握汉语作为第二外语为目的，主流学校以提高学生素质，丰富学生的学习内容为目的，所以在重视程度上也有很大差距。正是由于两类学校的学生的汉语基础不同，学习汉语的目的不同使得两类学校在汉语课程设置上也存在差异。

无论是华校还是主流学校，汉语基本上都被作为必修课。在所开设的课型上，主流中小学开设的汉语课型相对较为单一，华校开设的汉语课型相对很丰富。华校的课时比较多，一般每周4—6课时，而主流学校每周只有1—2课时。主流学校的汉语教材主要来源于汉办或者孔子学院的赠书，由于主流学校的学生汉语基础较差，所以主流中小学的教师较多地选择《汉语乐园》和《快乐汉语》这两套适合汉语零基础学生的教材。而华校汉语教材因校而异，有台湾赠书、汉办赠书、菲律宾华文教育研究中心自编的教科书，还有的学校从中国内地购书，较受欢迎的是《快乐汉语》这套教材。华校办校时间较早，校方领导多为20世纪四五十年代移民到菲律宾的华人，又曾受中国台湾的影响，所以教材的选择有时跟不上时代的潮流，并且其对于繁体字的情结也会影响到现代汉语的教学。在教学测试方面，华校中小学采用笔试的形式，包含听力考试。主流学校除了采用笔试还有学校采用口语考试。华校的考试频率普遍比主流学校高。两类学校的学生一般都参加YCT（中小学生汉语水平考试）。

（四）从教学语言和学生态度来看

在教学语言上，主流中小学的汉语教师均使用汉语、英语两种语言进行课堂教学，并且板书中使用汉语拼音注音加简体字的形式呈现给学生；而华校中，有些仅使用汉语授课，有些使用汉语和英语，有些则使用汉语、英语和菲律宾语三种语言，有些学校采用汉语拼音注音加简体字的板书形式，有些采用简体字和繁体字两种板书形式，而有些仅使用简体字。菲律宾的中小学汉语教学中教具的使用丰富多彩。在布置作业方面，华校中小学布置的作业较多，主流中小学布置的作业较少。

华校学生对待学习汉语的热情并不是很高，主流中小学的学生对汉语更感兴趣，这与学生对新鲜实物好奇的心理有关系，而华校的学生由于父母是华人，所以对汉语并没有新鲜感。但华校的学生家长却对学生的汉语水平有十分高的期望。学生普遍喜欢中华文化课程，这跟文化课轻松的课堂气氛有关。除了文化课，最受欢迎的是口语课，这说明菲律宾的中小学生对说汉语的能力有很强的欲望，他们更渴望掌握汉语这门技能从而进行交际。另外，大多数学生喜欢学习简体字和中国教师授课。

二　大学里的汉语教学

菲律宾高校中开设汉语的历史可以追溯到 1971 年，当时西利曼大学（Silliman University）开设了汉语选修课。2001 年，根据黄端铭的调查结果，全国有 12 所大学开设了汉语选修课。[①] 经过了 10 年的发展，菲律宾高等学校的汉语教学取得了一定的进步，依据王敏的调查结果，2011 年菲律宾全国开设汉语课的高校大约有 20 所，专业教师 50 人。[②] 2001 年菲律宾开设汉语选修课的 12 所高校中正在学习汉语的学生有 1845 人。[③] 已经结业的学生有 12222 人。到 2011 年仅菲律宾大

① ［菲律宾］黄端铭：《关于菲律宾高校汉语教学的一次问卷调查》，载《菲律宾华文教育综合年鉴 1995—2004》，菲律宾华文教育中心 2008 年编印，第 115 页。

② 王敏：《菲律宾大马尼拉地区高等院校汉语教学现状调查与分析》，硕士学位论文，中山大学，2012 年。

③ ［菲律宾］黄端铭：《世界汉语热背景下的菲律宾汉语教学》，《世界华文教育》2011 年第 4 期。

马尼拉地区学习汉语的人数就有 2000 多人，其中菲律宾亚典耀大学就有 1025 人。[①]

（一）大马尼拉地区高校的汉语教学[②]

大马尼拉地区开设汉语课的大学包括菲律宾国立大学（University of the Philippines）、亚典耀大学（Ateneo de Manila University）、圣托马斯大学（University of Santo Tomas）、圣保罗大学（St. Paul University Philippine）、东方大学（University of the East）、德拉萨大学（De La Salle University）、菲律宾师范大学（Philippine Normal University）这 7 所大学。它们开设汉语课的时间不同，教师人数都很有限，教材质量参差不齐，甚至有些大学没有教材，汉语在这些大学都是以选修课的形式开设的。一般为 3 个学分，与其他外语选修课的学分相同。近年来选修汉语的学生人数在高校呈上升趋势。

在这些大学中汉语教学情况最好的是菲律宾国立大学和菲律宾亚典耀大学。菲律宾国立大学（以下简称菲大）是一所国立综合性大学，在菲律宾享有很高的声誉，也是菲律宾主要的教学和科研中心。菲大于 1908 年建成，包括 7 所分校 14 个校区，教师 26.6% 具有博士学位，36.2% 具有硕士学位。菲大的汉语选修课由社会科学与哲学学院向本科学生开设，研究生汉语选修课由亚洲研究中心开设。

亚典耀大学是菲律宾最负盛名的三所高校之一，是 1859 年由西班牙耶稣会创办的一所私立大学。该校汉语教学已经有 30 多年的历史，2007 年，亚典耀大学汉学系开设了汉学学士学位，要求学生选修 15 个学分的汉语课。另外，汉学系还面向全校学生开办汉语选修课，学生可以获得学分，选修学生人数逐年增加。

圣托马斯大学创立于 1611 年，是一所天主教私立综合性大学，也是亚洲最古老的大学。艺术与文学系开设有亚洲研究专业，但是并没

---

① 王敏：《菲律宾大马尼拉地区高等院校汉语教学现状调查与分析》，硕士学位论文，中山大学，2012 年。

② 同上。

有汉语或者汉学专业。主要是由圣托马斯大学的一个学生社团——UST-Scarlet-Filipino and Chinese Student Organization 为全校开设汉语兴趣班。

圣保罗大学是 1907 年成立的一所天主教私立大学，目前在马尼拉市、Tuguegarao 等地有 6 所分校。圣保罗大学从 2001 年开始开设汉语选修课，该校酒店管理、旅游管理专业的本科生需要学习汉语，同时国际学院外语系也开设汉语选修课。

东方大学成立于 1946 年，也是一所私立大学。有两个校区，8 个学院，人文艺术科学学院国际研究专业（International Studies）的学生可以选修汉语课。

德拉萨大学创办于 1911 年，是菲律宾最负盛名的三所高校之一，也是一所私立基督教学校。教师近 1000 人，其中 69% 的教师获得博士学位。文学院在本科阶段开设有中国研究学士学位课程（Bachelor of Arts in International Studies Major in Chinese Studies），可获得会计学学士、广告管理学学士、企业管理学学士、法律管理学学士和营销管理学士，德拉萨大学曾经有机构——汉语系开设汉学研究课程，但现在是一个空壳子，没有教师。

菲律宾师范大学是创办于 1901 年的一所公立综合性大学，被称为菲律宾中小学教师的摇篮，有五个校区。汉语选修课只在研究生阶段开设。

（二）从事高等教育的华校——中正学院的汉语教学①

目前，虽然菲律宾的华校已经具备非常完善的基础教育体系，但是在高等教育领域华校却是凤毛麟角。菲律宾中正学院（Chiang Kai Shek College）创建于 1939 年，是目前唯一一所由海外华人创办，且中国政府和菲律宾政府都承认的高等院校，代表了目前菲律宾华校高等教育的最高水平。

菲律宾中正学院学部的设置从幼儿园、小学、中学、大学一直到

---

① 刘畔：《关于菲律宾汉语教学现状的调查报告》，硕士学位论文，吉林大学，2014 年。

研究所，是一所教育体系十分完整的华人私立学校。该校大学部的汉语教师一共 4 位，1 名中国的志愿者教师，3 名菲律宾本土教师。教学对象多数为菲律宾的华人学生，至少有 6 年以上的汉语基础。汉语课的性质有必修课和选修课，必修课针对的专业为汉语言教育专业，商贸汉语专业和中国文学专业。每个专业学生的周学时为 15 学时，每学时为 50 分钟。开设的课型有汉语综合课、听说课、读写课。开设的选修课有中国戏剧、中国诗歌等。值得一提的是，汉语言教育专业的学生参加了中正学院与福建师范大学合作的"2 + 2"项目，即"两年菲律宾两年中国"的教学模式。需要说明的是，除了汉语言教育专业的学生学习汉语简体字，该校其他汉语相关专业的学生都学习汉语繁体字。

该校汉语言教育专业教师所使用的教材为北京语言大学出版的《成功之路》，这套教材根据不同阶段学习者的特点和需要，分册编写教学内容。教师的教学语言为汉语普通话，汉语课堂要求纯汉语语言环境。汉语考核形式为每学期结束时的期末考试，除此之外，该校学生还要参加 HSK。在教学过程中，教师运用了实物、白板、音乐、录音、多媒体、练习册的形式，除此之外，教师还自编习题、运用课堂实践活动和课后作业的方式操练汉语言知识点。虽然华校中的高校数量少，但是华校学生的汉语水平较高，语言环境也比非华裔的菲律宾学生充分。在同等的师资、学习时间及教学条件下，华校高等院校的汉语教学成效将会明显高于菲律宾的主流高校。中正学院作为菲律宾目前唯一将汉语言教育专业作为第一学历教育的高校，为菲律宾的汉语推广提供了十分重要的人才资源，在菲律宾高校汉语推广项目中具有举足轻重的地位。但是华校高校数量有限，是制约华校高校汉语推广的决定性因素。

三　孔子学院的汉语教学

自 2006 年起，菲律宾陆续建立了 4 所孔子学院，除了菲律宾大学孔子学院尚在筹备运行之中，其他三所孔子学院在多年的运行当中为推动菲律宾汉语教学和中华文化推广做出了重要的贡献，在菲律宾汉语教学界具有举足轻重的作用。

从上文的介绍中，我们可以看出，菲律宾境内的孔子学院除了独立地开展汉语教学和文化推广活动，还承担着为菲律宾主流学校提供和管理汉语教师的重任。下面简单介绍一下正在运行的三所孔子学院所开展的汉语教学和文化推广活动情况。

（一）亚典耀大学孔子学院的汉语教学①

2006 年 10 月 3 日成立的亚典耀大学孔子学院，中方合作院校是中山大学。亚典耀大学孔子学院主要面向菲律宾社会开设非学历的汉语课程，学生来自社会各个领域。亚典耀大学孔子学院和亚典耀大学汉学系基本上是两块牌子一班人马，所以亚典耀大学孔子学院还承担着亚典耀大学里的汉语教学。亚典耀大学孔子学院不仅开设汉语课程，每年还组织各种各样的中国文化活动，以此在菲律宾社会扩大汉语及中国文化的影响。开展的文化活动包括春节、中秋节、中国国庆庆祝活动，中国电影周、汉语桥比赛、中国画展览，另外还组织 HSK 考试、承办汉语桥比赛，以及组织各种有关中国文化学术讲座。形式多样，内容涉及中国经济、政治、社会、艺术、历史、文学、文化等诸多方面。

（二）布拉卡国立大学孔子学院的汉语教学②

2009 年 2 月 28 日成立的布拉卡国立大学孔子学院，中方合作院校是西北大学。学生人数众多和课程设置多样是该孔子学院汉语教学最为突出的体现。首先是"英语、汉语本科双语专业"项目，此项目是针对布拉卡国立大学教育学院英语专业学生而专门开设长达四年的汉语专业课程，每学期有两门专业课程，每周 6 个课时，使刚入学的菲律宾学生从零基础开始接触汉语，在毕业时能够达到 HSK 五级水

---

① 王敏：《菲律宾大马尼拉地区高等院校汉语教学现状调查与分析》，硕士学位论文，中山大学，2012 年。

② 李唯嘉：《菲律宾布拉卡国立大学孔子学院汉语教学现状与分析》，硕士学位论文，西北大学，2014 年。

平，能够熟练地运用汉语；其次，最主要的是基本汉语课程。基本汉语课程主要针对布拉卡国立大学的本科生、研究生及博士生，同时也招收社会汉语学习者，主要开设有基础汉语、中级汉语、高级汉语以及商务口语等不同层次的汉语课程。每年开设两个学期共计 8 个月的课程，共有将近 60 个班级，每班每周开设 3 小时课程。学生在该课程班学习之后能够了解汉语的语音构成、书写简单的汉字，并且能够脱口说出简单的交际汉语；再次，还有假期汉语辅导班的开设。主要是利用每年 4—6 月的菲律宾全国性暑假假期，面向高等学校大学生、周边高中的中学生以及对汉语有兴趣和需求的社会学习者开设的专门汉语辅导班。在进行汉语课程的期间，本土教师的培训也必不可少。因为志愿者教师和专业教师并不是能够长期驻守的教学力量，所以应当培养大批量的本土教师，从而达到更好的效果。所以此项目主要针对布拉卡国立大学及布拉卡省的中小学教师定期开设本土汉语教师培训，满足当地汉语师资培训的需求。每年开设 1—3 期，每期 60 课时；另外，单单高校内的本土教师与学生的汉语课程当然不能全方位地达到推广汉语的目标，还应该加大社会汉语培训。所以布拉卡国立大学孔子学院也为布拉卡省及大马尼拉地区有汉语培训需求的政府、企业等机构的人员培训汉语。比如移民局的官员、银行职员等。在正常的汉语课程之外，最重要的莫过于汉语水平考试及辅导。全世界的各个孔子学院都是海外 HSK 的主要考点，布拉卡国立大学孔子学院每年 3 月和 10 月利用两个假期组织两次 HSK 考试及考前辅导课程。

　　为加深菲律宾人民对中国和中国人民的了解，提高布拉卡国立大学孔子学院在当地社会的影响力，布拉卡国立大学孔子学院经常组织各种形式的文化推广活动，一些文化活动已成为在当地很有影响的品牌活动。比如有关中国传统节日、风俗、饮食文化等的系列讲座，中国书法、剪纸、茶艺、舞蹈、乐器、太极拳等系列文化课普及，当代中国国情介绍，当代中国电影音乐展览，布拉卡国立大学中文歌舞比赛，孔子学院周年庆典及孔子学院开放日活动以及春节传统文化体验活动。

（三）红溪礼示大学孔子学院的汉语教学

2009 年 11 月 10 日成立的红溪礼示大学孔子学院，中方合作院校为福建师范大学。红溪礼示大学是菲律宾红溪礼示市天主教私立学校，它是吕宋岛中部成立的第一所大学。红溪礼示大学由 Mr. Agustin P. Angeles 及其家族成立于 1962 年 5 月 25 日，起初它只是一个非营利的教育机构。经过不到九年的运行，在 1971 年 4 月 16 日，该机构被菲律宾教育文化体育部授名为大学。如今，红溪礼示大学拥有硕士文凭的教师比例在整个吕宋地区是最高的。这些资源构成了它高规格科研水平的基础。①

红溪礼示大学孔子学院以红溪礼示大学为中心呈辐射状向外拓展汉语教学任务。目前有汉语教师 50 名，均来自国家汉办派出的汉语志愿者教师和公派教师，红溪礼示大学孔子学院本部留有 17 名汉语教师，外派 33 名教师到菲律宾各地的主流学校从事汉语教学。其中本部教师的工作大体分为三个部分：一是负责红溪礼示大学中学部和大学部的汉语课程的讲授；二是负责各种培训类课程的讲授；三是负责孔子学院日常的行政管理。其中，红溪礼示大学的汉语教学对象包括中学生和大学生。汉语课堂尽量采用纯汉语语言教学环境，使用中国出版的简体字汉语课本，教师教授学生汉语普通话。红溪礼示大学在大学部设置了汉语必修课、选修课还有社会班的培训课。其中汉语师范教育专业是在菲律宾主流高校中设置的首个汉语师范教育专业。汉语师范教育专业学生进修的是第二学历的学历教育。该专业的学生参加的是与福建师范大学合作的汉语项目。他们在本科阶段的前两年有自己的本专业，在本科三年级开始攻读汉语师范教育专业，本科四年级留学中国，在福建师范大学学习一年汉语，毕业后红溪礼示大学为其颁发学历证书。该专业的汉语课为必修课，学时为一周 3 小时，学分为 3 学分，所使用的教材为《成功之路》和《新实用汉语课本》。该校还针对商学院的学生开设了汉语选修课，一周 3 学时，学分为 3 学分。针对博士生也开设了汉语选修课，

① 陈丽娟：《菲律宾红溪礼示大学孔子学院研究》，硕士学位论文，暨南大学，2015 年。

同为每周 3 学时，学分为 3 学分。另外，该校还开设了社会兴趣班，不设学分，面向社会人士招生，每周 2 学时。

在中学部该校也设置了汉语课程，为选修课性质，每周 2 学时。所用教材为《新实用汉语课本》和《快乐汉语》。

除了红溪礼示大学孔的教学任务外，应菲律宾政府要求，红溪礼示大学孔子学院还会为政府部门及一些社会团体进行不定期的汉语培训和讲座，包括"移民局官员汉语培训项目"，与菲律宾国家电网公司联合举办的"中菲语言培训班"。应附近一些学校的要求，红溪礼示大学孔子学院还派出教师到其他学校进行短期的汉语培训。暑假期间，红溪礼示大学孔子学院还会开设暑期本土教师培训班。[①]

红溪礼示大学孔子学院还组织一系列的中华文化推广活动，召开汉语作为外语教学全国研讨会暨汉语教材培训会、课程研讨会，举办"孔院讲坛""中国书屋"系列讲座等。红溪礼示大学孔子学院开展的文化推广活动具有以下几个特点。[②]

第一，活动形式多样化。不仅有节日庆典、文艺演出，更是举办了各类展览和比赛，还组织冬、夏令营，让菲律宾的学生们零距离体验中国文化的魅力。每年孔子学院还借着春节、中秋节等主要中国传统节日的机会，举办大型中国文化主题活动。节日活动同时包含了多种形式，如茶艺、书法展览，文艺演出等。

第二，受众多、层次广、影响大。红溪礼示大学孔子学院在举办文化活动时，注重多层次的宣传，以最大的可能性扩大影响力。上至菲律宾总统、市长、各部门政府官员，下至主流学校老师、学生和广大市民，都曾通过孔院的文化活动感受中国丰富多彩的文化。

第三，定期举办主题文化活动。红溪礼示大学孔子学院定期举办的主题文化活动有：春节系列活动；每年 4 月中旬至 5 月中旬的"孔子学院开放月"活动；每年 5 月底华裔中学生夏令营活动；以"天涯

① 刘畔：《关于菲律宾汉语教学现状的调查报告》，硕士学位论文，吉林大学，2014 年。
② 陈丽娟：《菲律宾红溪礼示大学孔子学院研究》，硕士学位论文，暨南大学，2015 年。

共此时"为主题的中秋庆祝活动;在菲律宾国家图书馆举行的"中国书屋"系列讲座。

第四,因地制宜,文化活动可操作性强。红溪礼示大学孔子学院在举办文化活动时,善于结合天时地利人和,充分利用本土资源以达到活动效果最大化。在红溪礼示大学孔子学院举办的文化活动中我们可以发现,中华文化展览占了很大一部分。而在展览场地的选择上,孔院走出校园,利用本土优势经常与当地的 SM 商场(SM 是菲律宾影响力最大的连锁商场)合作,如每年的春节文化展。

第五,媒体关注度高。作为菲律宾备受瞩目的中国文化传播的重要品牌,红溪礼示大学孔子学院每举办重大文化活动时,都会吸引当地媒体的关注,得到及时的报道。

第四节　汉语师资和教材

随着中国经济的增长,在汉语"全球热"的大背景下,越来越多的菲律宾人希望学习汉语、了解中国和中国文化,迫切希望学校里能够开设汉语课程。虽然中国国家汉办大力培训志愿者教师加入菲律宾众多学校的汉语教学中,但与日益增长的需求相对比,菲律宾汉语师资队伍的发展还相对滞后。上面两节我们对菲律宾的师资状况有所交代,本节就不再做过多介绍。下面主要介绍一下菲律宾各类学校使用汉语教材的基本情况。

一　华校使用的汉语教材①

由于政府并没有对华校的汉语教材作出规定,更没有出版所谓的统编教材。华校受各自不同的政治倾向、教学传统、教学理念、经济

---

① 张世涛、何欢欢:《20 世纪 90 年代以来菲律宾华校华文教材使用情况考察》,《国际汉语》2014 年第 3 辑。

状况、领导人好恶影响，教材使用五花八门、随心所欲。菲律宾自编教材、中国大陆教材、中国台湾教材、其他国家和地区出版的华文教材自由交错、混合使用是目前菲律宾华校华文教材使用的基本情况。中国大陆教材和中国台湾教材在菲律宾基本上是平分秋色。使用中国大陆或台湾教材与该学校的政治倾向、教学理念并不直接相关。一些学校，特别是经济条件不好的华校，更愿意使用数量足够的免费教材。每年国务院侨办等机构都会向菲律宾华校赠送大量图书资料，包括华语教材，如《汉语》《中文》等，也包括《中国历史常识》等读物。侨办网站也提供《汉语》《中文》《幼儿汉语》的整本书的下载，这极大地方便了使用者，因此使用的华校不少。台湾"侨务委员会"每年也向菲律宾华校免费赠送图书资料，而且几乎是"要多少就送多少"。与国务院侨办赠书相比，台湾"侨务委员会"赠书数量和质量都略高一筹，这也是台湾教材使用面广的原因之一。

（一）菲律宾本土教师自编教材

《菲律宾华语课本》是目前菲律宾华校使用最广泛的华文教材，超过半数的华校或多或少地使用过这套教材。20 世纪 90 年代后当地教师编写的其他教材很少，使用也极其有限。1991 年 5 月，菲律宾华文教育研究中心成立。同年 11 月，该中心邀请中国对外汉语教学学会会长吕必松教授到侨中学院演讲。吕必松将菲律宾华语教学定性为第二语言教学。讲座产生了很大的影响，而实现华文教学向汉语作为第二语言教学转变的当务之急就是编写一套反映第二语言特点的教材，于是《菲律宾华语课本》应运而生。该教材由侨中学院董事长庄长泰资助，侨中学院院长、菲律宾华文教育研究中心主席颜长城校长策划，菲律宾华教中心沈文、北京语言大学教授杨石泉主编，编者中有菲律宾华文教育研究中心的黄端铭、庄明璇、杨美美和张国辉，并得到了中国华侨大学和北京语言大学等有关院校的帮助和支持，是一套国内二语教学专家和菲律宾华文教学人士共同编写的教材。《菲律宾华语课本》正式出版以前，侨中学院从 1994 年开始试用这套教材，并进行修改，2000 年正式出版发行了第一版，包括幼儿园教材 6 册、中小学教材 20 册。除课本外，还配有录音带、电脑光盘以及相应的综合练习本、写字本、教师手册、教案集。20 册一套的设计适应了菲律宾 10 年中小学教育的学制，每学期使用 1 册。

（二）中国大陆编写出版的对外汉语教材

目前中国大陆编写和出版的多种对外汉语教材在菲律宾华校使用，这些教材可以粗略分为三类。

（1）中国国务院侨办免费赠送的汉语教材。如《汉语》（暨南大学出版社）、《中文》（暨南大学出版社）等系列教材。

（2）华校自己购买的汉语教材。一些华校购买大陆版的对外汉语教材，如《汉语口语速成》、《汉语会话 301 句》、《初级汉语阅读教程》（张世涛主编，北京大学出版社 2002 年版）、《快乐汉语》、《汉语风》中文分级系列读物（刘月华、储诚志主编，北京大学出版社 2007—2010 年版），以及北京语言大学出版社出版的"对外汉语本科系列教材"等。菲律宾使用的对外汉语教材多以初、中级为主，高级的较少。这些教材大多以成年学习者为学习对象，并不适合中小学生，且与菲律宾中小学学制完全不配套，所以只能配合其他华语教材零星使用。

（三）中国大陆中小学语文教材

直接将中国大陆的中小学语文教材运用到教学中的华校不多。据调查仅有侨中学院的实验班，使用的教材是中国大陆人教版四年制中学教材。

（四）中国台湾编写出版的教材

1999 年，中国台湾的侨务部门编辑出版了针对菲律宾地区小学的华语教材——《菲律宾华校华语课本》（小学），并赠送给菲律宾华校；不久又出版了《中学华语课本》赠送给菲律宾华校。这套教材在菲律宾华文学校联合会的推广下，在华校的使用范围较广。另外，还有中国台湾"侨务委员会"编写出版的《初中华文》和《高中华文》，由台湾生活华语教材委员会策划，"教育部"与"侨务委员会"指导，台湾语言文化社 2005 年出版的《生活华语》，以及由台湾师范大学国语教学中心主编，正中书局 1994 年出版的《实用视听华语》。少数菲律宾华校还直接采用中国台湾中小学语文教材，如马尼拉崇德中学采用康轩版《国语》《国文》。

菲律宾华校使用的华文教材并不固定，中国大陆教材、中国台湾教材、菲律宾教材在一个学校、一个班级混合使用是非常平常的。如侨中主要使用《菲律宾华语课本》，同时也使用中国大陆出版的汉语教材等。还有一些华校将读物及其他非教材类书籍作为教材使用，如马尼拉爱国中学使用国务院侨办编辑的读物《中国历史常识》，甚至一些华校用《弟子规》《西游记》《水浒传》《三国演义》进行华语教学。

二 主流学校使用的教材①

目前菲律宾主流学校汉语教学使用的教材有以下几类：一是菲律宾华文教育研究中心自己编纂出版的华语教材。这类教材主要以对话为基本形式，内容的设置偏重于实现汉语基本的交际对话。二是台湾侨委会赠送的华文课本。这类教材使用繁体字印刷，也没有全部采纳汉语拼音方案，被一部分华文学校采用。三是中国国家汉办与国务院侨办赠送的汉语教材。这类教材有的突出汉语语言本体知识的学习，有的则类似于中国中小学的语文课本。从教材的来源可以看出，菲律宾主流学校目前使用的汉语教材种类比较多，在教材的使用上存在一定的混乱性。除了教材来源和内容上的参差不齐以外，当地教材还存在学生学习各个阶段所使用的教材频繁更换而导致的缺乏连贯性和稳定性等问题，严重影响了菲律宾主流学校汉语教学的质量。菲律宾目前亟须的是与本国文化背景、实际相结合，贴近菲律宾人思维和生活习惯的"国别化"的汉语教材。这方面，中国国家汉办和菲律宾红溪礼示大学孔子学院做了有益的尝试，编写了菲律宾语版《快乐汉语》。

① 许璐：《菲律宾主流学校汉语教学现状调查研究》，硕士学位论文，福建师范大学，2012 年。

该教材于 2007 年 11 月第一次印刷，2011 年 7 月在菲律宾指定的三所试点中学第一次使用。

本章主要参考文献

陈丽娟：《菲律宾红溪礼示大学孔子学院研究》，硕士学位论文，暨南大学，2015 年。

戴家毅：《菲律宾华文教育发展研究》，硕士学位论文，广西师范大学，2010 年。

［菲律宾］黄端铭：《关于菲律宾高校汉语教学的一次问卷调查》，载《菲律宾华文教育综合年鉴 1995—2004》，菲律宾华文教育中心 2008 年编印。

［菲律宾］黄端铭：《世界汉语热背景下的菲律宾汉语教学》，《世界华文教育》2011 年第 4 期。

李嘉郁：《论华文教育的定义及发展趋势》，《华人华侨历史研究》2004 年第 4 期。

李唯嘉：《菲律宾布拉卡国立大学孔子学院汉语教学现状与分析》，硕士学位论文，西北大学，2014 年。

刘畔：《关于菲律宾汉语教学现状的调查报告》，硕士学位论文，吉林大学，2014 年。

［菲律宾］邵建寅：《菲律宾华文教育的过去、现在及未来》，《华文世界》（台湾东南亚华人教育专刊）1994 年第 72 期。

王敏：《菲律宾大马尼拉地区高等院校汉语教学现状调查与分析》，硕士学位论文，中山大学，2012 年。

夏雯君：《菲律宾华文教育现状调查分析——以怡朗市四所华校中小学生为例》，硕士学位论文，广西师范大学，2015 年。

许璐：《菲律宾主流学校汉语教学现状调查研究》，硕士学位论文，福建师范大学，2012 年。

张世涛、何欢欢：《20 世纪 90 年代以来菲律宾华校华文教材使用情况考察》，《国际汉语》2014 年第 3 辑。

周聿峨：《全球化对海外华文教育的影响》，《暨南学报》2001 年第 3 期。

第十八章　柬埔寨的汉语教学

第一节　国家概况

一　自然地理

柬埔寨全名柬埔寨王国（Kingdom of Cambodia），通称柬埔寨，旧称高棉。位于中南半岛南部，东部和东南部同越南接壤，北部与老挝交界，西部和西北部与泰国毗邻，西南濒临暹罗湾。国土面积181035平方公里，为碟状盆地，三面被丘陵与山脉环绕，中部为广阔而富庶的平原，占全国面积3/4以上，豆蔻山脉东段的奥拉山海拔1813米，为境内最高峰。海岸线长约460公里，境内有湄公河和东南亚最大的淡水湖——洞里萨湖（又称金边湖）。属热带季风气候，全年高温，降水季节差异很大，分干季和雨季，雨季集中在4—9月。①

二　历史政治

柬埔寨是个历史悠久的文明古国，早在公元1世纪就建立了统一

---

① http：//www. fmprc. gov. cn/web/gjhdq_ 676201/gj_ 676203/yz_ 676205/1206_ 676572/1206x0_ 676574/，2016年11月20日。

的王国，并创造了举世闻名的吴哥文明。

13 世纪中叶起至 1434 年由于泰国的素可泰王朝入侵而衰落。1863 年沦为法国保护国，1940 年被日本占领。1945 年日本投降后再次被法国殖民者占领。1953 年 11 月 9 日，柬埔寨王国宣布独立。1954 年 7 月，法国被迫同意撤军。从 20 世纪 70 年代开始，柬埔寨经历了长期的战争。1993 年，随着柬埔寨国家权力机构相继成立和民族和解的实现，柬埔寨进入和平与发展的新时期。

柬埔寨是君主立宪制国家，实行自由民主制和自由市场经济，立法、行政、司法三权分立。国王是终身制国家元首、武装力量最高统帅、国家统一和永存的象征，有权宣布大赦，在首相建议并征得国会主席同意后有权解散国会。诺罗敦·西哈莫尼（Norodom Sihamoni）为柬埔寨当今国王。国会是柬埔寨国家最高权力机构和立法机构，每届任期 5 年。柬埔寨第五届政府于 2013 年 9 月成立，洪森（Hun Sen）为首相。设 9 个副首相，15 个国务大臣，27 个部和 1 个国务秘书处。

三　人口经济

柬埔寨人口 1440 万，有 20 多个民族，高棉族是主体民族，占总人口的 80%，少数民族有占族、普农族、老族、泰族、斯丁族等。佛教为国教，93% 以上的居民信奉佛教，占族信奉伊斯兰教，少数城市居民信奉天主教。华人、华侨约 70 万。①

柬埔寨经济以农业为主，工业基础薄弱，是世界上最不发达国家之一。近年来，柬政府实行对外开放的自由市场经济，推行经济私有化和贸易自由化，把发展经济、消除贫困作为首要任务。把农业、加工业、旅游业、基础设施建设及人才培训作为优先发展领域，推进行政、财经、军队和司法等改革，提高政府工作效率，改善投资环境，取得一定成效。

---

① http：//www. fmprc. gov. cn/web/gjhdq_ 676201/gj_ 676203/yz_ 676205/1206_ 676572/1206x0_ 676574/，2016 年 11 月 20 日。

四　语言政策

柬埔寨是一个多民族国家，其语言具有丰富性多样性的特点。语言以南亚语系、汉藏语系和南岛语系为主。高棉语，又称柬语，是柬埔寨的国语，在全国范围内通用，属于南亚语系的孟—高棉语族。

在柬埔寨境内，各阶层的语言存在很大的差异，身份地位不同的阶层，其语言的使用和表达也不同。如官家贵族受印度的佛教文化影响较深，所以在语言使用习惯上偏重梵语，而平民百姓则以使用纯粹的高棉语为主。许多少数民族也有自己的语言，例如老族讲老语，泰族讲泰语，占族讲占语等。除了柬埔寨本族语言之外，英语和法语是柬埔寨政府部门的工作语言，学术界、工商界和许多专业人士都使用英语和法语。华语、越南语则是普通市民中使用较多的通用语言。[①]

第二节　汉语教学简史

华人华侨移居柬埔寨已有上千年的历史，最早可追溯到宋代，清代以后移居者更多。按方言划分，柬埔寨华人华侨可分为潮州、广肇、客家、海南、福建5帮，其中以潮州人居多。旅居柬埔寨的华人华侨在学习当地各民族文化和传统美德，不断融入当地社会的同时，开办自己的学校、创办报纸，积极传承和弘扬中华民族的文化传统。早在20世纪初，凡是华人华侨居住的地方都办有私塾讲授华文。[②] 1914年，潮州帮华人在金边创办第一所新式华文学校——端华学校，开启了柬埔寨华裔子女接受正规学校华文教育的先河。到了20世纪30年代，柬埔寨华人的5个帮会相继创办了各自的公立学校，即福建帮创立的

---

① 刘书琳：《柬埔寨语言政策、语言规划探微》，《宿州教育学院学报》2015年第1期。
② 谭晓健、余建忠：《柬埔寨汉语教学和华文教育的历史沿革与现状分析》，《国际汉语教学动态与研究》2006年第3期。

民生学校，广肇帮创立的广肇学校，海南帮创立的集成学校，客家帮创立的崇正学校。此外，在柬埔寨的一些省份也陆续建立起各类华文学校。据历史资料记载，到 1938 年全柬埔寨华文学校发展到 95 所，学生达 4000 余人。

20 世纪 50—60 年代，中、柬两国关系友好，柬埔寨华文教育进入了繁荣发展时期。这一时期全柬华文学校发展到 2000 多所，在校中、小学生达 5 万多人。其中，仅首都金边就有 50 多所华文学校。其中端华学校规模最大，在校学生达 4500 人，广肇惠中学 1200 人，民生中学 1500 人，集成小学 450 人，崇正小学 600 人。当时除了 4 个新成立的边远省份外，15 个省市和各县乡镇都有华文学校，而且很多省里有初级中学。首都金边的端华学校和民生学校，马德望省的国光学校，桔井省的中山学校还开办了相当于高级中学程度的"专修班"，培育出了不少人才，建成了一支素质较高的教师队伍。①

20 世纪 60 年代末至 80 年代末，由于周边国际局势和柬埔寨国内政局的急剧变化，柬埔寨华人华侨受到了两次大规模排华运动的巨大打击，华文教育也遭受了灭顶之灾，走上了一条十分艰难曲折之路。

20 世纪年 90 代初，柬埔寨结束战争，柬埔寨政府放宽了对华文教育的限制。随着形势的好转，1990 年柬华理事会成立，这为柬埔寨华文教育迎来全面复苏创造了有利条件。1991 年 9 月，磅湛省棉末县华侨公立启华学校复校，此事标志着柬埔寨华文教育进入了全面复兴的新阶段。1992 年 9 月 4 日，位于首都金边的柬埔寨最大的华文学校——端华学校复课，2000 多名学生入校学习。到 1992 年 9 月，全柬复课和新办的华文学校达 12 所，在校学生达 8600 多人，教师有 127 人。到 2003 年初，全柬恢复和新建的华校已达 82 所，在校学生达到 6 万多人，教师近千人。其中，端华学校有学生 12000 多人，教师 230 余名。② 截至 2013

---

① 邢和平、彭晖：《柬埔寨华文教育的过去和现在》，《东南亚纵横》1997 年第 2 期。
② 谭晓健、余建忠：《柬埔寨汉语教学和华文教育的历史沿革与现状分析》，《国际汉语教学动态与研究》2006 年第 3 期。

年，柬埔寨共有华校 68 所，在校人数 5 万多人。其中最大的华文学校是端华学校，分为正校和分校，有近 2 万名学生，另外金边崇正学校、集成学校学生人数达到 2000 人左右，其他省市的华校学生人数从几十人到几百人不等，柬埔寨华文学校大多数是全日制学校，一部分是半日制学校。①

　　近些年，我国政府采取了一系列措施支持柬埔寨汉语教学的发展。在国家汉办和合作方的努力推动下，2009 年 12 月 22 日柬埔寨境内第一家孔子学院，也是目前唯一的孔子学院——柬埔寨王家学院孔子学院揭牌成立。2010 年 8 月，国家汉办首次选派汉语教师志愿者赴柬华理事总会所属华校和王家学院孔子学院任教，开始实施赴柬埔寨汉语教师志愿者项目。2013 年 3 月 13 日，国家汉办又跟柬埔寨警察学院、金边警备旅、暹粒省吴哥高中签署协议，建设了 3 个孔子课堂。

　　另外，随着柬埔寨汉语学习需求的增加，社会上出现了越来越多的夜学班、各种语言学校的华文班、家庭式华文补习班，以及华文补习学校，很多中国香港人也在佛堂开办了汉语班。

第三节　汉语教学的环境和对象

　　柬埔寨华文教育近 20 年虽获得了蓬勃发展，但没有形成完整的教育体系，在所有 68 所华校中，开办初中班的华校不到 20 所，只有端华学校开办了相当于高中程度的专修班，但学历得不到官方的认可，华文教育没有纳入国民教育体系，很大程度上制约了柬埔寨华文教育的长足发展。目前，柬埔寨开展汉语教学的机构主要是华校、孔子学院、孔子课堂，以及社会上大大小小的语言培训机构。汉语教学对象，则已不仅仅局限于华裔子弟，越来越多的非华裔也加入了汉语学习者

---

① 李福超：《柬埔寨汉语教学现状与发展探析》，硕士学位论文，四川师范大学，2015 年。

的行列之中，各个汉语教学机构中，非华裔学生都占有相当大的比重，有些华校里非华裔学生的数量甚至超过了华裔学生。下面简单介绍一下华校和孔子学院的汉语教学情况。

一 华校里的汉语教学

从李福超对柬埔寨部分华文学校 2013 年上半年生源结构的统计数据（见下表）来看，基本上每个华校都有不同比例的非华裔学生。其中金边立群学校、加江培英学校、吾哥比里中华学校、桔井中华学校、金边集成学校的非华裔学生超过了华裔学生，其他华校非华裔学生比重从 20% 到 40% 不等。随着中国影响力不断增强，越来越多的非华裔群体将进入华校接受华文教育，体现了华文教育与当地教育融合的趋势。柬埔寨是基础教育落后的国家，华校的存在与发展也在一定程度上弥补了其国家在基础教育方面的薄弱与不足。[①]

柬埔寨部分华文学校学生人数及生源成分（2013 年上半年）

学校名称	华裔学生人数（或比重）	非华裔学生人数（或比重）	学生人数
金边立群学校	600	1400	2000
马德望联华学校	800	200	1000
西哈努克省港华学校	500	100	600
加江培英学校	150	211	361
吾哥比里中华学校	70	130	200
禄山市公立华侨学校	460	55	515
磅针省启华学校	110	10	120
贡不省广育觉民学校	380	40	420
贡不省树英公校	298	5	293
金边端华正校	约 80%	约 20%	2000
金边端华分校	约 80%	约 20%	8000
桔井中华学校	约 35%	约 65%	328
贡不省觉群学校	约 60%	约 40%	900

---

① 李福超：《柬埔寨汉语教学现状与发展探析》，硕士学位论文，四川师范大学，2015 年。

续表

学校名称	华裔学生人数（或比重）	非华裔学生人数（或比重）	学生人数
金边公立广肇学校	约80%	约20%	1500
金边华明学校	约70%	约30%	800
金边集成学校	约30%	约70%	100

二　孔子学院的汉语教学

柬埔寨现有一所孔子学院，孔子学院除了在本部开展教学和文化活动，还要负责下辖 14 个教学点的汉语教学活动和文化推广活动，其中包括 3 个孔子课堂、11 个文化中心。

柬埔寨王家学院孔子学院是柬埔寨境内唯一的一所孔子学院，2009 年 12 月 22 日揭牌成立，中方合作院校是江西九江学院。迄今为止，柬埔寨王家学院孔子学院已建成 3 个孔子课堂，即金边警备旅孔子课堂、警察学院孔子课堂、暹粒省吴哥高级中学孔子课堂；11 个汉语教学中心，即柬埔寨参议院汉语中心、总理府内阁办公厅汉语中心、王家军陆军学院汉语中心、王家军总医院汉语中心、棉芷大学中文系、亚欧大学中文系、西哈努克省高级中学汉语中心、洪森大岛中学汉语中心、柬埔寨华商文化中心汉语中心、暹粒省联邦国际学校汉语中心和中国文化中心，辐射柬埔寨全国，多层次、全方面地开展汉语国际推广活动。在 2011 年、2013 年全球孔子学院大会上荣获"优秀孔子学院"称号。

下面简单介绍一下柬埔寨王家学院孔子学院的几个教学点。①

2011 年 3 月 28 日，在毛树潘将军的建议和要求下，柬埔寨王家学院孔子学院在王家军 70 号兵营成立了汉语中心。2013 年 3 月 13 日，签约成为孔子课堂。70 号兵营为汉语中心提供一栋三层的独立大楼，有八间教室和办公室，供孔子课堂教学活动的开展。此外，70 号兵营

---

① 申尹潞：《柬埔寨吴哥高级中学孔子课堂汉语教学中文化教学现状及教学策略研究》，硕士学位论文，云南大学，2014 年。

还有一间可容纳千人的大礼堂，可供孔子课堂用来开展文化活动。

柬埔寨总理府内阁办公厅汉语中心是应柬埔寨总理府内阁办公厅的要求成立的，学员均为柬埔寨总理府内阁办公厅官员。柬埔寨王家学院孔子学院开办伊始，就在孔子学院本部开设了汉语官员班，培训了一大批来自各个部门的高级官员。总理府汉语中心的成立，为柬埔寨政府官员学习汉语提供了更大的方便。

亚欧大学是柬埔寨最大的私立大学之一，学校师资雄厚，学生人数众多，校园环境优美，各项基础设施完备。该学校从 2002 年仅有一栋教学楼迅速发展到现在拥有三栋教学楼和 1 万多名大学生的高质量大学。全世界 169 个国家承认其文凭。亚欧大学汉语教学点成立于 2010 年 5 月 6 日，是由柬埔寨王家学院孔子学院和亚欧大学联合开办的，2010 年 8 月 10 日，柬埔寨王家学院孔子学院和亚欧大学合作创办了中文系。

第四节　汉语师资和教材

现在柬埔寨各华校小学使用的汉语教材为暨南大学与柬华理事总会合编的《华文》（贾益民主编，共 12 册），1995 年出版。该套教材除了培养学生汉语语言能力，如听、说、读、写能力，还包含中华历史文化、当地文化及世界文化等内容，其中侧重以中华历史文化内容，来传播中华民族优秀文化与传统。在教材内容编排方面，遵循儿童心理发展的特点，一定程度上体现了教材的科学性、趣味性、思想性等特征。该套教材包括主教材（12 册），以及与之配套的《华文练习册》（共 12 册）、《华文教学参考》（共 12 册）。目前，《华文》教材经柬埔寨教育部和柬华理事总会批准，作为柬埔寨华校唯一合法使用的教材。①

---

① 李福超：《柬埔寨汉语教学现状与发展探析》，硕士学位论文，四川师范大学，2015 年。

　　柬埔寨境内反映中华文明的文化读本较少，近年来，国家汉办向柬埔寨各华校捐助了一批教材和文化读物，在一定程度上缓解了教材奇缺的现状，但依然未能彻底解决柬埔寨汉语教材短缺的问题。

　　目前，柬埔寨境内的汉语教学主要依靠中国国家汉办和侨办外派的志愿者老师和一些本土教师。高素质的师资短缺也是华校发展面临的难题。目前大多数教师是很多年前在当地华校就读的毕业生，其中大部分学历较低，未经专业培训，缺乏教学经验，年龄偏大，家庭负担较重，难有时间精力钻研和进修。还有少量教师是近两三年华校培养的初中（专修）毕业生，他们年轻好学，只是欠缺教学经验。近几年，中国国家汉办和侨办也选派了中文教师到柬埔寨华校任教，他们大都是师范学校毕业，但由于选派到柬埔寨任教的教师一般只任教一年至两年，刚熟悉情况就回国了，教师流动性很大。此外，教师队伍中还有小部分是从中国去的新移民，这部分人大都是中青年，学历较高，但教学经验不足，也不懂柬埔寨语，达不到预期的教学效果。①

　　侨办教师由国务院侨办派出，他们都来自广西壮族自治区的中小学，侨办教师将适用于国内学生的教学方法和管理模式生搬硬套到柬埔寨华校学生的身上，收效甚微甚至适得其反。同样的，侨办教师的汉语本身带有的方言口音和方言语法也影响了学生汉语的规范化，且侨办教师在赴任前没有接受过系统的培训，不了解了汉语为第二语言学习者与国内中小学生的不同，没有对症下药，采用与国内语文教学大致相同的教学方法。

　　汉办志愿者多是高校对外汉语专业的应届毕业生或者是汉语国际教育专业的在读研究生，他们具有系统的专业知识，在赴任前接受了正规的培训，虽然经验不足，但是对外国学生的汉语教学可以做到因材施教。且志愿者多是"90 后"的年轻人，他们活泼有亲和力，容易与学生打成一片，他们一腔热情，对海外汉语教育充满了责任感和使命感，是汉语国际推广事业的中坚力量。但是华校的领导阶层思想守

① 符气志：（2013）《柬埔寨华文教育现状和发展趋势》，《国际汉语教育研究》2013 年第 2 辑。

旧，年轻的志愿者必须接受领导和管理，无法将一些新的教学方法应用于教学实践。柬埔寨环境恶劣，年轻的志愿者往往需要一段时间去适应，很难全身心投入教学。另外，汉办志愿者的任期为一年，即使留任也不能超过三年。教师流动性大对学生良好学习习惯的养成也有弊无利。教师的不稳定性也影响了学校工作的系统化和体制化。①

本章主要参考文献

符气志：《柬埔寨华文教育现状和发展趋势》，《国际汉语教育研究》2013 年第 2 辑。

李福超：《柬埔寨汉语教学现状与发展探析》，硕士学位论文，四川师范大学，
    2015 年。

刘书琳：《柬埔寨语言政策、语言规划探微》，《宿州教育学院学报》2015 年第 1 期。

申尹潞：《柬埔寨吴哥高级中学孔子课堂汉语教学中文化教学现状及教学策略研究》，
    硕士学位论文，云南大学，2014 年。

谭晓键、余建忠：《柬埔寨汉语教学和华文教育的历史沿革与现状分析》，《国际汉语
    教学动态与研究》2006 年第 3 期。

邢和平、彭晖：《柬埔寨华文教育的过去和现在》，《东南亚纵横》1997 年第 2 期。

---

① 李子韵：《柬埔寨华校汉语学习者状语语序偏误分析及对策研究——以禄山华侨学校为例》，
    硕士学位论文，兰州大学，2015 年。

后　记

　　习近平总书记提出的建设"一带一路"宏伟蓝图，旨在通过"互联互通""合作共赢"造福沿线国家和人民。"语言互通"是实现"一带一路"沿线国家"互联互通"的前提，加强沿线国家的汉语教学是其中的一个关键环节，我们不仅仅要吸引更多的学习者来中国学习汉语，还要主动"走出去"到各个国家开展汉语教学。无论是"请进来"还是"走出去"开展汉语教学，首先要了解相关国家汉语教学的背景和现状。我先是在北京语言大学从事留学生汉语教学，后赴新加坡南洋理工大学从事汉语师资的培养，对"引进来"和"走出去"的汉语教学都有一定程度的了解，更能体会到这一点。于是，我决定组建团队开展"一带一路"沿线国家的汉语教学研究，并进而制定了详细的研究计划。在得到各方面的支持后，我便带领团队积极投入了相关的研究工作当中，经过一年多的时间，团队成员不负众望最终拿出了四部书稿，对"一带一路"沿线国家的汉语教学状况做了全面的考察和分析。由于时间仓促、水平有限，书稿势必还存在一些不足，敬请专家学者批评指正。

　　手抚书稿，我想到了诸位师友的鼓励、支持和鞭策，我想到了我们团队一次次的讨论甚至是就书稿某些细节的激烈争论，我想到了为保证研究进度和书稿质量我对团队成员施加的压力，有时甚至有些近于苛求。感谢诸位师友、团队成员的支持!

本书写作过程中,参考了诸多专家学者的研究成果,在此对引文作者表示深深的感谢!

书稿写作过程中,王颖、周蕾、王昀、秦楠楠、丁琪、王景波、于伟强、胡一帆、王兆宇等同学参与了部分章节相关资料的收集和梳理工作。感谢他们!

最后要特别感谢著名汉语国际教育专家赵金铭教授为丛书惠赐佳序。

刘振平

2016 年 12 月 28 日